L'être humain

3ᵉ édition

Quelques grandes conceptions modernes et contemporaines

JACQUES CUERRIER

Cégep de Saint-Jérôme

Préface de
Jacques Grand'Maison

Chenelière
Éducation

C0-AKA-977

b25647027

L'être humain, 3e édition
Quelques grandes conceptions modernes et contemporaines

Jacques Cuerrier

© 2005, 2000, 1994, Les Éditions de la Chenelière inc.

Éditeur : Michel Poulin
Coordination : Dominique Page
Révision linguistique : Jean-Pierre Leroux
Correction d'épreuves : Renée-Léo Guimont
Conception graphique et infographie : Claude Bergeron
Couverture : Michel Bérard
Illustration de la couverture : Ta pupille dilatée (détail),
 de François Vincent

**Catalogage avant publication
de Bibliothèque et Archives Canada**

Cuerrier, Jacques

 L'être humain : quelques grandes conceptions modernes et
 contemporaines

 3e éd.

 Pour les étudiants du niveau collégial.

 1. Humanisme. 2. Homme. 3. Anthropologie philosophique.
4. Philosophes. I. Titre.

B821.C84 2004   144   C2004-941298-1

144
·C85
2005

**Chenelière
Éducation**

7001, boul. Saint-Laurent
Montréal (Québec)
Canada H2S 3E3
Téléphone : (514) 273-1066
Télécopieur : (514) 276-0324
info@cheneliere-education.ca

Tous droits réservés.

Toute reproduction, en tout ou en partie, sous quelque forme et par
quelque procédé que ce soit, est interdite sans l'autorisation écrite
préalable de l'Éditeur.

ISBN 2-7651-0331-3

Dépôt légal : 1er trimestre 2005
Bibliothèque nationale du Québec
Bibliothèque nationale du Canada

Imprimé au Canada

1 2 3 4 5 ITIB 08 07 06 05 04

Dans ce livre, le masculin a été utilisé dans le but d'alléger le texte.
La lectrice et le lecteur verront à interpréter selon le contexte.

Nous reconnaissons l'aide financière du gouvernement du Canada
par l'entremise du Programme d'aide au développement de l'industrie
de l'édition (PADIÉ) pour nos activités d'édition.

L'Éditeur a fait tout ce qui était en son pouvoir pour retrouver les
copyrights. On peut lui signaler tout renseignement menant à la
correction d'erreurs ou d'omissions.

DANGER

**LE
PHOTOCOPILLAGE
TUE LE LIVRE**

*M*ÊME SI L'HOMME NE PARLE PLUS À L'HOMME, IL DOIT CONTINUER DE PARLER DE L'HOMME POUR UN JOUR LUI RÉADRESSER LA PAROLE. PARLER DE L'HUMAIN, C'EST PARLER HUMAIN, C'EST ENCORE EN ÊTRE UN.

Alexis Nouss, *La modernité*, Paris, Éditions Jacques Grancher, 1991.

À Alain Jacques.
Je lui dois d'être devenu
auteur de manuels de philosophie.

Remerciements

Je tiens à remercier toutes les personnes de la maison d'édition Chenelière-Éducation qui ont contribué à la réalisation de cet ouvrage. En particulier, je remercie vivement « mon éditeur », M. Michel Poulin, d'avoir partagé mon désir de faire de cette troisième édition la plus belle et la plus achevée. Je remercie aussi Mme Dominique Page, qui a manifesté un professionnalisme exemplaire tout au long du processus de production de l'ouvrage.

J'adresse également mes remerciements cordiaux aux professeurs de philosophie suivants pour leur précieuse collaboration à la présente édition : M. Alain Bouchez, du Cégep de Lévis-Lauzon ; M. Jacques Chamberland, du Collège de Maisonneuve ; M. Michel Dussault, du Cégep de Saint-Jérôme ; Mme Barbara Gagné, du Collège Lionel-Groulx ; Mme Bella Jalbert, du Collège Shawinigan ; M. Jean-Pierre Légaré, du Cégep de Saint-Jérôme ; M. Yvon Roux, du Collège de Maisonneuve ; et M. Jean-Claude Simard, du Cégep de Rimouski.

En outre, je remercie M. Éric Riendeau-Fontaine, étudiant au programme de maîtrise en philosophie, qui a préparé les questions de l'exercice « Vérifiez vos connaissances » et qui, ce faisant, a permis l'enrichissement des activités d'apprentissage présentées à la fin des chapitres.

Ma gratitude va également à M. Julien Dufort, étudiant en Sciences humaines au Cégep de Saint-Jérôme, pour sa lecture attentive et intelligente de tous les chapitres.

Enfin, je remercie sincèrement M. Jacques Grand'Maison d'avoir eu l'amabilité de préfacer ce manuel de philosophie.

Jacques Cuerrier

Préface

Mes études en sciences humaines m'ont appris que les collégiens sont à un âge où s'esquissent les options fondamentales de leur individualité et de leur vie. En psychosociologie, on appelle cela « l'âge philosophique » de la structuration de la personnalité de base. Il s'agit d'un âge où l'on apprend à penser par soi-même, cette initiation étant confortée par une culture occidentale qui en fait une dynamique majeure de l'être humain. On trouve déjà cette démarche chez Socrate et Jésus de Nazareth (Luc 12,57). Dans cette foulée, Jacques Cuerrier s'attache davantage aux conceptions modernes et contemporaines de l'être humain. D'entrée de jeu, son choix de Descartes est judicieux, justement parce que ce philosophe avait prise sur ces deux sources importantes de notre modernité. Plus tard, même Marx, si soucieux des conditionnements structurels et des enjeux collectifs de la condition humaine, soutenait qu'une résolution qui ne débouche pas sur l'individu debout, responsable, libre, interprète, acteur, solidaire et décideur, n'a pas de sens (*Critique de l'économie politique*).

On a dit, non sans raison, que l'animal est un faisceau de réponses, alors que l'être humain ne cesse de se questionner sur lui-même. Chez nous, Fernand Dumont et Charles Taylor ont exploré à la fois les richesses et les vertiges qui accompagnent le passage de la nature à l'aventure, de la nécessité à la liberté, du conditionnement à la conscience. La plupart des auteurs réunis par Cuerrier débattent de ces questions en adoptant des positions fort différentes, voire opposées.

La fine pédagogie de l'auteur dans cet ouvrage permet aux étudiants non seulement de saisir toute la portée existentielle de ces débats et enjeux, mais aussi de s'y inscrire comme acteurs. À ce chapitre des questions fondamentales, je suis étonné de la pauvreté philosophique des recherches récentes sur le suicide des jeunes adultes. Michel Freitag n'a pas tort de mettre en cause les universités qui forment des « technologues de crise » sans profondeur culturelle et philosophique. Soit dit sans flagornerie, les cégeps peuvent leur donner des leçons de pertinence en valorisant pour tous les étudiants la formation philosophique.

Les maîtres qui m'ont marqué profondément et qui m'ont donné le goût de penser par moi-même, peu importe leurs disciplines différentes, avaient en commun un fond culturel et philosophique. En ce sens, l'ouvrage de Jacques Cuerrier déborde de toutes parts l'aire conventionnelle des départements de philosophie. Même mes parents peu instruits m'ont appris que lorsqu'on possède le sens de ce qu'on vit, de ce qu'on fait, de ce qu'on croit, on est beaucoup plus capable de faire face aux défis de son parcours et d'aller au bout de ce qu'on entreprend.

Dans une perspective plus large, le grand mathématicien René Thom disait que la majorité des enjeux cruciaux actuels ont une forte teneur philosophique. Pensons, par exemple, aux nouveaux choix collectifs devant lesquels nous sommes placés, aux difficiles et complexes délibérations et affrontements démocratiques sur les priorités à discuter et à se donner.

Dans une société où tout se joue à court terme depuis un bon moment, on a besoin plus que jamais d'une conscience historique. Les horizons d'avenir s'estompent quand l'histoire disparaît du paysage. Et l'on ne peut faire du neuf durable si l'on efface à mesure les traces des chemins parcourus. Bien sûr, nous faisons aussi face à des phénomènes inédits, particulièrement en matière de science et de technologie. Mais même là, on ne peut les assumer adéquatement sans culture philosophique.

Et cette culture, redisons-le, s'acquiert dans les riches traditions philosophiques, leurs débats, leurs divers trajets d'intelligence, leurs différentes matrices historiques. Que tous les étudiants des cégeps aient à s'y initier, c'est là un des atouts principaux de cette institution originale de notre système d'éducation. Il est dommage que nos universités ne suivent pas cette politique éducative qui leur permettrait de dépasser leur hyperspécialisation.

Il m'arrive de penser que la démocratie, qui repose en définitive sur la qualité du jugement des citoyens, bénéficierait d'une diffusion de la démarche et de la formation philosophiques à tous les niveaux de scolarité et dans les divers organismes d'éducation populaire. Les valeurs modernes d'autodétermination, de délibération publique, de politique participative n'appellent-elles pas une meilleure mise à profit de ces trésors d'intelligence accumulés au cours des siècles? Dans ce que les religions, les sciences, les arts et les lettres, les cheminements politiques et juridiques ont de mieux, la philosophie a joué un rôle inestimable malgré les inévitables dérives aussi bien dans les questionnements que dans leurs réponses. Ce qui sauve la philosophie, c'est que sa démarche comporte ses propres ferments critiques et autocritiques. Son évolution historique suivie à la trace dans cet ouvrage de Jacques Cuerrier en témoigne.

J'aime bien l'approche de l'auteur, approche fondamentalement humaniste au sens le plus large du terme. Car c'est l'être humain qu'il met sans cesse en avant. Une anthropologie conjuguée au pluriel jusque dans la pensée. Un être humain trop riche pour s'enfermer dans un seul modèle, dans un système monolithique ou dans une pensée unique. On en sait tous les malheurs, d'hier à aujourd'hui.

La libre pensée n'est plus le lot d'individus isolés, originaux ou exceptionnels. C'est plutôt une condition de base de la culture citoyenne moderne et démocratique, et plus profondément de la dignité humaine et de sa grandeur. La philosophie est porteuse d'un germe de liberté intérieure, d'une capacité de faire l'histoire et d'engager sa propre aventure. Elle est à l'origine de la responsabilité. Elle ouvre sur la merveilleuse et mystérieuse aptitude à créer du sens même là où il n'y en a plus. Mais l'absurde et le non-sens ne cessent de tenailler l'âme humaine aux frontières de la chair et de l'esprit, du temps et de ce qui lui échappe, des conditionnements de tous ordres et de la conscience libre. Nous sommes toujours menacés de régressions, d'engloutissement dans la fatalité ou la barbarie. Il a fallu des millions d'années pour passer du singe à l'être humain. Mais on peut faire le chemin inverse en si peu de temps!

Dans *Le voyageur et son ombre*, Nietzsche nous amène sur cette ligne de crête de la finitude humaine et de sa béance sur la démesure. On trouve en celle-ci les sauts qualitatifs de civilisation tout comme les retours à la barbarie. Mais on a terriblement besoin de philosophie pour discerner la différence entre les deux. Un ouvrage comme celui de Jacques Cuerrier invite les jeunes adultes du Québec d'aujourd'hui à construire leur esprit de discernement. Démarche on ne peut plus précieuse pour mieux comprendre et mieux assumer leur condition humaine, et pour «mieux penser», comme disait si bien Pascal.

Peut-on bien vivre sans bien penser ? Voilà une question capitale au seuil de la lecture de ce bel ouvrage. On peut inverser cette interrogation avec autant de pertinence. J'ai trouvé beaucoup de bonheur dans cette liberté que nous offre la philosophie. Et cela durant toute ma vie adulte. Tout a commencé avec mon initiation à la philosophie au collège. En lisant avec un immense intérêt le magnifique ouvrage de Jacques Cuerrier, je me suis remémoré ce tournant dans ma jeunesse, source de tous les engagements passionnants que j'ai vécus par la suite.

Jacques Grand'Maison

Table des matières

CHAPITRE 2 – L'HOMME COMME ÊTRE PERFECTIBLE

CHAPITRE 7 – L'HOMME COMME ÊTRE DÉTERMINÉ

LE BEHAVIORISME SKINNÉRIEN OU LE COMPORTEMENT HUMAIN MODELÉ
PAR L'ENVIRONNEMENT 205

CHAPITRE 8 – L'HOMME COMME CHOIX ENTRE « ÊTRE » ET « AVOIR »

Introduction

« Q uelle chimère est-ce donc que l'homme ? se demande Pascal. Quelle nouveauté, quel monstre, quel chaos, quel sujet de contradiction, quel prodige ! Juge de toutes choses, imbécile ver de terre ; dépositaire du vrai, cloaque d'incertitude et d'erreur ; gloire et rebut de l'univers[1]. » À l'évidence, l'homme constitue un objet de recherche pour le moins ambigu et controversé. Parce que l'homme demeure une énigme pour l'homme, celui-ci s'est toujours interrogé sur lui-même, cherchant à cerner sa nature, sa condition, le sens à donner à son existence.

Qu'est-ce que l'être humain et pourquoi existons-nous dans l'univers ? Depuis des millénaires, cette question hante l'esprit des hommes et des femmes. Une question unique. Des réponses plurielles. Des penseurs ont atteint un niveau de réflexion et d'analyse tel que leurs réponses continuent de nourrir et d'inspirer l'homme contemporain dans sa réflexion ; elles ont dépassé à un tel point le stade de l'opinion, du préjugé et du lieu commun qu'elles sont reconnues comme des conceptions philosophiques de l'être humain. Mais qu'est-ce qu'une conception philosophique de l'être humain ? Selon l'optique qui nous intéresse, cela consiste en une théorie de l'homme élaborée par un penseur, théorie qui se veut applicable à tous les humains et qui donne un sens à l'existence humaine. Une conception philosophique de l'être humain trace avec précision et rigueur un portrait de l'homme qui s'appuie sur une analyse rationnelle, cohérente et approfondie. À la lumière de cette analyse, l'être humain acquiert une signification particulière ; il devient porteur de sens.

Mais pourquoi recourir à l'étude de la philosophie, et plus particulièrement à l'ANTHROPOLOGIE PHILOSOPHIQUE, pour réaliser une initiation à des conceptions de l'être humain ? Tout simplement parce que, dans le contexte de la pensée occidentale, c'est à elle que revient la responsabilité de répondre d'une manière systématique et globale à la question « qu'est-ce que l'homme et quelle est sa nature ? » D'ailleurs, la philosophie correspond à l'aspiration légitime à comprendre rationnellement l'humain et sa condition. En effet, l'un des buts fondamentaux de la philosophie est d'éclairer la condition humaine en lui donnant un sens, un sens qui se veut **totalisant**, alors que la science explique la réalité d'un phénomène particulier sans dégager sa signification humaine. La philosophie est avant tout un ensemble de réponses aux interrogations constantes de l'homme sur sa propre conscience et sur le monde qu'il habite. Car le monde n'existe pour nous que parce que d'abord nous en prenons conscience et que, par le fait même, nous prenons conscience de notre propre conscience. L'homme est cet être étrange qui sait qu'il sait, et qui s'interroge sans fin sur la valeur de cette connaissance qu'il a de lui-même et du monde.

L'ANTHROPOLOGIE PHILOSOPHIQUE S'INTÉRESSE À L'ÉTUDE PHILOSOPHIQUE DE L'HOMME. ÉTYMOLOGIQUEMENT, « ANTHROPOLOGIE » VIENT DU GREC *ANTHRÔPOS*, « HOMME », ET *LOGOS*, « DISCOURS », « ÉTUDE », « SCIENCE ».

TOTALISANT
Se dit d'une signification synthétique et universelle qui embrasse l'ensemble des êtres humains.

---

1. Pascal, *Pensées*, section I, VII, 131-434, dans *Œuvres complètes*, Paris, Éditions du Seuil, 1963, p. 515.

Le problème de l'être humain et de sa condition constitue le point central de toute l'histoire de la philosophie. À travers les âges, des penseurs ont réfléchi sur ce que nous sommes en tant qu'humains. Ils ont porté un regard souvent perspicace et radical sur l'être humain, en manifestant une exigence insatiable de lucidité et de sens. Ces penseurs ont élaboré des **représentations** de l'homme. Ils ont tenté d'analyser en profondeur ce que nous sommes pour en donner une explication cohérente et globale (c'est ce qui caractérise toute conception de l'être humain digne de ce nom). Ils ont systématisé leurs philosophies de l'homme dans des écrits déterminants pour l'évolution de la pensée et pour la conception que l'humain se fait de lui-même. C'est cette connaissance et cette compréhension de quelques conceptions philosophiques de l'être humain (conceptions élaborées à l'époque moderne[2] et à l'époque contemporaine qui influencent notre manière actuelle d'être, de penser et d'agir) que ce manuel vous invite à approfondir.

Puisque ce manuel s'inscrit dans un cours de philosophie de 45 heures, il fallait faire une sélection parmi les grandes conceptions modernes et contemporaines de l'être humain. Qu'est-ce qui a guidé notre choix ? D'abord et avant tout, le souci de privilégier une approche pluraliste. À notre sens, aucun manuel ne peut rendre compte de la réalité humaine par un système conceptuel unique sans tomber dans le plus inacceptable **réductionnisme**. Nous avons donc favorisé une approche pluridimensionnelle. En conséquence, il nous est apparu primordial de présenter des analyses de l'être humain variées et même parfois opposées. Ainsi, nous nous demandons si l'humain est essentiellement un être de pensée comme le veut le rationalisme de René Descartes. Ou bien, comme le présente Jean-Jacques Rousseau, l'humain est-il davantage un être naturel perfectible que la société a perverti en lui inculquant une culture ? Est-il produit exclusivement dans son rapport à la société, comme le prétend Karl Marx avec son matérialisme dialectique et historique ? Est-il un être d'instincts, de désirs et de passions qui permettent le dépassement de soi, comme le défend Friedrich Nietzsche ? L'être humain est-il régi par son inconscient ainsi que Sigmund Freud et la psychanalyse le soutiennent ? Comme l'explique l'existentialisme athée de Jean-Paul Sartre, l'être humain est-il plutôt un projet libre qui se définit par ses actes ? Ou, à l'inverse, l'homme doit-il être considéré comme un être entièrement déterminé par son milieu, comme le proclame Burrhus Frederic Skinner dans sa théorie behavioriste ? Enfin, comme l'expose le penseur humaniste Erich Fromm, le mode « avoir » et le mode « être » d'existence constituent-ils l'alternative qui s'offre à l'homme contemporain ?

Tenter de répondre à ces questions, c'est esquisser huit grandes conceptions philosophiques de l'humain qui ont marqué les Temps modernes et l'époque contemporaine. Mais quel fil conducteur guidera la lecture que nous ferons de ces huit conceptions de l'être humain ? La thématique générale retenue est la problématique de la nature humaine. En cherchant à répondre à la question « qu'est-ce que l'homme ? », les philosophies occidentales ont présenté diverses définitions de l'être humain qui correspondent à une longue succession d'interrogations sur la nature humaine ou sur l'**essence** de l'homme. Existe-t-il une nature humaine, c'est-à-dire un ensemble de propriétés ou de caractères se trouvant en tout homme, qui constitue l'essence de l'être humain ? Ou, au contraire, l'homme est-il un sujet qui construit sa propre histoire ou un sujet qui produit l'Histoire, bref un être qui se fait et qui, conséquemment, ne participe pas d'une essence commune ? En d'autres mots, parler de l'essence de l'homme ou de la nature humaine, c'est postuler un principe qui détermine l'être humain à être ce qu'il est. Pour

REPRÉSENTATION

Du latin *repræsentatio*, « action de mettre sous les yeux ». Conséquemment, la représentation sert à désigner une idée ou une image qu'on se fait du monde ou de l'homme.

RÉDUCTIONNISME

Position qui consiste à défendre un principe explicatif unique qui rendrait compte de ce qu'est l'homme dans sa totalité. Une telle attitude valorise généralement une seule dimension de l'être humain en négligeant toutes les autres ; ce faisant, elle escamote la diversité et la complexité de l'humain.

ESSENCE

Ce qui constitue la nature intime d'un être. L'essence de l'homme dit ce qu'il est fondamentalement.

---

2. Nous présenterons brièvement au chapitre 1 de ce volume les principales caractéristiques de l'époque moderne, aussi appelée les Temps modernes.

TRANSCENDANT

Du latin *transcendere*, « s'élever au-dessus de ». Caractère de ce qui est supérieur, de ce qui appartient à un degré plus élevé. Par exemple, Dieu est transcendant au monde et aux êtres immanents.

IMMANENT

Du latin *in manere*, « rester dans ». Caractère de ce qui est contenu à l'intérieur d'un être. S'oppose à transcendant.

DÉTERMINISME

Doctrine selon laquelle tous les phénomènes (pensées, actions, événements, etc.) résultent nécessairement des causes antérieures qui les ont produits.

certains, comme Descartes, un tel principe est **transcendant**. L'homme n'est pas entièrement un être naturel. Pour d'autres, un tel principe est **immanent**, et la nature humaine est alors le produit du milieu, comme le pense Skinner. Pour d'autres enfin, il n'y a pas de nature humaine proprement dite. Ainsi, l'homme est un être forgé par l'histoire humaine, comme le pense Marx, ou par son histoire personnelle, comme le pense Sartre. De Descartes à Fromm, en passant par Rousseau, Marx, Nietzsche, Freud, Sartre et Skinner, nous verrons donc, dans des chapitres distincts, comment ces penseurs ont envisagé la problématique de la nature humaine.

Un autre thème intégrateur, secondaire celui-là, sera pris en considération. Il s'agit de la problématique de la liberté. L'être humain est-il libre, possède-t-il le pouvoir de choisir ? Au contraire, est-il **déterminé**, ses pensées et ses actes étant des résultats qui découlent nécessairement de causes antérieures ?

Mais comment se situer par rapport à ces conceptions de l'homme, comment les accueillir ? vous demandez-vous peut-être. Nous croyons qu'il ne serait pas approprié de recevoir mécaniquement ces conceptions de l'être humain, ni même de les comprendre de la manière dont on comprend des mots et des phrases. Il ne s'agira pas d'apprendre ce savoir comme on acquiert une loi de la mécanique ondulatoire ou comme on maîtrise une équation mathématique. Afin de retirer de ce cours autre chose que de la « culture philosophique », et pour rendre ce savoir vivant, il faut vous sentir engagé par le questionnement fondamental sous-tendant toutes les conceptions de l'homme qui vous seront présentées : Que suis-je ? Quelle est ma nature profonde ? Quel est le sens que je veux donner à mon existence ? Est-ce que je suis libre ? Étant donné que c'est de vous-même qu'il est ici question, il serait souhaitable que vous vous laissiez imprégner, féconder par ces conceptions de l'homme. Vous devrez vous ouvrir à elles, vous sentir touché par elles, fasciné, bouleversé même, jusqu'à vous remettre en question ; ou, au contraire, être indigné, révolté ou, tout simplement, amené à penser autrement.

Une mise en garde paraît ici nécessaire. Ce manuel n'entend surtout pas vous inciter à adhérer sans réflexion à l'une ou l'autre des conceptions philosophiques de l'être humain qui y sont présentées. Chacune d'elles apporte un éclairage intéressant et continue d'alimenter la réflexion de nos contemporains sur l'homme. Cependant, et malgré les visées totalisantes de ces philosophies, nous croyons qu'aucune ne peut, à elle seule, prétendre à la vérité absolue. Il faut les percevoir dans leur ensemble comme un riche réservoir culturel où l'on peut puiser une nourriture pour sa pensée propre. N'appauvrissez donc pas l'humain que vous êtes en l'enfermant dans un seul système d'explications et de significations que vous n'auriez pas approfondi ! Si vous voulez éviter les pièges du **dogmatisme** ou du réductionnisme, nous vous suggérons d'adopter une attitude ouverte mais critique envers toutes ces conceptions de l'homme.

DOGMATISME

Fait qu'une conception de l'être humain se présente de façon absolue comme si elle correspondait à une vérité incontestable ou comme si elle relevait d'un article de foi.

À cette fin, ce manuel offre des activités d'apprentissage à la suite de chacun des exposés. D'abord, vous pourrez vérifier vos connaissances et votre compréhension des philosophies de l'homme retenues en répondant à des questions « Vrai ou faux ? » Afin de fournir l'occasion d'une rencontre directe avec les philosophes et leurs œuvres, nous avons privilégié l'analyse et la critique de texte comme deuxième type d'activité d'apprentissage. Plus précisément, l'on vous demandera de pratiquer une lecture active de ces textes philosophiques. En outre, afin que vous puissiez vous situer personnellement par rapport aux problématiques soulevées par la conception de l'être humain présentée dans chacun de ces textes, vous devrez poser un jugement critique (en faisant un court commentaire critique) sur les positions qui y sont défendues.

Comme troisième activité d'apprentissage, nous vous offrons un deuxième texte de référence qui appuie, désapprouve ou présente différemment la philosophie de l'être humain à l'étude. À propos de ce court texte, vous aurez à produire de nouveau une analyse et un commentaire critique.

En somme, les deux grandes compétences à acquérir dans ces deux dernières activités d'apprentissage sont, en règle générale, le perfectionnement de votre capacité d'analyse et l'amélioration de votre jugement critique. Il va sans dire que la mise en pratique de ces compétences est essentielle à la constitution d'une pensée réfléchie et signifiante de l'être humain.

Nous vous proposons des exercices comparatifs comme quatrième activité d'apprentissage. Ces exercices ont été conçus dans le but de vous permettre d'acquérir l'habileté à comparer deux conceptions de l'être humain à partir d'un même thème.

L'ensemble des activités suggérées vise à vous préparer adéquatement à la réalisation de l'activité de synthèse finale[3] où vous serez invité à expliquer, à commenter et à comparer une conception moderne et une conception contemporaine de l'être humain au regard du thème de la liberté.

Globalement, nous pouvons dire que tous les travaux de réflexion contenus dans ce manuel vous donneront l'occasion de vous mesurer à quelques-unes des grandes conceptions modernes et contemporaines de l'être humain. Une telle confrontation aura peut-être comme résultat (c'est ce que nous vous souhaitons) de vous amener à vous questionner sur ce que sont l'être humain et sa condition, et à réfléchir à ce qui fait votre propre humanité.

Bonne réflexion et bonne session !

---

3. Cette activité de synthèse finale est présentée en annexe à la fin du volume.

Chapitre 1

L'homme
comme être de raison

> Pour la raison ou le sens, d'autant qu'elle est la seule chose qui nous rend homme et nous distingue des bêtes, je veux croire qu'elle est tout entière en un chacun.
>
> René Descartes, *Discours de la méthode*, dans *Œuvres et lettres*, p. 126.

Descartes ou le premier rationalisme moderne

Descartes et le siècle de la raison

Notice biographique

René Descartes naît le 31 mars 1596 à La Haye, un village de Touraine, en France. Le père de Descartes, Joachim de son prénom, est conseiller du roi au Parlement de Rennes, en Bretagne. Sa mère, Jeanne Brochard — qui meurt un an après la naissance de René —, est la petite-fille d'un magistrat de Poitiers. En cela, René Descartes appartient à ce qu'on nomme à l'époque la « noblesse de robe ».

À l'âge de huit ans, Descartes est mis en pension au collège des jésuites de La Flèche, réputé pour être « l'une des plus célèbres écoles de l'Europe ». La langue d'enseignement est le latin. Le jeune Descartes y apprend les humanités classiques. Au programme d'études se trouve le latin, bien sûr, mais aussi le grec. Les matières (histoire, droit, géographie, physique, astronomie et mathématiques — que Descartes apprécie particulièrement « à cause de la certitude et de l'évidence de leurs raisons ») sont enseignées à partir des textes anciens tels que ceux d'Aristote (~384-~322)[1], d'Euclide (~IIIᵉ siècle) ou de Cicéron (~106-~43), etc. L'éducation religieuse y est omniprésente. Par la pratique de la danse et de l'escrime, on ne néglige pas l'éducation du corps. Les trois dernières années sont surtout consacrées à la philosophie **scolastique** (Aristote et saint Thomas d'Aquin [1225-1274]).

Après quelques années d'études à l'Université de Poitiers, Descartes obtient une licence en droit au mois de novembre 1616. Toutefois, il n'embrasse pas la carrière juridique. Afin de découvrir le monde et d'étudier les mœurs des hommes, il rejoint, en 1618[2], l'armée du prince de Nassau stationnée en Hollande. Profitant d'une période d'accalmie, Descartes dispose, selon ses propres mots, d'un « grand loisir » où il fait surtout des mathématiques et écrit l'*Abrégé de musique*. En 1619, il quitte la Hollande pour le Danemark et s'engage dans les troupes du duc de Bavière. Descartes ne participe à aucune bataille. C'est l'hiver et l'armée est immobilisée. Reclus dans une chambre chauffée par un poêle, Descartes fait un rêve, le 10 novembre, qui lui révèle « les fondements d'une science admirable » devant unifier toutes les connaissances et à laquelle il devra consacrer sa vie.

Descartes rentre en France. Lors de la traversée en bateau, il est attaqué par des marins hollandais. Avec bravoure, il se défend à coups d'épée, sauve sa propre vie et celle de son serviteur.

En 1622, Descartes a 26 ans. Grâce à la liquidation de l'héritage maternel, il bénéficie d'une rente confortable qui le dispense de gagner sa vie. Il vit à Paris, en Bretagne et au Poitou.

Fin 1623, Descartes reprend la route, celle de l'Italie. Il est en mesure de constater les purges de l'**Inquisition**, qui brûle sur la place publique les femmes et les hommes accusés d'hérésie. De retour en France, fin 1625, Descartes s'installe à Paris et fait la rencontre du père Mersenne, grand érudit de sciences et de philosophie, avec lequel il entretiendra une correspondance pendant 20 ans. Il poursuit ses travaux en mathématiques, en astronomie et en optique. En 1628, il rédige les *Règles pour la direction de l'esprit*.

SCOLASTIQUE (LA)

Du latin *schola*, « école ». La scolastique ou « philosophie de l'École » désigne l'enseignement philosophique et théologique donné au Moyen Âge (du IXᵉ au XVIIᵉ siècle). Conciliant foi et raison, cet enseignement était donné à partir des Écritures saintes et de la philosophie d'Aristote revue et corrigée par les théologiens du Moyen Âge (entre autres, saint Thomas d'Aquin).

INQUISITION (L')

Organisme judiciaire ecclésiastique créé par la papauté pour lutter contre l'hérésie, c'est-à-dire toute doctrine, opinion ou pratique contraire aux dogmes de l'Église catholique.

---

1. Le symbole ~ signifie « avant Jésus-Christ ».
2. La guerre de Trente Ans éclate en 1618. Ce conflit d'une violence extrême ensanglantera l'Europe entière et anéantira le tiers de la population allemande.

En 1628, il fuit la vie mondaine de Paris et se réfugie en Hollande parce qu'il y trouve une plus grande liberté nécessaire à ses travaux. Il y demeurera plus de 20 ans, changeant souvent de ville (Amsterdam, Leyde, Deventer, Utrecht) et de résidence. Il travaille à la physique mathématique, taille des verres optiques et pratique de nombreuses dissections sur des animaux afin de mieux comprendre le fonctionnement de l'organisme humain.

En 1632, il fait la connaissance d'Hélène Jans, servante d'un libraire d'Amsterdam, qui lui donnera une fille appelée Francine. Celle-ci mourra à l'âge de six ans d'une mauvaise fièvre. Descartes en éprouvera un grand chagrin.

À l'époque de Descartes, la langue utilisée en sciences et en philosophie est le latin. Toutefois, pour être compris par toute personne de bonne volonté, il publie en français, le 8 juin 1637, trois courts ouvrages scientifiques intitulés la *Dioptrique*, les *Météores* et la *Géométrie*. Une préface accompagne ces œuvres : le *Discours de la méthode*. Les trois premiers exemplaires sont remis au prince d'Orange, au roi Louis XIII et au cardinal de Richelieu. Descartes connaît la gloire. Il ne quitte pas pour autant la Hollande, où il rédige, en latin, les *Méditations métaphysiques* (1641), les *Principes de la philosophie* (1644) et, en français, le traité des *Passions de l'âme* (1649).

En 1649, sur l'invitation pressante de la reine Christine, Descartes se rend à la cour de Suède pour initier la jeune souveraine à sa philosophie. C'est l'hiver et il fait froid. En outre, le philosophe doit se lever à cinq heures du matin pour donner ses cours. Descartes attrape une pneumonie et meurt à Stockholm, le 11 février 1650, à l'âge de 53 ans.

L'avènement de la modernité

Le XVIIe siècle, que l'on qualifie de siècle de la raison, voit éclore la philosophie cartésienne. En ce siècle, l'esprit change, dit-on. Nous assistons dès lors à un bouleversement radical des mentalités que plusieurs historiens associent au début de la modernité.

DESCARTES DÉAMBULANT DANS LES RUES D'AMSTERDAM.

La modernité, que l'on nomme aussi les Temps modernes, peut être définie comme l'avènement d'une nouvelle manière de penser l'homme et la place qu'il occupe dans l'univers. En opposition avec l'autorité du passé et la tradition (l'Antiquité gréco-romaine revue et corrigée par la **théologie** catholique médiévale), les Temps modernes se caractérisent par l'élaboration d'une conscience, d'une pensée trouvant en elle-même son fondement. Somme toute, ce qui définit essentiellement les Temps modernes, c'est l'instauration de la **subjectivité** dans le processus de la connaissance, autrement dit la croyance en la capacité d'un individu-sujet de saisir la réalité grâce aux pouvoirs de sa raison. On accorde donc à la raison le pouvoir de rendre le réel intelligible en l'observant, le pensant, le nommant et le théorisant à partir de principes rationnels clairement établis.

Cette foi nouvelle dans les pouvoirs de la raison humaine inaugure une ère nouvelle en instaurant le principe d'une raison « individualisée » qui croit au progrès de l'esprit humain. Cette notion de progrès empruntée au développement des sciences du XVIIᵉ siècle colorera toute la pensée philosophique moderne. À l'instar du développement d'un individu, il y aurait progrès, évolution de l'esprit humain, et donc de l'humanité, allant de la jeunesse à la maturité. L'Antiquité correspondait à l'enfance de la pensée humaine et les Temps modernes, à sa maturité.

À partir du début du XVIIᵉ siècle, les Temps modernes correspondent donc à une nouvelle manière de penser l'être humain et le monde. Toutefois, la Renaissance (XVᵉ et XVIᵉ siècle) en avait déjà jeté les bases et Descartes s'en est inspiré pour élaborer sa conception de l'homme et sa vision de l'univers.

La Renaissance

La Renaissance est marquée par le développement de l'**humanisme**, c'est-à-dire le fait de concevoir l'homme en tant qu'homme et non en tant qu'être d'origine divine. Conséquemment, la représentation chrétienne de l'être humain sera remise en question.

Deux événements majeurs vont transformer à tout jamais la représentation que l'être humain se fait de l'univers et de la place qu'il y occupe.

THÉOLOGIE
« Étude des questions religieuses fondée principalement sur les textes sacrés, les dogmes et la tradition. » (*Le Petit Robert*, 2002.)

SUBJECTIVITÉ
Ce qui appartient au sujet seul : sa conscience, son moi.

HUMANISME
Attitude philosophique qui prend pour fin la personne et son épanouissement. L'humanisme fait de l'homme la valeur suprême et voit en celui-ci, comme l'affirmait Protagoras, « la mesure de toutes choses ».

La révolution copernicienne

L'hypothèse de l'héliocentrisme, formulée par NICOLAS COPERNIC (publiée après sa mort) et reprise par plusieurs CHERCHEURS, remet en cause le géocentrisme — et la conception de l'homme qui y est attaché — admis par l'Église et l'Occident chrétien depuis 700 ans.

Le géocentrisme affirmait que la Terre était au centre de l'univers, fixe et immuable. Le Soleil tournait autour de la Terre comme n'importe quelle autre planète. Ce modèle, élaboré par Ptolémée (90-168), astronome grec, clarifiait la place de l'homme pour les catholiques : créé par Dieu, il était au « centre » de cette Terre créée pour lui, elle-même centrale dans l'espace. Cette vision mythique de

NICOLAUS COPERNICUS
Geb. zu Thorn d. 19 Febr. 1473, Gestorb. zu Ermeland d. 21 May. 1543.

COPERNIC ET SA THÉORIE DE L'HÉLIOCENTRISME FURENT À L'ORIGINE DE LA RÉVOLUTION SCIENTIFIQUE DU XVIIᵉ SIÈCLE.

COPERNIC (1473-1543) EST LE PREMIER QUI, AU DÉBUT DE LA RENAISSANCE, OSA REJETER LE GÉOCENTRISME ANTIQUE. À PARTIR DE DONNÉES MATHÉMATIQUES, IL ÉMET L'HYPOTHÈSE QUE LE SOLEIL CONSTITUE LE CENTRE DE L'UNIVERS, QUE LA TERRE EXÉCUTE UN MOUVEMENT DE ROTATION SUR ELLE-MÊME ET QU'ELLE TOURNE AUTOUR DU SOLEIL. L'HÉLIOCENTRISME EST NÉ.

À LA SUITE DE COPERNIC, JOHANNES KEPLER (1571-1630), GALILEO GALILEI (1564-1642), DIT GALILÉE, ET RENÉ DESCARTES FONDENT UNE NOUVELLE SCIENCE DU MONDE ET DE L'HOMME QUI S'OPPOSE AUX VÉRITÉS ACQUISES DEPUIS L'ANTIQUITÉ GRECQUE.

SACRÉ
Qui appartient à un domaine supérieur, séparé du profane, et fait l'objet d'une révérence religieuse.

PROFANE
« Qui est étranger à la religion (opposé à religieux, sacré). » (*Le Petit Robert*, 2002.)

l'univers où le centre est **sacré** et la périphérie est **profane**, où donc la Terre et l'homme sont sacrés, justifiait l'ordre cosmique et la hiérarchie du vivant.

L'héliocentrisme bouleverse cette représentation : le Soleil devenant le centre de l'univers, la Terre est désormais à la périphérie ; ce faisant, elle perd son caractère sacré. L'homme devient le « gérant » d'un univers profane. Cette nouvelle vision du monde comporte une contradiction fondamentale : ou bien Dieu a créé un espace profane pour y placer un homme qui a peu d'importance, et dans ce cas Dieu Lui-même perd son prestige, ou bien Il a créé le Soleil au centre de l'univers, et alors l'homme est exclu du centre symbolique du monde.

Ce problème explique, entre autres, la réaction de l'Église catholique à la théorie de l'héliocentrisme et les diverses condamnations dont il a été l'objet par la suite. Ce ne sera qu'à la fin du XVIIᵉ siècle qu'elle admettra ce modèle. Entre-temps, la théorie héliocentrique permettra à des chercheurs et à des philosophes de concevoir l'être humain en dehors de la vision chrétienne et de le penser en tant qu'homme.

La découverte des Amériques

La découverte des Amériques est le deuxième événement qui influera sur les réflexions au sujet de la nature humaine.

En 1492, Christophe Colomb découvre l'Amérique (du moins officiellement) et fait la rencontre des autochtones. Cette rencontre sera décisive : les Occidentaux discuteront pendant quelques décennies du statut de ce que l'on nommera les Indiens (ou les « Sauvages » en Nouvelle-France, par référence au fait que plusieurs vivent dans la forêt). Les autochtones seront perçus soit comme des êtres humains inférieurs pouvant être réduits en esclavage sans vergogne, soit comme des êtres qui pourraient donner des leçons aux Occidentaux.

Ce débat eut des échos chez plusieurs penseurs. Michel Eyquem de Montaigne (1533-1592), par exemple, parle des indigènes des Antilles et de l'Amérique du Sud, ramenés en France en 1562 pour être présentés au roi Charles IX, afin de relativiser leur prétendue barbarie :

> Il n'y a rien de barbare et de sauvage en cette nation, à ce qu'on m'en a rapporté, sinon que chacun appelle barbarie ce qui n'est pas de son usage ; comme de vrai, il semble que nous avons autre mire de la vérité et de la raison que l'exemple et idée des opinions et usances du pays où nous sommes[3].

La découverte des Amériques permettra une critique plus ouverte de la société occidentale et une revendication de la liberté de conscience, et ce, dans le contexte des guerres de religion qui déchiraient l'Europe. De plus, à cause des différences importantes de culture et de traditions entre les autochtones et les Européens, ces discussions sur la nature des indigènes entraîneront un questionnement sur la conception chrétienne de l'homme et sur la nature véritable de ce dernier. Ainsi, Montaigne décrit l'homme comme « un sujet merveilleusement vain, divers et ondoyant ». Il écrit encore : « Il est malaisé d'y fonder jugement constant et uniforme[4]. »

DANS LES *ESSAIS* (1588), MONTAIGNE TÉMOIGNE D'UNE VOLONTÉ INDÉFECTIBLE DE TRACER LE PORTRAIT DE SA PROPRE PERSONNE, CAR « CHAQUE HOMME PORTE EN SOI LA FORME ENTIÈRE DE L'HUMAINE CONDITION ».

3. Michel de Montaigne, *Essais*, t. 1, Paris, Gallimard, coll. « Folio classique », 2000, p. 303.
4. *Ibid.*, p. 55.

Par ailleurs, la libre pensée se développe, en partie influencée par les **matérialistes** de l'Antiquité, mais aussi par la révolution copernicienne : on peut désormais penser l'homme sans se référer nécessairement à Dieu.

Dans ce contexte, Descartes décide de refonder la philosophie sur d'autres principes que ceux qui étaient alors en vigueur.

Descartes : savant, mathématicien et philosophe

Au beau milieu de ce foisonnement d'idées nouvelles sur les plans scientifique et philosophique, que vient faire précisément Descartes, ce philosophe dont on a pu dire que rien de ce qui est humain ne lui était étranger ? D'abord, il est lui aussi un grand savant : mathématicien, anatomiste et physicien.

> MATHÉMATICIEN, PHYSICIEN ET ASTRONOME ITALIEN, GALILÉE EST CONDAMNÉ EN 1633 PAR L'INQUISITION POUR AVOIR DÉFENDU L'HÉLIOCENTRISME, THÈSE HÉRÉTIQUE, C'EST-À-DIRE OPPOSÉE À CELLE DE L'ÉGLISE CATHOLIQUE. ON EXIGE DE LUI QU'IL SE RÉTRACTE ET QU'IL VIVE EN RÉSIDENCE SURVEILLÉE.

Dans son *Monde ou Traité de la lumière*, écrit en 1633, Descartes corrobore les données de l'héliocentrisme (notamment celle du mouvement de la Terre). Ayant appris la condamnation de GALILÉE, Descartes fait preuve de prudence et ne publie pas les résultats de ses recherches. Cet ouvrage n'est édité qu'en 1664, 14 ans après sa mort.

En établissant une classification des courbes et des équations, Descartes invente la géométrie analytique ; il formule aussi la loi de la réfraction de la lumière.

À travers ses recherches diverses, il se dit lui-même en quête d'une « science admirable » qui unifierait toutes les connaissances. Or, Descartes établit que la science seule ne peut comprendre tout de l'homme, qu'il faut alors s'en remettre à la **métaphysique** pour tenter de l'appréhender dans sa globalité. Descartes se propose alors de renouveler la métaphysique comme il l'a fait pour les mathématiques et la physique ; il veut qu'une *méthode universelle*[5] aussi solide et irréfutable que les mathématiques lui serve d'assise. En effet, la philosophie **cartésienne** s'inspire de la rigueur mathématique, plus particulièrement de la certitude des démonstrations géométriques. Descartes veut donner un fondement irréfutable à toutes les affirmations auxquelles il arrive. Il espère ainsi définir, avec la plus grande exactitude possible, l'homme et sa situation dans le monde. Il s'agit pour lui d'élucider la combinaison de la matière et de l'esprit en l'homme, deux **substances** fondamentales dont seul l'être humain est pourvu.

Descartes prend comme modèle de démonstration ce qu'il appelle la « mathématique universelle », c'est-à-dire la méthode utilisée par les mathématiques qui non seulement offre la plus grande rigueur pour l'esprit, mais qui serait applicable, selon lui, à tous les objets de la connaissance humaine. La philosophie, si elle veut être une science, doit s'inspirer de l'exactitude inflexible et stricte des mathématiques. En conséquence, le philosophe procédera d'une manière ordonnée en enchaînant les pensées comme le géomètre déduit ses propositions les unes après les autres jusqu'à ce que son théorème soit démontré.

MATÉRIALISTE

Se dit du courant philosophique qui n'admet d'autre substance ou réalité que la matière. Le matérialisme soutient que notre pensée fait partie intégrante de la matière en tant que produit de son évolution. Il s'oppose au spiritualisme. L'origine de cette doctrine remonte à l'Antiquité grecque. Par exemple, Épicure (~341-~270), s'opposant à l'idéalisme de Platon (~428-~348), estimait que le monde physique est antérieur à la pensée et possède une existence propre.

MÉTAPHYSIQUE

Du grec *meta ta phusika*, « après les choses de la nature ». Partie de la philosophie qui fait la recherche rationnelle, au-delà des données de l'expérience, des causes premières et des principes des choses. En ce sens, la métaphysique est la science de l'être en tant qu'être.

CARTÉSIEN

Qui se rapporte à la philosophie de Descartes.

SUBSTANCE

Réalité qui existe par soi-même et se conçoit indépendamment de toute autre.

---

5. La méthode universelle a été conçue d'abord pour un usage scientifique (les mathématiques et la physique), et n'a été appliquée que plus tard à la question métaphysique. La métaphysique, comme science, s'occupe des questions de l'essence (la nature) et de l'existence des substances fondamentales dans l'univers. Nous verrons que Descartes en reconnaît deux : l'esprit et la matière, la substance pensante et la substance étendue.

Le premier rationalisme moderne

Descartes est considéré comme le fondateur du RATIONALISME moderne. Il accorde à l'esprit — et à lui seul — le pouvoir de connaître, pour autant qu'il se mette en quête d'évidences. Pour utiliser un langage plus philosophique, nous pourrions dire qu'en exigeant que l'on s'en tienne uniquement à ce qui est évident à l'esprit du sujet pensant, Descartes instaure la souveraineté de la raison individuelle. Cette volonté de s'affranchir de toute autorité étrangère à la raison et de ne reconnaître pour vrai que ce qui est évident constitue une véritable révolution philosophique.

En cela, Descartes rompt avec l'esprit scolastique du Moyen Âge qui respectait la tradition aristotélicienne et qui ne s'était pas encore dégagé de la théologie de l'Église catholique romaine. Le rôle attribué à la philosophie au Moyen Âge consistait à fonder rationnellement l'enseignement théologique chrétien. La philosophie médiévale ne se donnait pas pour mission de rechercher ce que sont l'humain et le monde, mais de découvrir des raisons ou des arguments rationnels validant la foi chrétienne. On empruntait à l'Antiquité, plus particulièrement à l'aristotélisme, des arguments ou des concepts dans la mesure où ceux-ci corroboraient la parole divine (tirée de la Bible) et l'enseignement de l'Église. Le monde médiéval renvoyait à des vérités (*doctrina*) révélées, immuables et transmises par la voie hiérarchique de l'Église ; le monde moderne qu'institue Descartes renvoie à une quête de certitude que l'homme se doit de découvrir rationnellement et d'acquérir méthodiquement. Explicitant et défendant ce point de vue, la philosophie cartésienne a exercé une influence décisive non seulement sur la science de son temps, mais sur l'ensemble de la philosophie moderne[6].

> LE RATIONALISME EST LA DOCTRINE D'APRÈS LAQUELLE TOUTE CONNAISSANCE CERTAINE PROVIENT DE LA RAISON. CONSÉQUEMMENT, SELON CETTE PHILOSOPHIE, L'ESPRIT HUMAIN POSSÈDE LA FACULTÉ DE FORMER DES CONCEPTS ET DES PRINCIPES RATIONNELS LUI PERMETTANT DE RENDRE INTELLIGIBLES OU COMPRÉHENSIBLES LES CHOSES ET LES ÊTRES. LES IDÉES ET LES JUGEMENTS SERAIENT SOIT INNÉS, SOIT CONSTRUITS PAR L'ESPRIT ; ILS NE PROVIENDRAIENT PAS DES DONNÉES DE L'EXPÉRIENCE.

Descartes et la recherche de certitudes

L'ensemble de l'œuvre cartésienne poursuit un objectif fondamental : asseoir la connaissance sur des bases solides et, ce faisant, établir la raison sur des critères exacts qui ne peuvent être mis en doute.

Mais que dit Descartes de la raison ? Il pense que nous sommes tous doués de raison, ou de « bon sens » comme il l'appelle :

> Le bon sens est la chose du monde la mieux partagée. [...] Cela témoigne que la puissance de bien juger et de distinguer le vrai d'avec le faux, qui est proprement ce qu'on nomme le bon sens ou la raison, est naturellement égale en tous les hommes ; et ainsi que la diversité de nos opinions ne vient pas de ce que les uns sont plus raisonnables que les autres, mais seulement de ce que nous conduisons nos pensées par diverses voies, et ne considérons pas les mêmes choses. *Ce n'est pas assez d'avoir l'esprit bon, mais le principal est de l'appliquer bien*[7].

EMPIRISTE
Se dit de la doctrine philosophique selon laquelle toutes les connaissances proviennent de l'expérience. Conséquemment, tout savoir doit être fondé sur l'expérience et l'observation.

La raison est donc présente en chacun de nous. Nous possédons tous la capacité de connaître et de comprendre ; nous pouvons tous construire la science vraie à condition de bien utiliser notre raison. Le rationalisme de Descartes est fondé sur la certitude que tout esprit bien conduit peut parvenir à la connaissance de la vérité. En conséquence, il y a nécessité de suivre une méthode particulière si nous voulons bien diriger notre raison.

---

6. Des philosophies comme celles de Blaise Pascal (1623-1662), Baruch Spinoza (1632-1677), Nicolas Malebranche (1638-1715), Gottfried Wilhelm Leibniz (1646-1716), John Locke (1632-1704) et les **empiristes** anglais, Jean-Jacques Rousseau (1712-1778), Emmanuel Kant (1724-1804), Auguste Comte (1798-1857), Georg Wilhelm Friedrich Hegel (1770-1831) et Edmund Husserl (1859-1938) se sont constituées à partir de problématiques cartésiennes.

7. René Descartes, *Discours de la méthode*, première partie, p. 126. Toutes les citations reproduites dans ce texte proviennent des *Œuvres et lettres* de Descartes, publiées à Paris en 1953 par la Bibliothèque de la Pléiade de Gallimard. Nous avons mis en italique la dernière phrase de cette citation, car cette affirmation montre l'intérêt qu'a eu Descartes pour la méthode.

La méthode cartésienne

Le *DISCOURS DE LA MÉTHODE*, cet exposé autobiographique, inspirera à Paul Valéry les mots suivants : « Jamais, jusqu'à lui [Descartes], philosophe ne s'était si délibérément exposé sur le théâtre de sa pensée, payant de sa personne, osant le JE pendant des pages entières[8]. » Descartes livre donc à ses lecteurs sa propre méthode « pour bien conduire sa raison et chercher la vérité dans les sciences ».

LE TITRE COMPLET DE L'OUVRAGE EST : *DISCOURS DE LA MÉTHODE POUR BIEN CONDUIRE SA RAISON ET CHERCHER LA VÉRITÉ DANS LES SCIENCES.*

La méthode cartésienne définit quatre règles qui vont guider toute la recherche ultérieure :

1. La règle de l'évidence : la raison doit éviter la *précipitation* et la prévention (le préjugé), et n'accepter aucune chose pour vraie à moins qu'elle ne soit *évidente*, à moins qu'elle ne se présente à l'esprit avec tant de *clarté* et de *distinction* qu'elle ne laisse planer aucun doute.

   - Se *précipiter*, en matière de raisonnement, c'est conclure avec hâte, sans examen suffisant.

   - Ce qui est *évident* correspond à une vérité qui apparaît directement à l'esprit par une *intuition* rationnelle. L'évidence naît donc uniquement des lumières de la raison et sa principale caractéristique consiste à être indubitable, c'est-à-dire sûre et certaine (qui ne peut être mise en doute).

   - Une idée est *claire* quand on discerne tous ses éléments ; elle est *distincte* quand elle est précise et différente de toutes les autres.

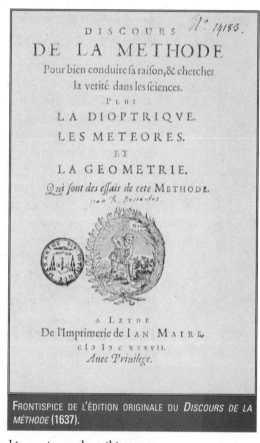

FRONTISPICE DE L'ÉDITION ORIGINALE DU *DISCOURS DE LA MÉTHODE* (1637).

2. La règle de l'analyse : la raison doit *diviser* chacune des difficultés examinées en questions élémentaires et séparées afin de mieux les résoudre.

   - À l'image de la résolution d'un problème mathématique, il s'agit de disséquer un ensemble complexe en ses éléments simples. Plus particulièrement, l'analyse déterminera les éléments fondamentaux d'une situation et leurs propriétés essentielles. Par exemple, Descartes détermine l'élément fondamental de l'univers comme étant la matière, dont la propriété essentielle est d'être étendue et donc soumise aux principes de la géométrie, qui est la science de l'étendue.

3. La règle de la synthèse : la raison doit aller des objets les plus simples aux plus complexes par un enchaînement rigoureux et ordonné.

   - La synthèse correspond à la déduction proprement dite. En partant d'un principe certain (le plus simple étant considéré par Descartes comme le plus certainement connu), il s'agit d'en déduire des propositions qui en sont les conséquences.

4. La règle du dénombrement : la raison doit, sans rien omettre, faire une revue générale de tous les résultats obtenus dans les règles précédentes afin de trouver la solution.

   - Le dénombrement interne vient de la pratique de la démonstration en géométrie où toutes les étapes des théorèmes sont dénombrées, c'est-à-dire numérotées et placées dans le plus strict ordre logique.

---

8. *Les Pages immortelles de Descartes*, choisies et expliquées par Paul Valéry, Paris, Buchet-Chastel, 1961, p. 37.

Transposons la méthode cartésienne dans un contexte actuel et démontrons par un exemple que cette dernière constitue encore aujourd'hui la méthode privilégiée dans toute recherche digne de ce nom. Un professeur de sciences appliquées demande à ses élèves de faire un travail sur la dépollution d'un lac. Ce dernier est infesté par une plante nuisible. On veut connaître les causes de cette prolifération de plantes afin d'y remédier et de rendre de nouveau le lac accessible aux usagers. Les élèves ont encore intérêt à se servir de la méthode proposée par Descartes.

Premièrement, il est pertinent de ne pas se presser et d'examiner la question en y réfléchissant suffisamment. Ainsi, on pourra dresser un inventaire précis de toutes les sources de pollution possibles qui contribuent à la présence et à la croissance de cette plante.

Deuxièmement, à la lumière de cet inventaire, on analysera (c'est-à-dire on décomposera en ses caractéristiques essentielles) chacune de ces sources afin d'évaluer son incidence sur la pollution.

Troisièmement, à partir des données de l'analyse précédente, on déduira l'élément ou les éléments qui ont l'incidence la plus forte sur la pollution.

Finalement, on vérifiera de manière ordonnée toutes les étapes de la démarche afin de résoudre le problème de pollution du lac en désignant les meilleures solutions.

Les étapes du doute méthodique

La première règle de la méthode cartésienne (la règle de l'évidence) contient l'idée du doute méthodique. Pour éviter les préjugés et atteindre la vérité, la raison doit, au préalable, mettre tout en doute. Il ne s'agit pas ici d'un doute SCEPTIQUE. Au contraire, le doute cartésien est sciemment utilisé comme faisant partie d'une méthode qui permet d'atteindre la certitude, l'« indubitable » comme dit Descartes. En d'autres mots, pour arriver à une certitude indéniable, Descartes a recours au doute méthodique, c'est-à-dire qu'il s'astreint volontairement et systématiquement à douter de ce qu'il estime vraisemblable, jusqu'à ce qu'il soit confirmé dans l'évidence de la vérité.

LE SCEPTIQUE FAIT DU DOUTE UNE FIN EN SOI, ALORS QUE DESCARTES L'UTILISE COMME UN MOYEN DE PARVENIR À LA VÉRITÉ.

Descartes révoque d'abord le témoignage de ses sens. Il les soumet au doute méthodique parce que nos sens nous abusent parfois (par exemple, l'eau tiède paraît fraîche à la personne qui fait de la fièvre ; les astres nous paraissent petits alors qu'ils ne le sont pas). Les informations fournies par les sens ne sont donc pas toujours fidèles à la réalité extérieure. « J'ai observé plusieurs fois, écrit Descartes, que des tours, qui de loin m'avaient semblé rondes, me paraissaient de près être carrées, et que des colosses, élevés sur les plus hauts sommets de ces tours, me paraissaient de petites statues à les regarder d'en bas[9]. » Ainsi, les jugements fondés sur les sens sont trompeurs. En effet, nous pouvons être trompés par ce que nos sens nous font voir, entendre, goûter, toucher et sentir. Pour soutenir son doute, Descartes fait même appel à l'hypothèse du Dieu trompeur qui aurait pu truquer les évidences les plus sûres : la Terre, le ciel, les corps, les figures géométriques ou les calculs mathématiques ne seraient pas tels que mes sens ou ma raison me les font appréhender[10]!

Ce qui, en second lieu, est mis en cause par Descartes, c'est la valeur même ou la sûreté même de la logique humaine qui est à l'origine des démonstrations apparemment

---

9. *Méditation sixième*, p. 322.

10. *Méditation première*, p. 270.

certaines des mathématiques. En conséquence, des erreurs qui auraient été commises rendent peu sûrs les démonstrations et les raisonnements déjà faits ; il faut donc les mettre tous en doute. À cette fin, il introduit l'idée du malin génie :

> Je supposerai donc qu'il y a [...] un certain mauvais génie, non moins rusé et trompeur que puissant, qui a employé toute son industrie à me tromper. Je penserai que le ciel, l'air, la terre, les couleurs, les figures, les sons et toutes les choses extérieures que nous voyons, ne sont que des illusions et tromperies, dont il se sert pour surprendre ma crédulité[11].

Enfin, toutes les fausses opinions qu'il a tenues jusqu'à maintenant pour véritables (opinions qui sont souvent la rançon d'une raison mal dirigée) seront aussi passées au crible du doute parce qu'elles ne sont peut-être pas plus vraies que les folles images des rêves qui l'assaillent lorsqu'il dort.

Le *cogito* ou la découverte du Moi pensant

Le *Penseur* d'Auguste Rodin (1840-1917) représente la quintessence de l'individu qui s'appréhende comme être pensant.

Descartes part donc d'un doute intégral sur toutes choses et découvre que, dans le doute le plus radical, il ne peut douter qu'il doute et, conséquemment, qu'il pense. La PENSÉE représente la première évidence à laquelle Descartes arrive. C'est le célèbre *cogito* : « Je pense, donc je suis[12]. » Le *cogito* cartésien pourrait être reformulé de la façon suivante : si je doute, c'est que je suis en train de penser, et si je pense, c'est que j'existe comme être pensant en train de douter de tout. C'est donc dans l'acte même de penser que Descartes s'assure de sa propre existence.

> LA DOCTRINE PROPREMENT RATIONALISTE DE DESCARTES REPOSE SUR LA DÉDUCTION DE TOUTES CHOSES À PARTIR DE LA PENSÉE, QUI CONSTITUE LE FONDEMENT DE TOUTE THÉORIE DE LA CONNAISSANCE.

« J'existe en tant qu'être pensant. » Voilà une première vérité indubitable dont Descartes ne saurait douter. « Mais moi, qui suis-je ? » se demande Descartes. Et Descartes de répondre : « Je ne suis, précisément parlant, qu'une chose qui pense, c'est-à-dire un esprit, un entendement ou une raison[13]. »

Esprit, entendement, raison, trois mots pour désigner une seule et même chose : la pensée. Le *cogito* implique que, si c'est par ma pensée que je peux avoir la certitude de mon existence, c'est donc ma pensée qui me définit essentiellement comme homme.

C'est mon âme qui pense

Je suis « une substance dont toute l'essence ou la nature n'est que de penser [...]. En sorte que ce moi, c'est-à-dire l'âme par laquelle je suis ce que je suis, est entièrement distincte du corps[14]. » Je suis pensée pure et rien d'autre, et c'est mon âme qui pense. En effet, dans les *Réponses aux cinquièmes objections*, Descartes précise « que le nom d'*âme* [...] doit seulement être entendu de ce principe par lequel nous pensons : aussi

---

11 *Méditation première*, p. 272. L'appel au mauvais génie est un artifice utilisé par Descartes pour maintenir son doute systématique.

12. *Discours de la méthode*, quatrième partie, p. 147. La traduction latine de « Je pense, donc je suis » est *Cogito ergo sum*.

13. *Méditation seconde*, p. 278.

14. *Discours de la méthode*, quatrième partie, p. 148. Le rapport entre l'âme et le corps sera présenté plus loin, après que Descartes aura démontré que son corps existe.

l'ai-je le plus souvent appelé du nom d'*esprit* [...] car je ne considère pas l'*esprit* comme une partie de l'âme, mais comme l'âme tout entière qui pense[15] ».

SPIRITUALISTE
Se dit de la doctrine d'après laquelle l'esprit ou l'âme constitue la substance de toute réalité. La philosophie spiritualiste considère l'esprit comme une entité distincte de la matière en général et du corps en particulier et supérieure à ceux-ci.

D'après Descartes, la pensée constitue l'être de l'homme, son essence. Le propre de la nature humaine est de penser. Tout être humain est « une chose qui pense ». Mais qu'est-ce qu'une chose qui pense ? « C'est une chose qui doute, qui ENTEND, qui conçoit, qui affirme, qui nie, qui veut, qui ne veut pas, qui IMAGINE aussi et qui SENT[16]. » Cela ne veut pas dire que l'être humain ne vit que pour penser, qu'il ne fait que penser. Descartes affirme seulement que l'homme est un être dont le caractère fondamental est l'entendement, c'est-à-dire cette faculté de concevoir et de penser le monde réel à l'aide d'idées. La découverte du *cogito* mène donc à une conception **spiritualiste** de l'être humain.

ENTENDRE SIGNIFIE ICI « PRÊTER ATTENTION À UNE IDÉE ». ENSUITE, DESCARTES FAIT ALLUSION À LA CONSCIENCE SUBJECTIVE D'IMAGINER ET DE SENTIR, ET NON AUX DONNÉES DE L'IMAGINATION OU DES SENS.

La primauté du sujet pensant

En démontrant l'existence sûre et certaine du « je » pensant, Descartes instaure, à l'époque moderne, la raison comme fondement exclusif de la recherche de la vérité. Mais il fait plus encore : il affirme la primauté du Moi pensant, du sujet individuel comme dépositaire unique de la raison. Et la raison est pour lui la connaissance pure du réel « clairement » et « distinctement » conçu, c'est-à-dire entièrement « présent à l'esprit » de la personne qui pense indépendamment de l'expérience sensible. Descartes accorde à l'humain le pouvoir de rationaliser, c'est-à-dire la capacité de formuler une pensée vraie à partir de principes distincts de la réalité extérieure. Toutefois, il ne pourra arriver à une certitude que dans la mesure où il se servira de sa méthode rigoureuse qui pose la nécessité de l'évidence et de la clarté. Cela ne veut pas dire que Descartes peut y parvenir toujours. La clarté est donnée par Descartes comme un idéal à atteindre au prix de multiples efforts, idéal jamais totalement conquis par l'esprit humain. Mais il n'en reste pas moins que c'est par ses propres moyens (entre autres, un esprit bien conduit) que le sujet humain réussira à acquérir et à fonder des certitudes indubitables, et pourra en affirmer l'évidence. Dès lors, le rationalisme cartésien propose à chaque humain la responsabilité de penser par lui-même. Désormais, c'est le sujet humain, seul, qui doit poser en lui-même et par lui-même les bases et les critères d'établissement de toute certitude et de toute vérité.

La pensée, les idées et le monde matériel

L'être humain est un sujet pensant dont l'existence est certaine. Mais comment ce sujet pensant entre-t-il en rapport avec les choses matérielles qui peuvent prendre des apparences diverses ? En d'autres mots, comment l'homme peut-il reconnaître un objet matériel malgré les différentes formes qu'il est susceptible de prendre ? Il le fait à travers des idées, c'est-à-dire « tout ce qui est en notre esprit, lorsque nous concevons une chose, de quelque manière que nous la concevions[17] ».

Descartes en fait la démonstration en utilisant l'exemple d'« un morceau de cire qui vient d'être tiré de la ruche ». Un observateur peut distinctement en percevoir la figure, la grandeur, la couleur, l'odeur, la dureté, la froideur, etc. Mais voilà que, au contact du

15. *Réponses aux cinquièmes objections*, p. 482.

16. *Méditation seconde*, p. 278.

17. *Lettre à Mersenne*, juillet 1641, p. 1124.

ÉTENDUE

Qualité que possède tout objet matériel d'être situé dans l'espace et d'en occuper une partie. Il s'agit de l'étendue géométrique : « Tout ce qui a longueur, largeur et profondeur ». (René Descartes, *Règles pour la direction de l'esprit*, p. 98.)

feu, le morceau de cire se transforme radicalement. « Ce qui y restait de saveur s'exhale, l'odeur s'évanouit, sa couleur se change, sa figure se perd, sa grandeur augmente, il devient liquide, il s'échauffe, et quoiqu'on le frappe, il ne rendra plus aucun son. La même cire demeure-t-elle après ce changement ? Il faut avouer qu'elle demeure ; et personne ne peut le nier[18]. » Mais ce ne sont certes pas les sens ni l'imagination qui permettent de reconnaître le morceau de cire, malgré ses transformations. S'il est possible de se représenter ce liquide comme étant le morceau de cire initial, c'est grâce à l'entendement qui, seul, est en mesure de concevoir un objet matériel malgré les diverses formes et apparences qu'il peut prendre. C'est par une « inspection de l'esprit » qu'il est permis de reconnaître et d'affirmer qu'il s'agit encore de la cire. Selon Descartes, tout objet matériel est saisi par l'esprit à travers l'idée d'**étendue**, et une telle idée ne provient pas des sens, mais constitue plutôt une idée innée[19] de la raison humaine. Quelle que soit la forme que la cire puisse prendre, Descartes peut l'appréhender comme une substance étendue.

La cire existe-t-elle réellement comme objet matériel ? Descartes ne l'a pas encore démontré[20]. Ce qu'il vient de confirmer, c'est la force de la pensée capable de se faire une idée d'un objet quel qu'en soit l'aspect extérieur. Et si la pensée peut connaître le monde matériel, c'est grâce aux idées innées que possède l'esprit humain. Descartes affirme que ces idées ne sont pas des fictions inventées par notre imagination, mais qu'elles correspondent à « tout ce qui est conçu immédiatement par l'esprit[21] ».

Ainsi se trouve en l'esprit humain une idée de Dieu saisi comme être parfait.

De l'idée de Dieu à l'existence de Dieu

Rendu à ce stade du développement de sa pensée, Descartes a besoin de démontrer que Dieu existe afin de pouvoir par la suite recourir à Dieu comme garant de la vérité des savoirs humains[22].

Retenons des preuves cartésiennes[23] de l'existence de Dieu celle qui met en rapport l'idée de parfait avec notre propre imperfection. Si j'ai en moi, argumente Descartes, l'idée d'une « substance infinie, éternelle, immuable, indépendante, toute connaissante, toute-puissante, et par laquelle moi-même, et toutes les autres choses qui sont (s'il est vrai qu'il y en ait qui existent) ont été créées et produites[24] », et si je suis moi-même un être imparfait et fini, alors je ne peux être la cause de la présence en moi de cette idée. Il faut qu'une cause parfaite et infinie soit à l'origine de cette idée ; donc, Dieu existe.

La cause de l'erreur : une utilisation incorrecte de la volonté (libre arbitre)

Descartes poursuit son raisonnement ou, comme il se plaît à l'appeler, son « ordre des raisons » en affirmant que Dieu, n'étant sujet à aucun défaut ni à aucune imperfection,

ONTOLOGIQUE

Relatif à l'ontologie, cette partie de la philosophie qui recherche l'être en tant qu'être indépendamment de ses déterminations particulières.

---

18. *Méditation seconde*, p. 280.

19. Le nom d'innéisme a été donné à cette théorie. Notons que Descartes pose comme idée innée toute idée qui représente les essences immuables et éternelles : par exemple l'idée de Dieu, l'idée de l'âme, l'idée du corps et l'idée du triangle.

20. Il s'attaquera à cette démonstration dans la *Méditation sixième*.

21. Réponse à l'objection cinquième sur la *Méditation troisième*, p. 407.

22. Voir plus loin la section intitulée « De l'existence des choses matérielles ».

23. Une autre preuve dite **ontologique** sera présentée dans la *Méditation cinquième*. Celle-ci reprend la célèbre démonstration de saint Anselme (1033-1109). L'idée d'être parfait implique nécessairement qu'Il existe, car si on le niait, on se contredirait : l'Être parfait ne serait pas parfait.

24. *Méditation troisième*, p. 294.

ne peut me tromper, car « vouloir tromper témoigne sans doute de la faiblesse ou de la malice. Et, partant, cela ne peut se rencontrer en Dieu[25] ».

Descartes réfute ainsi son hypothèse du Dieu trompeur à laquelle il avait précédemment fait appel dans la première méditation afin de radicaliser le doute. Si je ne peux tenir Dieu pour responsable du fait « qu'il m'arrive que je me trompe[26] », il s'ensuit que je ne peux en imputer la cause qu'à moi-même. Mais de quelle cause précise à l'intérieur de moi-même provient l'erreur ?

L'erreur ne dépend pas de mon entendement (« la puissance de connaître »), car ce dernier ne fait que proposer des idées, il « n'assure ni ne nie aucune chose[27] ». C'est la volonté (« la puissance d'élire, le libre arbitre ») qui affirme ou nie l'exactitude des idées. Or, Descartes considère que la principale perfection de l'homme est d'avoir un libre arbitre, car la nature de la volonté est « très ample et très parfaite en son espèce ». La volonté est une faculté à ce point parfaite qu'elle fait que je porte en moi « l'image et la ressemblance de Dieu ». La volonté n'étant pas limitée « dans aucunes bornes », elle ne peut être une source d'erreur. L'erreur vient donc plutôt d'un mauvais usage que je fais de ma volonté.

Volonté et liberté

Donnons une description plus complète de cette faculté humaine aux pouvoirs infinis que l'on nomme « volonté » et que nous utilisons parfois fort mal. Descartes affirme d'abord que la volonté et la liberté sont une seule et même chose : « La volonté étant, de sa nature, très étendue, ce nous est un avantage très grand de pouvoir agir par son moyen, c'est-à-dire librement[28]. »

Ensuite, Descartes dit que « la liberté de notre volonté se connaît sans preuve, par la seule expérience que nous en avons[29] ». En d'autres termes, l'expérience vécue nous démontre clairement que nous possédons tous une « liberté si grande » qu'il nous est toujours permis de choisir, c'est-à-dire d'accepter ou de refuser, d'agir ou de ne pas agir, et ainsi de nous déterminer nous-même selon ce que nous propose notre raison ou, au contraire, à l'encontre de notre raison. En conséquence, la volonté est définie par Descartes comme le pouvoir de faire ou de ne pas faire (« c'est-à-dire affirmer ou nier, poursuivre ou fuir ») les choses que l'entendement nous suggère sans y être contraint par aucune force extérieure.

Le libre arbitre et l'indifférence

Descartes ajoute que la volonté correspond au pouvoir du libre arbitre qui ne reste pas *indifférent* aux termes de l'alternative (affirmer ou nier la vérité d'une idée ou d'une proposition ; faire ou ne pas faire une action).

En fait, l'état d'indifférence (appelé l'« indifférence d'inclination ») « que je sens lorsque je ne suis point emporté sur un côté plutôt que vers un autre par le poids d'aucune raison [est] le plus bas degré de la liberté[30] ». Car la personne qui choisit un côté

25. *Méditation quatrième*, p. 301.

26. *Ibid.*, p. 302.

27. *Ibid.*, p. 304.

28. *Les principes de la philosophie*, première partie, art. 37, p. 587.

29. *Ibid.*, art. 39, p. 588.

30. *Méditation quatrième*, p. 305.

plutôt que l'autre tout en étant indifférente aux deux côtés le fait par ignorance. Cette indifférence indique un «défaut dans la connaissance». C'est par manque de lumières qu'un individu choisit sans trouver aucune raison de prendre telle décision ou telle autre. Celui qui sait possède une volonté capable de choisir quel jugement il doit privilégier et quelle action il doit faire.

Plus tard, Descartes précisera sa pensée en présentant une deuxième forme d'indifférence : l'indifférence d'élection. Celle-ci correspond au pouvoir de la volonté de décider gratuitement «de nous retenir de poursuivre un bien clairement connu ou d'admettre une vérité évidente, pourvu que nous pensions que c'est un bien d'affirmer par là notre libre arbitre[31]». Descartes fait ici le constat que l'être humain éprouve parfois le besoin d'affirmer à un tel point sa liberté que sa volonté décidera de ne pas agir dans tel sens alors que sa raison sait qu'il serait bien de le faire, ou encore, de refuser de porter tel jugement tout en sachant que ce dernier serait vrai.

L'indifférence d'élection comme l'indifférence d'inclination ne représentent pas, selon Descartes, la liberté par excellence. N'étant contrainte par rien d'extérieur à elle-même, la liberté parfaite n'est ni ignorante ni étourdie, mais éclairée par la raison.

Le juste choix

Que faut-il choisir au juste ? Même si la liberté de l'homme est immense, je ne dois pas choisir n'importe quoi. Ma volonté ne doit pas privilégier des choix inconsidérés ou aveugles. Descartes croit que j'utilise mal ma volonté quand je donne «mon jugement sur les choses dont la vérité ne m'est pas clairement connue» ou que je me détermine à agir de telle façon sans y avoir pensé rigoureusement. Il s'agit donc de faire preuve d'un pouvoir de choix éclairé où ma volonté choisit pour des raisons où «le bien et le vrai s'y rencontrent», où le mal et le faux sont donc exclus.

Si la raison propose à la volonté des idées ou des actions bien comprises parce qu'elles sont bien analysées, alors la personne pourra juger et choisir sans risque d'erreur. Descartes affirme cette règle par la formule suivante : «La lumière naturelle nous enseigne que la connaissance de l'entendement doit toujours précéder la détermination de la volonté[32].»

De l'existence des choses matérielles

Descartes peut maintenant faire confiance à sa raison, puisque Dieu ne le trompe pas. Pour autant que sa raison lui présente des connaissances claires et distinctes, Descartes est assuré désormais qu'il est en mesure de choisir le jugement pertinent et l'action appropriée pour privilégier le vrai et le bien.

Dans la sixième et dernière méditation, Descartes se sent prêt à démontrer que la matière (choses, objets, corps matériels) existe réellement. Nous avons vu précédemment que Descartes a déjà défini l'étendue comme étant l'idée innée qui nous permet de connaître un objet matériel même s'il change d'apparence. La matière est alors essentiellement une «substance étendue» à laquelle s'appliquent toutes les lois de la géométrie. Mais cela ne prouve pas encore qu'il existe effectivement de la matière hors de l'esprit dans lequel se trouve l'idée d'étendue.

---

31. *Lettre au Père Mesland du 9 février 1645*, p. 1177.
32. *Méditation quatrième*, p. 307.

Descartes se demande d'abord dans quelle mesure les facultés de l'entendement, de l'imagination et des sens peuvent nous assurer de l'existence des choses matérielles. Premièrement, il pose l'existence des choses matérielles comme possible étant donné qu'elles sont rendues intelligibles par notre raison, qui en conçoit l'idée de l'étendue. Deuxièmement, du fait que notre esprit en imaginant prend pour référentiel les choses appartenant au monde réel, Descartes conclut que l'image mentale que notre imagination nous en donne doit « probablement » venir des choses qui existent réellement. Mais nous ne pouvons en être certains. Il en va de même, comme nous l'avons mentionné précédemment, pour les sens, qui nous fournissent des informations peu sûres, informations desquelles nous ne pouvons déduire avec assurance l'existence des choses matérielles. Donc, ni l'entendement, ni l'imagination, ni les sens ne nous procurent la certitude de l'existence de la matière. Mais j'ai en moi les idées de l'étendue, de la figure, du mouvement des choses matérielles !

D'où viennent ces idées de l'étendue des corps, de leur figure et de leur mouvement ? Elles ne viennent pas directement de moi, dit Descartes, car « ces idées-là me sont souvent représentées sans que j'y contribue en aucune sorte[33] ». Les idées que j'ai des choses sensibles proviennent donc d'une substance distincte de moi-même. Cette substance peut être la chose réelle et objective ou Dieu lui-même. Or, Dieu, qui n'est pas trompeur, ne m'envoie pas ces idées sans qu'elles se réfèrent de quelque façon au monde réel. Et puisque j'ai une forte tendance à croire que les idées que j'ai des choses matérielles « partent des choses corporelles », Dieu serait trompeur s'Il me permettait de concevoir l'étendue, la figure et le mouvement, et s'Il me disposait à les juger réels sans qu'il y ait dans le monde aucune chose correspondant à ces idées. Dieu, être parfait, créateur des idées claires et distinctes qui se présentent à mon entendement, me garantit l'existence des choses matérielles. En d'autres mots, la véracité divine me prouve l'existence des choses matérielles.

Avec son *cogito*, Descartes s'est d'abord assuré qu'il était une substance dont l'essence est la pensée et que c'est l'âme qui pense. Là, il vient de démontrer que son corps (qui est une chose matérielle) se définit comme une substance dont l'essence est l'étendue géométrique et que ce corps existe réellement.

Le rapport entre l'âme et le corps

Étant aux prises avec deux éléments distincts (l'âme et le corps) caractérisant l'homme, Descartes se demande maintenant quelle sorte de relation en résulte.

Le niveau de l'existence concrète

L'expérience vécue témoigne de l'union substantielle de l'âme et du corps « et comme du mélange de l'esprit avec le corps ». Reprenant une formule d'Aristote et de Thomas d'Aquin, Descartes dit : « La nature m'enseigne aussi par les sentiments de douleur, de faim, de soif, etc., que je ne suis pas seulement logé dans mon corps, ainsi qu'un pilote en son navire, mais outre cela, que je lui suis conjoint très étroitement et tellement confondu et mêlé, que je compose comme un seul tout avec lui[34]. »

Lorsque Descartes affirme cette union totale de l'âme (esprit) et du corps, il se situe sur le plan de la vie concrète. Sur ce plan, l'homme est composé d'une âme et d'un

---

33. *Méditation sixième*, p. 324-325.

34. *Ibid.*, p. 326.

corps. L'âme et le corps lui permettent d'être en vie, d'exister. Bref, l'être humain agit comme un composé vital qui unit l'âme au corps pour la durée d'une existence humaine. Ainsi, lorsque mon corps éprouve des sentiments, des sensations, des besoins ou des passions, mon âme qui habite mon corps[35] en a conscience et en est troublée. Par exemple, lorsque mon corps éprouve la passion d'amour (cœur qui bat la chamade, mains moites, etc.), mon âme en est aussi « agitée » et elle doit veiller à ce que son jugement ne soit pas affaibli.

Les passions humaines

Considérant comme défectueuses les sciences léguées par les anciens quant aux passions humaines et voulant expliquer davantage l'union de l'âme et du corps sur le plan de la vie concrète, Descartes publie à Paris, en 1649, son célèbre traité des *Passions de l'âme*. Il utilise l'expression « passions de l'âme » parce qu'il dit vouloir expliquer les passions « qui se rapportent à l'âme même[36] ».

Les passions de l'âme résultent de causes corporelles : les mouvements des « esprits animaux ». Descartes utilise l'exemple de la peur pour nous faire comprendre son affirmation. En présence d'un objet effroyable (par exemple, un chien méchant qui nous attaque), il y a sécrétion dans l'organisme humain de particules de matière — appelées « esprits animaux » — qui vont vers les nerfs et qui causent divers mouvements du sang qui agissent à leur tour sur les muscles : cela incite à remuer les jambes pour fuir. En même temps, un autre mouvement des esprits animaux permet à l'âme d'être consciente de cette fuite. On peut donc dire que c'est le corps qui est d'abord animé par les passions ; c'est lui qui les vit. Cependant, les passions demeurent présentes à notre âme (esprit), c'est-à-dire que les passions « l'agitent et l'ébranlent si fort[37] » que l'âme en est affectée.

Descartes précise que les passions « ne sont données à l'âme qu'en tant qu'elle est jointe avec lui [le corps][38] ». Et dans une lettre adressée à Chanut, il ajoute : « En les [les passions] examinant, je les ai trouvées presque toutes bonnes, et tellement utiles à cette vie, que notre âme n'aurait pas sujet de vouloir demeurer jointe à son corps un seul moment, si elle ne les pouvait ressentir[39]. »

Descartes relève six passions « primitives » : la joie, l'amour, la tristesse, la haine, l'admiration et le désir. Les passions ne sont pas mauvaises en soi. Au contraire, Descartes considère « qu'elles sont toutes bonnes de leur nature, et que nous n'avons rien à éviter que leurs mauvais usages ou leurs excès[40] ». Car il revient à la raison de contrôler les mouvements du corps, y compris les mouvements affectifs. Pour ne pas succomber à leur excès, c'est-à-dire les vivre de façon démesurée, et ainsi s'éloigner de la sagesse, il ne s'agit pas de les extirper de son corps, mais seulement de « s'en rendre tellement maître et [de] les ménager avec tant d'adresse, que les maux qu'elles causent sont fort supportables, et même qu'on tire de la joie de tous[41] ». Mais qu'est-ce que cela veut dire au juste ? Tout simplement ceci : si nous voulons que notre âme s'appartienne en propre, c'est-à-dire qu'elle parvienne à se distinguer de la passion (par exemple, la haine)

35. Descartes situe le siège de l'âme dans la glande pinéale (ancien nom de l'épiphyse), laquelle est logée en dessous du cerveau.

36. *Passions de l'âme*, I, art. 25, p. 708.

37. *Ibid.*, I, art. 28, p. 709.

38. *Ibid.*, II, art. 137, p. 759.

39. *Lettres choisies*, À Chanut, 1er novembre 1646, p. 1248-1249.

40. *Passions de l'âme*, III, art. 211, p. 794.

41. *Ibid.*, III, art. 212, p. 795.

INTELLECTION

Acte par lequel l'esprit conçoit. Correspond à la faculté de connaître en tant que telle.

qu'elle éprouve et qui l'émeut, elle devra apprendre à se distancier de cette passion. Ainsi, pour ne pas se confondre avec la passion qui l'assaille, l'esprit doit (en se servant de sa capacité d'**intellection**) se centrer sur lui-même et ainsi se situer à l'extérieur de la passion, car la passion est un mouvement du corps, et non de l'âme. Un peu comme au théâtre, où l'acteur réussit à se mettre à distance pour ne pas être totalement bouleversé par les émotions que vit le personnage qu'il incarne sur la scène.

Le niveau métaphysique

Nous venons de constater que, selon Descartes, l'âme est jointe au corps en cette vie. Cependant, se situant sur un autre plan — celui de la connaissance —, il affirme « la réelle distinction entre l'âme et le corps de l'homme ». L'âme (substance pensante) et le corps (substance étendue) doivent être appréhendés distinctement par l'entendement. Descartes établit donc une séparation radicale (dualisme) entre l'âme et le corps, puisque, selon lui, leur nature et leurs fonctions diffèrent d'une manière inconciliable.

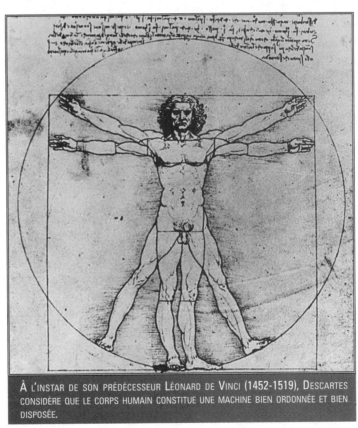

À L'INSTAR DE SON PRÉDÉCESSEUR LÉONARD DE VINCI (1452-1519), DESCARTES CONSIDÈRE QUE LE CORPS HUMAIN CONSTITUE UNE MACHINE BIEN ORDONNÉE ET BIEN DISPOSÉE.

L'homme se définit essentiellement par son âme qui est différente du corps. L'être de l'homme, c'est son âme. Il est son âme, et cette âme — qui le caractérise en propre — a pour fonction de penser. L'âme est donc la pensée. Descartes, qui réduit l'âme à l'esprit pensant, ne voit pas en elle un principe vital qui animerait ou dirigerait le corps. L'âme possède une nature purement spirituelle et elle peut penser sans le corps. Sur un plan métaphysique, l'âme est donc indépendante du corps.

Le corps ne définit pas l'être humain. « Je ne suis pas cet assemblage de membres qu'on appelle le corps humain[42]. » L'être humain n'est pas son corps puisque le corps n'est

---

42. *Méditation seconde*, p. 277.

pas nécessaire pour penser. Il faut même s'en méfier car, comme nous l'avons constaté, les sens peuvent nous fournir de fausses informations. Le corps est « cette machine composée d'os et de chair, telle qu'elle paraît en un cadavre[43] ». À l'image d'un **automate**, l'homme en tant que corps obéit aux règles de la mécanique. En effet, Descartes perçoit le corps humain comme une espèce de machine ou de mécanique qu'on peut remonter pour la faire se mouvoir. Les membres du corps sont mus par les esprits animaux sans l'aide de l'âme « en même façon que le mouvement d'une montre est produit par la seule force de son ressort et la figure de ses roues[44] ». Nous avons affaire ici à une explication essentiellement mécaniste du corps et de ses fonctions. Aux yeux de Descartes, le corps est une machine pouvant être entièrement expliquée par les lois physiques du mouvement. Quoi qu'il en soit, tout ce que produit le corps — sensations, émotions, sentiments et images — peut être expliqué mécaniquement de la même manière que nous le ferions pour une bille qui roule sur un plan incliné. Le corps assume, seul, les fonctions vitales qui, d'après Descartes, sont avant tout mécaniques. Le corps est donc la matière mécanique. Gardons en mémoire que le corps, et ce qu'il produit, possède, selon Descartes, une parfaite autonomie[45] et constitue une machine bien ordonnée et bien disposée dont les organes continueraient de fonctionner à merveille même s'il n'y avait en lui aucun esprit, tel que cela se passe chez les animaux[46]. En conséquence, il ne revient pas à l'âme d'animer ou de diriger le corps. Elle peut alors se consacrer totalement à la fonction première pour laquelle Dieu l'a créée : penser.

AUTOMATE
Toute machine qui est animée par un mécanisme intérieur et qui se meut par elle-même.

Morale provisoire et règle du meilleur jugement

Descartes définit l'homme comme étant essentiellement un être de pensée qui doit conduire son esprit avec méthode et rigueur s'il veut accéder à la vérité et s'il veut agir selon le bien. Mais, dans la vie de tous les jours, il arrive souvent qu'on doive agir sans disposer d'un temps de réflexion approfondie. Il faut alors, selon Descartes, se munir d'une « morale par provision », c'est-à-dire se donner des **maximes** de conduite provisoires et s'y soumettre résolument même si, faute de temps, ces dernières n'ont pu être examinées d'une manière stricte et serrée.

MAXIME
Règle, principe de conduite.

Dans le domaine de l'agir, Descartes ne tolère pas l'indécision, qu'il appelle « irrésolution ». Une décision quelconque vaudra toujours mieux, selon lui, que l'indécision lorsqu'on n'est pas encore en mesure de bien juger. En conséquence, Descartes se donne pour sa propre gouverne les maximes[47] suivantes : il faut « obéir aux lois et aux coutumes de son pays [...] suivant les opinions les plus modérées et les plus éloignées de l'excès » ; il faut être le plus ferme et le plus résolu possible dans ses actions une fois qu'on s'y est déterminé ; il faut changer ses désirs et ses pensées plutôt que d'essayer inutilement de changer l'ordre du monde[48].

Précisons que ces règles morales provisoires ne remplacent pas la règle d'action ultime retenue par Descartes et que l'on pourrait appeler la « règle du meilleur jugement » : « Il suffit de bien juger pour bien faire, et de juger le mieux qu'on puisse pour faire aussi tout son mieux, c'est-à-dire acquérir toutes les vertus[49]. »

---

43. *Ibid.*, p. 276.

44. *Passions de l'âme*, I, art. 16, p. 704.

45. Par exemple, c'est le corps lui-même qui voit à se nourrir et à se mouvoir.

46. *Méditation sixième*, p. 329.

47. Ces maximes constituent la base d'une morale provisoire en attendant la construction d'une morale définitive. Voir *Discours de la méthode*, troisième partie, p. 141-143.

48. Descartes s'inspire ici du détachement propre aux stoïciens (IVe siècle avant J.-C.-IIe siècle après J.-C.), qui enseignaient de ne pas essayer de changer ce qui ne dépend pas de nous.

49. *Discours de la méthode*, troisième partie, p. 144.

Agir selon le meilleur jugement demeure pour Descartes la résolution la plus sage et la plus assurée pour régler nos mœurs. Voilà la règle ou le principe fondamental de toute morale digne de ce nom. Notre esprit devra donc chercher prioritairement à connaître la juste valeur des choses en utilisant « ses propres armes », c'est-à-dire en posant « des jugements fermes et déterminés touchant la connaissance du bien et du mal, suivant lesquels l'esprit a résolu de conduire les actions de sa vie[50] ».

En affirmant « que mon essence consiste en cela seul, que je suis une chose qui pense ou une substance dont toute l'essence ou la nature n'est que de penser[51] », Descartes privilégie la dimension rationnelle de l'être humain, mais on ne trouve chez lui aucune condamnation morale du monde sensible ni du corps. Si Descartes valorise l'*intelligible* au détriment du *sensible*, c'est uniquement parce que le monde sensible peut nous tromper dans notre quête de certitudes. Seul l'entendement, c'est-à-dire cette faculté de pure intellection (et non les sens et l'imagination), peut nous permettre de concevoir les choses de façon explicite et séparée, et ainsi d'arriver à des connaissances sûres et certaines. Et la volonté libre de l'être humain devra viser cet ultime but : atteindre l'indubitable ! Et l'indubitable ne pourra s'acquérir que par la méthode.

Descartes aujourd'hui

Demandons-nous quelles résonances peut avoir encore aujourd'hui le rationalisme cartésien.

Descartes et l'esprit scientifique contemporain

Ne peut-on reconnaître l'esprit cartésien dans les bases mêmes de l'esprit scientifique contemporain ? Bien sûr ! La science actuelle s'inspire des recommandations prescrites par Descartes au XVIIe siècle afin de connaître la réalité avec certitude. Notamment, la science d'aujourd'hui reconnaît qu'il faut toujours utiliser une méthode exacte et précise si on veut arriver à un résultat objectif. À l'instar de Descartes, la science d'aujourd'hui défend le principe de causalité dans toute démonstration. Elle valorise aussi la déduction mathématique comme modèle du raisonnement rigoureux. Elle fait appel d'une manière nécessaire aux preuves irréfutables avant de conclure. Et ainsi de suite.

Descartes et notre manière de penser

Plus généralement, Descartes influence de nos jours notre pensée en nous recommandant de nous en remettre exclusivement à ce que la raison comprend, de retenir ce que la raison a appréhendé avec certitude, de nous affranchir des idées reçues, de nous défier des préjugés et des lieux communs, de développer l'esprit critique, etc. N'est-ce pas là des attitudes de l'esprit que notre culture actuelle valorise et que l'éducation essaie encore aujourd'hui de cultiver ?

Descartes et la primauté de la raison instrumentale

Selon Descartes, notre raison doit être conduite par une méthode rigoureuse ; on doit penser d'une manière claire et précise et arriver ainsi, par le chemin le plus simple, à un résultat indubitable.

---

50. *Passions de l'âme*, I, art. 48, p. 720.
51. *Méditation troisième*, p. 323.

Certaines critiques reprochent à Descartes d'avoir tracé ainsi la voie à ce qu'on nomme aujourd'hui la « raison instrumentale ». Dans *Grandeur et misère de la modernité*, Charles Taylor qualifie cette raison instrumentale de « raison "désengagée"[52] ». En définissant l'être humain comme étant essentiellement un pur esprit désincarné et détaché des choses qu'il appréhende, Descartes aurait été le propagandiste d'une *raison désengagée* « que nous utilisons lorsque nous évaluons les moyens les plus simples de parvenir à une fin donnée[53] ». Cette raison instrumentale contemporaine atteint son objectif lorsqu'elle permet une efficacité et une productivité maximales.

Bien au-delà de l'univers économique, cette raison instrumentale pénètre désormais la sphère de nos vies privées. Aujourd'hui, nous mesurons notre réussite, notre bien-être, notre rapport aux autres, bref notre bonheur à l'aune de coûts-bénéfices comme si aucune humanité, aucune recherche de sens ne devait guider notre vie.

Selon Charles Taylor, « la primauté de la raison instrumentale se manifeste aussi dans le prestige qui auréole la technologie et qui nous fait chercher des solutions technologiques alors même que l'enjeu est d'un tout autre ordre[54] ». Ainsi, la raison instrumentale envahit les domaines de la politique, de la santé, de l'environnement et de la vie sociale. Aujourd'hui, les partisans d'une raison instrumentale, ardents défenseurs du contrôle, de l'efficacité et de la rentabilité à tout prix, préconisent, par exemple, de privatiser les pratiques médicales en oubliant souvent que le patient est une personne ! Ils recommandent la vente de l'eau potable, le développement accéléré des organismes génétiquement modifiés (OGM), etc. En s'appuyant sur un calcul économique simpliste, ces partisans de la raison instrumentale rejettent les mesures visant à protéger l'environnement. Par exemple, les États-Unis d'Amérique refusent de signer le protocole de Kyoto parce que les dispositions retenues pour réduire les gaz à effet de serre feraient ralentir l'économie américaine !

Bref, sans aucun souci d'humanité, les tenants de la raison instrumentale envisagent tout comme une marchandise nécessaire au roulement de l'économie.

Descartes et l'enseignement de la tradition

Dans la première partie de son *Discours de la méthode*, Descartes critique l'éducation qu'il a reçue au collège de La Flèche. L'enseignement consistait alors à transmettre l'héritage du passé. Certes, il est intéressant, dit Descartes, de « converser avec ceux des autres siècles », mais « lorsqu'on est trop curieux des choses qui se pratiquaient aux siècles passés, on demeure ordinairement fort ignorant de celles qui se pratiquent en celui-ci[55] ». En outre, les trois dernières années d'études étaient consacrées au savoir officiel de l'époque : la philosophie scolastique. Descartes reproche à cette doctrine d'avoir des fondements peu solides, de sorte qu'elle ne peut conduire à des énoncés sûrs et certains.

C'est pourquoi, sitôt que l'âge me permit de sortir de la sujétion de mes précepteurs, je quittai entièrement l'étude des lettres. Et me résolvant de ne chercher plus d'autre science que celle qui se pourrait trouver en moi-même, ou bien dans le grand livre du monde. [...] Car il me semblait que je pourrais rencontrer beaucoup plus de vérité dans les raisonnements que chacun fait touchant les affaires qui lui importent, et dont l'événement le doit punir bientôt après s'il a mal jugé, que dans ceux que fait un homme de lettres dans son cabinet, touchant des spéculations qui ne produisent aucun effet,

---

52. Charles Taylor, *Grandeur et misère de la modernité*, trad. Charlotte Melançon, Montréal, Bellarmin, 1992, p. 128.
53. *Ibid.*, p. 15.
54. *Ibid.*, p. 17.
55. *Discours de la méthode*, première partie, p. 129.

et qui ne lui sont d'autre conséquence, sinon que peut-être il en tirera d'autant plus de vanité qu'elles seront plus éloignées du sens commun, à cause qu'il aura dû employer d'autant plus d'esprit et d'artifice à tâcher de les rendre vraisemblables. Et j'avais toujours un extrême désir d'apprendre à distinguer le vrai d'avec le faux, pour voir clair en mes actions, et marcher avec assurance en cette vie[56].

Cette critique que fait Descartes d'un enseignement exclusivement fondé sur des savoirs érudits appartenant à la tradition a été reprise aujourd'hui par les systèmes d'éducation. Il ne s'agit plus d'enseigner aux jeunes l'héritage du passé en lui-même et pour lui-même, mais de leur apprendre à penser par eux-mêmes, à raisonner, à discerner le vrai du faux en évaluant d'après le critère de vérité la valeur des connaissances apprises.

Descartes et l'appel à la rationalité tous azimuts

DISCOURS
Expression de la pensée qui appréhende le réel en procédant d'une manière logique, méthodique et démonstrative.

Toute l'œuvre cartésienne nous dit qu'il faut penser clairement, sinon il n'y a pas de pensée du tout. Cette recommandation ne convient-elle pas en particulier à notre temps où il semble si difficile d'établir un **discours** rigoureux et cohérent sur le monde et sur soi-même ? Devant un tel constat, parents et enseignants exhortent les jeunes à se servir de leur raison. Ils leur demandent d'être rationnels, c'est-à-dire d'accéder à la compréhension raisonnée du monde et d'eux-mêmes en formant des concepts et en produisant des raisonnements argumentés et fondés. Mais on fait souvent cet appel à la rationalité, présentée comme une source nécessaire et incontournable de la connaissance, en condamnant un autre monde perçu comme inférieur ou dégradé : celui des instincts, des émotions, des sentiments, de l'affectivité, bref le monde du *cœur*. Nous parlons ici de tout ce qui apparaît d'abord comme étranger à la représentation rationnelle, qui s'exprime souvent par des « Je sens que... », « J'ai le sentiment que... » et que l'on appelle communément le « monde du vécu ». En voyant toujours la nécessité — puisque nous sommes des êtres de raison — de soumettre ce monde du vécu à la lumière de la raison, n'avons-nous pas tendance à désavouer sans réserve ni nuance ce monde du vécu ? Ce faisant, ne valorisons-nous pas de façon parfois abusive la pensée froide et désincarnée ?

Il faut reconnaître qu'en assujettissant toutes les dimensions de la vie humaine aux impératifs de la raison, le CARTÉSIANISME a contribué à étouffer la voix du cœur. Qui plus est, le cartésianisme affermit l'éternelle opposition entre l'univers de la raison et celui des sentiments.

LE CARTÉSIANISME DÉSIGNE LES PHILOSOPHIES QUI, SUCCÉDANT À CELLE DE DESCARTES, ONT PROLONGÉ LA PENSÉE CARTÉSIENNE. LES PHILOSOPHIES DE SPINOZA, DE MALEBRANCHE ET DE LEIBNIZ ONT DÉVELOPPÉ UNE ATTITUDE ULTRARATIONALISTE QUI EST DEVENUE SI RÉPANDUE CHEZ LES ÉLITES INTELLECTUELLES QU'ON NOMMERA LE SIÈCLE SUIVANT LE « SIÈCLE DES LUMIÈRES » (DE LA RAISON).

Il a fallu attendre Jean-Jacques Rousseau pour que soit réhabilité « le sentiment de soi-même et de sa propre existence », et pour que nous puissions passer du sujet pensant de Descartes (sujet sans dimension temporelle ni sociale) au sujet perfectible et historique de Rousseau.

---

56. *Ibid.*, p. 131.

René Descartes

Le **doute méthodique** cartésien me délivre des erreurs (témoignages des sens, démonstrations mathématiques, préjugés). Puisque je ne peux douter que je doute, le doute permet de poser avec certitude le *cogito* (je pense, donc je suis). Le *cogito* conduit à cette première évidence : je suis une **substance pensante**. Et c'est l'**âme** qui pense grâce aux **idées innées**. L'idée innée de Dieu mène à l'**existence de Dieu**, être parfait qui ne peut me tromper. L'erreur vient d'un mauvais usage de ma **volonté (libre arbitre)** qui choisit le faux et le mal. Dieu, créateur de l'idée claire et distincte de l'étendue qui se présente à mon esprit, me garantit l'**existence des choses matérielles**. En conséquence, j'ai la certitude que mon **corps (substance étendue)** existe et qu'il assume seul les fonctions vitales. Mais moi, je suis une âme (substance pensante). Mon âme qui pense constitue mon essence. C'est mon corps qui ressent d'abord les **passions**, mais celles-ci affectent aussi l'âme. L'âme doit maîtriser les passions.

Réseau de concepts

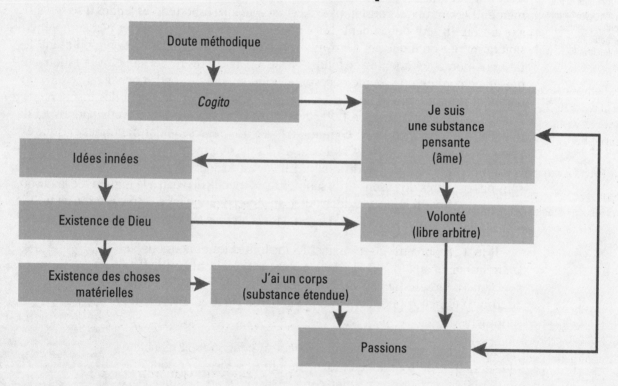

Descartes et le siècle de la raison

Notice biographique

René Descartes naît le 31 mars 1596 à La Haye en France. Il fait des études au collège des jésuites de La Flèche et obtient une licence en droit de l'Université de Poitiers. Descartes se fait soldat afin de voyager et d'étudier les mœurs des hommes. Profitant d'une rente confortable, il se consacre entièrement à la recherche. Il publie des ouvrages scientifiques et philosophiques qui contribueront à la construction de la pensée moderne du XVIIe siècle. Descartes meurt à Stockholm le 11 février 1650.

L'avènement de la modernité

La modernité, aussi appelée les Temps modernes, s'oppose à l'autorité du passé et à la tradition (l'Antiquité gréco-romaine revue et corrigée par la théologie catholique médiévale).

Les Temps modernes se caractérisent par la croyance en la capacité de l'individu-sujet de connaître le réel grâce à sa raison, par la croyance au progrès de l'esprit humain.

La Renaissance

Deux événements majeurs issus de la Renaissance (XVe et XVIe siècle) vont transformer la manière de penser l'univers et la place que l'être humain y occupe.

1. La révolution copernicienne

Grâce à Copernic, suivi de Kepler, Galilée et Descartes, nous assistons à une nouvelle compréhension et à une nouvelle représentation du monde : l'héliocentrisme. Le Soleil devenant le centre de l'univers, la Terre et l'homme qui y habite perdent leur caractère sacré.

2. La découverte des Amériques

Les discussions sur la nature des indigènes des Amériques entraîneront un questionnement sur la conception chrétienne de l'homme et sur la véritable nature de ce dernier.

Descartes : savant, mathématicien et philosophe

Descartes veut définir, avec la plus grande exactitude possible, l'homme et le monde. À cette fin, il utilise la « mathématique universelle » comme modèle de démonstration parce que les mathématiques offrent une rigueur inflexible et stricte.

Le premier rationalisme moderne

Descartes est le premier philosophe moderne à accorder à la raison de l'individu le pouvoir de connaître, pour autant qu'elle soit dirigée avec rigueur et méthode.

Descartes et la recherche de certitudes

La méthode cartésienne

Afin que notre raison soit bien menée, Descartes nous propose de suivre sa propre méthode qui obéit à quatre règles : l'évidence, l'analyse, la synthèse et le dénombrement.

Les étapes du doute méthodique

Pour arriver à une première vérité indubitable, Descartes met tout en doute : les informations fournies par ses sens, parce qu'elles peuvent être fausses, les démonstrations mathématiques et les raisonnements déjà faits, parce qu'il a pu se tromper en les établissant, ses opinions, qui peuvent être aussi fausses que celles qui proviennent de ses rêves.

Le *cogito* ou la découverte du Moi pensant

« Je doute, donc je pense, donc je suis. » Si je doute, c'est que je suis en train de penser, et si je pense, c'est que j'existe.

Mais qui suis-je ? se demande Descartes. Une « chose qui pense, c'est-à-dire un esprit, un entendement ou une raison ».

C'est mon âme qui pense

L'homme est une « substance dont toute l'essence ou la nature n'est que de penser ». D'après Descartes, la pensée constitue donc l'être de l'homme, son essence. Et c'est « l'âme tout entière qui pense ».

La primauté du sujet pensant

En définissant l'être humain comme un « je » pensant, Descartes donne à chaque humain la responsabilité de penser par lui-même et de poser en lui-même et par lui-même les bases et les critères d'établissement de toute certitude.

La pensée, les idées et le monde matériel

Malgré les différentes formes qu'un objet matériel peut prendre, Descartes affirme que son entendement (sa raison) peut l'appréhender grâce à l'idée innée de l'étendue.

De l'idée de Dieu à l'existence de Dieu

Si j'ai en moi l'idée de la perfection et de l'infini alors que je suis moi-même un être imparfait et fini, une cause parfaite et infinie doit être à l'origine de cette idée ; donc, Dieu existe.

La cause de l'erreur : une utilisation incorrecte de la volonté (libre arbitre)

Dieu ne pouvant me tromper et la volonté étant une faculté parfaite, l'erreur vient d'un mauvais usage que je fais de ma volonté (le libre arbitre).

Volonté et liberté

La volonté et la liberté sont une seule et même chose.

La liberté de notre volonté se connaît sans preuve, par la seule expérience que nous en avons.

La volonté est définie par Descartes comme le pouvoir du libre arbitre qui ne reste pas indifférent aux deux contraires (faire ou ne pas faire ce que la raison nous propose) sans y être obligé par aucune force extérieure.

Le libre arbitre et l'indifférence

Descartes critique les deux formes d'indifférence :
a) l'indifférence d'inclination, où je choisis (par ignorance) indistinctement un côté ou un autre, ce qui est « le plus bas degré de la liberté » ;
b) l'indifférence d'élection, où, dans l'unique but d'affirmer ma liberté, je ne choisis pas une action que je sais pourtant bonne ou un jugement que je sais pourtant fondé.

Le juste choix

Que faut-il choisir ? Il faut faire preuve d'un pouvoir de choix éclairé par la raison où la volonté de l'être humain choisit le vrai et le bien (non le faux et le mal).

De l'existence des choses matérielles

Ni l'entendement, ni l'imagination, ni les sens ne donnent l'assurance de l'existence des choses matérielles.

Les idées de l'étendue, de la figure et du mouvement des corps (des choses matérielles) proviennent d'une cause distincte de moi-même.

Cette cause ne peut être que les choses réelles et objectives. Car Dieu, qui ne peut me tromper, n'aurait pu me faire concevoir ces idées (étendue, figure, mouvement) ni me disposer à les juger réelles si les choses matérielles auxquelles correspondent ces idées n'existaient pas réellement.

Le rapport entre l'âme et le corps

Le niveau de l'existence concrète

Sur le plan de la vie terrestre, l'homme est composé d'une âme (esprit) et d'un corps parfaitement conjoints.

Les passions humaines

Les passions illustrent l'union intime de l'âme et du corps : c'est le corps qui vit d'abord les passions, mais l'âme en est aussi affectée.

Descartes relève six passions « primitives » : la joie, l'amour, la tristesse, la haine, l'admiration et le désir.

Les passions sont naturellement bonnes. Mais il ne faut pas les vivre excessivement. Il faut apprendre à les maîtriser.

Afin que l'âme ne devienne pas la passion qu'elle éprouve et qui l'émeut, elle devra se distancier de cette passion.

Le niveau métaphysique

Sur le plan de la connaissance, Descartes établit un dualisme radical entre l'âme et le corps. L'homme se définit essentiellement par son âme (substance pensante) qui est différente du corps (substance étendue). L'âme seule pense, et le corps assume seul les fonctions vitales.

Morale provisoire et règle du meilleur jugement

Puisque, dans la vie quotidienne, il faut souvent agir sans délai, Descartes recommande de nous munir d'une «morale par provision», c'est-à-dire de nous donner des préceptes de conduite et de nous y soumettre avec fermeté même si nous n'avons pas eu le temps de les examiner avec rigueur.

Cependant, agir selon le meilleur jugement demeure la résolution la plus sage et la plus assurée pour régler nos actions.

Descartes aujourd'hui

Descartes et l'esprit scientifique contemporain

L'esprit scientifique contemporain suit les recommandations cartésiennes : utiliser une méthode exacte et précise, défendre le principe de causalité, valoriser la déduction mathématique et n'accepter que des preuves irréfutables à l'intérieur d'une démonstration si l'on veut arriver à des résultats sûrs et certains.

Descartes et notre manière de penser

Descartes influence notre manière actuelle de penser en nous recommandant de nous en tenir à ce que la raison comprend afin de nous affranchir des préjugés et de développer notre esprit critique.

Descartes et la primauté de la raison instrumentale

En nous recommandant de penser d'une manière claire, simple et efficace pour arriver à un résultat indubitable, Descartes aurait contribué à mettre en avant les premiers jalons de ce qu'on appelle aujourd'hui la «raison instrumentale».

Cette raison instrumentale fait que nous choisissons les moyens les plus simples pour parvenir à une efficacité et à une productivité maximales dans des domaines où une recherche de sens et d'humanité devrait pourtant guider nos choix.

Descartes et l'enseignement de la tradition

Descartes condamne l'enseignement exclusivement fondé sur des savoirs érudits appartenant à la tradition. Cette critique est aujourd'hui reprise par les systèmes d'éducation qui tentent d'apprendre aux élèves à raisonner et à développer leur jugement critique.

Descartes et l'appel à la rationalité tous azimuts

L'appel cartésien à la pensée claire et distincte encourage parents et enseignants à demander aux jeunes de se servir de leur raison. Toutefois, en soumettant toutes les dimensions de la vie humaine aux impératifs de la raison, le cartésianisme contribue à étouffer la voix du cœur.

Activités d'apprentissage

A VÉRIFIEZ VOS CONNAISSANCES

1. Le projet d'unification de toutes les connaissances auquel Descartes consacrera sa vie entière commence par un rêve. **VRAI** ou **FAUX**?

2. À 41 ans, Descartes publie trois courts ouvrages scientifiques en latin. **VRAI** ou **FAUX**?

3. Quelle est cette époque au cours de laquelle naît une nouvelle manière de penser l'homme et la place qu'il occupe dans l'univers et à laquelle participe Descartes?

4. Quel titre porte la préface qui accompagne les trois courts ouvrages scientifiques de Descartes publiés en 1637 et grâce à laquelle il connaîtra la gloire ?

5. À la Renaissance, deux événements majeurs ont transformé à jamais la représentation que l'être humain se fait de l'univers et de la place qu'il y occupe. Quels sont-ils ?

6. Descartes s'inspire de la méthode théologique pour définir avec la plus grande exactitude possible l'homme et sa situation dans le monde. **VRAI** ou **FAUX** ?

7. Pour avoir instauré la souveraineté de la raison individuelle, René Descartes est considéré comme le père de quelle doctrine ?

8. Tout comme les sceptiques de l'Antiquité, Descartes fait du doute une fin en soi. **VRAI** ou **FAUX** ?

9. Quelle est la première évidence à laquelle parvient Descartes ?

10. Selon Descartes, l'être humain ne vit que pour penser. **VRAI** ou **FAUX** ?

11. L'exemple du morceau de glaise permet à Descartes de dire que tout objet matériel est saisi par l'esprit à travers l'idée d'étendue. **VRAI** ou **FAUX** ?

12. L'être humain se trompe parce qu'il fait un mauvais usage de sa volonté, affirme Descartes. **VRAI** ou **FAUX** ?

13. Le degré de liberté le plus élevé, aux yeux de Descartes, c'est celui d'être indifférent à toute chose. **VRAI** ou **FAUX** ?

14. Selon Descartes, pour bien conduire notre esprit et accéder à la vérité tout en agissant selon le bien, nous devons nous fier à nos passions primitives. **VRAI** ou **FAUX** ?

15. À partir de ce que vous avez appris sur Descartes, indiquez laquelle des citations suivantes n'a pas été écrite par lui.

a) « Comme de vrai, il semble que nous avons de la vérité et de la raison que l'exemple et l'idée des opinions et usances du pays où nous sommes. »

b) « La diversité de nos opinions ne vient pas de ce que les uns sont plus raisonnables que les autres, mais seulement de ce que nous conduisons nos pensées par diverses voies, et ne considérons pas les mêmes choses. »

c) « La lumière naturelle nous enseigne que la connaissance de l'entendement doit toujours précéder la détermination de la volonté. »

B ANALYSE ET CRITIQUE DE TEXTE

Cette activité exige la lecture préalable de l'extrait du Discours de la méthode *présenté à la page 32.*

Compétences à acquérir

• Démontrer sa compréhension d'un texte de Descartes en transposant dans ses propres mots un contenu partiel de ce texte philosophique.

• Évaluer le contenu, c'est-à-dire exprimer son accord ou son désaccord (et en donner les raisons) sur la conception de l'homme avancée par Descartes dans ce texte.

Questions

1. Dans ce texte, Descartes dit qu'il désire «vaquer seulement à la recherche de la vérité». Dites dans vos propres mots ce qu'il entreprend pour y parvenir.

2. Nommez et expliquez «le premier principe de la philosophie» auquel Descartes arrive dans ce texte.

3. *a)* Selon Descartes, quelle est la définition de l'être humain dans ce qu'il est essentiellement? Présentez cette définition telle qu'elle est formulée dans le texte.

Commentaire critique

b) Êtes-vous d'accord avec cette définition de l'homme? Prononcez-vous sur les trois parties de la définition de l'être humain présentée par Descartes. Vous devez fonder votre jugement, c'est-à-dire défendre votre point de vue, en apportant trois arguments pour appuyer vos affirmations. (*Minimum suggéré: une page.*)

4. Formulez dans vos propres mots la «règle générale» prise par Descartes afin de s'assurer de la vérité d'une proposition.

C ANALYSE ET CRITIQUE DE TEXTE

Cette activité exige la lecture préalable de l'extrait de L'éthique *présenté à la page 34.*

Compétences à acquérir

- Faire un résumé de la pensée de Descartes en rapport avec les propos tenus par Spinoza dans ce texte.

- Évaluer le contenu, c'est-à-dire exprimer son accord ou son désaccord (et en donner les raisons) sur les critiques avancées par Spinoza à l'endroit de la philosophie cartésienne.

Questions

1. Dans ce texte, Spinoza interroge Descartes: «Qu'entend-il, je le demande, par l'union de l'Âme et du Corps? Quelle conception claire et distincte a-t-il d'une pensée très étroitement liée à une certaine petite portion de l'étendue?» Répondez à Spinoza en faisant un résumé de ce que Descartes dit de l'union de l'âme et du corps.

2. Spinoza semble trouver que Descartes s'est mis en difficulté, d'un côté, en unissant l'âme et le corps et, d'un autre côté, en concevant l'âme distincte du corps. En vous servant de l'exposé présenté dans ce chapitre, expliquez à Spinoza qu'il n'y a aucune contradiction entre ces deux théories cartésiennes.

Commentaire critique

3. Êtes-vous d'accord avec les critiques que Spinoza formule à l'endroit de Descartes? Vous devez fonder votre jugement, c'est-à-dire défendre votre point de vue, en apportant deux arguments pour appuyer vos affirmations. (*Minimum suggéré: une page.*)

D JEU DE RÔLE

Compétence à acquérir

Débattre d'un aspect de la pensée de Descartes en participant à un jeu de rôle.

Introduction

Pendant une grande partie de son existence active, Descartes a entretenu une correspondance nombreuse avec les plus grands de ses contemporains. Dans les lettres adressées à Descartes, reines, princesses, savants et érudits apportaient des objections aux théories cartésiennes. Et, à son tour, Descartes répliquait en précisant et en justifiant sa pensée.

Mise en place du jeu de rôle

1. La classe est divisée en deux.

2. La moitié des élèves, regroupés en équipes de trois ou quatre personnes, jouent le rôle des correspondants de Descartes. Ils rédigent une lettre où ils s'opposent à un ou à des aspects de sa théorie qui ont été précisés précédemment. Ces oppositions sont argumentées.

3. La moitié des élèves, regroupés en équipes de trois ou quatre personnes, jouent le rôle de Descartes. Ils rédigent une lettre où ils défendent, arguments à l'appui, cet aspect ou ces aspects de la philosophie cartésienne.

4. Une fois le travail terminé, un membre de chaque équipe fait lecture à la classe de la lettre rédigée par son groupe. L'ordre suivant est respecté : un porte-parole d'une équipe de correspondants, puis un porte-parole d'une équipe de Descartes.

Texte de Descartes

Discours de la méthode

Pour bien conduire sa raison et chercher la vérité dans les sciences

QUATRIÈME PARTIE

Je ne sais si je dois vous entretenir des premières méditations que j'y ai faites ; car elles sont si métaphysiques et si peu communes, qu'elles ne seront peut-être pas au goût de tout le monde. Et, toutefois, afin qu'on puisse juger si les fondements que j'ai pris sont assez fermes, je me trouve en quelque façon contraint d'en parler. J'avais dès longtemps remarqué que, pour les **mœurs**, il est besoin quelquefois de suivre des opinions qu'on sait être fort incertaines, **tout de même que** si elles étaient **indubitables**, ainsi qu'il a été dit ci-dessus[57] ; mais, pour ce qu'alors je désirais **vaquer** seulement à la recherche de la vérité, je pensai qu'il fallait que je fisse tout le contraire, et que je rejetasse comme absolument faux tout

MŒURS
Conduites humaines.

TOUT DE MÊME QUE
Comme.

INDUBITABLE
Sûr et certain, dont on ne peut pas douter.

VAQUER
S'occuper de.

CRÉANCE
Le fait de croire en la vérité de quelque chose.

PARALOGISME
Faux raisonnement fait de bonne foi.

FEINDRE
Simuler, imaginer, faire comme si.

SCEPTIQUE
Incrédule qui pratique le doute systématique.

SUBSTANCE
Réalité qui existe en soi-même et se conçoit indépendamment de toute autre.

ESSENCE
Ce qui définit un être, ce qui constitue sa nature propre.

ce en quoi je pourrais imaginer le moindre doute, afin de voir s'il ne resterait point, après cela, quelque chose en ma **créance** qui fût entièrement indubitable. Ainsi, à cause que nos sens nous trompent quelquefois, je voulus supposer qu'il n'y avait aucune chose qui fût telle qu'ils nous la font imaginer. Et, parce qu'il y a des hommes qui se méprennent en raisonnant, même touchant les plus simples matières de géométrie, et y font des **paralogismes**, jugeant que j'étais sujet à faillir autant qu'aucun autre, je rejetai comme fausses toutes les raisons que j'avais prises auparavant pour démonstrations. Et enfin, considérant que toutes les mêmes pensées que nous avons étant éveillés, nous peuvent aussi venir quand nous dormons, sans qu'il y en ait aucune pour lors qui soit vraie, je me résolus de **feindre** que toutes les choses qui m'étaient jamais entrées en l'esprit n'étaient non plus vraies que les illusions de mes songes. Mais, aussitôt après, je pris garde que, pendant que je voulais ainsi penser que tout était faux, il fallait nécessairement que moi, qui le pensais, fusse quelque chose. Et remarquant que cette vérité : *je pense, donc je suis*, était si ferme et si assurée que toutes les plus extravagantes suppositions des **sceptiques** n'étaient pas capables de l'ébranler, je jugeai que je pouvais la recevoir sans scrupule pour le premier principe de la philosophie que je cherchais.

Puis, examinant avec attention ce que j'étais, et voyant que je pouvais feindre que je n'avais aucun corps, et qu'il n'y avait aucun monde ni aucun lieu où je fusse ; mais que je ne pouvais pas feindre pour cela que je n'étais point ; et qu'au contraire, de cela même que je pensais à douter de la vérité des autres choses, il suivait très évidemment et très certainement que j'étais ; au lieu que, si j'eusse seulement cessé de penser, encore que tout le reste de ce que j'avais imaginé eût été vrai, je n'avais aucune raison de croire que j'eusse été : je connus de là que j'étais une **substance** dont toute l'**essence** ou la nature n'est que de penser, et qui, pour être, n'a besoin d'aucun lieu, ni ne dépend d'aucune chose matérielle. En sorte que ce moi, c'est-à-dire l'âme par laquelle je suis ce que je suis, est entièrement distincte du corps, et même qu'elle est plus aisée à connaître que lui, et qu'encore qu'il ne fût point, elle ne laisserait pas d'être tout ce qu'elle est.

Après cela, je considérai en général ce qui est requis à une proposition pour être vraie et certaine ; car, puisque je venais d'en trouver une que je savais être telle, je pensai que je devais aussi savoir en quoi consiste cette certitude. Et ayant remarqué qu'il n'y a rien du tout en ceci : *je pense, donc je suis*, qui m'assure que je dis la vérité, sinon que je vois très clairement que, pour penser, il faut être, je jugeai que je pouvais prendre pour règle générale, que les choses que nous concevons fort clairement et fort distinctement sont toutes vraies, mais qu'il y a seulement quelque difficulté à bien remarquer quelles sont celles que nous concevons distinctement.

René Descartes, *Discours de la méthode*, dans *Œuvres et lettres*, Paris, Gallimard, Bibliothèque de la Pléiade, NRF, 1953, p. 147-148.

57. Descartes fait référence à la deuxième maxime de la morale par provision énoncée dans la troisième partie du *Discours de la méthode* : « Ma seconde maxime était d'être le plus ferme et le plus résolu en mes actions que je pourrais, et de ne suivre pas moins constamment les opinions les plus douteuses, lorsque je m'y serais une fois déterminé, que si elles eussent été très assurées » (p. 142).

Lectures suggérées

La lecture de l'une des œuvres suivantes est suggérée dans son intégralité ou en extraits importants :

René Descartes, Discours de la méthode, *Paris, Éditions Fernand Nathan, coll. « Les Intégrales de philo »,
n° 3, 1981, 110 p.*

René Descartes, Méditations métaphysiques, *Paris, Éditions Fernand Nathan, coll. « Les Intégrales de philo »,
n° 4, 1983, 126 p.*

Texte de Spinoza

L'éthique

De la puissance de l'entendement ou de la liberté de l'homme

CINQUIÈME PARTIE

Préface

En vérité je ne puis assez m'étonner qu'un Philosophe, après s'être fermement résolu à ne rien déduire que de principes connus d'eux-mêmes, et à ne rien affirmer qu'il ne le perçût clairement et distinctement, après avoir si souvent reproché aux Scolastiques de vouloir expliquer les choses obscures par des qualités **occultes**, admette une hypothèse plus occulte que toute qualité occulte. Qu'entend-il, je le demande, par l'union de l'Âme et du Corps ? Quelle conception claire et distincte a-t-il d'une pensée très étroitement liée à une certaine petite portion de l'étendue ? Je voudrais bien qu'il eût expliqué cette union par sa cause prochaine. Mais il avait conçu l'Âme distincte du Corps, de telle sorte qu'il n'a pu
10 assigner aucune cause singulière ni de cette union, ni de l'Âme elle-même, et qu'il lui a été nécessaire de recourir à la cause de tout l'univers, c'est-à-dire Dieu. Je voudrais, de plus, savoir combien de degrés de mouvement l'Âme peut imprimer à cette glande pinéale et avec quelle force la tenir suspendue. Je ne sais en effet si cette glande est mue par l'Âme de-ci de-là plus lentement ou plus vite que par les esprits animaux et si les mouvements de Passions que nous avons joints étroitement à des jugements fermes ne peuvent pas en être disjoints par des causes corporelles ; d'où suivrait qu'après s'être fermement proposé d'aller à l'encontre des dangers et avoir joint à ce décret des mouvements d'audace, à la vue du péril la glande se trouvât occuper une position telle que l'Âme ne pût penser qu'à la fuite ;
20 et certes, n'y ayant nulle commune mesure entre la volonté et le mouvement, il n'y a aucune comparaison entre la puissance — ou les forces — de l'Âme et celles du Corps ; conséquemment les forces de ce dernier ne peuvent être dirigées par celles de la première. Ajoutez qu'on cherche en vain une glande située au milieu du cerveau de telle façon qu'elle puisse être mue de-ci de-là avec tant d'aisance et tant de manières, et que tous les nerfs ne se prolongent pas jusqu'aux cavités du cerveau.

OCCULTE
Qui est caché, secret, inconnu par nature.

Baruch Spinoza, *Œuvres*, t. III — *L'éthique*, traduction et notes par Charles Appuhn,
Paris, Garnier-Flammarion, 1965, p. 305.

Spinoza (1632-1677), philosophe hollandais, s'est beaucoup intéressé à l'œuvre de Descartes. Dans son premier ouvrage, *Principes de la philosophie de Descartes*, publié en 1663, Spinoza ne se borne pas à une simple exposition des principes de la philosophie cartésienne, il les juge, les examine de manière critique et parfois polémique.

Chapitre 2

L'homme
comme être perfectible

La plus utile et la moins avancée de toutes les connaissances humaines me paraît être celle de l'homme.

Jean-Jacques Rousseau, *Discours sur l'origine et les fondements de l'inégalité parmi les hommes,* dans *Œuvres complètes,* p. 122.

Rousseau ou le rapport entre l'état de nature et l'état de société

Rousseau et les Lumières

Notice biographique

Jean-Jacques Rousseau naît à Genève, en Suisse, le 28 juin 1712. Sa mère meurt quelques jours après lui avoir donné la vie, et c'est une tante, Suzanne Rousseau, qui s'occupe de lui pendant les années de sa petite enfance. En 1722, à la suite d'une querelle avec un capitaine, son père, Isaac Rousseau, s'enfuit de Genève. Jean-Jacques est alors confié, avec son cousin Abraham, au pasteur Lambercier, chez qui il demeure deux ans. Il est ensuite placé en apprentissage, d'abord chez un greffier, puis chez un graveur. À 16 ans, fuyant son patron graveur décrit dans les *Confessions* comme un maître cruel, Rousseau quitte Genève pour de bon.

En 1728, Rousseau rencontre Mme de Warens à Annecy, en France. L'année suivante, il s'installe chez elle. Mme de Warens deviendra sa protectrice et son éducatrice. C'est elle qui va l'initier à l'amour et que Rousseau appellera affectueusement « maman ».

Rousseau exerce divers métiers. Il est d'abord laquais chez Mme de Vercellis. En 1730, il se dit professeur de musique parisien et donne des leçons à Neuchâtel. L'année suivante, il demeure à Paris, où il est au service du neveu d'un colonel suisse. À partir de l'année 1735, Rousseau séjourne à plusieurs reprises aux Charmettes, près de Chambéry, dans la maison de Mme de Warens. Il y développe, en autodidacte, ses connaissances en musique et en latin, il apprend la philosophie et les sciences, etc. En 1740, il est **précepteur** des fils de M. de Malby, prévôt général à Lyon.

PRÉCEPTEUR
Maître chargé de la formation d'un enfant de famille aisée.

En 1742, Rousseau a 30 ans. Il se trouve alors à Paris, et c'est là que commence sa vie mondaine. Il présente à l'Académie des sciences de Paris un nouveau système de notation musicale qu'il publie sous le titre *Dissertation sur la musique moderne*.

En 1743, il part pour Venise comme secrétaire de l'ambassade de France. Il n'occupe ce poste qu'une année, car il se brouille avec l'ambassadeur.

En 1745, Rousseau revient à Paris où est présenté son opéra *Les muses galantes*. La même année, il fait la connaissance de Thérèse Levasseur, lingère, qui lui donnera cinq enfants, qu'il mettra tous à l'hospice des Enfants-Trouvés « par crainte, se dit-il, d'une destinée pour eux mille fois pire et presque inévitable par toute autre voie[1] ». Jusqu'à la fin de sa vie, Rousseau s'est défendu d'avoir été un « père dénaturé » et a cherché à justifier cette décision.

DANS LE *DISCOURS SUR LES SCIENCES ET LES ARTS*, ROUSSEAU DÉMONTRE QUE LE PROGRÈS DES SCIENCES ET DES ARTS A DÉVELOPPÉ ET PERFECTIONNÉ L'EXTÉRIEUR, LA SURFACE DE L'ÊTRE HUMAIN, MAIS QU'AU FOND CE PROGRÈS, QUI A CORROMPU LA NATURE INTIME DE LA PERSONNE, N'A PAS CONTRIBUÉ À AMÉLIORER LES CONDUITES HUMAINES.

Il faut attendre 1750 pour que le génie philosophique de Rousseau se manifeste. L'Académie de Dijon avait mis au concours cette question : « Le rétablissement des sciences et des arts a-t-il contribué à épurer les mœurs ? » Rousseau y participe, et son *DISCOURS SUR LES SCIENCES ET LES ARTS* remporte le premier prix, le 9 juillet 1750.

En octobre 1752, son opéra-comique *Le devin du village* est joué devant le roi Louis XV. La même année, sa pièce *Narcisse* est mise en scène au Théâtre-Français.

---

1. *Les rêveries du promeneur solitaire*, Neuvième Promenade, t. I, p. 1087. Toutes les citations reproduites dans ce texte proviennent des *Œuvres complètes* de Rousseau publiées à Paris de 1959 à 1995 par la « Bibliothèque de la Pléiade » de Gallimard. Nous avons veillé à rectifier l'orthographe du texte original afin qu'il corresponde à celui d'aujourd'hui.

En 1755, Rousseau présente pour un nouveau concours de l'Académie de Dijon le *Discours sur l'origine et les fondements de l'inégalité parmi les hommes*. Bien qu'il ne soit pas couronné, il obtient un succès retentissant grâce à la nouveauté et à la vigueur des théories soutenues, à la puissance et à l'éclat de ses invectives contre les excès de la civilisation, etc.

De 1756 à 1762, Rousseau séjourne avec Thérèse dans la région de Montmorency, au nord de Paris. Il habite d'abord à l'Ermitage, une petite maison que Mme d'Épinay a fait aménager pour lui dans le parc de son château, puis il s'installera au jardin de Montlouis. Il occupe également, pendant quelques semaines à la fin du printemps 1759, une dépendance du château du duc et de la duchesse de Luxembourg, qui se sont pris d'amitié pour lui. Rousseau connaît à Montmorency une période d'écriture très féconde. C'est là qu'il rédige *Julie ou la nouvelle Héloïse*. C'est là aussi qu'il connaît une passion amoureuse pour Sophie d'Houdetot, sous la figure de laquelle il finira par voir la Julie de son roman. Ce roman d'amour, publié en décembre 1760, avive le sentiment de la nature, pose des questions fondamentales sur les plans moral et social, bouleverse le public par une sensibilité et une sincérité dues à sa facture autobiographique. *Julie ou la nouvelle Héloïse* triomphe à Paris. L'année suivante, Rousseau termine la rédaction de son *Essai sur l'origine des langues*.

Du contrat social est écrit pendant la même période et est édité au mois de mai 1762. L'*Émile ou De l'éducation*, publié en juin de la même année, provoque un véritable scandale, non seulement à cause de la révolution de l'éducation proposée, mais surtout à cause de la *Profession de foi du vicaire savoyard* (livre IV) qui défend le **déisme**. La police confisque l'*Émile*; l'ouvrage est dénoncé à la Sorbonne; l'archevêque de Paris et le Parlement le condamnent; il est même brûlé à Paris. À la suite d'un décret ordonnant son arrestation, Rousseau s'enfuit en Suisse. Les pasteurs genevois et le Sénat de Berne ne manifestent pas plus de tolérance à l'endroit de l'œuvre de Rousseau. L'*Émile* et le *Contrat social* sont brûlés à Genève, et Rousseau doit s'enfuir de nouveau.

Chassé de toutes parts, Rousseau entreprend un périple forcé qui le mènera, en 1766, jusqu'à Londres auprès du philosophe anglais David Hume (1711-1776). L'accusant complote contre lui; Rousseau se brouille avec ce dernier.

De retour en France en mai 1767, il fait paraître son *Dictionnaire de musique*. L'année suivante, il épouse civilement Thérèse. Puis, il rédige et publie à partir de 1770 trois grands ouvrages autobiographiques dans lesquels il raconte l'histoire de sa vie en s'appuyant sur « l'histoire de son âme » : *Les confessions*, les *Dialogues de Rousseau juge de Jean-Jacques* et *Les rêveries du promeneur solitaire*.

En 1771, Rousseau écrit les *Considérations sur le gouvernement de Pologne* et les *Lettres élémentaires sur la botanique*. Pour vivre, il copie de la musique ; pour fuir l'hostilité générale dont il se croit l'objet, il **herborise** dans la campagne entourant Paris. Jean-Jacques Rousseau meurt le 2 juillet 1778. Il est inhumé dans l'île des Peupliers.

La Révolution française de 1789 fait de Rousseau un héros. Il entre dans la mythologie : on lui voue un culte exceptionnel. En juillet 1790, le buste de Rousseau est promené triomphalement dans Paris. À sa mémoire, une statue y est érigée. Ses cendres sont transférées au **Panthéon** en 1794. La rue Plâtrière, où il s'était installé à partir de juin 1770, prend, en juin 1801, le nom de rue Jean-Jacques-Rousseau.

DÉISME

Position philosophique qui admet l'existence de Dieu, mais qui se dégage de tout dogme et de toute religion instituée. Plus particulièrement, la *Profession de foi du vicaire savoyard* recommande l'accès à Dieu par les seules voies du cœur sans l'apport des textes ou des intermédiaires consacrés.

HERBORISER

Recueillir des plantes là où elles poussent naturellement afin de les faire sécher et de les collectionner entre des feuillets à des fins d'étude.

PANTHÉON (LE)

Temple-monument de Paris, situé sur la montagne Sainte-Geneviève, au centre du Quartier latin. Depuis les funérailles de Victor Hugo (1885), le Panthéon est dédié au souvenir des grands hommes de la nation française.

Les principales caractéristiques du XVIIIᵉ siècle

Les lumières de la raison

En ce beau milieu du XVIIIᵉ siècle, dit le siècle des Lumières, la raison humaine et ses réalisations sont saluées par l'Europe occidentale tout entière comme «la suprême faculté de l'homme». La raison est alors installée comme l'instance supérieure permettant le jugement et la critique. Le philosophe allemand Emmanuel Kant (1724-1804), qui sera influencé par Rousseau[2], parle des Lumières en ces termes :

> Les *Lumières*, c'est la sortie de l'homme hors de l'état de tutelle dont il est lui-même responsable. L'état de tutelle est l'incapacité de se servir de son entendement sans la conduite d'un autre. On est *soi-même responsable* de cet état de tutelle quand la cause tient non pas à une insuffisance de l'entendement mais à une insuffisance de la résolution et du courage de s'en servir sans la conduite d'un autre. [...] Aie le courage de te servir de ton *propre* entendement! Voilà la devise des Lumières[3].

Cette volonté d'accéder aux lumières de la raison provient du courant **rationaliste** qui s'est développé, au siècle précédent, à la suite de Descartes et qui a permis à l'être humain de conquérir son autonomie sur le plan de la pensée, par le biais de la valorisation de la raison. Le XVIIIᵉ siècle actualisera cette autonomie dans l'exercice concret du jugement et de la critique, et dans la proposition d'idéaux nouveaux souvent en rupture avec le XVIIᵉ siècle.

Les idéaux des Lumières

Dans le domaine religieux, l'idéal de tolérance est mis en avant. Cet idéal s'incarnera dans la lutte contre la superstition, le dogme, le fanatisme et dans la défense du déisme. Rousseau sera un fervent défenseur de la liberté de croyance et du déisme.

Sur le plan politique, on remet en question la légitimité du pouvoir (la souveraineté politique). Des philosophes comme John Locke (1632-1704), David Hume et Montesquieu (1689-1755) fondent des théories politiques qui contestent la **monarchie absolue**. Rousseau reprend et radicalise la critique sociale et politique en vigueur à son époque en proposant l'idée d'un contrat social qui promulgue la liberté, l'égalité et la défense de l'intérêt commun.

Sur le plan philosophique, un autre idéal des Lumières est défendu par le **naturalisme** philosophique: celui qui consiste à voir dans l'homme un être naturel et à valoriser le nouveau **paradigme** nature-bonheur terrestre. Rousseau est un des philosophes qui ont le plus contribué à imposer l'idée de nature perçue comme étant maternelle et innocente, et à y intégrer l'humain. Dans le sillage de cette nature bienveillante, il contribue également à la réhabilitation des sentiments et de la sensibilité «naturelle».

L'intérêt philosophique à l'endroit de la nature crée une méfiance à l'égard des idées métaphysiques et des spéculations rationnelles. On soupçonne la raison de produire des chimères, des idées «métaphysiques», des idées «abstraites» qui n'ont aucune réalité. Ainsi naît le rationalisme expérimental, qui apporte de nouveaux principes à la théorie de la connaissance et à la philosophie morale.

RATIONALISTE
Se dit de la doctrine d'après laquelle toute connaissance certaine provient de la raison. Conséquemment, selon cette philosophie, l'esprit humain possède la faculté de former des concepts et des principes rationnels lui permettant de rendre intelligibles et compréhensibles les choses et les êtres. Les idées et les jugements seraient soit innés, soit construits par l'esprit; ils ne proviendraient pas des données de l'expérience.

MONARCHIE ABSOLUE
Régime politique dirigé par un roi héréditaire qui possède sur ses sujets un pouvoir entier et une autorité sans restriction ni réserve.

NATURALISME
Doctrine selon laquelle il n'existe rien en dehors de la nature. Conséquemment, cette philosophie nie l'existence du surnaturel et de tout principe transcendant.

PARADIGME
Modèle, cadre, système de référence qui guide la pensée à une époque particulière.

---

2. L'influence de Rousseau porta particulièrement sur la conception kantienne de la conscience morale.

3. Emmanuel Kant, *Qu'est-ce que les Lumières et autres textes*, trad. J.-F. Poirier et F. Proust, Paris, Garnier-Flammarion, 1991, p. 43.

L'avènement du rationalisme expérimental

ISAAC NEWTON FUT UN GRAND ASTRONOME, MATHÉMATICIEN ET PHYSICIEN. SON ŒUVRE MAÎTRESSE, *PHILOSOPHIÆ NATURALIS PRINCIPIA MATHEMATICA*, PUBLIÉE EN 1687, EXPOSE SA THÉORIE DE L'ATTRACTION UNIVERSELLE.

EMPIRISME
Doctrine philosophique selon laquelle toutes les connaissances proviennent de l'expérience. Conséquemment, tout savoir doit être fondé sur l'expérience et sur l'observation.

Même si le siècle des Lumières fait l'éloge de la raison, il ne s'agit pas du même «règne» de la raison que celui qui est issu de la tradition cartésienne. Au nom de la raison, on se permet de critiquer la tradition cartésienne ainsi que l'excès de rationalisme prétendant que la raison humaine peut, par ses seules armes que sont le raisonnement et la déduction logique, découvrir les lois de la nature. On a foi dans les capacités de la raison, mais cette dernière doit être assistée et validée par l'expérience.

En s'inspirant de la méthode expérimentale exposée par Francis Bacon (1561-1626) dans son *Novum organum*[4] et de la physique renouvelée par ISAAC NEWTON (1642-1727), les philosophes anglais font une critique substantielle du rationalisme cartésien et ouvrent la voie à une nouvelle façon de concevoir l'humain et son monde. En effet, des philosophies comme celles de John Locke et de David Hume trouvent leurs assises dans l'expérience et dans les faits, qui seuls peuvent permettre la connaissance de la nature et de l'homme.

John Locke innove avec un **empirisme** philosophique qui s'oppose radicalement au rationalisme cartésien. Il rejette la théorie cartésienne des idées innées ou «notions premières». Selon Locke, l'esprit humain est comme une «table rase» qui acquiert des connaissances (desquelles naîtront des «idées simples») grâce à l'expérience, dont les deux sources sont la sensation et la réflexion (voir *Essai sur l'entendement humain*, 1690). La principale préoccupation de Locke a trait à «la conduite de notre vie», qu'il étudie sous l'angle de l'anthropologie philosophique, de la morale et de la philosophie politique (voir *Lettre sur la tolérance*, 1689, et *Traité sur le gouvernement civil*, 1690).

SENSUALISTE
Se dit du sensualisme, nom donné — pour la discréditer — à la doctrine empiriste de Condillac (1715-1780) selon laquelle toute connaissance provient des sensations.

David Hume critique, lui aussi, la philosophie de Descartes. Chez Hume, cette critique concerne non seulement la question de l'origine et de la validation des idées et des connaissances, mais aussi l'importance de la fonction rationnelle elle-même. Selon lui, c'est l'imagination — et non la raison — qui «associe» les idées simples pour en tirer des idées complexes. En outre, Hume pense que l'établissement des rapports de causalité repose non pas sur la découverte rationnelle d'un rapport nécessaire entre l'effet et la cause, mais sur la simple habitude (celle de voir se répéter une même suite d'événements). Avec de telles affirmations, il ne reste plus une grande part dévolue à la raison! Hume détrône la raison également dans les domaines de la morale et de la religion: nos jugements moraux et notre motivation morale sont basés sur les sentiments, nos convictions religieuses ne sont que des croyances et s'appuient elles aussi sur le sentiment. Croyant, à l'instar de Locke, que l'expérience seule fonde le savoir, Hume observe donc l'être humain dans la vie concrète afin de cueillir les impressions et les sensations issues de la réalité qui forment le contenu de son entendement. Cette philosophie à la fois empiriste et **sensualiste** influencera la philosophie de Rousseau.

---

4. À propos de cet ouvrage, Voltaire (1694-1778) écrit dans ses *Lettres philosophiques*: «C'est l'échafaud avec lequel on a bâti la nouvelle philosophie [...] Le chancelier Bacon [...] est le père de la philosophie expérimentale» (Douzième lettre, t. I, Paris, Hachette, p. 154 et suivantes).

L'*ENCYCLOPÉDIE*, DONT LES **28** VOLUMES GRAND FORMAT FURENT PUBLIÉS ENTRE **1751** ET **1772**, CONSTITUE, TOUTES PROPORTIONS GARDÉES, L'UN DES PLUS AMBITIEUX PROJETS DE DIFFUSION DES CONNAISSANCES D'UNE ÉPOQUE.

L'*Encyclopédie* : une illustration du progrès de l'esprit humain

En France, les lumières de la raison se posent sur l'ensemble des connaissances humaines lorsque Diderot (1713-1784) et d'Alembert (1717-1783), aidés de plus de 200 collaborateurs, dont Rousseau[5], publient l'*ENCYCLOPÉDIE OU DICTIONNAIRE RAISONNÉ DES SCIENCES, DES ARTS ET DES MÉTIERS*. Ce dictionnaire universel, « œuvre de progrès », veut donner à voir la réalité telle qu'elle est. On désire y répertorier et y analyser toutes les connaissances de l'époque, prévoir les progrès que connaîtra l'esprit humain, dissiper les préjugés, critiquer les institutions établies et diffuser les idéaux des Lumières. Sous l'égide de Diderot et d'Alembert se constitue alors ce qu'on a appelé le « clan des philosophes ». Étienne Bonnot de Condillac (1715-1780), Julien Offray de La Mettrie (1709-1751), Paul Henri d'Holbach (1723-1789), pour ne nommer que ceux-là, adoptent des philosophies sensualiste, **matérialiste** et naturaliste qui ne visent qu'à mieux connaître et comprendre la nature humaine.

Rousseau et le XVIIIe siècle

Les Lumières firent de la raison et de la science[6] les fondements de la civilisation européenne du XVIIIe siècle, le « siècle le plus éclairé qui fût jamais » (Voltaire). Nous assistons alors au règne de la raison dans les sciences, les techniques et les arts, facteurs de progrès et d'évolution de l'humanité. On croit fermement qu'en développant toutes les facultés de son esprit, l'être humain atteindra une perfection jamais égalée et qu'il assurera ainsi son bien-être et son bonheur.

Rousseau ne partageait pas entièrement cette croyance. Dès son premier *Discours*, il avait lancé un foudroyant réquisitoire contre les sciences, les techniques et les arts de son époque en soutenant que le « progrès » qui leur était associé n'amenait ni perfectionnement moral ni bonheur aux hommes, mais contribuait plutôt au développement du paraître[7].

Dans le *Discours sur l'origine et les fondements de l'inégalité parmi les hommes*, Rousseau contestera encore la vision optimiste des Lumières au sujet du progrès de la civilisation humaine : il y présentera une interprétation de l'histoire des hommes montrant au contraire tous les maux qui accompagnent ce progrès.

Le *Discours sur l'origine et les fondements de l'inégalité parmi les hommes* n'est ni un traité historique dans le sens habituel du terme, ni un ouvrage scientifique ; il constitue plutôt une critique sociale et éthique de la civilisation, qui, selon Rousseau, cache le vrai visage de l'être humain. Cet être humain naturel, tel qu'il aurait pu exister au

MATÉRIALISTE

Se dit du courant philosophique qui n'admet d'autre substance ou réalité que la matière. Cette doctrine soutient que notre pensée fait partie intégrante de la matière en tant que produit de son évolution. Le matérialisme s'oppose au spiritualisme. L'origine de cette doctrine remonte à l'Antiquité grecque. Par exemple, Épicure (~341-~270), s'opposant à l'idéalisme de Platon, estimait que le monde physique était antérieur à la pensée et possédait une existence propre.

---

5. En 1749, d'Alembert fait appel à Rousseau pour rédiger l'article sur la « Musique ». En 1755, il rédige l'article sur l'« Économie politique ».

6. La philosophie des Lumières, dans son ensemble, peut donc être qualifiée de rationalisme expérimental.

7. Nous reviendrons plus loin sur ce concept de paraître.

commencement de l'humanité, et les conditions expliquant sa lente dénaturation, Rousseau en avait eu l'intuition lors d'une randonnée dans la forêt, autour de Saint-Germain :

> Tout le reste du jour, enfoncé dans la forêt, j'y cherchais, j'y trouvais l'image des premiers temps dont je traçais fièrement l'histoire ; je faisais main basse sur les petits mensonges des hommes, j'osais dévoiler à nu leur nature, suivre le progrès du temps et des choses qui l'ont défigurée, et comparant l'*homme de l'homme* avec l'*homme naturel*[8], leur montrer dans son perfectionnement prétendu la véritable source de ses misères[9].

L'état de nature

La notion d'état de nature avait déjà été traitée par les grands théoriciens du droit naturel comme hypothèse permettant de rechercher les fondements du pacte social. À l'époque de Rousseau, deux conceptions philosophiques de l'état de nature étaient en vigueur : celle de Thomas Hobbes (1588-1679) et celle de John Locke. Hobbes considérait l'état de nature comme un état primitif où des brutes sanguinaires se livraient une guerre continuelle. En conséquence, il défendait un pacte de soumission et d'abdication de la souveraineté individuelle. Locke, au contraire, se représentait l'homme naturel comme un animal sociable, bienveillant, vivant en paix et portant assistance à son semblable. Se basant sur cet état de nature, Locke préconisait un pacte d'association et de limitation du pouvoir de l'autorité politique.

Rousseau s'oppose aux conceptions de l'état de nature avancées par Hobbes et Locke. Il reproche à Hobbes d'avoir décrit un état de société naissant, sinon déjà avancé, et non l'état de nature avant toute œuvre civilisatrice. Il repousse aussi l'idée de Locke voulant qu'un « instinct social » inné amène les humains à nouer des liens sociaux. Aux yeux de Rousseau, l'être humain est davantage mû par l'instinct de conservation, auquel il doit renoncer en partie s'il veut entrer en société. Et l'individu indépendant qui pense d'abord à se conserver n'acceptera pas facilement les contraintes ni les obligations qu'impose toujours la société, à moins d'y trouver son intérêt propre. Telle sera la problématique soulevée par le *Contrat social* que nous verrons un peu plus loin.

Définition

Mais que met donc Jean-Jacques Rousseau dans cette notion d'état de nature ? L'homme « tel que l'a formé la Nature » recherché par Rousseau n'est pas celui qui aurait objectivement existé au début de l'humanité ; il représente l'être de l'homme (« la Nature de l'homme ») au-delà de tous les masques qui le dissimulent.

Rousseau explique que cet état de nature est une hypothèse à laquelle on arrive en dépouillant l'être humain tel qu'on le connaît des caractéristiques qui sont dues aux influences de la société ; il est ensuite possible de formuler des « conjectures tirées de la seule nature de l'homme et des êtres qui l'environnent[10] » pour comprendre les causes de la croissante inégalité parmi les hommes. Mais cette entreprise n'est pas si facile, et Rousseau l'avoue lui-même dans la préface de son *Discours sur l'origine et les fondements de l'inégalité parmi les hommes* en déclarant que « ce n'est pas une légère entreprise de démêler ce qu'il y a d'originaire et d'artificiel dans la Nature actuelle de l'homme, et de bien connaître un état qui n'existe plus, qui n'a peut-être point existé, qui probablement

---

8. Nous aborderons ces deux concepts dans les deux prochaines parties de ce chapitre.
9. *Les confessions*, t. I, livre VIII, p. 388.
10. *Discours sur l'origine et les fondements de l'inégalité parmi les hommes*, t. III, première partie, p. 133.

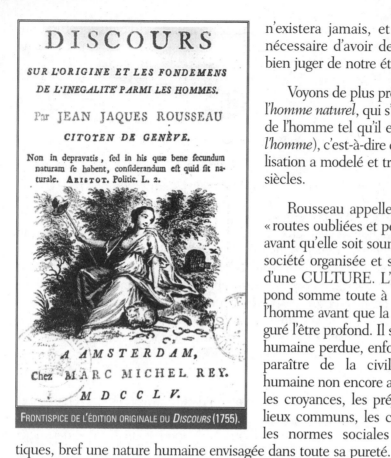

DISCOURS

SUR L'ORIGINE ET LES FONDEMENS
DE L'INEGALITÉ PARMI LES HOMMES.

Par JEAN JAQUES ROUSSEAU
CITOYEN DE GENÈVE.

Non in depravatis, sed in his quæ bene secundum
naturam se habent, considerandum est quid sit natu-
rale. ARISTOT. Politic. L. 2.

A AMSTERDAM,
Chez MARC MICHEL REY.
MDCCLV.

FRONTISPICE DE L'ÉDITION ORIGINALE DU *DISCOURS* (1755).

n'existera jamais, et dont il est pourtant nécessaire d'avoir des notions justes pour bien juger de notre état présent[11] ».

Voyons de plus près cet état originaire de *l'homme naturel*, qui s'oppose à l'état artificiel de l'homme tel qu'il est devenu (*l'homme de l'homme*), c'est-à-dire de l'homme que la civilisation a modelé et transformé au cours des siècles.

Rousseau appelle «état de nature» les «routes oubliées et perdues» de l'humanité avant qu'elle soit soumise aux **avatars** de la société organisée et structurée en fonction d'une CULTURE. L'état de nature correspond somme toute à la nature originelle de l'homme avant que la civilisation en ait défiguré l'être profond. Il s'agit donc de la nature humaine perdue, enfouie sous l'artifice et le paraître de la civilisation ; une nature humaine non encore altérée par les croyances, les préjugés, les lieux communs, les coutumes, les normes sociales et politiques, bref une nature humaine envisagée dans toute sa pureté.

AVATAR
Synonyme de « mésaventure » ou de « malheur ».

L'EXPRESSION « ÉTAT DE SOCIÉTÉ » EST DONNÉE À LA VIE DES HOMMES AYANT ACCÉDÉ À UNE ORGANISATION SOCIALE ET, EN CONSÉQUENCE, À LA TRANSMISSION D'UNE CULTURE.

Précisions préliminaires

Avant d'aborder les cinq caractéristiques fondamentales de l'état de nature, Rousseau apporte quelques précisions afin que nous puissions mieux les comprendre. D'abord, Rousseau imagine l'homme naturel (il l'appelle aussi l'homme originaire) comme étant solitaire et non sociable. Il veut décrire les «facultés naturelles» de cet homme originaire avant qu'il s'associe avec ses semblables.

Il ne faut donc pas confondre l'état de nature rousseauiste avec ce qu'ont pu connaître les premières sociétés humaines. L'existence des hommes primitifs ou des sauvages, nous le savons aujourd'hui, est déjà marquée par une organisation sociale fondée sur des coutumes et des traditions, alors que Rousseau présente l'état de nature comme un état d'isolement.

Par ailleurs, Rousseau considère l'homme originaire comme étant un animal oisif, indolent[12], ni bon ni méchant[13]. Il vit au jour le jour. Ses besoins sont très simples et il

VICE
Dérèglement dans la conduite qui résulte d'un mauvais penchant que réprouve la morale (par exemple, la paresse).

VERTU
Qualité morale associée à une conduite qui ne respecte pas la loi morale définie par la religion et la société (par exemple, la justice).

---

11. *Ibid.*, t. III, préface, p. 123.

12. « Il est inconcevable, dit Rousseau, à quel point l'homme est naturellement paresseux. On dirait qu'il ne vit que pour dormir, végéter, rester immobile ; à peine peut-il se résoudre à se donner les mouvements nécessaires pour s'empêcher de mourir de faim [...] Les passions qui rendent l'homme inquiet, prévoyant, actif, ne naissent que de la société. Ne rien faire est la première et la plus forte passion de l'homme après celle de se conserver » (*Essai sur l'origine des langues*, t. V, p. 401).

13. On a souvent simplifié la pensée de Rousseau en ne retenant de lui que cette phrase : « L'homme est né bon et la société le corrompt. » Rousseau ne considère pas l'homme originaire comme nécessairement bon. Ne connaissant pas encore les notions de bien et de mal, l'homme naturel ne peut être bon ou méchant. Tout au plus, on peut dire de lui qu'il est innocent : « Il paraît d'abord, écrit Rousseau, que les hommes dans cet état n'ayant entre eux aucune sorte de relation morale, ni de devoirs connus, ne pouvaient être ni bons, ni méchants, et n'avaient ni **vices** ni **vertus** » (*Discours sur l'origine et les fondements de l'inégalité parmi les hommes*, t. III, première partie, p. 152-154). Rousseau nous livra ce mot magnifique : « Tant qu'ils ne devinrent pas méchants, ils furent dispensés d'être bons » (*Fragments politiques*, t. III, p. 476).

se suffit à lui-même. Il n'entretient aucune espèce de commerce continu avec ses semblables et ne vit pas en famille. Il ne connaît pas la notion de propriété ni celle de la dépendance à l'égard d'autrui, et, conséquemment, il ignore la servitude.

Autre précision : dans l'état de nature, l'existence de l'homme originaire correspond à « la vie d'un animal borné aux pures sensations » ; il développe d'abord ses « fonctions purement animales : apercevoir et sentir[14] ». Il ne possède pas encore une raison développée et effective ni n'utilise un langage élaboré.

Les caractéristiques fondamentales de l'état de nature

La liberté

L'homme originaire diffère toutefois de l'animal, puisque face aux commandes de la nature, l'homme est un « agent libre [qui] se reconnaît libre d'acquiescer ou de résister [et qui a la] puissance de vouloir, ou plutôt de choisir[15] ». À l'opposé de Descartes, Rousseau accorde à la liberté — et non pas à la raison ou à la pensée — la caractéristique de différencier l'homme de l'animal. Les comportements de l'animal dépendent entièrement de son instinct : l'animal ne fait que reproduire ce qui est déjà établi par sa programmation instinctuelle. Au contraire, l'homme possède la liberté d'accepter ou de refuser les commandes de son instinct.

C'est dire que seul l'être humain peut choisir d'actualiser ou, au contraire, de reporter la réalisation de ses besoins fondamentaux. Qui plus est, seul l'homme, selon Rousseau, a la conscience de posséder cette liberté.

Rousseau fait de cette liberté face à l'instinct la définition essentielle de l'homme naturel. Cette liberté constitue un don que l'être humain tient de la nature. Elle caractérise donc fondamentalement l'homme.

La perfectibilité

Rousseau voit l'homme naturel comme « un être *libre* dont le cœur est en paix, et le corps en santé[16] ». Et puisque l'homme originaire est libre, il a la « faculté de se perfectionner » ; il fait preuve de perfectibilité.

Ce caractère, qui concerne l'humanité tout entière et qui définit tout individu, désigne « la faculté qui, à l'aide de circonstances, développe successivement toutes les autres, et réside parmi nous tant dans l'espèce que dans l'individu[17] ». Cette faculté n'existe pas chez l'animal : parce qu'il vit sous le joug de l'instinct, sa nature reste immuable. L'homme, au contraire, est transformable. Ce qu'il adviendra de l'être humain dépend donc des situations[18] dans lesquelles il est mis ; en d'autres mots, ce que devient l'homme est fonction de son apprentissage, bref de sa propre histoire. L'animal déterminé par sa nature instinctuelle n'a pas d'histoire. Seul l'humain s'inscrit dans une histoire où il développe, selon les conjonctures, les situations et les événements extérieurs, des propriétés (savoirs, connaissances, techniques, attitudes, mauvaises habitudes, etc.) qui, à l'état de nature, n'étaient que des **virtualités** indéterminées. Par exemple, l'être

VIRTUALITÉ
Ce qui est à l'état de puissance, de possibilité chez un être. Synonyme de « potentialité ».

---

14. *Discours sur l'origine et les fondements de l'inégalité parmi les hommes*, t. III, seconde partie, p. 164.

15. *Ibid.*, t. III, première partie, p. 141-143.

16. *Ibid.*, p. 152.

17. *Ibid.*, p. 142.

18. La liberté, selon Rousseau, est une *liberté en situation* : l'être humain se « reconnaît libre d'acquiescer, ou de résister » à ce qui lui est donné de vivre.

humain a appris à maîtriser et à conserver le feu en léguant ce « savoir-faire » aux générations subséquentes.

À cause de sa nature « plastique » ou malléable, l'homme originaire s'est donc modifié au fil des siècles...

Comment cette transformation s'est-elle opérée ? Qui s'est employé à modifier l'homme ? Rousseau croit que c'est la société qui s'est chargée de transformer l'homme naturel, c'est-à-dire de lui inculquer des traits de civilisation (langage, croyances, idéologies, conduites immorales, etc.). En conséquence, la perfectibilité, cette faculté d'acquérir des éléments que la nature ne donne pas au départ, est considérée par Rousseau comme

> [...] la source de tous les malheurs de l'homme ; [...] c'est elle qui le tire, à force de temps, de cette condition originaire, dans laquelle il coulerait des jours tranquilles, et innocents ; [...] c'est elle, qui faisant éclore avec les siècles ses lumières et ses erreurs, ses vices et ses vertus, le rend à la longue le tyran de lui-même, et de la Nature[19].

Résumons le tout. L'homme naturel était un être perfectible, c'est-à-dire qu'il était libre de se transformer. Il aurait pu se transformer pour le mieux ; il aurait pu s'améliorer et progresser. Au contraire, Rousseau fait le constat que les sociétés dans lesquelles l'homme a vécu lui ont inculqué des traits de civilisation qui l'ont dénaturé et perverti. Siècle après siècle, et pour son plus grand malheur, l'homme s'est développé pour le pire. Il est donc devenu un produit de la société, un sujet qui a été fabriqué à travers l'Histoire.

Rousseau ne croit pas, comme Descartes, à une nature humaine universelle, fondée sur la raison, qui constituerait l'essence de l'homme. À ses yeux, il n'y a pas d'essence permanente de l'homme. Ce que nous attribuons à la prétendue nature humaine correspond en fait à un devenir, est le résultat d'une histoire. Rousseau fait de l'individu un sujet historique : les hommes sont devenus tels que les sociétés les ont faits. L'être humain d'aujourd'hui n'est donc plus un être de nature — et Rousseau le regrette. Souvent à son préjudice, l'homme naturel est devenu un être de culture : c'est la société qui lui a inculqué des attributs (beaucoup plus de vices que de vertus) qu'il ne possédait pas naturellement. C'est aussi la société qui, au fil du temps, a dépossédé les humains de leur liberté naturelle[20].

L'amour de soi

Revenons à l'homme originaire au moment où il ne possède pas encore une raison développée. « Le premier sentiment de l'homme, écrit Rousseau, fut celui de son existence, son premier soin celui de sa conservation[21]. » L'amour de soi, élan naturel, est défini par Rousseau comme ce qui « intéresse ardemment notre bien-être et la conservation de nous-mêmes[22] ». En fait, l'amour de soi correspond à ce que nous appelons l'instinct de conservation.

L'amour de soi, c'est en quelque sorte s'aimer soi-même et chercher « à étendre son être et ses jouissances, et à s'approprier par l'attachement ce qu'il [l'homme naturel] sent

---

19. *Discours sur l'origine et les fondements de l'inégalité parmi les hommes*, t. III, première partie, p. 142.

20. Nous présenterons dans la section « Le contrat social ou la liberté et l'égalité retrouvées », le pacte politique et social que Rousseau propose afin que l'être humain retrouve la liberté et l'égalité perdues.

21. *Ibid.*, t. III, seconde partie, p. 164.

22. *Ibid.*, t. III, préface, p. 126.

devoir être bien pour lui[23] ». Selon Rousseau, l'homme naturel ne connaît et ne cherche à combler que les seuls besoins de nourriture, de reproduction et de repos. En tant que passion primitive et innée, l'amour de soi fait partie de la nature profonde de l'homme et ne le quitte jamais tant qu'il est en vie.

Rappelons que Rousseau voit l'individu appartenant à l'état de nature comme un être solitaire qui a très peu de rapports avec ses semblables. Afin de subsister et de se conserver, cet homme naturel porte intérêt à lui-même : il prend soin de lui-même. Il ne se préoccupe que de lui seul et il tente de combler ses besoins fondamentaux. Rousseau n'attribue aucune connotation morale à l'amour de soi : il n'est ni bien ni mal de veiller à se conserver quand on S'AIME SOI-MÊME assez pour ne pas se laisser mourir.

> CET AMOUR DE SOI « EST BON ET UTILE ET COMME IL N'A POINT DE RAPPORT NÉCESSAIRE À AUTRUI, IL EST À CET ÉGARD NATURELLEMENT INDIFFÉRENT ; IL NE DEVIENT BON OU MAUVAIS QUE PAR L'APPLICATION QU'ON EN FAIT ET LES RELATIONS QU'ON LUI DONNE ».
> (*ÉMILE OU DE L'ÉDUCATION*, T. IV, LIVRE II, P. 322.)

La pitié

Considérons maintenant l'autre sentiment naturel, « la seule vertu naturelle [...] que les mœurs les plus dépravées ont encore peine à détruire[24] » : la pitié. L'homme originaire ressent de la pitié avant même qu'il soit capable de réfléchir. La pitié lui « inspire une répugnance naturelle à voir périr ou souffrir tout être sensible et principalement [ses] semblables[25] ».

Aux yeux de Rousseau, la pitié est une vertu naturelle universelle et fort utile dans la mesure où elle tempère l'amour de soi qui pourrait ne voir qu'à la conservation exclusive et abusive de sa propre personne. Parce qu'il est capable d'éprouver de la pitié pour autrui, l'homme naturel n'est pas porté à faire du mal à un autre homme ou à un animal, à moins que sa vie ne soit en danger.

> C'est elle [la pitié] qui, dans l'état de Nature, tient lieu de Lois, de mœurs, et de vertu, avec cet avantage que nul n'est tenté de désobéir à sa douce voix. C'est elle qui détournera tout Sauvage robuste d'enlever à un faible enfant, ou à un vieillard infirme, sa subsistance acquise avec peine, si lui-même espère pouvoir trouver la sienne ailleurs[26].

La pitié — ce sentiment qui dort au cœur de tout homme et que l'on nomme aujourd'hui « compassion » — fait que l'individu peut être touché par les malheurs d'autrui. En effet, la vue d'une personne malheureuse ou misérable peut nous attendrir, alors que celle d'une personne heureuse risque de faire naître en nous de l'envie :

> La pitié est douce, parce qu'en se mettant à la place de celui qui souffre on sent pourtant le plaisir de ne pas souffrir comme lui. L'envie est amère, en ce que l'aspect d'un homme heureux loin de mettre l'envieux à sa place lui donne le regret de ne pas y être. Il semble que l'un nous exempte de maux qu'il souffre et que l'autre nous ôte les biens dont il jouit[27].

L'amour de soi est centré sur soi-même ; la pitié est dirigée vers autrui. L'homme naturel est capable de s'aimer lui-même assez pour voir à sa propre conservation et, en même temps, il peut s'émouvoir de la misère ou de la difficulté éprouvée par plus faible que lui. À travers ces deux sentiments inscrits au cœur de l'homme, la nature assure la préservation de l'individu comme celle de l'espèce.

---

23. *Dialogues*, t. I, dialogue deuxième, p. 805-806.
24. *Discours sur l'origine et les fondements de l'inégalité parmi les hommes*, t. III, première partie, p. 155.
25. *Ibid.*, t. III, préface, p. 126.
26. *Ibid.*, t. III, première partie, p. 156.
27. *Émile*, t. IV, livre IV, p. 504.

L'égalité

L'homme naturel possède une autre caractéristique fondamentale : l'égalité. Il est égal à son semblable dans la mesure où aucune inégalité de fait ne vient troubler de façon sensible son existence :

> Il y a dans l'état de Nature une égalité de fait réelle et indestructible, parce qu'il est impossible dans cet état que la seule différence d'homme à homme soit assez grande pour rendre l'un dépendant de l'autre[28].

Rousseau ne suggère pas ici que l'un est identique à l'autre dans l'état de nature, mais qu'il ne peut être question chez les hommes naturels de différences notoires qui s'institutionnalisent en instrument de domination et de servitude des uns par rapport aux autres.

L'homme originaire est décrit par Rousseau comme un être indépendant, ayant des besoins très simples qu'il arrive à combler par lui-même et qui a donc peu de commerce avec ses semblables. Il rencontre ses compères au hasard de ses déplacements et n'entretient avec eux aucun rapport durable. Or, « les liens de la servitude n'étant formés que de la dépendance mutuelle des hommes[29] », il apparaît comme impossible, dans un tel contexte, que les plus forts physiquement ou les plus rusés oppriment les plus faibles sur une base permanente. Bien sûr, l'un peut enlever à l'autre le fruit qu'il vient de cueillir ou la proie qu'il vient de tuer, mais le plus faible peut aisément fuir celui qui l'assaille. Par ailleurs, puisqu'il n'y a alors aucune propriété et aucune sédentarité, le plus fort ne peut faire du plus faible son esclave. À la question de l'Académie de Dijon qui demandait si l'inégalité entre les hommes reposait sur une « loi » de la nature, Rousseau répondit qu'il n'existe pas d'inégalité dans l'état de nature.

L'état de société

L'homme naturel était un être solitaire et non sociable qui n'avait pas de rapport continu avec ses semblables... Mais quelle a été la cause du groupement en société des premiers humains ? se demande Rousseau. C'est à la suite de cataclysmes de toutes sortes que les individus ont été contraints à mettre en commun leurs forces, donc à se regrouper :

> Les associations d'hommes sont en grande partie l'ouvrage des accidents de la nature ; les déluges particuliers, les mers extravasées, les éruptions des volcans, les grands tremblements de terre, les incendies allumés par la foudre et qui détruisaient les forêts, tout ce qui dut effrayer et disperser les sauvages habitants d'un pays dut ensuite les rassembler pour réparer en commun les pertes communes. Les traditions des malheurs de la terre si fréquentes dans les anciens temps montrent de quels instruments se servit la **providence** pour forcer les humains à se rapprocher[30].

PROVIDENCE
« Sage gouvernement de Dieu sur la création. » (*Le Petit Robert*, 2002.)

Il ne faut pas se faire d'illusion sur les causes des premiers regroupements humains. C'est parce qu'il n'arrivait pas à surmonter seul les catastrophes naturelles que l'individu s'est uni aux autres. Les premières « associations d'hommes » naissent donc de leurs

---

28. *Ibid.*, p. 524.
29. *Discours sur l'origine et les fondements de l'inégalité parmi les hommes*, t. III, première partie, p. 162.
30. *Essai sur l'origine des langues*, t. V, p. 402.

incapacités, de leurs misères, de leurs faiblesses individuelles, et non, comme le croyait Locke, d'une tendance à la socialisation.

Dans la seconde partie du *Discours sur l'origine et les fondements de l'inégalité parmi les hommes*, Rousseau trace le portrait des premières sociétés humaines. Résumons ce qu'il en dit.

La première forme d'association humaine

Comme nous l'avons mentionné précédemment, ce sont des besoins passagers correspondant à un « intérêt présent et sensible » qui ont donné naissance à la première forme d'association humaine. Devant compter sur l'assistance de ses semblables, l'homme originaire s'unit temporairement à des compères, sans aucune obligation de part et d'autre, afin de répondre à des besoins immédiats. Sa vie est encore errante et vagabonde.

La deuxième forme d'association humaine

La deuxième forme d'union entre les humains correspond « à l'établissement et à la distinction des familles ». Les hommes vivent alors dans des huttes faites de branchages et enduites de boue. C'est l'époque des cabanes.

La famille est la première société humaine, « la plus ancienne de toutes les sociétés, et la seule naturelle[31] », dira Rousseau. Grands-parents, mari, femme et enfants constituent une petite société qui se maintient par attachement réciproque et qui se caractérise par un choix volontaire de rester ensemble.

C'est là, selon Rousseau, que s'établit la première différence des sexes. Les femmes gardent la cabane et s'occupent des enfants pendant que les hommes vont chercher la nourriture permettant à toute la famille de survivre.

C'est à cette époque aussi que les gens s'habituent pour la première fois de l'humanité à des commodités qui deviendront des besoins dont ils ne voudront plus se passer. « Ce fut là le premier joug qu'ils s'imposèrent sans y songer, et la première source de maux qu'ils préparèrent à leurs descendants[32]. »

La troisième forme d'association humaine

La troisième forme de groupement humain survient lorsque, devenant sédentaires, des familles différentes se fixent dans un même lieu. Les gens s'assemblent « devant les cabanes ou autour d'un grand arbre ». On y chante et on y danse.

Chacun commença à regarder les autres et à vouloir être regardé soi-même, et l'estime publique eut un prix. Celui qui chantait ou dansait le mieux ; le plus beau, le plus fort, le plus adroit ou le plus éloquent devint le plus considéré, et ce fut le premier pas vers l'inégalité [...], la vanité et le mépris [...], la honte et l'envie[33].

---

31. *Du contrat social*, t. III, livre I, chap. II, p. 352.

32. *Discours sur l'origine et les fondements de l'inégalité parmi les hommes*, t. III, seconde partie, p. 168.

33. *Ibid.*, p. 169-170.

Pour une tribu papoue (Papouasie-Nouvelle-Guinée), la danse constitue l'occasion privilégiée de célébrer un «sing-sing», cérémonie au cours de laquelle est sacrifié un cochon qui servira à nourrir le clan.

Ainsi placés en présence d'autrui, les individus commencent à se mesurer entre eux, à se comparer les uns aux autres, à croiser et à entrechoquer leurs intérêts réciproques, à cultiver leurs ambitions personnelles, à vouloir obtenir la première et la meilleure place, à vouloir recevoir de la considération des autres :

> Sitôt que les hommes eurent commencé à s'apprécier mutuellement et que l'idée de la considération fut formée dans leur esprit, chacun prétendit y avoir droit ; et il ne fut plus possible d'en manquer impunément pour personne. De là sortirent les premiers devoirs de la civilité, même parmi les Sauvages, et de là tout tort volontaire devint un outrage, parce qu'avec le mal qui résultait de l'injure, l'offensé y voyait le mépris de sa personne souvent plus insupportable que le mal même. C'est ainsi que chacun punissant le mépris qu'on lui avait témoigné d'une manière proportionnée au cas qu'il faisait de lui-même, les vengeances devinrent terribles, et les hommes sanguinaires et cruels[34].

L'amour-propre

C'est à ce moment que l'amour de soi a dégénéré en amour-propre. L'amour-propre est la caractéristique fondamentale de l'homme mis en société. « L'amour-propre, écrit Rousseau, n'est qu'un sentiment relatif, **factice**, et né dans la société, qui porte chaque individu à faire plus de cas de soi que de tout autre, qui inspire aux hommes tous les maux qu'ils se font mutuellement[35] » dans la vie en société.

Ne peut-on reconnaître dans cette description de l'amour-propre ce que nous appelons aujourd'hui le rapport individualiste, **égotiste** ou **narcissique** à soi-même ? Car l'individu qui éprouve de l'amour-propre se trouve intéressant, s'accorde de l'importance, se préfère aux autres à un point tel qu'il devient vaniteux, ambitieux et superficiel, se coupant ainsi de toute relation saine et authentique à autrui.

FACTICE

Synonyme de « faux », « artificiel », « affecté ».

ÉGOTISTE

« Se dit du culte du moi, poursuite trop exclusive de son développement personnel. » (*Le Petit Robert*, 2002.)

NARCISSIQUE

Se dit de quelqu'un qui porte une attention exclusive à sa propre personne et à ses propres besoins, de sorte que toutes ses énergies affectives sont dirigées sur lui-même.

---

34. *Ibid.*, p. 170.
35. *Ibid.*, t. III, note XV, p. 219.

La quatrième forme d'association humaine

La quatrième forme de société humaine naît avec l'avènement de la métallurgie et de l'agriculture. « Ce sont le fer et le blé qui ont civilisé les hommes, et perdu le Genre humain[36] ».

À partir du moment où fut inventé l'art de travailler les métaux, ceux qui s'y affairaient durent être nourris par d'autres qui se mirent à cultiver la terre. Ces derniers devinrent plus productifs en utilisant les instruments créés par les artisans. Nous nous trouvons ici devant la première manifestation de dépendance mutuelle entre deux classes d'humains qui donna lieu à la première forme de division du travail (entre les secteurs de l'agriculture et de la métallurgie).

Si la force et les talents des hommes avaient été égaux, les échanges entre ceux qui travaillaient la terre et ceux qui fabriquaient des outils auraient pu être égaux. Mais ce ne fut pas le cas. Tel travailleur de la terre ou tel artisan était plus fort, plus adroit, plus ingénieux qu'un autre, de sorte qu'« en travaillant également, l'un gagnait beaucoup tandis que l'autre avait peine à vivre[37] ».

Qui plus est, de la culture des terres découlèrent nécessairement les problèmes de partage et de PROPRIÉTÉ ainsi que les premiers droits du cultivateur à s'approprier le fond de terrain sur lequel il travaillait année après année.

Les inégalités naturelles ou « physiques » (âge, santé, force, talent, esprit, adresse, etc.) entre les hommes firent donc en sorte que tel laboureur produisit plus que tel autre et posséda plus de terre, que tel forgeron, fabriquant plus d'outils et de meilleure qualité, vécut plus à l'aise que tel autre.

Au fil du temps, ceux qui devinrent riches abusèrent de la naïveté des pauvres et des faibles en les soumettant par ruse à des lois protégeant les intérêts et les privilèges des riches. C'est donc « l'établissement de la propriété et des Lois[38] » qui constitue la source des inégalités sociales que Rousseau appelle « inégalités morales ou politiques » (les richesses, le rang, les privilèges, le pouvoir).

> Telle fut, ou dut être, l'origine de la Société et des Lois, qui donnèrent de nouvelles entraves au faible et de nouvelles forces au riche, détruisirent sans retour la liberté naturelle, fixèrent pour jamais la Loi de la propriété et de l'inégalité, d'une adroite usurpation firent un droit irrévocable, et pour le profit de quelques ambitieux assujettirent désormais tout le Genre humain au travail, à la servitude et à la misère[39].

Arrivé à ce stade du développement social, l'esprit humain est pleinement développé, l'individualisme règne en maître, chacun occupe un rang conformément aux biens qu'il possède, aux honneurs, aux privilèges ou aux pouvoirs qu'il a pu obtenir. La société politique étant basée sur la *puissance* et la *réputation*, Rousseau conclut que l'état de société s'inscrit dans le paraître.

LA PROPRIÉTÉ N'APPARAÎT QU'AVEC LA SOCIÉTÉ CIVILE QUI EN INSTITUE LA LÉGITIMITÉ PAR LE DROIT. PLUS PARTICULIÈREMENT, LA PROPRIÉTÉ EST LIÉE, SELON ROUSSEAU, À LA SÉDENTARITÉ ET À L'AGRICULTURE. LA SECONDE PARTIE DU *DISCOURS SUR L'INÉGALITÉ* S'OUVRE SUR CETTE PHRASE REMARQUABLE : « LE PREMIER QUI AYANT ENCLOS UN TERRAIN, S'AVISA DE DIRE *CECI EST À MOI*, ET TROUVA DES GENS ASSEZ SIMPLES POUR LE CROIRE, FUT LE VRAI FONDATEUR DE LA SOCIÉTÉ CIVILE ». (*DISCOURS SUR L'ORIGINE ET LES FONDEMENTS DE L'INÉGALITÉ PARMI LES HOMMES*, T. III, SECONDE PARTIE, P. 164.)

---

36. *Ibid.*, t. III, seconde partie, p. 171.
37. *Ibid.*, p. 174.
38. *Ibid.*, p. 193.
39. *Ibid.*, p. 178.

Être ou paraître

Constatant à regret que l'état de société a perverti le cœur de l'homme naturel, Rousseau lance un appel afin que nous puisions aux sources de l'état de nature. En effet, selon lui, l'état de nature est l'être de l'homme : il correspond à sa vérité intérieure, à ce qu'il y a de meilleur en lui.

Cela ne constitue cependant pas une invite pour que nous revenions à l'état sauvage, à cette espèce d'âge d'or de l'humanité, car « la nature humaine ne rétrograde pas et jamais on ne remonte vers les temps d'innocence et d'égalité quand une fois on s'en est éloigné[40] ». Il faut plutôt voir dans cet état de nature le modèle ou l'idéal qui nous permet de mettre en lumière, par contraste, les faiblesses, les faussetés et les artifices de la société et de ses conventions.

> Tous [...] tâchent en vain de donner le change sur leur vrai but ; aucun ne s'y trompe, et pas un n'est le dupe des autres [...]. Tous cherchent le bonheur dans l'apparence, nul ne se soucie de la réalité. Tous mettent leur être dans le paraître. Tous, esclaves et dupes de l'amour-propre, ne vivent point pour vivre, mais pour faire croire qu'ils ont vécu[41].

Puisqu'en société les hommes évaluent leur propre existence d'après l'opinion des autres, ils doivent feindre d'avoir les qualités susceptibles d'attirer de la considération.

> L'homme du monde est tout entier dans son masque. N'étant presque jamais en lui-même, il y est toujours étranger et mal à son aise, quand il est forcé d'y rentrer. Ce qu'il est n'est rien, ce qu'il paraît est tout pour lui[42].

Selon Rousseau, l'état de société n'est donc que paraître, faux-semblants et mondanités. En société, les hommes veulent être reconnus comme ayant de la valeur. S'ils en ont peu ou point, ils doivent faire semblant d'en avoir. Ce faisant, ils dissimulent ce qu'ils sont vraiment. Les jeunes loups du commerce, de la finance, de l'informatique ou des multimédias qui fréquentent les « 5 à 7 » de la rue Crescent à Montréal pourraient servir d'exemple. Ils se pavanent au volant de rutilantes BMW ou Mercedes sport, sont vêtus de costumes Armani, portent des montres Rollex ; ils ont l'air d'en « mener large », d'être des gens importants qui « brassent de grosses affaires » et sur qui il faut compter...

En résumé, l'homme naturel a été obligé de s'associer à ses semblables pour affronter les difficultés de la vie des premiers temps. Placés en société, les hommes ont perdu l'innocence, la liberté et le bonheur de l'état de nature. L'état de société a fait de l'homme un être rusé, fourbe, dur, ambitieux, abusant autrui ou s'en faisant craindre, etc. La société, telle que l'observe Rousseau, est devenue le lieu où des hommes ont dû obéir à d'autres hommes, le lieu où des hommes exploitent d'autres hommes, bref le lieu d'une profonde inégalité et servitude. Le *Contrat social* propose un nouveau pacte social et politique qui tente de transformer la réalité que nous venons de décrire.

---

40. *Dialogues*, t. I, dialogue troisième, p. 935.

41. *Ibid.*, p. 936.

42. *Émile*, t. IV, livre IV, p. 515.

Le contrat social ou la liberté et l'égalité retrouvées

« L'homme est né libre, et partout il est dans les fers. » C'est par ce constat que s'ouvre le chapitre premier *Du contrat social*. L'homme originaire était libre et la société l'a « dénaturé ». Les hommes mis en société ont été dépouillés de leur liberté naturelle. Ils ont dû obéir aux puissants. Ils ont été trompés par des gouvernants qui, en échange d'une certaine sécurité, les ont asservis et exploités.

Rousseau se demande comment il serait possible de résoudre l'antagonisme apparemment insurmontable entre les conditions d'être et de vie que permettait l'état de nature (liberté, égalité, pitié) et celles qui existent dans l'état de société telles que révélées par l'Histoire au cours des siècles (servitude, inégalité, violence institutionnalisée, etc.). Nous savons que l'Histoire est irréversible, qu'il est impossible de quitter l'état de société pour retourner à l'état de nature primitif, mais peut-on penser une forme d'association sociale qui soit fondée non plus sur la force et la soumission, mais sur la liberté et la raison ?

Rousseau essaie donc de trouver une forme d'organisation politique et sociale qui réconcilierait ces deux mondes séparés : les droits de la nature (liberté, égalité) et les nécessités, les contingences de la vie civile. En somme, la conception rousseauiste du contrat social tente de répondre à la question suivante : comment les hommes, réunis en société, peuvent-ils retrouver un équivalent de l'état de nature exempt de domination et de dépendance qui leur permette de ne pas renoncer à leur liberté et de se soustraire aux maux (l'inégalité, entre autres) engendrés par la société ? Ce n'est certainement pas en adhérant à un contrat de soumission fondé sur le droit du plus fort, car ce type de contrat, qui nie la liberté essentielle de l'humain, est toujours illégitime[43].

La volonté générale

SUJÉTION

État de l'individu qui est soumis à une autorité, à une domination souveraine. Synonyme d'« assujettissement », de « dépendance » ou d'« oppression ».

Dans la conception rousseauiste de l'État, il n'est pas question d'imposer une **sujétion** à quiconque : le contrat social ne peut être imposé de l'extérieur, chacun doit y adhérer librement et le peuple né de l'association des individus ne peut être soumis à aucune autre autorité que lui-même. Ce sont les volontés des personnes qui doivent librement participer à une « volonté générale ».

Cette volonté générale constitue en même temps le fondement et le résultat du pacte social : elle représente la volonté collective des individus qui se sont « associés » et celle de la nouvelle entité qui est formée grâce à cette association, la société elle-même[44].

La volonté générale s'exprime uniquement sous la forme de lois générales qui régissent également tous les individus et elle a pour seul but le bien commun. Il faut comprendre que la volonté générale n'est pas la somme ou la moyenne des volontés particulières ; au contraire, elle fait entièrement abstraction des intérêts, des désirs ou des passions des individus pour ne considérer que le bien universel, tel qu'il serait compris par des citoyens qui n'écouteraient que leur raison.

---

43. Nous faisons ici allusion à la critique que Rousseau faisait du pouvoir politique despotique défendu par Hobbes.

44. Rousseau désigne parfois cette entité par l'expression « personne publique », pour bien montrer qu'il s'agit d'un être nouveau, indépendant des individus qui le composent, et à qui l'on attribue une volonté propre (voir *Du contrat social*, t. III, livre I, chap. VI, p. 361).

En somme, la volonté générale représente la « rationalité » humaine et produit une sorte de « conversion » de l'homme, qui, pour devenir citoyen, doit renoncer à sa volonté individuelle, c'est-à-dire à la défense de ses intérêts égoïstes. La participation à la volonté générale ne repose pas sur « l'intérêt bien compris » mais sur le renoncement ; c'est à ce prix que l'humain accède, avec la vie sociale, au droit et à la moralité.

La loi : expression de la volonté générale

Selon les propres mots de Rousseau, le contrat social entend faire disparaître l'homme de l'homme pour y substituer un citoyen, membre d'une société où règne la loi, expression de la volonté générale, garantie de la liberté et de l'égalité[45] des individus, seule capable de réunir les avantages de l'état de nature et ceux de l'état civil. À cette fin, il s'agit d'instaurer « une forme d'association qui défende et protège de toute la force commune la personne et les biens de chaque associé, et par laquelle chacun s'unissant à tous n'obéisse pourtant qu'à lui-même et reste aussi libre qu'auparavant[46] ».

EMMANUEL KANT FUT UN LECTEUR ASSIDU DE ROUSSEAU ; IL VOYAIT EN CE DERNIER LE « NEWTON DE LA MORALE ». D'AILLEURS, KANT REPRENDRA CE PRINCIPE ET L'APPLIQUERA À L'ORDRE MORAL : EN TANT QUE SUJET RATIONNEL, LA PERSONNE CHOISIT D'ÊTRE ELLE-MÊME L'AUTEUR DE LA LOI MORALE. AINSI, L'AUTONOMIE DE LA VOLONTÉ EST POSÉE COMME FONDEMENT DE LA MORALITÉ.

Mais est-il possible d'aliéner volontairement sa liberté individuelle en vue de l'établissement de la liberté et de l'égalité de tous, et de rester malgré tout libre ? Rousseau croit fermement que oui parce que « L'OBÉISSANCE À LA LOI QU'ON S'EST PRESCRITE EST LIBERTÉ[47] », écrit-il. Ce principe permet à Rousseau d'affirmer que chacun ne perd pas véritablement sa liberté à l'intérieur du contrat social, puisqu'il a consenti librement à s'en départir pour l'intérêt commun, qui correspond somme toute à son propre intérêt. De plus, grâce à la loi, chacun est protégé contre la soumission à d'autres individus.

En adhérant au contrat social, l'individu y trouve en quelque sorte un bien supérieur (l'égalité civile qui octroie les mêmes droits et les mêmes devoirs à tout un chacun, qu'il soit fort ou faible, riche ou pauvre) à celui dont il s'est départi (l'égalité naturelle ne lui permettant de combler ses besoins qu'à la mesure de ses moyens propres). Par le contrat social, les individus deviennent tous égaux devant la loi[48] puisque par contrat chacun s'aliène également[49]. Le pacte social institue donc des conditions égales pour tous, et cette réciprocité assure la liberté de chacun. En d'autres termes, le contrat social remplace l'autorité de l'homme sur l'homme (source de domination et de servitude) par l'autorité de la loi (source de l'égalité garantissant la liberté).

Le contrat social : une démocratie directe

Le contrat social constitue une sorte de convention de tous avec tous, où chacun — devenant ainsi une partie indivisible du tout — accepte de perdre sa puissance et ses droits individuels[50] pour donner naissance à la volonté générale. Ce pacte social se réduit aux termes suivants :

---

45. Chez Rousseau, liberté et égalité vont de pair : « La liberté ne peut subsister sans elle [l'égalité] ». Mentionnons cependant qu'il ne s'agit pas d'une égalité niveleuse (voir *Discours sur l'inégalité*, t. III, note XIX), mais d'une égalité de droit : « C'est précisément parce que la force des choses tend toujours à détruire l'égalité que la force de la législation doit toujours tendre à la maintenir » (*Du contrat social*, t. III, livre II, chap. XI, p. 391-392).

46. *Du contrat social*, t. III, livre I, chap. VI, p. 360.

47. *Ibid.*, t. III, livre I, chap. VIII, p. 365.

48. *Ibid.*, t. III, livre II, chap. IV, p. 372-375.

49. *Ibid.*, t. III, chap. XVI.

50. Rousseau dit : « L'aliénation totale de chaque associé avec tous ses droits à toute la communauté » (*Du contrat social*, t. III, livre I, chap. VI, p. 360).

Chacun de nous met en commun sa personne et toute sa puissance sous la suprême direction de la volonté générale ; et nous recevons en corps chaque membre comme partie indivisible du tout. À l'instant, au lieu de la personne particulière de chaque contractant, cet acte d'association produit un corps moral et collectif composé d'autant de membres que l'assemblée a de voix, lequel reçoit de ce même acte son unité, son moi commun, sa vie et sa volonté[51].

La dernière partie de cette citation suggère que la volonté générale devra s'exprimer par le corps social dans sa totalité. C'est le peuple tout entier (l'assemblée de citoyens) qui devient souverain. Le pouvoir ne peut être délégué à des représentants. La loi à laquelle le peuple obéit est donc l'expression de la volonté générale. Le contrat social institue une démocratie directe et non une démocratie représentative.

Il faut croire que Rousseau, citoyen de Genève, a inspiré le système de « démocratie directe » de la Suisse contemporaine. En effet, en Suisse, le dernier mot revient non pas au gouvernement mais au peuple. Depuis 1874, plus de 500 consultations populaires par voie de référendums ont eu lieu. Unique au monde, ce recours à la volonté directe des citoyens a pour conséquence que les idées nouvelles échouent plusieurs fois avant d'obtenir un consensus. Cela fait en sorte que les choses ne bougent pas rapidement en Suisse ! Mais, à long terme, cette prudence légendaire du peuple suisse évite au gouvernement de s'engager avec trop d'empressement sur des voies aléatoires et controversées.

VOTÉE PAR L'ASSEMBLÉE CONSTITUANTE, LE 26 AOÛT 1789, LA DÉCLARATION DES DROITS DE L'HOMME ET DU CITOYEN ÉNONÇAIT EN TERMES ROUSSEAUISTES LES « DROITS NATURELS ET IMPRESCRIPTIBLES DE L'HOMME » : LIBERTÉ, PROPRIÉTÉ, SÛRETÉ, RÉSISTANCE À L'OPPRESSION (ARTICLE 2). ET L'ARTICLE 1 PROCLAMAIT CECI : « LES HOMMES NAISSENT ET DEMEURENT LIBRES ET ÉGAUX EN DROIT. LES DISTINCTIONS SOCIALES NE PEUVENT ÊTRE FONDÉES QUE SUR L'UTILITÉ COMMUNE. » N'OUBLIONS PAS QUE CE TEXTE DEMEURE À LA BASE DE LA DÉMOCRATIE MODERNE ET CONSTITUE ENCORE UN IDÉAL DE CIVILISATION DIGNE DE RESPECT.

La philosophie politique rousseauiste — qui énonce un « devoir être » (ce qui doit se produire pour légitimer le pouvoir politique) — trouva son achèvement dans la DÉCLARATION DES DROITS DE L'HOMME ET DU CITOYEN proclamée par la Révolution française de 1789. En décrivant le lien social qui devrait unir l'individu à la collectivité, le *Contrat social* proposait une nouvelle convention qui abolirait les privilèges qu'octroient la naissance, la richesse et la puissance, fondements de toutes les injustices et de tous les malheurs dont a souffert l'humanité. En cela, le *Contrat social* constitue le premier volet d'une philosophie qui s'adresse d'abord au citoyen en voulant faire son éducation civile. L'*Émile ou De l'éducation* correspond au second volet, où Rousseau stipule ce que devrait être l'éducation de l'individu.

Émile ou le modèle d'éducation de l'être humain

« Tout est bien sortant des mains de l'Auteur des choses, tout dégénère entre les mains de l'homme. » Ces mots ouvrent magistralement l'ouvrage qui occupe une place centrale dans l'œuvre de Rousseau : *Émile ou De l'éducation*.

Au XVIIIe siècle, on ne reconnaît guère de droits à l'enfance ; les parents de l'aristocratie et de la grande bourgeoisie se déchargent de leurs responsabilités en confiant leurs enfants à une nourrice pour ensuite les enfermer dans des collèges ou des couvents, ou encore les laisser sous la domination de maîtres ou de gouvernantes avides de discipline. Jean-Jacques Rousseau invalide les pratiques éducatives de son époque parce qu'elles correspondent à un dressage de l'enfant qui viole sa nature propre. Il publie un « traité d'éducation » révolutionnaire où il défend le droit à une véritable enfance, le droit à la liberté, l'éducation orientée vers la seule humanité plutôt que vers le rang et l'ordre, etc.

---

51. *Du contrat social*, t. III, livre I, chap. VI, p. 361.

Qui plus est, l'ouvrage n'est pas qu'un simple traité de recettes pédagogiques. Au-delà des visées éducatives, Rousseau y présente une conception philosophique de l'homme. Dans le livre premier de l'*Émile*, il apporte la précision suivante : « Notre véritable étude est celle de la condition humaine. [...] Il faut donc généraliser nos vues, et considérer dans notre élève l'homme abstrait, l'homme exposé à tous les accidents de la vie humaine[52]. »

À la faveur d'un traité à la fois philosophique et pédagogique, Rousseau trace le portrait de l'homme idéal, c'est-à-dire de celui qui aurait réussi à conserver les éléments de l'état de nature grâce à une saine éducation, où il aurait appris à résister par lui-même aux vices que la société inculque. *Émile* s'inscrit dans une espèce de trilogie. Les deux premiers *Discours* critiquent avec vigueur l'œuvre de la civilisation, qui dénature l'homme et le prive de la liberté et de l'égalité. Le *Contrat social* présente le « devoir être » sur le plan social et propose la seule forme politique pouvant offrir aux citoyens la liberté et l'égalité civiles.

Émile ou De l'éducation décrit les principes essentiels d'une pédagogie développant chez l'enfant, l'adolescent et le jeune adulte les qualités de l'homme naturel : ce sont ces qualités qui pourront faire de lui un authentique citoyen, *libre* et préoccupé par le bien commun.

FRONTISPICE DE L'*ÉMILE* PAR COCHIN DANS L'ÉDITION IN-4° DE GENÈVE, **1780-1781**.

Le modèle éducatif rousseauiste

Donnons un aperçu de ce modèle éducatif.

Principe premier : le respect de la liberté naturelle de l'enfant

D'abord, il s'agit d'asseoir sur le principe de la liberté toutes les conditions requises en vue d'une heureuse éducation de l'individu orientée vers la vie. Aussi, le précepteur se servira de la nature seule comme inspiratrice et théâtre de l'apprentissage de l'enfant. Il s'abstiendra de lui commander quoi que ce soit, par exemple, de lui imposer de l'extérieur des préceptes artificiels comme l'obligation de se servir de « vaines formules de politesse ». Quand le maître accorde quelque chose, il le fait avec plaisir dès la première sollicitation de l'enfant ; quand le maître doit dire non, il le fait avec répugnance, mais son refus est irrévocable.

Face à l'ordre naturel et à la nécessité des choses (le maître est fort et l'enfant est faible), l'enfant peut comprendre ses limites tout en restant libre : il apprend à accepter ce contre quoi il ne peut rien. Comme l'écrit Rousseau, « la dépendance des choses n'ayant aucune moralité ne nuit point à la liberté et n'engendre point de vices[53] ». Au contraire, les menaces, les tourments et les châtiments dont se sert un maître cruel maintiendront l'enfant dans un esclavage amer et douloureux qui lui fera perdre son innocence et qu'il tentera de fuir par n'importe quels moyens.

---

52. *Émile*, t. IV, livre I, p. 252.

53. *Ibid.*, t. IV, livre II, p. 311.

Principe deuxième : le respect de l'évolution naturelle de l'enfant

Le deuxième principe éducatif demande au maître d'aimer l'enfance en considérant l'enfant comme un ENFANT et non comme un adulte. « Laissez mûrir l'enfance dans l'enfant ! » s'écrie Rousseau. Cela implique qu'il faut respecter l'évolution naturelle de l'individu, c'est-à-dire, pour utiliser un langage contemporain, les étapes ou les stades du développement de l'enfant. Afin de suivre cette progression naturelle, le précepteur recourra à ce que la nature elle-même éveille tour à tour chez l'être humain. En d'autres mots, il adaptera son enseignement aux facultés de chaque âge.

> ROUSSEAU FUT LE PREMIER PENSEUR À AFFIRMER LA SPÉCIFICITÉ DE L'ENFANT ET DE SON ÊTRE PROPRE. À L'ÉPOQUE DE ROUSSEAU, ON AVAIT TENDANCE À RÉDUIRE L'ENFANT À LA NOTION VAGUE DE « MODÈLE RÉDUIT D'ADULTE ».

DE ZÉRO À DEUX ANS Seules les capacités corporelles devraient être exercées jusqu'à l'âge de deux ans : l'enfant apprendra d'abord à fortifier son corps par l'exercice physique. Tous les jours, le précepteur conduira l'enfant dans un pré afin qu'il puisse courir, sauter, crier à sa guise, bref s'ébattre en toute liberté.

DE TROIS À 12 ANS L'accent sera mis sur le développement des sens, « les premières facultés qui se forment et se perfectionnent en nous », facultés qu'il convient de cultiver avant l'intelligence abstraite qui se développe le plus difficilement et le plus tard, selon Rousseau. Les sensations que procurent la vue, l'ouïe, l'odorat et le toucher sont évaluées par Rousseau comme permettant une perception juste de la réalité et de soi-même, d'autant plus que c'est en comparant ses diverses sensations que l'enfant développe son esprit — ce qui donnera naissance ultérieurement à l'idée. Contrairement à Descartes, Rousseau considère que les idées ne sont pas innées[54] :

> Notre élève n'avait d'abord que des sensations, maintenant il a des idées : il ne faisait que sentir, maintenant il juge. Car de la comparaison de plusieurs sensations successives ou simultanées, et du jugement qu'on en porte, naît une sorte de sensation mixte ou complexe que j'appelle idée[55].

> « LA PREMIÈRE ÉDUCATION DOIT ÊTRE PUREMENT NÉGATIVE. ELLE CONSISTE, NON POINT À ENSEIGNER LA VERTU NI LA VÉRITÉ, MAIS À GARANTIR LE CŒUR DU VICE ET L'ESPRIT DE L'ERREUR. »
> (*ÉMILE*, T. IV, LIVRE II, P. 323.)

Comme « première » éducation, qui va de la naissance à 12 ans, Rousseau prône une éducation NÉGATIVE contre les dangers qui menacent Émile. En ce sens, le précepteur ne donne rien à apprendre, mais se contente de placer Émile dans des conditions (généralement celles de la nature) où l'enfant découvrira tout par lui-même. Et, au besoin, le précepteur empêche que le préjugé (l'erreur de l'esprit) ou le vice (l'erreur du cœur), toujours issus de l'extérieur, ne viennent entraver cet apprentissage.

À 13 ANS Rousseau croit qu'il ne faut pas précipiter l'apprentissage de la raison, car cette faculté n'est pas appropriée à l'enfance. Il ne faut donc pas prématurément, alors que l'enfant n'est pas prêt à « entendre raison », exiger de lui qu'il se mesure « aux objets intellectuels ». Un élève contraint par son maître à se servir de sa raison fera souvent semblant de « raisonner » parce qu'il y verra son intérêt sans pour autant en éprouver le besoin véritable.

Rousseau suggère d'attendre la treizième année de l'enfant avant de considérer le développement de son esprit et de travailler à l'éveil de sa curiosité intellectuelle.

---

54. La théorie rousseauiste de la connaissance s'oppose radicalement au rationalisme classique, dont celui de Descartes, et épouse la philosophie sensualiste de Condillac.

55. *Émile*, t. IV, livre III, p. 481.

À 17 ANS Ce n'est qu'à partir de la dix-septième année qu'on valorisera le raisonnement par le travail intellectuel proprement dit, car, « de toutes les instructions propres à l'homme, celle qu'il acquiert le plus tard et le plus difficilement est la raison même[56] ».

À 20 ANS À 20 ans seulement, l'examen de ce qui est bien et de ce qui est mal (le sens moral) sera fait avant qu'on favorise une conduite particulière. Ayant été éduquée d'une bonne manière, la conscience morale d'Émile, qui correspond au sentiment intuitif et immédiat de ce qui est bien, saura être pour lui un guide sûr.

Tout ce processus d'apprentissage sera organisé suivant l'intérêt spontané ressenti par l'élève. La personne n'est-elle pas motivée à apprendre dans la mesure où elle y trouve son intérêt[57] ?

Principe troisième : la prédominance de la conscience sur la science

Le troisième principe de l'éducation rousseauiste consiste à développer la conscience plutôt que d'accumuler de la science ; il faut laisser l'enfant découvrir par lui-même ce qu'il doit savoir au lieu de lui imposer des connaissances et des vertus qu'il n'est pas encore capable de comprendre. Ce n'est pas le savoir en tant que tel qui importe ni la culture en soi, mais l'honnêteté et la sincérité du cœur. « L'homme naturel, s'exclame Rousseau, est honnête, non savant ! » Le précepteur verra donc en priorité à empêcher que l'enfant ne tombe sous l'empire des préjugés et des mœurs factices qui viendraient fausser son apprentissage.

Principe quatrième : apprendre à apprendre

Le quatrième principe éducatif repose sur l'hypothèse qu'il vaut mieux apprendre à apprendre, car il importe d'avoir « une tête bien faite plutôt que bien pleine ! » Au savoir en tant que somme des connaissances acquises, Rousseau préfère la perspicacité, la profondeur et l'ouverture d'esprit :

> Émile a peu de connaissances, mais celles qu'il a sont véritablement siennes ; il ne sait rien à demi. Dans le petit nombre de choses qu'il sait et qu'il sait bien, la plus importante est qu'il y en a beaucoup qu'il ignore et qu'il peut savoir un jour, beaucoup plus que d'autres hommes savent et qu'il ne saura de sa vie, et une infinité d'autres qu'aucun homme ne saura jamais. Il a un esprit universel, non par les lumières, mais par la faculté d'en acquérir ; un esprit ouvert, intelligent, prêt à tout, et, comme dit MONTAIGNE, sinon instruit du moins instruisable. Il me suffit qu'il sache trouver l'*à quoi bon* sur tout ce qu'il fait, et le *pourquoi* sur tout ce qu'il croit. Encore une fois mon objet n'est point de lui donner la science, mais de lui apprendre à l'acquérir au besoin, de la lui faire estimer exactement ce qu'elle vaut, et de lui faire aimer la vérité par-dessus tout[58].

> MICHEL EYQUEM DE MONTAIGNE (1533-1592), ÉCRIVAIN ET HUMANISTE FRANÇAIS, RECOMMANDAIT QUE LE PRÉCEPTEUR EÛT LUI AUSSI « LA TÊTE BIEN FAITE [PLUTÔT] QUE BIEN PLEINE ». (*ESSAIS*, I, CHAP. 26, P. 222.)

Une considération philosophique englobante : faire de l'enfant un homme

Au-dessus des quatre principes de l'éducation que nous venons de présenter, Rousseau formule une considération qui constitue l'objectif ultime de tout processus d'éducation de l'être humain. Cette considération philosophique pourrait se résumer à la maxime suivante : apprendre à être une personne à part entière et apprendre à vivre heureux, tel est le métier de l'être humain.

---

56. *Julie ou la nouvelle Héloïse*, t. II, cinquième partie, lettre 3, p. 562.
57. « À quoi cela sert-il ? » entend-on souvent de la bouche des enfants et même des jeunes adultes d'aujourd'hui.
58. *Émile*, t. IV, livre III, p. 487.

En sortant de mes mains, il [Émile] ne sera, j'en conviens, ni magistrat, ni soldat, ni prêtre; il sera premièrement homme: tout ce qu'un homme doit être, il saura l'être au besoin tout aussi bien que qui que ce soit; et la fortune aura beau le faire changer de place, il sera toujours à la sienne[59].

En conclusion, nous pouvons dire que parce que le précepteur, négligeant le rang et la fortune, n'aura cultivé chez Émile que ce qui le fait homme (comme tous les hommes), parce qu'il aura écarté les influences sociales qui exacerbent les passions et l'amour-propre, parce qu'il n'aura jamais forcé les étapes du développement de ses facultés, Émile sera le plus naturel des hommes éduqués, mais aussi le plus raisonnable. Pour la même raison, Émile sera également le citoyen idéal. Estimant la loi nécessaire, habitué à obéir à la nécessité des choses et à reconnaître sa liberté dans cette soumission «à ce qui est», il sera capable de transposer cette reconnaissance sur le plan politique, sa volonté raisonnable se fondant aisément dans la volonté générale. Sur le plan moral, l'amour de soi non contrarié et non dénaturé sous forme d'amour-propre pourra se prolonger dans l'amour des autres. Émile ne trouvera pas, évidemment, de société à sa mesure, mais il pourra tout de même vivre en paix au milieu de ses concitoyens et, lui qui connaît la liberté de cœur, être leur exemple.

Figure 2.1 Parallèle entre l'état de nature, l'état de société et le contrat social

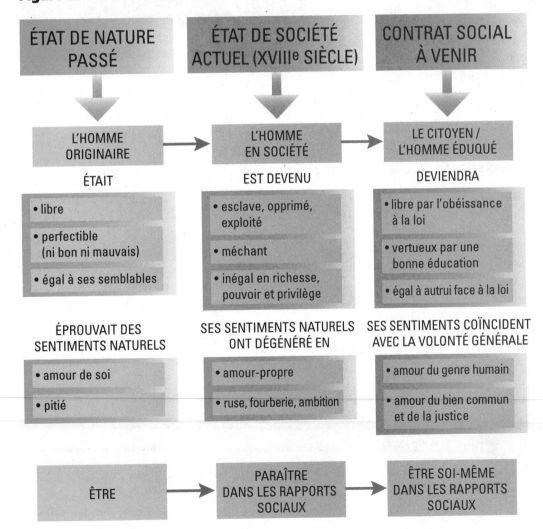

---

59. *Ibid.*, t. IV, livre I, p. 252.

Rousseau aujourd'hui

Rousseau et l'éducation libertaire

L'ensemble des maximes pédagogiques proposées par Rousseau a contribué au développement, un siècle et demi plus tard, des thèses éducatives de Maria Montessori (1870-1952), qui servent aujourd'hui d'assises à plusieurs garderies et classes de maternelle. On y applique une méthode d'enseignement fondée sur l'éducation sensorielle, sur le développement de la mémoire et sur la valorisation de la liberté active de l'enfant.

N'oublions pas non plus l'apport important de la philosophie de l'éducation de Rousseau à l'idéologie de l'école alternative, qui s'est développée au Québec à partir des années

LES CLASSES DE MATERNELLE D'AUJOURD'HUI S'INSPIRENT DU MODÈLE ÉDUCATIF ROUSSEAUISTE.

1970 et qui suscite encore aujourd'hui un certain intérêt auprès de parents insatisfaits de l'école dite traditionnelle. Rappelons que l'école alternative défend elle aussi le principe de liberté : on ne doit pas contraindre l'enfant à apprendre. Elle mise également sur la curiosité et sur la spontanéité naturelles de l'enfant.

Rousseau au cœur d'un débat sur l'éducation

La pédagogie rousseauiste est d'une actualité criante. Elle se situe au cœur d'un débat qui éveille bien des passions : l'enseignement doit-il se faire au présent, dans la joie et dans le plaisir d'apprendre ou, au contraire, doit-il générer peine et douleur puisque apprendre est toujours le fruit de l'effort et que c'est le prix à payer pour la construction de son avenir ? Le choix de Rousseau éducateur est clair : l'enseignement doit répondre à une curiosité, à un intérêt, à un désir, bref à un besoin de l'élève qui choisit d'apprendre. Et cet apprentissage se doit d'être heureux et ne viser que l'ici-maintenant :

> Il [Émile] est parvenu à la maturité de l'enfance, il a vécu la vie d'un enfant, il n'a point acheté la perfection aux dépens de son bonheur ; au contraire ils ont concouru l'un à l'autre. En acquérant toute la raison de son âge, il a été heureux et libre autant que sa constitution lui permettait de l'être[60].

Dans les dernières pages de l'*Émile*, Rousseau revient de nouveau sur le fait que le développement de l'individu doit s'accomplir au présent, et dans la joie et le plaisir :

> Dans l'incertitude de la vie humaine, évitons surtout la fausse prudence d'immoler le présent à l'avenir ; c'est souvent immoler ce qui est à ce qui ne sera point. Rendons l'homme heureux dans tous les âges, de peur qu'après bien des soins il ne meure avant de l'avoir été[61].

---

60. *Ibid.*, t. IV, livre II, p. 423.

61. *Ibid.*, t. IV, livre V, p. 781.

Rousseau et l'éducation utilitariste

À l'aube du XXIᵉ siècle, l'éducation conçue par les technocrates et pratiquée dans nos établissements d'enseignement rend-elle l'élève heureux comme l'aurait souhaité Rousseau ? Le met-on en contact avec des savoirs nouveaux afin qu'il découvre des connaissances jusqu'alors ignorées, connaissances qui transformeront son être profond ? Le projet éducatif proposé à l'élève s'inscrit-il dans un esprit de pure gratuité ? Y valorise-t-on le plaisir d'apprendre qui procure joie et bonheur ? Les maisons d'enseignement occidentales éduquent-elles l'élève ou l'instruisent-elles ? Développe-t-on chez lui le jugement et le sens critique ou l'enferme-t-on dans un univers comptable ? Lui inculque-t-on une culture humaniste ou une culture technocratique ? Répondre à ces questions, c'est porter un regard critique sur le monde occidental de l'éducation que Rousseau aurait sans doute condamné.

UTILITARISTE
Dans le langage courant, se dit d'une personne ou d'une organisation qui met en avant le culte de l'utile.

En effet, une idéologie **utilitariste** de la réussite sévit en ce moment dans l'école : il faut que ce que l'élève apprend serve directement à sa future carrière ; il faut que ses apprentissages scolaires soient applicables et que, au bout du compte, cela rapporte à la société. On tient désormais le discours du rendement et de la rentabilité. On défend l'idée d'une plus grande accessibilité aux diplômes. On présente des « plans de réussite ». On évoque la formation par programmes, une instruction « sur mesure », des savoir-faire précis, des apprentissages et des compétences utilitaires, etc. Rousseau se serait sûrement opposé à un tel modèle éducatif.

Par ailleurs, il est rarement question du type d'humain qu'on veut former dans le système scolaire actuel. Au sortir de l'école, que deviendront les jeunes adultes qui auront accepté de s'adapter au moule de l'éducation utilitariste ? Quelle sorte d'hommes et de femmes deviendront les élèves qu'on aura instruits en fonction des impératifs du marché et auxquels on aura transmis de simples techniques ponctuelles et des connaissances utiles et circonstancielles ?

Rousseau et les problématiques socioculturelles et politiques

En ce qui regarde les problématiques soulevées sur les plans socioculturel et politique, la philosophie rousseauiste suscite un foisonnement de questions auxquelles on tente encore de répondre aujourd'hui : quels sont les rapports fondamentaux entre nature et culture ? L'être humain est-il d'abord ce qui relève de sa nature propre ou est-il le fruit d'un conditionnement culturel ? Les droits individuels sont-ils conciliables avec les obligations sociales ? Des individus peuvent-ils former une société ? L'individu peut-il et doit-il déléguer sa volonté politique ? Qu'est-ce qu'une autorité politique légitime ? L'autonomie individuelle peut-elle survivre dans une entité collective ? Etc.

Nous avons vu que l'amour-propre constitue aux yeux de Rousseau le facteur primordial empêchant le lien social.

Étendons l'amour-propre sur les autres êtres, nous le transformerons en vertu, et il n'y a point de cœur d'homme dans lequel cette vertu n'ait sa racine. Moins l'objet de nos soins tient immédiatement à nous-même, moins l'illusion de l'intérêt particulier est à craindre ; plus on généralise cet intérêt, plus il devient équitable, et l'amour du genre humain n'est autre chose en nous que l'amour de la justice[62].

---

62. *Ibid.*, t. IV, livre IV, p. 547.

Afin que cela se réalise, il s'agira d'établir des rapports entre les personnes qui soient régis par des lois civiles aussi inviolables que celle de la nature. Et le passage de l'état de nature à l'état de société sera assuré par l'individu qui sentira la nécessité de s'unir aux autres par le contrat social signé dans l'intérêt de tous et qui, ce faisant, deviendra citoyen à part entière.

Avouons que cette lecture rousseauiste de la naissance de la société civile est encore tout empreinte de subjectivisme et d'idéalisme! La connaissance précise de l'évolution historique des sociétés, de leurs structures, des lois objectives qui en règlent l'existence échappait à Rousseau.

Même si sa vision anthropologique a préparé la venue de Karl Marx, il fallut attendre ce dernier et son *matérialisme dialectique et historique* pour mieux comprendre la naissance des sociétés humaines, les déterminismes sociaux, les fondements «scientifiques» des lois et des pratiques dans une société à une époque particulière. Il fallut attendre Karl Marx pour qu'un portrait de l'humain décrit comme un être essentiellement social et historique nous soit donné.

Jean-Jacques Rousseau

Selon Rousseau, l'**état de nature** représente l'être (l'essence) de l'homme, c'est-à-dire sa nature originelle avant que la civilisation l'ait pervertie. L'homme naturel se définit par la **liberté**. Cette caractéristique le rend **perfectible**, c'est-à-dire susceptible d'être transformé. Les sociétés à venir se chargeront de le transformer pour le pire. (L'homme est donc devenu peu à peu un produit de la culture et de l'Histoire.) L'homme naturel possède l'**amour de soi**. Il ressent de la **pitié** pour plus faible que soi. Il est **égal** à son semblable.

Les premières associations humaines ont créé un **état de société** qui a dénaturé les qualités originaires de l'homme naturel. Dès lors sont apparus l'**amour-propre**, la **propriété** et les **lois** protégeant l'intérêt et les privilèges des riches. En découlèrent l'**inégalité sociale** et la **servitude**. Le **paraître** prédomine désormais sur l'**être**.

Afin de retrouver les droits de la nature, Rousseau propose un **contrat social** fondé sur la **volonté générale**, qui institue l'autorité de la **loi** garantissant la **liberté** et l'**égalité civiles**.

Dans le but de former un citoyen idéal, libre et préoccupé par le bien commun, Rousseau présente un **modèle d'éducation** qui tente de développer chez l'élève les qualités de l'homme naturel.

Réseau de concepts

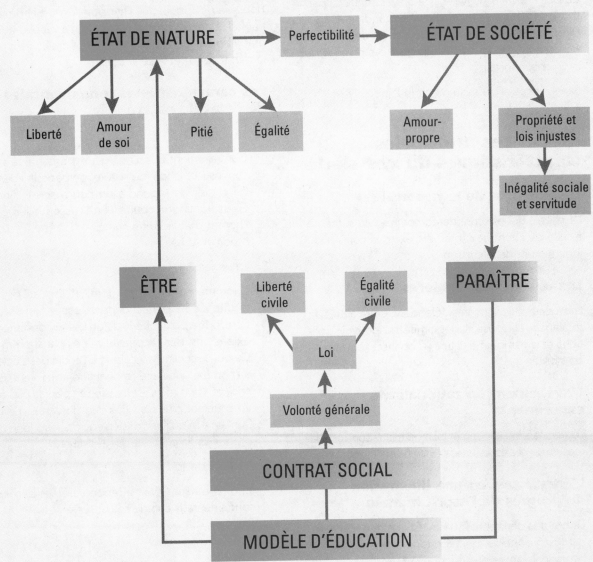

Rousseau et les Lumières

Notice biographique

Jean-Jacques Rousseau est né à Genève, en Suisse, le 28 juin 1712. Orphelin de mère et n'étant pas soutenu par un milieu privilégié, il exerce divers métiers et acquiert ses connaissances en autodidacte.

Rousseau est un créateur aux multiples talents : *Dissertation sur la musique moderne* (1742) ; auteur-compositeur de deux opéras joués en 1745 et en 1752 ; *Discours sur les sciences et les arts* (1750) couronné par l'Académie de Dijon ; auteur d'une pièce, *Narcisse*, mise en scène au Théâtre-Français, en 1752 ; *Discours sur l'origine et les fondements de l'inégalité parmi les hommes* (1755) ; triomphe à Paris de son roman d'amour *Julie ou la nouvelle Héloïse* (1760) ; en 1762, *Du Contrat social* et *Émile ou De l'éducation* lui valent de graves ennuis ; à partir de 1770, publication de trois grands ouvrages biographiques (*Les confessions*, *Dialogues de Rousseau juge de Jean-Jacques* et *Les rêveries du promeneur solitaire*).

Jean-Jacques Rousseau meurt le 2 juillet 1778.

Les principales caractéristiques du XVIIIᵉ siècle

Les lumières de la raison

La raison, qui est considérée comme « la suprême faculté de l'homme », permet l'exercice concret du jugement et de la critique.

Les idéaux des Lumières

Les idéaux des Lumières défendent, entre autres, la tolérance religieuse, la légitimité du pouvoir politique et le paradigme nature — bonheur terrestre — sensibilité.

L'avènement du rationalisme expérimental

Le rationalisme expérimental croit à la raison dans la mesure où elle est assistée et validée par l'expérience.

L'*Encyclopédie* : une illustration du progrès de l'esprit humain

Le progrès de l'esprit humain est illustré à merveille par l'*Encyclopédie*, qui répertorie et analyse toutes les connaissances de l'époque.

Rousseau et le XVIIIᵉ siècle

À l'opposé des encyclopédistes, Rousseau ne croit pas que les sciences, les techniques et les arts soient des facteurs de progrès, qu'ils aient amélioré les conduites des hommes. En conséquence, il propose une critique éthique et sociale de la civilisation qui a dénaturé l'être humain.

L'état de nature

Définition

L'état de nature correspond à la nature originelle de l'homme avant que la civilisation en ait défiguré l'être profond.

Précisions préliminaires

La description de l'état de nature présentée par Rousseau s'appuie sur l'hypothèse que l'homme naturel, étant un être solitaire et non sociable, vit un état d'isolement et, en conséquence, ne connaît pas la dépendance et la servitude.

Les caractéristiques fondamentales de l'état de nature

1. La liberté

   Contrairement à l'animal qui est déterminé par son instinct, l'homme naturel possède la liberté de choisir de répondre ou non à son instinct. C'est la liberté qui définit essentiellement l'homme naturel : être humain, c'est être libre de modifier sa nature.

2. La perfectibilité

   L'homme naturel étant libre, il dispose de la faculté de *se perfectionner*, c'est-à-dire de se transformer, d'acquérir, selon les circonstances extérieures, des propriétés créées par l'homme. Ce que la société a inculqué au cours des siècles à l'homme originaire l'a dénaturé et perverti. En société, l'homme s'est transformé pour le pire en y acquérant plus de vices que de vertus. L'être humain (lorsqu'il est mis en société) est donc un produit de la culture et de l'Histoire.

3. L'amour de soi

   L'homme naturel voit à répondre à ses besoins fondamentaux afin de se conserver.

4. La pitié

La pitié est une « vertu naturelle » qui permet à l'homme originaire de s'émouvoir de la misère ou des difficultés éprouvées par plus faible que soi. La pitié fait contrepoids à l'amour de soi qui pourrait se transformer en amour-propre.

5. L'égalité

L'homme originaire est égal à son semblable : il n'existe pas dans l'état de nature de différences assez grandes entre les individus pour que l'un domine l'autre de façon permanente.

L'état de société

Afin de survivre aux catastrophes naturelles, les individus ont été obligés de se regrouper pour ainsi former la première association d'hommes.

La première forme d'association humaine

Il s'agit d'une union temporaire visant à répondre à des besoins immédiats, soit survivre aux cataclysmes.

La deuxième forme d'association humaine

Elle consiste en la formation de la famille. On vit dans des cabanes. La première différenciation des sexes apparaît alors. On s'habitue à des commodités.

La troisième forme d'association humaine

Des familles s'installent dans un même lieu, deviennent sédentaires. Naissent alors la considération et l'amour-propre.

L'amour-propre

Aussitôt que les hommes se sont unis aux autres, ils ont commencé à se mesurer les uns aux autres et à vouloir obtenir la considération des autres. C'est alors que l'amour de soi a dégénéré en amour-propre. L'amour-propre est la caractéristique essentielle de l'homme vivant en société. C'est un sentiment faux qui amène à s'attacher exclusivement et abusivement à soi-même, et à cacher ce que l'on est vraiment sous le masque que l'on se croit obligé de porter. L'amour-propre est à l'origine de tous les maux de la vie en société.

La quatrième forme d'association humaine

Elle correspond à l'invention de la métallurgie et à l'avènement de l'agriculture. C'est la naissance de la propriété privée. L'inégalité s'installe parmi les hommes. On instaure des lois protégeant les pouvoirs et les privilèges des riches, et établissant la servitude et la misère des pauvres.

Être ou paraître

L'état de nature est l'être (l'essence) de l'homme. Il correspond à sa vérité intérieure, à ce qu'il y a de meilleur en lui.

L'état de société n'est que paraître. Mis en société, les hommes dissimulent ce qu'ils sont vraiment. Pour être quelqu'un, ils doivent faire semblant de posséder les qualités attirant la considération d'autrui.

Le contrat social ou la liberté et l'égalité retrouvées

Le *Contrat social* veut répondre à la question suivante : comment les hommes peuvent-ils retrouver les caractéristiques essentielles de l'état de nature, exempt de domination et de dépendance, et ainsi ne pas renoncer à leur liberté tout en se soustrayant aux maux (l'inégalité, entre autres) engendrés par la société ?

La volonté générale

Les humains peuvent retrouver les caractéristiques essentielles de l'état de nature en adhérant à un pacte social où chacun, devenant partie indivisible du tout, accepte de perdre sa puissance et ses droits individuels pour donner naissance à la volonté générale.

La loi : expression de la volonté générale

La loi, devenant l'expression de la volonté générale, garantit la liberté et l'égalité civiles de tout un chacun.

Le contrat social : une démocratie directe

La volonté générale ne peut être déléguée : c'est le peuple dans sa totalité (démocratie directe) qui assure la souveraineté politique.

Émile ou le modèle d'éducation de l'être humain

Émile ou De l'éducation expose les principes essentiels d'une pédagogie développant chez l'être humain les qualités de l'homme naturel.

Le modèle éducatif rousseauiste

1. Principe premier : le respect de la liberté naturelle de l'enfant

La liberté et la nature doivent servir de fondements à l'apprentissage.

2. Principe deuxième : le respect de l'évolution naturelle de l'enfant

L'enfant doit être considéré comme un enfant et non comme un adulte. Il faut donc respecter l'évolution naturelle de l'enfant. Il faut aussi que l'élève soit intéressé par ce qu'on lui propose.

3. Principe troisième : la prédominance de la conscience sur la science

L'éducation doit développer la conscience et les bons sentiments plutôt que la science, c'est-à-dire l'acquisition de savoirs constitués.

4. Principe quatrième : apprendre à apprendre

Il vaut mieux apprendre à apprendre plutôt que d'avoir la tête pleine.

5. Une considération philosophique englobante : faire de l'enfant un homme

Une considération philosophique chapeaute les quatre principes précédents : l'objectif ultime de l'éducation est d'apprendre à être une personne à part entière et à vivre heureux.

Rousseau aujourd'hui

Rousseau et l'éducation libertaire

Le modèle éducatif présenté par Rousseau a inspiré le développement des garderies, des maternelles et des écoles alternatives qui défendent le principe de la liberté de l'élève.

Rousseau au cœur d'un débat sur l'éducation

La pédagogie rousseauiste se situe au cœur d'un débat actuel concernant l'éducation. Le développement de l'individu doit-il se faire au présent, dans la joie et le plaisir d'apprendre (ce que défend Rousseau), ou doit-il être le résultat d'obligations et d'efforts imposés à l'élève (ce que défend l'école traditionnelle) ?

Rousseau et l'éducation utilitariste

De nos jours, les établissements d'enseignement et les élèves sont sous la domination d'une idéologie éducationnelle utilitariste que Rousseau aurait condamnée. On veut y enseigner des savoir-faire et des compétences qui doivent servir à la future carrière. Mais quel type d'humain veut-on former ?

Rousseau et les problématiques socioculturelles et politiques

Rousseau a soulevé, au XVIIIe siècle, de nombreuses problématiques socioculturelles et politiques qui sont toujours d'actualité. L'être humain relève-t-il de sa nature propre ou est-il le fruit d'un conditionnement ? Les droits individuels sont-ils conciliables avec les obligations sociales ? L'individu peut-il et doit-il déléguer sa volonté politique ? L'autonomie individuelle peut-elle survivre dans une entité collective ?

Activités d'apprentissage

A VÉRIFIEZ VOS CONNAISSANCES

1. Dans son texte célèbre de 1750, *Discours sur les sciences et les arts*, Rousseau défend le progrès des sciences et des arts en soutenant qu'il permet de développer la nature intime de la personne. **VRAI** ou **FAUX**?

2. Quelle est la doctrine défendue par Rousseau dans sa *Profession de foi du vicaire savoyard* en 1762?

3. Au XVIIIe siècle, la « suprême faculté de l'homme » est le sentiment. **VRAI** ou **FAUX**?

4. Quelle est la devise des Lumières, selon Kant?

5. Dans le domaine religieux, Rousseau s'inscrit en faux contre la tendance de son époque en ne défendant pas la liberté de croyance. **VRAI** ou **FAUX**?

6. L'empirisme philosophique marque l'avènement du rationalisme expérimental, trait caractéristique de l'époque de Rousseau. **VRAI** ou **FAUX**?

7. L'homme naturel recherché par Rousseau est celui qui aurait objectivement existé au début de l'humanité. **VRAI** ou **FAUX**?

8. Selon Rousseau, la première forme d'association humaine est née d'un « intérêt présent et sensible » correspondant à des besoins passagers. **VRAI** ou **FAUX**?

9. À quoi correspond la deuxième forme d'association humaine, selon Rousseau?

10. Quelle est la notion centrale de la troisième forme d'association humaine pour Rousseau?

11. Pour Rousseau, la propriété n'est pas liée à la sédentarité et à l'agriculture. **VRAI** ou **FAUX**?

12. Selon Rousseau, l'état de société pervertit le cœur de l'homme naturel et fait ressortir le paraître au détriment de l'être. **VRAI** ou **FAUX**?

13. Quel est le fondement et le résultat du pacte social, selon Rousseau?

14. Selon Rousseau, le métier de l'être humain consiste à apprendre à être une personne à part entière et à être heureux. **VRAI** ou **FAUX**?

15. À partir de ce que vous avez appris sur Rousseau, indiquez laquelle des citations suivantes n'a pas été écrite par lui.

    a) « C'est précisément parce que la force des choses tend toujours à détruire l'égalité que la force de la législation doit toujours tendre à la maintenir. »

    b) « Ce tribunal que l'homme sent en lui est la conscience. »

    c) « S'il faut obéir par la force on n'a pas besoin d'obéir par devoir et si l'on n'est plus forcé d'obéir on n'y est plus obligé. »

B ANALYSE ET CRITIQUE DE TEXTE

Cette activité exige la lecture préalable de l'extrait du Discours sur l'origine et les fondements de l'inégalité parmi les hommes présenté à la page 70.

Compétences à acquérir

- Comparer des éléments du texte que Rousseau met en parallèle, c'est-à-dire examiner leurs ressemblances et leurs différences.

- Évaluer le contenu des attributs que Rousseau accorde à l'homme civilisé dans ce texte, c'est-à-dire exprimer sur eux son accord ou son désaccord (et en donner les raisons).

Questions

1. Rousseau établit une comparaison entre l'animal et l'homme.

   a) Décrivez dans vos propres mots les deux points de ressemblance et les deux points de différence entre l'animal et l'homme qui sont présentés dans la première partie de ce texte.

   ## Commentaire critique

   b) Reprenez une à une ces deux ressemblances et ces deux différences, et dites ce que vous en pensez en justifiant vos affirmations. (*Minimum suggéré : une page.*)

2. Dans la note IX, Rousseau trace le « tableau moral » de l'homme civil vivant dans la société humaine.

   a) Décrivez dans vos propres mots six des douze caractères (défauts) que Rousseau attribue à l'homme mis en société.

   ## Commentaire critique

   b) Reprenez un à un ces six caractères fondamentaux « sinon de la vie humaine, au moins des prétentions secrètes du cœur de tout humain civilisé », et évaluez-les. (*Minimum suggéré : une page.*)

C ANALYSE ET CRITIQUE DE TEXTE

Cette activité exige la lecture préalable de l'extrait de Critique de la faculté de juger présenté à la page 72.

Compétences à acquérir

- Repérer les deux notions rousseauistes qui correspondent à l'expression « insociable sociabilité » utilisée par Kant dans ce texte.

- Transposer dans ses propres mots l'explication kantienne de « l'insociable sociabilité » de l'homme.

- Comparer l'interprétation kantienne de la problématique nature-culture (société) avec celle de Rousseau, c'est-à-dire examiner leurs différences.

- Évaluer le contenu de l'interprétation kantienne de la problématique nature-culture (société), c'est-à-dire exprimer sur elle son accord ou son désaccord (et en donner les raisons).

Questions

1. L'«insociable sociabilité» de l'homme constitue une réinterprétation kantienne de quelles caractéristiques attribuées par Rousseau à l'état de nature?

2. Transposez dans vos propres mots l'explication que Kant donne de «l'insociable sociabilité» de l'homme.

3. En quoi et comment l'interprétation kantienne de la nature-culture (société) diffère-t-elle de celle de Rousseau?

Commentaire critique

4. Que pensez-vous de l'interprétation que fait Kant du rapport nature-culture (société)? En d'autres mots, êtes-vous d'accord avec l'explication donnée par Kant? Vous devez fonder vos jugements, c'est-à-dire apporter au moins deux arguments pour appuyer vos affirmations. (*Minimun suggéré: une page.*)

D EXERCICE COMPARATIF: DESCARTES ET ROUSSEAU

Compétence à acquérir

Procéder à une comparaison entre deux conceptions modernes de l'être humain à propos d'un même thème.

Contexte de réalisation

Individuellement, dans un texte d'environ 350 mots (une page et demie), examinez les rapports de ressemblance et de différence entre la conception cartésienne et la conception rousseauiste de l'être humain à propos du thème du sujet.

Étapes suggérées

1. *a)* Caractérisez la conception cartésienne de l'être humain au regard du thème du sujet. Par exemple, demandez-vous en quoi et comment, pour Descartes, l'homme est un sujet rationnel, c'est-à-dire un être (un «je») dont l'essence est la pensée.

   b) Caractérisez la conception rousseauiste de l'être humain au regard du thème du sujet. Par exemple, demandez-vous dans quelle mesure l'homme libre et perfectible de l'état de nature est devenu, selon Rousseau, un sujet historique, c'est-à-dire un être de culture qui a été façonné par la société.

2. *a)* S'il y a lieu, précisez les liens ou les similitudes entre la conception cartésienne et la conception rousseauiste de l'être humain à propos du thème du sujet.

   b) S'il y a lieu, dégagez les oppositions ou les antagonismes entre la conception cartésienne et la conception rousseauiste de l'être humain à propos du thème du sujet.

Texte de Rousseau

Discours sur l'origine et les fondements de l'inégalité parmi les hommes

PREMIÈRE PARTIE

Je n'ai considéré jusqu'ici que l'homme physique ; tâchons de le regarder maintenant par le côté **métaphysique** et **moral**.

Je ne vois dans tout animal qu'une machine ingénieuse, à qui la nature a donné des sens pour se remonter elle-même, et pour se garantir, jusqu'à un certain point, de tout ce qui tend à la détruire, ou à la déranger. J'aperçois précisément les mêmes choses dans la machine humaine, avec cette différence que la Nature seule fait tout dans les opérations de la bête, au lieu que l'homme concourt aux siennes, en qualité d'agent libre. L'un choisit ou rejette par l'instinct, et l'autre par un acte de liberté ; ce qui fait que la bête ne peut s'écarter de la règle qui lui
10 est prescrite, même quand il lui serait avantageux de le faire, et que l'homme s'en écarte souvent à son **préjudice**. C'est ainsi qu'un pigeon mourrait de faim près d'un bassin rempli des meilleures viandes, et un chat sur des tas de fruits, ou de grains, quoique l'un et l'autre pût très bien se nourrir de l'aliment qu'il dédaigne, s'il s'était avisé d'en essayer ; c'est ainsi que les hommes dissolus se livrent à des excès, qui leur causent la fièvre et la mort ; parce que l'esprit déprave les sens, et que la volonté parle encore, quand la Nature se tait.

Tout animal a des idées puisqu'il a des sens, il combine même ses idées jusqu'à un certain point, et l'homme ne diffère à cet égard de la bête que du plus au moins : quelques philosophes ont même avancé qu'il y a plus de différence de tel homme
20 à tel homme que de tel homme à telle bête[63] ; ce n'est donc pas tant l'**entendement** qui fait parmi les animaux la distinction spécifique de l'homme que sa qualité d'agent libre. La Nature commande à tout animal, et la bête obéit. L'homme éprouve la même impression, mais il se reconnaît libre d'acquiescer, ou de résister ; et c'est surtout dans la conscience de cette liberté que se montre la spiritualité de son âme : car la physique explique en quelque manière le mécanisme des sens et la formation des idées ; mais dans la puissance de vouloir ou plutôt de choisir, et dans le sentiment de cette puissance on ne trouve que des actes purement spirituels, dont on n'explique rien par les lois de la mécanique.

Mais, quand les difficultés qui environnent toutes ces questions laisseraient
30 quelque lieu de disputer sur cette différence de l'homme et de l'animal, il y a une autre qualité très spécifique qui les distingue, et sur laquelle il ne peut y avoir de contestation, c'est la faculté de se perfectionner ; faculté qui, à l'aide des circonstances, développe successivement toutes les autres, et réside parmi nous tant dans l'espèce que dans l'individu, au lieu qu'un animal est, au bout de quelques mois, ce qu'il sera toute sa vie, et son espèce, au bout de mille ans, ce qu'elle était la première année de ces mille ans. Pourquoi l'homme seul est-il sujet à devenir imbécile ? N'est-ce point qu'il retourne ainsi dans son état primitif, et que, tandis que la bête, qui n'a rien acquis et qui n'a rien non plus à perdre, reste toujours avec son instinct, l'homme reperdant par la vieillesse ou d'autres accidents, tout ce que

MÉTAPHYSIQUE
Qui a pour objet l'étude de la nature de l'homme sur un plan rationnel et non sensible. Recherche des bases de toute activité humaine.

MORAL
Qui concerne l'action (mœurs, habitudes, règles de conduite) et le sentiment des hommes.

PRÉJUDICE
Ce qui est nuisible aux intérêts de quelqu'un. Désavantage.

ENTENDEMENT
Faculté de comprendre. Esprit. Raison.

---

63. Il s'agit de Montaigne commentant Plutarque.

sa *perfectibilité* lui avait fait acquérir, retombe ainsi plus bas que la bête même ? Il ___40
serait triste pour nous d'être forcés de convenir, que cette faculté distinctive, et
presque illimitée, est la source de tous les malheurs de l'homme ; que c'est elle qui
le tire, à force de temps, de cette condition originaire, dans laquelle il coulerait des
jours tranquilles, et innocents ; que c'est elle, qui faisant éclore avec les siècles ses
lumières et ses erreurs, ses vices et ses vertus, le rend à la longue le tyran de lui-
même, et de la Nature (IX).

(Note IX) — Un auteur célèbre[64] calculant les biens et les maux de la vie humaine et comparant
les deux sommes, a trouvé que la dernière surpassait l'autre de beaucoup, et qu'à tout prendre la
vie était pour l'homme un assez mauvais présent. Je ne suis point surpris de sa conclusion ; il a tiré
tous ses raisonnements de la constitution de l'homme **civil** : s'il fut remonté jusqu'à l'homme naturel, ___50
on peut juger qu'il eût trouvé des résultats très différents, qu'il eût aperçu que l'homme n'a guère
de maux que ceux qu'il s'est donnés lui-même, et que la Nature eût été justifiée. Ce n'est pas sans
peine que nous sommes parvenus à nous rendre si malheureux. Quand d'un côté l'on considère
les immenses travaux des hommes, tant de sciences approfondies, tant d'arts inventés ; tant de forces
employées ; des abîmes comblés, des montagnes rasées, des rochers brisés, des fleuves rendus navi-
gables, des terres défrichées, des lacs creusés, des marais desséchés, des bâtiments énormes élevés
sur la terre, la mer couverte de vaisseaux et de matelots ; et que de l'autre on recherche avec un
peu de méditation les vrais avantages qui ont résulté de tout cela pour le bonheur de l'espèce
humaine ; on ne peut qu'être frappé de l'étonnante disproportion qui règne entre ces choses, et
déplorer l'aveuglement de l'homme qui, pour nourrir son fol orgueil et je ne sais quelle vaine admi- ___60
ration de lui-même, le fait courir avec ardeur après toutes les misères dont il est susceptible, et que
la bienfaisante Nature avait pris soin d'écarter de lui.

CIVIL
Relatif à la vie en
société organisée.

MAXIME
Règle de conduite.

**CORPS DE LA
SOCIÉTÉ**
Groupe social
formant un
ensemble organisé
au point de vue des
institutions.

DÉBITEUR
Personne qui doit
quelque chose à
quelqu'un.
Emprunteur.

CARESSER
Faire des
démonstrations
d'affection et de
bienveillance plus
ou moins sincères.
Flatter. Courtiser.

Les hommes sont méchants ; une triste et continuelle expérience dispense de la preuve ; cependant
l'homme est naturellement bon, je crois l'avoir démontré ; qu'est-ce donc qui peut l'avoir dépravé
à ce point sinon les changements survenus dans sa constitution, les progrès qu'il a faits, et les connaissances qu'il a acquises ? Qu'on admire tant qu'on voudra la société humaine, il n'en sera pas
moins vrai qu'elle porte nécessairement les hommes à se haïr à proportion que leurs intérêts se
croisent, à se rendre mutuellement des services apparents et à se faire en effet tous les maux ima-
ginables. Que peut-on penser d'un commerce où la raison de chaque particulier lui dicte des
maximes directement contraires à celles que la raison publique prêche au **corps de la société**, et ___70
où chacun trouve son compte dans le malheur d'autrui ? Il n'y a peut-être pas un homme aisé à
qui des héritiers avides et souvent ses propres enfants ne souhaitent la mort en secret ; pas un vais-
seau en mer dont le naufrage ne fût une bonne nouvelle pour quelque négociant ; pas une maison
qu'un **débiteur** de mauvaise foi ne voulût voir brûler avec tous les papiers qu'elle contient ; pas un
peuple qui ne se réjouisse des désastres de ses voisins. C'est ainsi que nous trouvons notre avantage dans le préjudice de nos semblables, et que la perte de l'un fait presque toujours la prospérité
de l'autre : mais ce qu'il y a de plus dangereux encore, c'est que les calamités publiques font l'attente
et l'espoir d'une multitude de particuliers. Les uns veulent des maladies, d'autres la mortalité,
d'autres la guerre, d'autres la famine ; j'ai vu des hommes affreux pleurer de douleur aux apparences
d'une année fertile, et le grand et funeste incendie de Londres[65] qui coûta la vie ou les biens à tant ___80
de malheureux, fit peut-être la fortune à plus de dix mille personnes. [...] Qu'on pénètre donc au
travers de nos frivoles démonstrations de bienveillance ce qui se passe au fond des cœurs, et qu'on
réfléchisse à ce que doit être un état de choses où tous les hommes sont forcés de se **caresser** et
de se détruire mutuellement, et où ils naissent ennemis par devoir et fourbes par intérêt. Si l'on
me répond que la société est tellement constituée que chaque homme gagne à servir les autres ; je
répliquerai que cela serait fort bien s'il ne gagnait encore plus à leur nuire. Il n'y a point de profit
si légitime qui ne soit surpassé par celui qu'on peut faire illégitimement, et le tort fait au prochain
est toujours plus lucratif que les services. Il ne s'agit donc plus que de trouver les moyens de s'assurer
l'impunité, et c'est à quoi les puissants emploient toutes leurs forces, et les faibles toutes leurs ruses.

---

64. Rousseau fait allusion à Maupertuis et à son *Essai de philosophie morale*, dont le deuxième chapitre s'intitule
« Que dans la vie ordinaire la somme des maux surpasse celle des biens ».

65. Cet incendie est survenu en 1666.

90 L'homme sauvage, quand il a dîné, est en paix avec toute la Nature, et l'ami de tous ses semblables. S'agit-il quelquefois de disputer son repas ? Il n'en vient jamais aux coups sans avoir auparavant comparé la difficulté de vaincre avec celle de trouver ailleurs sa subsistance ; et comme l'orgueil ne se mêle pas du combat, il se termine par quelques coups de poing. Le vainqueur mange, le vaincu va chercher fortune, et tout est pacifié : mais chez l'homme en société, ce sont bien d'autres affaires ; il s'agit premièrement de pourvoir au nécessaire, et puis au superflu ; ensuite viennent les délices, et puis les immenses richesses, et puis des sujets, et puis des esclaves ; il n'a pas un moment de relâche ; ce qu'il y a de plus singulier, c'est que moins les besoins sont naturels et pressants, plus les passions augmentent, et, qui pis est, le pouvoir de les satisfaire ; de sorte qu'après de longues prospérités, après avoir englouti bien des trésors et désolé bien des hommes, mon héros finira par 100 tout égorger jusqu'à ce qu'il soit l'unique maître de l'univers. Tel est en abrégé le tableau moral, sinon de la vie humaine, au moins des prétentions secrètes du cœur de tout homme civilisé.

Jean-Jacques Rousseau, *Discours sur l'origine et les fondements de l'inégalité parmi les hommes*, première partie, Paris, Gallimard, coll. « Folio/Essais », 1992, p. 71-72 ; note IX, p. 132-133.

Lectures suggérées

La lecture de l'une des œuvres suivantes est suggérée dans son intégralité ou en extraits importants :

Jean-Jacques Rousseau, Discours sur l'origine et les fondements de l'inégalité parmi les hommes, *Paris, Gallimard, coll. « Folio/Essais », 1992, 283 p.*

Jean-Jacques Rousseau, Du contrat social, *Paris, Flammarion, coll. « G-F », 1992, 187 p.*

Texte de Kant

Idée d'une histoire universelle au point de vue cosmopolitique (1784)

QUATRIÈME PROPOSITION

L'insociable sociabilité des hommes

Le moyen dont se sert la nature pour mener à bien le développement de toutes ses dispositions est leur **antagonisme** dans la société, pour autant que celui-ci se révèle être cependant en fin de compte la cause d'un ordre légal de celle-ci. J'entends ici par antagonisme l'*insociable sociabilité des hommes*, c'est-à-dire leur tendance à entrer en société, tendance cependant liée à une constante résistance à le faire qui menace sans cesse de scinder cette société. Cette disposition réside manifestement dans la nature humaine. L'homme possède une inclination à *s'associer*, car dans un tel état il se sent plus homme, c'est-à-dire ressent 10 le développement de ses dispositions naturelles. Mais il a aussi une forte tendance à se *singulariser* (s'isoler), car il rencontre en même temps en lui-même ce caractère insociable qu'il a de vouloir tout diriger seulement selon son point de vue ; par suite, il s'attend à des résistances de toute part, de même qu'il se sait lui-même enclin de son côté à résister aux autres. Or, c'est cette résistance qui éveille toutes les forces de l'homme, qui le conduit à surmonter sa tendance à la paresse et, sous l'impulsion de l'ambition, de la soif de domination ou de la **cupidité**, à se tailler

ANTAGONISME
État d'opposition de deux forces, de deux principes.

CUPIDITÉ
Désir immodéré de l'argent et des richesses.

un rang parmi ses compagnons qu'il supporte peu volontiers, mais dont il ne peut pourtant pas non plus se passer. Or c'est précisément là que s'effectuent véritablement les premiers pas qui mènent de l'état brut à la culture, laquelle réside au fond dans la valeur sociale de l'homme ; c'est alors que se développent peu à peu tous les talents, que se forme le goût et que, par une progression croissante des **lumières**, commence même à se fonder une façon de penser qui peut avec le temps transformer la grossière disposition naturelle au discernement moral en **principes pratiques** déterminés et, finalement, convertir ainsi en un tout *moral* un accord à la société *pathologiquement* extorqué[66]. Sans ces qualités, certes en elles-mêmes peu sympathiques, d'insociabilité, d'où provient la résistance que chacun doit nécessairement rencontrer dans ses prétentions égoïstes, tous les talents resteraient à jamais enfouis dans leurs germes au milieu d'une existence de bergers d'Arcadie, dans un amour mutuel, une **frugalité** et une **concorde** parfaites : les hommes, doux comme les agneaux qu'ils font paître, n'accorderaient guère plus de valeur à leur existence que n'en a leur bétail ; ils ne combleraient pas le vide de la création, eu égard à son but en tant que nature raisonnable. Que la nature soit donc remerciée pour ce caractère peu accommodant, pour cette vanité qui rivalise jalousement, pour ce désir insatiable de posséder ou même de dominer. Sans elle, toutes les excellentes dispositions naturelles sommeilleraient éternellement à l'état de germes dans l'humanité. L'homme veut la concorde, mais la nature sait mieux que lui ce qui est bon pour son espèce : elle veut la discorde. Il veut vivre sans effort et à son aise, mais la nature veut qu'il soit obligé de sortir de son **indolence** et de sa frugalité inactive pour se jeter dans le travail et dans les peines afin d'y trouver, il est vrai, des moyens de s'en délivrer en retour par la prudence. Les mobiles naturels qui l'y poussent, les sources de l'insociabilité et de la résistance générale d'où jaillissent tant de maux, mais qui cependant suscitent une nouvelle tension de forces et, par là même, un plus ample développement des dispositions naturelles, trahissent donc bien l'ordonnance d'un sage créateur et non, par exemple, la main d'un esprit méchant qui aurait saboté son magnifique ouvrage ou l'aurait gâté par jalousie.

20

30

40

Emmanuel Kant, *Idée d'une histoire universelle au point de vue cosmopolitique*, trad. Luc Ferry, dans *Critique de la faculté de juger*, Paris, Gallimard, coll. « Folio/Essais », 1996, p. 482-483.

LUMIÈRES
Connaissances acquises. Le savoir.

PRINCIPES PRATIQUES
Règles morales qui orientent l'action, la conduite des hommes.

FRUGALITÉ
Qualité de celui qui se contente d'une nourriture simple.

CONCORDE
Paix, harmonie résultant de la bonne entente entre les membres d'une société.

INDOLENCE
Disposition à éviter le moindre effort physique ou moral.

Emmanuel Kant (1724-1804), philosophe allemand, consacra sa vie à l'étude, à l'écriture et à l'enseignement. Fondateur de la philosophie critique, Kant voulut découvrir ce dont l'esprit humain était capable : ce qu'il peut savoir, ce qu'il doit faire, ce qu'il peut espérer.

66. NOTE DU TRADUCTEUR. Il convient de souligner que, comme l'indique ce passage du texte, la constitution républicaine — qui relève par conséquent d'un « accord pathologiquement extorqué » — *précède*, en tant que condition nécessaire, mais non suffisante, l'incarnation de la moralité dans le monde. [...] C'est par un processus *naturel* (et non par l'effet de la liberté morale) que l'histoire engendre la *légalité*, qui, une fois réalisée, permet à la *moralité* de l'intention de s'incarner dans le monde.

L'homme
comme être social

L'individu est l'être social. Sa vie — même si elle n'apparaît pas sous la forme directe d'une manifestation commune de l'existence, accomplie simultanément avec d'autres — est une affirmation de la vie sociale.

Karl Marx, *Économie et philosophie (Manuscrits de 1844)*, dans *Œuvres (Économie)*, p. 82.

Karl Marx et sa lutte contre le capitalisme du XIXᵉ siècle

Notice biographique

Karl Marx naît le 5 mai 1818 à Trèves, en Rhénanie[1], dans une famille juive convertie au protestantisme LUTHÉRIEN. Trèves est le centre administratif de la région viticole de la Moselle. Même si cette petite ville paisible ne compte alors que 12 000 habitants, elle n'est pas à l'abri des grands courants de l'époque. Ainsi, en 1832 et dans les années qui suivent, la bourgeoisie libérale locale et les vignerons de la Moselle revendiquent les conditions permettant d'entrer de plain-pied dans le régime **capitaliste** naissant. Par ailleurs, les premières idées **socialistes** des **saint-simoniens** et des **fouriéristes** se répandent dans la région comme dans le reste de la Prusse. La naissance de ces deux nouveaux courants de pensée opposés (le capitalisme libéral et le socialisme) a exercé une influence sur le développement politique ultérieur de Marx.

> FONDATEUR DE L'ÉGLISE LUTHÉRIENNE, MARTIN LUTHER (1483-1546) A PROCLAMÉ L'AUTORITÉ DE LA SEULE ÉCRITURE SAINTE ET DÉFENDU LE SALUT INDIVIDUEL PAR LA FOI SEULE.

CAPITALISTE

Relatif au capitalisme, système économique et social fondé initialement sur des entreprises possédées par le groupe social appelé la bourgeoisie. Ces entreprises se concurrencent sur un marché libre qui est associé à des institutions politiques libérales.

Karl est le troisième des neuf enfants de Heinrich Marx, homme libéral, cultivé, imprégné du rationalisme du siècle des **Lumières**. Avocat à Trèves, il a su s'établir une situation honorable confirmée par son titre de conseiller municipal et son poste de **bâtonnier**.

Marx suit les traces de son père. Le 22 octobre 1836, il s'inscrit à l'Université de Berlin et se présente à des cours de droit et d'anthropologie. Un professeur exceptionnel, E. Gans — qui présentait l'étude du droit comme étant intimement liée au développement rationnel de l'histoire —, fait connaître au jeune Marx la philosophie de HEGEL. Dès le premier semestre à l'université, Marx commence à se désintéresser du droit; il est surtout captivé par la philosophie et par l'histoire. Avec sérieux, il se met à l'étude de la doctrine hégélienne. La philosophie de Hegel est alors la philosophie officielle de l'État prussien. Les principaux postes de professeurs des universités sont accordés aux hégéliens.

MAISON NATALE DE MARX.

SOCIALISTE

Relatif au socialisme, théorie de l'organisation sociale qui fait prévaloir le bien de l'ensemble de la collectivité avant les intérêts particuliers. Le socialisme s'oppose au capitalisme et à la propriété privée de tout ce qui entre dans le processus de la production des marchandises.

> GEORG WILHELM FRIEDRICH HEGEL (1770-1831) A OCCUPÉ JUSQU'À SA MORT LA CHAIRE DE PHILOSOPHIE DE L'UNIVERSITÉ DE BERLIN. IL A LAISSÉ UN IMMENSE SYSTÈME PHILOSOPHIQUE QUI A DOMINÉ LA SCÈNE PHILOSOPHIQUE ALLEMANDE JUSQU'AUX ENVIRONS DE 1850.

En 1836, Marx se fiance secrètement avec une amie d'enfance, Jenny von Westphalen, réputée la plus jolie fille de Trèves, et dont la famille appartient à la riche « aristocratie » rhénane. Marx écrit des poèmes dédiés à sa fiancée qu'il lui expédie en gage d'amour. Cependant, lorsque la famille Westphalen apprend l'engagement de Jenny envers le jeune Marx, elle s'y oppose catégoriquement. On n'accepte pas ce Marx, étudiant pauvre à l'avenir incertain et de famille juive. Malgré cette opposition, le mariage de Karl Marx et de Jenny von Westphalen a lieu le 23 juin 1843 — sept années après leurs fiançailles !

SAINT-SIMONIEN

Disciple de la « physiologie sociale » de Claude-Henri de Rouvroy, comte de Saint-Simon (1760-1825), qui défend un industrialisme optimiste où s'harmoniseront dans l'idéal du bien commun les intérêts des propriétaires d'entreprise avec ceux des ouvriers.

---

1. La Rhénanie est une région de l'Allemagne située de chaque côté du Rhin. En 1815, le traité de Vienne fit de la Rhénanie une province prussienne — la Prusse étant alors un État endetté et économiquement arriéré. Cependant, la Rhénanie connut au cours du XIXᵉ siècle un développement économique et social qui en fit la province la plus prospère de l'Allemagne.

Ainsi, l'union de tous les individus qui sont engagés dans des activités productives conduira à une nouvelle société solidaire.

FOURIÉRISTE

Disciple de Charles Fourier (1772-1837), qui critique la société de son temps en la présentant comme une forme sociale inférieure et qui, en contrepartie, préconise une communauté utopique dans laquelle chacun pourra laisser ses passions s'épanouir.

LUMIÈRES

Courant philosophique qui, au XVIIIe siècle, prend la raison comme seule autorité sur le plan de la connaissance.

BÂTONNIER

Avocat élu par ses confrères pour être le directeur et le représentant de leur confrérie.

PROGRESSISTE

Se dit d'une personne, d'une attitude, d'une action ou d'une organisation qui veut transformer la société selon un idéal de progrès économique, social et politique.

RÉACTIONNAIRE

Se dit d'une personne, d'une attitude, d'une action ou d'une organisation qui s'oppose au progrès social et vise à rétablir les institutions qui existaient avant la révolution.

Pendant ses études à l'Université de Berlin, Marx fréquente de jeunes docteurs en théologie, en philosophie et en histoire qui sont de fervents adeptes de la philosophie de Hegel. Parmi eux se trouve Bruno Bauer (1809-1882), qui constituera, avec Ludwig Feuerbach (1804-1872) et quelques autres, ce que l'on a appelé la gauche hégélienne. Cette gauche critique et **progressiste** s'élève contre les tendances **réactionnaires** de la Prusse ; elle se sert de la doctrine hégélienne pour alimenter son propre travail sur les thèmes du dépassement et de la disparition de la religion, ainsi que sur le changement **révolutionnaire** de la société. Ce cercle de « jeunes hégéliens » dont fait partie Marx[2] s'oppose à une droite conservatrice, composée des disciples orthodoxes (les « vieux hégéliens ») qui acceptent sans mot dire la doctrine du maître Hegel.

Au printemps 1840, Frédéric-Guillaume IV, nouveau roi de Prusse, discrédite les hégéliens (plus particulièrement la gauche hégélienne), à qui il reproche leurs tendances libérales et antireligieuses. Dès lors, les hégéliens sont systématiquement écartés de l'enseignement universitaire.

Marx ne peut donc embrasser la carrière universitaire à laquelle il se destinait, même s'il obtient, en 1841, de l'Université d'Iéna un doctorat en philosophie en soutenant une thèse sur la *Différence des philosophies de la nature de Démocrite et d'Épicure*[3]. Au lieu de cela, il exerce le métier de journaliste politique à la *Gazette rhénane* de Cologne. En octobre 1842, il en devient le rédacteur en chef. Ses articles décrivent et dénoncent la misère de vignerons de la Moselle, défendent la liberté de la presse, condamnent les politiques réactionnaires du gouvernement prussien, etc. En 1843, un interdit gouvernemental met fin à la production et à la diffusion du journal.

À l'automne 1843, Marx s'installe à Paris avec son épouse ; il y fréquente des groupes socialistes et rencontre FRIEDRICH ENGELS (1820-1895), qui deviendra son ami et le cosignataire de nombreux volumes. À Paris, Marx dirige les *Annales franco-allemandes*, qui publient, en 1844, *Sur la question juive* et *Contribution à la critique de la philosophie du droit de Hegel*. L'année suivante, Marx et Engels écrivent *La sainte famille*. En 1847, la Ligue des communistes leur commande le *Manifeste du parti communiste*. Pour Marx et Engels, c'est le début d'une longue et fructueuse collaboration intellectuelle et militante dont le but est d'éduquer, de former et d'organiser le mouvement ouvrier afin que les travailleurs se libèrent de leurs chaînes.

Étant expulsé de France en raison d'activités révolutionnaires, Marx part pour Bruxelles grâce à une souscription organisée par Engels. Mais, en février 1848, le gouvernement belge le frappe d'expulsion. Sans moyens, il doit se réfugier à Londres en 1849. Maintenant père de trois enfants, il y vit avec sa famille dans une grande pauvreté. La lutte politique occupe

FILS D'UN RICHE INDUSTRIEL ALLEMAND, FRIEDRICH ENGELS FUT LE COMPAGNON DE ROUTE INDÉFECTIBLE DE MARX. À MAINTES REPRISES, IL LUI APPORTA MÊME UNE AIDE FINANCIÈRE.

---

2. Marx critiquera plus tard ses compagnons de formation en leur reprochant, entre autres, leur idéalisme (voir *La sainte famille* et *Thèses sur Feuerbach*).

3. Démocrite (v. ~460 - v. ~370), philosophe grec de l'Antiquité, a élaboré une physique matérialiste, l'*atomisme*, qui conçoit la nature comme un mouvement infini de particules matérielles indivisibles et éternelles se combinant entre elles pour produire les corps visibles. C'est là une forme de *déterminisme* (*voir la définition de ce terme, page 85*) qu'on peut qualifier de mécaniste parce qu'il vise à expliquer toute chose par de simples combinaisons d'atomes et laisse ainsi peu de place à la liberté. Or, dans sa thèse, Marx rejette le déterminisme mécaniste de Démocrite et tente, à l'instar d'Épicure (~341- ~270), de fonder l'existence de la liberté de l'homme.

une grande part de son temps et de ses énergies : il est entièrement dévoué à la cause des travailleurs — en 1864, il œuvre à la fondation de la 1ʳᵉ Internationale (Association internationale des travailleurs). Mais pour survivre, il écrit, entre 1851 et 1862, près de 500 articles pour le *New York Daily Tribune* et le *People's Paper*. En outre, il prépare de nombreux « travaux sérieux » en histoire (*Les luttes de classes en France*, 1848-1850) et en économie (*Contribution à la critique de l'économie politique*, publié en 1859 ; *Le capital*, tome I, publié en 1867).

Marx meurt à Londres en 1883 assis dans le fauteuil de son bureau où il travaillait.

> **RÉVOLUTION-NAIRE**
> Se dit d'une personne, d'une attitude, d'une action ou d'une organisation qui est partisane de changements radicaux et soudains dans le domaine social ou dans le domaine politique.

Le capitalisme du XIXᵉ siècle

Marx a voulu comprendre la société capitaliste de son temps (« l'époque bourgeoise »), en expliquer la structure et les lois afin de la transformer[4]. Il propose un nouveau modèle d'organisation économique et sociale qui contribuerait à la réalisation globale de l'être humain. Pour ce faire, Marx étudie la modernité de son époque, qu'il décrit de la manière suivante :

> Ce bouleversement continuel de la production, cet ébranlement ininterrompu de tout le système social, cette agitation et cette perpétuelle insécurité distinguent l'époque bourgeoise de toutes les précédentes. Tous les rapports sociaux traditionnels et figés avec leur cortège de notions et d'idées antiques et vénérables se dissolvent ; tous ceux qui les remplacent vieillissent avant même de pouvoir s'ossifier. Tout ce qui avait solidité et permanence s'en va en fumée, tout ce qui était sacré est profané, et les hommes sont enfin forcés de jeter un regard lucide sur leurs conditions d'existence et leurs rapports réciproques[5].

Décrivons brièvement les nouvelles conditions d'existence instaurées par la bourgeoisie[6]. À la fin du XVIIIᵉ siècle, l'Angleterre connaît une RÉVOLUTION INDUSTRIELLE sans précédent dans les domaines du textile, du charbon et du fer. L'invention d'une machine à filer (*mule-jennies*) et la mise au point de métiers à tisser mécanisés transforment radicalement la production de fils et de tissus de coton. Les propriétaires des manufactures ont besoin d'une main-d'œuvre abondante. Des milliers d'ouvriers s'agglutinent dans les villes. On leur construit des logements insalubres.

> L'EXPRESSION « RÉVOLUTION INDUSTRIELLE » FUT UTILISÉE DANS LES ANNÉES 1820 POUR COMPARER LES BOULEVERSEMENTS INDUSTRIELS QUI ONT ALORS EU LIEU AVEC LES CHANGEMENTS POLITIQUES PRODUITS PAR LA RÉVOLUTION FRANÇAISE DE 1789.

On assiste aussi à une exploitation accrue des mines de charbon, lequel sert de combustible destiné à actionner les machines à vapeur ainsi que les hauts fourneaux pour la métallurgie (les fonderies). À partir du milieu du XVIIIᵉ siècle, ces conditions se propagent sur le continent européen.

Marx observe les ouvriers de son époque, qui font face à un univers éclaté, fragmenté en raison de l'industrialisation débridée, de l'organisation inhumaine du travail et de la misère presque généralisée. Il est difficile de s'imaginer les conditions de vie de la majorité des travailleurs en Angleterre, en Belgique, en Allemagne et en France du milieu à la fin du XIXᵉ siècle. Que l'on pense aux centaines de milliers d'hommes, de femmes

---

4. La notion de *praxis* sert à exprimer le mouvement qui va de l'explication théorique à l'action modifiant l'état de choses présent. Nous examinerons cette notion dans la partie de ce chapitre intitulée « L'être humain et le travail ».

5. Karl Marx et Friedrich Engels, *Manifeste du parti communiste*, Paris, Union Générale d'Éditions, coll. « 10-18 », 1962, p. 22-23.

6. Des romanciers de grand talent tracèrent le portrait de cette époque trouble. Mentionnons Charles Dickens (1812-1870), qui dénonce l'exploitation capitaliste et les misères sociales de son époque dans *Les temps difficiles* (1854). Dickens a aussi créé des personnages d'enfants de la rue (Oliver Twist, Nicholas Nickleby, David Copperfield, etc.) qui ont rejoint et ému un vaste public, car ces enfants itinérants, pauvres et bafoués, mais malgré tout débrouillards, finissent, à force de courage et d'honnêteté, par échapper à leurs épouvantables conditions d'existence. Pensons aussi à Émile Zola (1840-1902), qui décrit les conditions de vie pitoyables des mineurs dans *Germinal* (1885).

LE SORT RÉSERVÉ AUX ENFANTS DES COUCHES POPULAIRES ENTACHE D'UN IRRÉMÉ-DIABLE SCANDALE LA RÉVOLUTION INDUSTRIELLE CAPITALISTE. À PARTIR DE L'ÂGE DE SIX ANS, ON LES OBLIGE À TRAVAILLER DANS DES CONDITIONS MISÉRABLES. MIS À L'AMENDE, EMPRISONNÉS, BATTUS, FOUETTÉS POUR LA MOINDRE DÉFAILLANCE, LES ENFANTS DEVIENNENT LES ESCLAVES DU CAPITALISME « SAUVAGE ».

et d'ENFANTS qui s'engouffraient dans les mines de charbon ou dans les manufactures de textile, travaillant 14 heures par jour, 6 jours par semaine, dans des conditions épouvantables pour un salaire qui suffisait à peine à leur survie[7]. « Notre époque, l'époque de la bourgeoisie, se distingue par la simplification des antagonismes de classe. La société tout entière se divise de plus en plus en deux vastes camps ennemis, en deux grandes classes diamétralement opposées : la bourgeoisie[8] et le prolétariat[9]. » Cette crise sociale, qui marque profondément la deuxième moitié du XIXe siècle, constitue, aux yeux de Marx, une situation révolutionnaire sans précédent. Il faut changer ce monde ! Marx s'y attaque et, bien sûr, il dérange l'ordre établi, c'est-à-dire le système économique, social et politique qui permet l'exploitation d'une classe (le prolétariat) par une autre classe (la bourgeoisie).

Marx laisse à l'humanité une œuvre capitale dont la pensée et l'action ont marqué d'une manière décisive la fin du XIXe siècle et la majeure partie du XXe siècle. N'oublions pas que près de la moitié de l'humanité a vécu au XXe siècle sous l'**hégémonie** de régimes politiques qui se réclamaient (souvent injustement) de sa philosophie ! À titre d'exemple, qu'il suffise de rappeler les partis-États socialistes appartenant à ce qu'on désignait sous le nom de « pays du bloc de l'Est[10] », qui se sont servis du marxisme comme d'une doctrine d'organisation sociale et politique.

Marx a révolutionné les représentations de l'individu et des liens qui l'unissent à la société. Il les a repensés en fonction d'une nouvelle grille d'analyse du monde et de l'homme qui se voulait scientifique et qu'on a appelée le « matérialisme historique » ou, pour utiliser l'expression d'Engels, la « dialectique matérialiste ». Voyons brièvement de quoi il s'agit.

HÉGÉMONIE
Suprématie, domination, autorité.

7. Une étude intitulée *On the Sanitary Condition of the Labouring Population of Great Britain in 1842* indiquait que l'âge moyen de décès pour « les ouvriers et leurs familles » à Manchester (prototype de la ville industrielle britannique) était de 17 ans, alors que les travailleurs ruraux décédaient en moyenne à 38 ans.

8. Dans les notes afférentes au *Manifeste du parti communiste*, la bourgeoisie est définie comme « la classe des capitalistes modernes, propriétaires de moyens de production et exploitant le travail salarié ». Le prolétariat, quant à lui, est décrit comme « la classe des travailleurs modernes qui, n'ayant aucun moyen de production, sont obligés de vendre leur travail pour survivre » (p. 63).

9. Karl Marx et Friedrich Engels, *Manifeste du parti communiste*, p. 21.

10. Ces pays ont vécu sous l'empire de l'URSS jusqu'au 5 septembre 1991. Après 74 années passées sous un régime centralisé « communiste », le Congrès des députés a sabordé la fédération soviétique pour instaurer une nouvelle union de républiques souveraines.

Le matérialisme historique ou l'interprétation dialectique de l'histoire

La notion de dialectique, qui jouera un rôle si important dans la pensée de Marx et d'Engels, provient de la philosophie de Hegel. La DIALECTIQUE HÉGÉLIENNE est à la fois la loi de la pensée et la loi du devenir (plus précisément de l'Histoire). Hegel considère la pensée et l'Histoire comme dynamiques. Celles-ci s'accroissent constamment de déterminations nouvelles ; chacune de ces déterminations, qui est appelée « position » (thèse), recèle déjà en soi son « opposition » (antithèse), et les deux — se niant l'une l'autre — sont « supprimées[11] » en se dépassant (synthèse) dans une nouvelle détermination.

> LA DIALECTIQUE HÉGÉLIENNE SE RÉSUME PAR LE SCHÉMA « POSITION / OPPOSITION / DÉPASSEMENT ». LA FORMULE UTILISÉE COURAMMENT « THÈSE / ANTITHÈSE / SYNTHÈSE » EST LA CRÉATION DE COMMENTATEURS DE HEGEL.

Ainsi, selon Hegel, l'Histoire doit être pensée comme une succession de moments dont chacun s'érige en s'opposant à celui qui l'a précédé. Chaque nouveau moment nie le précédent tout en en conservant des éléments ; ce faisant, il le fait passer à un stade plus élevé. Par exemple, la Cité grecque nie les empires asiatiques en refusant que le chef soit considéré comme un dieu. Toutefois, elle leur emprunte l'idée du pouvoir politique. Et en créant la notion de citoyen, la Cité grecque dépasse les empires asiatiques.

Même si Marx et Engels ont été profondément influencés par les concepts hégéliens de dialectique, de contradiction, d'aliénation, de primauté du processus historique, etc., ils n'en ont pas moins condamné vigoureusement l'IDÉALISME de Hegel, qui concevait l'Histoire (le devenir de l'humanité) comme la réalisation progressive de l'Esprit ou de l'Idée[12] (une sorte de « divinité philosophique », diront Marx et Engels). Ces derniers reprochent à Hegel d'avoir remplacé l'homme réel, vivant dans le monde réel, par l'Idée, et la réalité humaine par la « Conscience » qui se découvre elle-même. Par cette critique, Marx et Engels rompent définitivement avec la philosophie **spéculative** et transforment radicalement la pratique de la philosophie en « remettant la dialectique sur ses pieds ».

> SELON MARX ET ENGELS, EST « IDÉALISTE » TOUTE THÉORIE QUI CONSIDÈRE QUE LES IDÉES (LES REPRÉSENTATIONS, LES CONCEPTS) DÉTERMINENT LES HOMMES — LE MONDE RÉEL NE DEVENANT ALORS QU'UN PRODUIT DU MONDE DES IDÉES.

SPÉCULATIF
Qui appartient à la théorie, à la recherche abstraite.

> LE MATÉRIALISME CONSTITUE UN COURANT PHILOSOPHIQUE SOUTENANT QUE LA MATIÈRE EST LA BASE DE TOUTE LA RÉALITÉ, QU'IL N'EXISTE PAS D'ESPRIT ANTÉRIEUR À LA MATIÈRE ET QUE LA PENSÉE HUMAINE ELLE-MÊME RELÈVE DE L'UNIVERS PHYSIQUE OBJECTIF.

Marx et Engels, qui sont MATÉRIALISTES, réinterprètent la dialectique en des termes matérialistes. Ainsi, Engels propose l'exemple du grain d'orge pour illustrer de façon matérialiste la dialectique hégélienne. La réalité se transforme par le choc de forces opposées. Le grain d'orge tombe dans la terre et il pourrit (il y est « détruit », « nié »). À partir de ce premier état, la plante pousse, et de sa négation, la mort, résulte à nouveau le grain, mais à un niveau supérieur, puisqu'il est multiplié.

> « LES HOMMES FONT LEUR PROPRE HISTOIRE [...] DANS DES CONDITIONS DIRECTEMENT DONNÉES ET HÉRITÉES DU PASSÉ. » (KARL MARX, *LE 18 BRUMAIRE DE LOUIS BONAPARTE*, PARIS, ÉDITIONS SOCIALES, 1963, P. 13.)

Quant à Marx, il présente une transposition de la philosophie de l'histoire de Hegel en proposant une lecture de la marche de l'HISTOIRE DE L'HUMANITÉ fondée sur les rapports sociaux concrets qui découlent du développement de deux classes **antagonistes** [position (thèse) / opposition (antithèse)] mises en présence à une époque donnée. De l'affrontement de ces deux classes sociales naîtra une nouvelle organisation économique [dépassement (synthèse)].

ANTAGONISTE
Se dit de l'opposition de deux forces rivales.

---

11. Le terme « supprimer » doit ici être pris dans le double sens du mot allemand *aufheben* : « mettre fin à » et « conserver ».

12. Les termes de Concept, d'Absolu et de Totalité sont aussi utilisés par Hegel.

Le matérialisme historique de Marx

La « base matérielle » à partir de laquelle Marx échafaude sa théorie correspond aux conditions pratiques de l'existence humaine, c'est-à-dire aux conditions de vie économiques et sociales qui se sont modifiées au cours de l'histoire à la suite de l'affrontement de classes sociales qui défendaient des intérêts contradictoires.

LES MOYENS DE PRODUCTION CORRESPONDENT À TOUT CE QUI INTERVIENT DANS LE PROCESSUS DE TRAVAIL : LES RESSOURCES NATURELLES (MATIÈRES PREMIÈRES), LES INSTRUMENTS DE PRODUCTION (MACHINES, OUTILS, MANUFACTURES, ETC.) ET LA MAIN-D'ŒUVRE DISPONIBLE.

LES RAPPORTS SOCIAUX DE PRODUCTION CORRESPONDENT À LA MANIÈRE DONT LES HOMMES ENTRENT EN RELATION AVEC LES AUTRES DANS LE CADRE D'UNE ORGANISATION ÉCONOMIQUE DONNÉE (PAR EXEMPLE, LES RAPPORTS MAÎTRE/ESCLAVE, SEIGNEUR/SERF, CAPITALISTE/OUVRIER).

LA DIVISION DU TRAVAIL CORRESPOND À LA FONCTION OCCUPÉE PAR CHACUN DANS LA PRODUCTION DES RICHESSES À UNE PÉRIODE DONNÉE DE L'HISTOIRE DE L'HUMANITÉ. PLUS PARTICULIÈREMENT, LA DIVISION DU TRAVAIL EST LA MÉTHODE DE PRODUCTION DE BIENS PAR LAQUELLE LE PROCESSUS DE TRAVAIL EST DÉCOUPÉ EN OPÉRATIONS DISTINCTES DE FAÇON À RENDRE CELUI-CI PLUS RENTABLE.

LES MODES DE PRODUCTION CORRESPONDENT AUX DIFFÉRENTES MANIÈRES DE PRODUIRE LES BIENS ET LES SERVICES AU COURS DE L'HISTOIRE (PAR EXEMPLE, LES MODES DE PRODUCTION ESCLAVAGISTE, FÉODAL ET CAPITALISTE).

La philosophie marxienne[13] est un matérialisme historique puisqu'elle explique l'évolution des sociétés à partir de l'organisation économique qu'ont connue les différentes sociétés au cours de l'histoire de l'humanité. Selon Marx, chacune des sociétés humaines s'est construite à partir d'une DIVISION DU TRAVAIL. Cette dernière s'est alors constituée en un MODE DE PRODUCTION spécifique. Ce dernier a pu exister grâce à un type de propriété des MOYENS DE PRODUCTION. Cette forme particulière de propriété des moyens de production a déterminé à son tour des RAPPORTS SOCIAUX DE PRODUCTION où se sont opposées deux classes rivales (*voir la figure 3.1*).

> Les divers stades de développement de la division du travail présentent autant de formes différentes de la propriété ; autrement dit, chaque nouveau stade de la division du travail détermine également les rapports des individus entre eux [...][14].

Le passage d'un mode de production à un autre résulte d'une lutte des classes entre possédants et non-possédants. Il survient lorsque la division du travail se développe suffisamment pour amener les conditions nécessaires à l'avènement d'un nouveau mode de production. De ce fait, de nouvelles classes sociales apparaîtront.

Figure 3.1 Les concepts du matérialisme historique

Division du travail

↓

Mode de production

↓

Propriété des moyens de production

↓

Rapports sociaux de production

↓

Classes sociales antagonistes

---

13. Tout au long de cet exposé, nous utiliserons l'expression « philosophie marxienne » pour désigner la pensée propre de Karl Marx telle qu'elle se révèle dans ses œuvres, le terme « marxiste » servant à nommer les diverses interprétations et applications qui ont dérivé de la théorie marxienne.

14. Karl Marx et Friedrich Engels, *L'idéologie allemande*, trad. H. Auger, G. Badia, J. Baudrillard et R. Cartelle, Paris, Éditions Sociales, coll. « Essentiel », 1988, p. 72.

Ainsi, selon Marx, la tribu primitive constitue la première forme d'organisation sociale de l'humanité. À ce stade rudimentaire de développement, la seule division du travail existante est celle qui est liée à la force physique nécessaire pour chasser, pêcher, élever du bétail ou cultiver un lopin de terre.

La structure sociale se borne à une extension de la famille : chef de la tribu patriarcale avec, au-dessous d'eux, des membres de la tribu et enfin des esclaves. L'esclavage latent de la famille se développe peu à peu avec l'accroissement de la population et des besoins, et aussi avec l'extension des relations extérieures, de la guerre tout autant que du troc[15].

Ainsi vint un temps où plusieurs tribus se réunirent pour constituer les villes dans lesquelles subsiste et se développe l'esclavage. Cette époque de l'**Antiquité** a vu, en effet, apparaître une propriété à la fois communautaire et privée. L'État (la collectivité des citoyens actifs) possède les esclaves, et certains citoyens possèdent en privé des biens meubles alors que d'autres sont les propriétaires de biens immobiliers. Cette organisation sociale se caractérise par la propriété absolue des citoyens libres (les maîtres) sur toutes les sources de richesse, y compris les esclaves, qui sont considérés comme de simples instruments de travail. À ce moment de l'histoire, la division du travail est plus avancée que dans la tribu primitive et « les rapports de classes entre citoyens et esclaves ont atteint leur complet développement[16] ». Le nom de *mode de production esclavagiste* est donné à cette forme d'organisation sociale, d'abord embryonnaire chez la tribu, qui a connu son plein épanouissement dans l'Antiquité.

Mais un jour, toute la structure sociale fondée sur l'esclavagisme s'est effondrée lorsque s'est développée d'une manière plus accentuée la **propriété foncière**. Le mode de production esclavagiste a alors été remplacé par le mode de production féodal.

Le *mode de production féodal* correspond à l'organisation en vigueur au **Moyen Âge**. La classe dominante est la noblesse terrienne. Le seigneur concède à ses serfs (« petits paysans asservis qui constituent la classe directement productive[17] ») des parcelles de terre que ces derniers cultivent pour leur propre survie. En retour, ils doivent obéissance au seigneur et sont obligés de travailler sans salaire sur ses terres. Dans les villes s'organise une hiérarchie semblable à celle de la campagne : des apprentis sont sous l'autorité de maîtres artisans réunis dans des corporations.

Petits industriels et petits commerçants, les artisans accumulent peu à peu des capitaux et constituent une nouvelle classe sociale appelée la bourgeoisie. Le mode de production féodal fait alors place au mode de production capitaliste.

Le *mode de production capitaliste* se caractérise par la constitution de deux nouvelles classes sociales antagonistes : celle des exploiteurs (la bourgeoisie qui possède les moyens de production) et celle des exploités (le prolétariat qui ne possède que sa force de travail). Cet antagonisme dialectique ne pourra, selon Marx, être dépassé que par la révolution sociale, qui permettra la constitution d'un État ouvrier (étape du « socialisme ») et l'édification d'une société sans classes où les hommes seront égaux et libres (étape du « communisme »).

Le *mode de production communiste* établira une propriété collective des moyens de production où les capacités de l'être humain, qui ne seront plus asservies, pourront enfin se développer librement. Cette société sans classes demandera à chacun de contribuer

ANTIQUITÉ
Époque historique qui fait référence aux anciennes civilisations d'Égypte, de Mésopotamie, de Grèce et de Rome.

PROPRIÉTÉ FONCIÈRE
Droit d'user, de jouir et de disposer de parcelles de terre.

MOYEN ÂGE
Période historique comprise entre la chute de l'Empire romain d'Occident (476) et la découverte de l'Amérique (1492).

---

15. *Ibid.*, p. 73.
16. *Ibid.*, p. 73.
17. *Ibid.*, p. 75.

au progrès de la communauté suivant ses capacités propres et, en contrepartie, donnera à chacun suivant ses besoins (*voir la figure* 3.2).

Figure 3.2 Le schéma marxien de l'évolution des sociétés

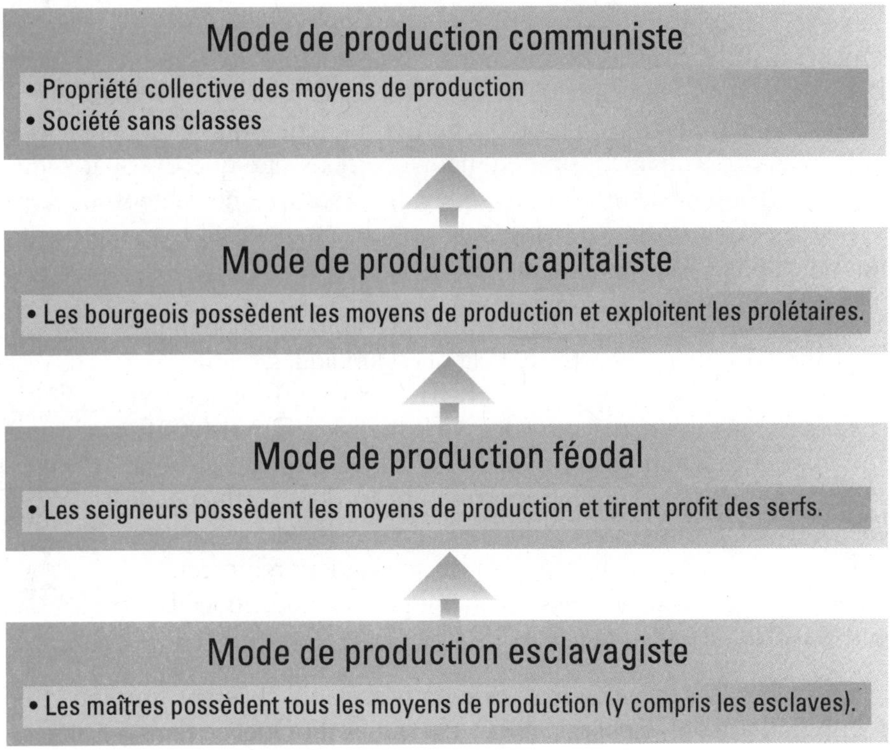

Mode de production communiste
- Propriété collective des moyens de production
- Société sans classes

Mode de production capitaliste
- Les bourgeois possèdent les moyens de production et exploitent les prolétaires.

Mode de production féodal
- Les seigneurs possèdent les moyens de production et tirent profit des serfs.

Mode de production esclavagiste
- Les maîtres possèdent tous les moyens de production (y compris les esclaves).

La primauté de la vie économique

Marx considère que l'être humain — comme tous les autres animaux — doit assurer sa subsistance. Pour y parvenir, les humains ont mis en place des organisations économiques qui se sont succédé à travers les siècles. En somme, l'économie correspond aux diverses manières prises par les hommes pour ne pas se laisser mourir de faim et de froid. C'est pourquoi Marx fait reposer la société sur les conditions économiques en vigueur à une époque donnée.

L'apport fondamental de la philosophie marxienne a été justement d'établir que le type d'organisation économique, c'est-à-dire le mode de production matérielle, constitue la base sur laquelle se construit l'ensemble de l'édifice social ; en d'autres mots, que l'infrastructure économique détermine la superstructure juridique, politique et idéologique.

Dans la production sociale de leur existence, les hommes nouent des rapports déterminés, nécessaires, indépendants de leur volonté ; ces rapports de production correspondent à un degré donné du développement de leurs forces productives matérielles. L'ensemble de ces rapports forme la structure économique de la société, la fondation réelle sur laquelle s'élève un édifice juridique et politique, et à quoi répondent des formes déterminées de la conscience sociale[18].

---

18. Karl Marx, *Critique de l'économie politique*, dans *Œuvres (Économie)*, t. I, trad. Maximilien Rubel et Louis Évrard, Paris, Gallimard, coll. «Bibliothèque de la Pléiade», 1972, p. 272-273.

Le mode de production mis en place à une époque donnée est assorti de rapports sociaux[19], issus de l'organisation du travail, qui déterminent les conditions d'existence particulières des agents de la production. Mais l'influence de l'infrastructure économique ne s'arrête pas là. C'est elle qui détermine la superstructure, c'est-à-dire l'ensemble de l'organisation juridique, politique et idéologique propre à une société donnée. Ainsi, l'État, les lois, les idées, les valeurs et les mœurs que connaît une société ne sont pas des éléments neutres, mais ils découlent de l'infrastructure économique et lui permettent de se reproduire. Plus particulièrement, les conceptions que l'on se fait de l'être humain proviennent du mode de production économique qui les a générées et s'expliquent par lui. En simplifiant un peu, nous pourrions dire que c'est parce que nous vivons dans une infrastructure économique capitaliste que nous trouvons normal de penser l'homme et son existence sous l'angle du « chacun pour soi », du « qui veut peut », du « profit réciproque » et de la « rentabilité obligée ».

Par ailleurs, il faut ajouter que, si le type d'organisation économique (l'infrastructure) détermine les activités politiques, juridiques, culturelles, philosophiques, etc. (la superstructure), d'une société donnée, en revanche ces activités viennent consolider, par le biais de l'IDÉOLOGIE, l'infrastructure économique. En d'autres mots, il existe un va-et-vient constant entre la superstructure et l'infrastructure, les deux s'influençant mutuellement. L'infrastructure économique est l'assise de la société, mais il n'en demeure pas moins que les idées en vigueur renforcent et reproduisent généralement le mode économique de production dans une société particulière (*voir la figure* 3.3).

> ENSEMBLE DES IDÉES, DES VALEURS ET DES CROYANCES PROPRES À UNE SOCIÉTÉ OU À UNE CLASSE DONNÉE. L'IDÉOLOGIE EST PRÉSENTÉE COMME RATIONNELLE ALORS QU'ELLE EXPRIME, EN FAIT, LES INTÉRÊTS DE LA CLASSE DOMINANTE. ELLE SE TRADUIT EN UNE DOCTRINE POLITIQUE (PAR EXEMPLE, LE LIBÉRALISME ÉCONOMIQUE) QUI DICTE LES ACTIONS D'UN GOUVERNEMENT, D'UN PARTI, D'UNE CLASSE SOCIALE, ETC.

Nous illustrerons cette idée maîtresse de Marx en établissant un rapport entre le type d'éducation valorisé dans les collèges classiques du Québec dans les années 1960 et celui qu'a institué la réforme des cégeps en 1994. Une lecture marxiste nous amènerait à considérer la culture humaniste dite libérale véhiculée dans les collèges classiques comme la chasse gardée d'une élite francophone dédiée exclusivement aux professions libérales (médecine, droit, notariat) étant donné qu'elle ne possédait ni ne dirigeait l'économie capitaliste de l'époque. Poursuivant cette interprétation, nous pourrions dire que les propriétaires de l'industrie québécoise actuelle — porte-parole de l'idéologie dominante — ont fait pression sur le gouvernement afin que l'éducation postsecondaire soit davantage orientée selon les besoins du marché. En conséquence, l'enseignement donné dans les cégeps tente désormais de développer des compétences mesurables et utilisables dans le monde du travail capitaliste du début du XXIe siècle.

---

19. Les rapports sociaux de production sont les relations qui s'établissent entre les hommes dans le processus de production ; ils concernent les formes de la propriété et celles des échanges et de la distribution des richesses produites. Dans le régime capitaliste, par exemple, les rapports entre le propriétaire des moyens de production et les travailleurs se concrétisent sous la forme du salariat. Selon Marx, ce salariat vient camoufler la réalité de l'exploitation des travailleurs par les capitalistes. Dans la seconde moitié du XIXe siècle, en effet, le mode de production capitaliste crée des conditions d'existence misérables et dégradantes pour des millions de prolétaires, alors qu'une minorité (la classe bourgeoise), parce qu'elle est propriétaire des mines, des industries et de la finance, vit dans l'aisance et la liberté.

Figure 3.3 Le schéma de la conception marxienne de la société

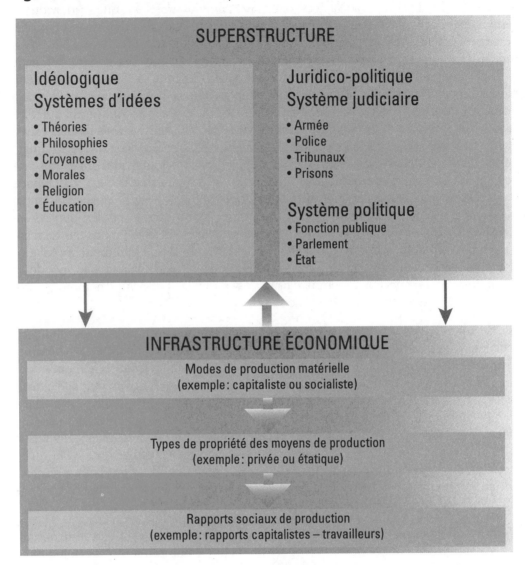

L'homme comme être social et historique

GÉNÉRIQUE

Ce qui est commun à un groupe d'êtres ou d'objets et qui en constitue le genre.

DÉTERMINISTE

Se dit de la doctrine selon laquelle tous les phénomènes (pensées, actions, événements, etc.) résultent nécessairement des causes antérieures qui les ont produits.

A PRIORI

Qui est antérieur à toute expérience. S'oppose à *a posteriori*, qui est postérieur à l'expérience.

Comme tous les philosophes de la tradition occidentale, Marx se questionne sur la nature humaine. Il se demande ce qu'est l'essence de l'être humain, ce qui le caractérise fondamentalement. Cependant, il ne peut accepter que l'essence de l'homme se trouve dans une idée ou un concept sous lequel se rangeraient tous les individus. Adhérer à une telle vision de l'être humain, c'est croire qu'une abstraction **générique** se loge dans tous les individus comme une qualité ou une puissance qui les fait exister tels qu'ils sont. Or, selon Marx, les idées humaines sont le reflet des choses et des événements réels ; en conséquence, l'idée d'homme, la « conscience » que l'homme a de lui-même, est déterminée par ses activités, ses conditions de vie, ses rapports sociaux. La définition marxienne de l'homme correspond à une conception **déterministe** de l'être humain.

À l'opposé de cette vision marxienne, Descartes (philosophe idéaliste) accorde à l'être humain une essence ***a priori***, soit la raison. Descartes ne tient aucunement compte dans sa définition de l'homme des conditions concrètes d'existence. Marx (philosophe matérialiste) se trouve à mille lieues de Descartes, puisque sa conception de l'homme s'appuie essentiellement sur ce qui existe entre les humains à un moment historique donné, du fait de leurs rapports réciproques dans la société.

Marx décrit l'être humain comme un « animal social » qui appartient à une classe et à une société données. Lorsqu'il écrit, dans les *Manuscrits de 1844*, que « l'individu est l'être social », cela signifie que l'individu, puisqu'il s'imbrique dans des rapports sociaux déterminés, se caractérise fondamentalement par sa relation avec la société. La *VIe thèse sur Feuerbach* apporte un éclairage additionnel en affirmant ceci : « L'essence humaine n'est pas une abstraction inhérente à l'individu singulier. Dans sa réalité, c'est l'ensemble des rapports sociaux[20]. » D'une part, cela veut dire que ce qui distingue l'être humain ne peut être trouvé dans un ensemble de caractères abstraits et universels qui conviendraient à tous les individus. Les hommes individuels et réels ne sont pas des exemplaires de la catégorie Homme. D'autre part, cela signifie que l'essence de l'être humain ne provient pas de son Moi individuel ou de l'ensemble des individus isolés qui participent à une collectivité particulière, mais elle réside bel et bien dans les rapports sociaux qu'entretiennent ces individus. En d'autres termes, ce qui caractérise fondamentalement la nature intime de l'être humain est produit dans et par les rapports sociaux. Dans *L'idéologie allemande*, nous assistons à un rejet catégorique du concept d'Homme abstrait. Ce texte rompt définitivement avec l'attitude purement spéculative d'appréhension du monde et de l'homme, pour mieux faire apparaître le monde et l'homme réels. Le concept d'Homme abstrait est remplacé par celui d'homme en tant qu'être social historiquement déterminé.

En somme, c'est dans le processus de vie réelle, autrement dit dans les conditions sociales objectives d'existence, qu'il faut chercher l'essence concrète de l'homme. Désormais, Marx tente de cerner les hommes qui existent et agissent réellement « dans leur contexte social donné, dans leurs conditions de vie données qui en ont fait ce qu'ils sont[21] ». Ce qui intéresse Marx, « ce sont les hommes, non pas isolés et figés de quelque manière imaginaire, mais saisis dans leur processus de développement réel dans des conditions déterminées, développement visible empiriquement[22] ». C'est pour cette raison qu'il faut, selon Marx, ne plus se référer à la philosophie spéculative, qui ne fait qu'interpréter, à l'aide de catégories abstraites, l'homme et le monde, mais enfin présenter une conception scientifique (et, conséquemment, objective) des êtres humains concrets et de leur développement historique.

Marx poursuit l'entreprise amorcée par Rousseau et par Hegel qui consiste à montrer le caractère évolutif et historique de l'être humain. L'homme se définissant comme un être historique, les conditions sociales matérielles d'existence deviennent alors la « base concrète de ce que les philosophes se sont représenté comme "substance" et "essence de l'homme"[23] ». Les caractères sociaux, que les rapports de production transmettent aux individus à un moment précis de l'histoire, les déterminent et les définissent irrémédiablement. Ils forment l'*être de l'homme*.

> La façon dont les individus manifestent leur vie reflète exactement ce qu'ils sont. Ce qu'ils sont coïncide donc avec leur production, aussi bien avec ce qu'ils produisent qu'avec la façon dont ils le produisent. Ce que sont les individus dépend donc des conditions matérielles de leur production[24].

Les êtres humains, selon Marx, ne sont pas seulement conditionnés par les rapports sociaux, ils sont carrément déterminés par eux, à un point tel que leur conscience même

---

20. Karl Marx, *Thèses sur Feuerbach*, dans *L'idéologie allemande*, p. 52.

21. Karl Marx et Friedrich Engels, *L'idéologie allemande*, p. 85.

22. *Ibid.*, p. 79.

23. *Ibid.*, p. 103-104.

24. *Ibid.*, p. 71.

dépend entièrement des conditions de leur vie sociale. « Ce n'est pas la conscience des hommes qui détermine leur existence, c'est au contraire leur existence sociale qui détermine leur conscience[25]. »

Prenons comme exemple un ouvrier non spécialisé, marié, père de deux enfants, qui gagne un salaire de 40 000 $ par année et qui doit subvenir seul aux besoins de sa famille. La moindre augmentation du coût du panier de provisions sera considérée comme catastrophique et le budget familial hebdomadaire en souffrira nécessairement. Au contraire, cette même augmentation sera jugée négligeable par le propriétaire de l'usine où travaille l'ouvrier en question.

Par cet exemple, nous voyons que la conscience n'est pas une activité psychique ou intellectuelle qui s'exerce en dehors de la réalité. Elle découle d'une pratique particulière, d'une manière de vivre propre à une classe ou à une société donnée. La conscience est, en quelque sorte, un produit social. Elle se construit dans le concret. La représentation que nous nous faisons des choses, des événements et des hommes ne nous vient donc pas de nous-mêmes en tant qu'êtres autonomes de pensée, mais elle provient de notre « processus de vie réelle[26] », c'est-à-dire de la manière dont nous produisons notre vie matérielle. En d'autres termes, ce que nous faisons ou fabriquons pour gagner notre vie et subvenir à nos besoins s'inscrit dans une organisation économique et sociale dont notre conscience est tributaire. Ce que nous appelons fièrement notre propre manière de penser, ce que nous défendons comme nos propres opinions, tout cela n'est en fait que le résultat d'un déterminisme issu de la structure sociale et des conditions de production ambiantes.

> La production des idées, des représentations et de la conscience est d'abord directement et intimement mêlée à l'activité matérielle et au commerce matériel des hommes ; elle est le langage de la vie réelle. Les représentations, la pensée, le commerce intellectuel des hommes apparaissent ici encore comme l'émanation directe de leur comportement matériel. Il en va de même de la production intellectuelle telle qu'elle se présente dans la langue de la politique, celle des lois, de la morale, de la religion, de la métaphysique, etc., de tout un peuple. Ce sont les hommes qui sont les producteurs de leurs représentations, de leurs idées, etc., mais les hommes réels, agissants, tels qu'ils sont conditionnés par un développement déterminé de leurs forces productives et du mode de relations qui y correspond[27].

Ainsi en est-il de la conception de l'amour et du mariage qui a changé du tout au tout quand on est passé du mode de production féodal (mariages arrangés et nécessité d'unir les terres) au mode de production capitaliste (le couple et la famille nucléaire contemporains comme unités de consommation). Donnons un autre exemple actuel de la détermination de la conscience par le mode de production. Si les habitants de la Corée du Nord (pays « communiste » dirigé par la « dynastie stalinienne » de Kim Jong-Il) n'ont pas les mêmes représentations et conceptions des choses et des hommes, s'ils n'ont pas les mêmes critères d'évaluation de la réalité que les Américains, c'est parce qu'ils vivent dans un régime économique et social différent de celui des Américains. En résumé, il est possible d'affirmer avec Marx que « les idées, les conceptions et les notions des hommes, en un mot leur conscience change avec tout changement survenu dans leurs conditions de vie, leurs relations sociales, leur existence sociale[28] ».

25. Karl Marx, *Critique de l'économie politique,* dans *Œuvres (Économie),* t. I, p. 273.

26. Karl Marx et Friedrich Engels, *L'idéologie allemande,* p. 77-78.

27. *Ibid.,* p. 77.

28. Karl Marx et Friedrich Engels, *Manifeste du parti communiste,* p. 44.

L'être humain et le travail

La question du travail occupe un rôle déterminant dans la philosophie marxienne et, en particulier, dans la conception de l'être humain qui y est mise en avant. Selon Marx, en effet, le travail constitue la différence spécifique de l'homme ; en d'autres mots, l'espèce humaine se distingue de toutes les autres espèces animales en ceci qu'elle produit elle-même les biens nécessaires à sa survie et transforme elle-même, au cours de l'histoire, ses propres conditions d'existence. Marx s'oppose ainsi au rationalisme de Descartes qui ramenait l'essence de l'homme à sa seule raison.

Bien sûr, l'être humain possède la raison, mais cette raison, selon Marx, c'est dans l'activité concrète de transformation du milieu qu'elle se réalise et se développe. Pour Marx, on ne peut pas séparer la pensée de l'action ou la vie intellectuelle du travail concret ; les activités d'ordre intellectuel, comme la science, les arts ou la philosophie, servent elles aussi à transformer notre monde et, par conséquent, à nous transformer nous-mêmes. Marx nomme *praxis*[29] cette nécessaire union de la pensée et de la pratique, du savoir et de l'action.

Le travail : humanisation de la nature et spécificité de l'homme

Le TRAVAIL doit être cette « activité libre et consciente » par laquelle l'être humain transforme la nature. En effet, c'est par le travail que l'homme agit sur la nature, qu'il l'humanise en quelque sorte afin qu'elle devienne son œuvre. La nature reçoit par l'intermédiaire du travail l'empreinte humaine : elle s'en trouve profondément, durablement marquée. Dans *L'idéologie allemande*[30], Marx donne l'exemple du cerisier qui, comme la plupart des arbres fruitiers, a été transplanté en Europe par le *commerce* des hommes inscrits dans une société donnée à une époque donnée.

> LE TRAVAIL EST CONSIDÉRÉ PAR MARX COMME UN PROCESSUS CRÉATEUR QUI SERT D'INTERMÉDIAIRE ENTRE L'HOMME ET LE MONDE.

Par le travail, l'être humain transforme la nature afin que celle-ci réponde à ses besoins ; ce faisant, il se transforme lui-même.

> C'est précisément en façonnant le monde des objets que l'homme commence à s'affirmer [...]. Grâce à cette production, la nature apparaît comme son œuvre et sa réalité. [...] L'homme ne se recrée pas seulement d'une façon intellectuelle, dans sa conscience, mais activement, réellement, et il se contemple lui-même dans un monde de sa création[31].

C'est donc en fabriquant un monde d'objets, en façonnant la nature à son image, que l'être humain s'affirme comme être conscient qui **s'actualise** dans le réel. Le travail est « l'activité propre de l'homme » qui doit lui permettre d'exprimer ses capacités intellectuelles et physiques et, par conséquent, de se réaliser lui-même. Outre qu'il répond à la satisfaction de ses besoins, l'homme se crée lui-même par le travail productif. Il se fait par le travail dans la mesure où c'est en produisant qu'il se définit en tant qu'être humain.

ACTUALISER (s')
Matérialiser dans des actes les virtualités (pouvoirs, talents, qualités, etc., que possède un individu) qui n'étaient pas encore réalisées dans la vie.

---

29. Chez Marx, la praxis correspond à l'ensemble des pratiques qui permettent à l'être humain, par son travail, d'entrer dans une relation dialectique avec la nature en la transformant et, ce faisant, en se transformant lui-même.

30. Karl Marx et Friedrich Engels, *L'idéologie allemande*, p. 83. Un autre exemple peut illustrer l'humanisation de la nature. À leur arrivée en Nouvelle-France, les Français n'ont trouvé que des forêts à perte de vue... Sur une très brève période (à peine quatre siècles), les occupants ont « colonisé » l'Amérique du Nord en procédant à une déforestation majeure du territoire.

31. Karl Marx, *Économie et philosophie (Manuscrits de 1844)*, dans *Œuvres (Économie)*, t. II, trad. Joan Malaquais et Claude Orsini, Paris, Gallimard, coll. « Bibliothèque de la Pléiade », 1972, p. 64.

Le travail est de prime abord un acte qui se passe entre l'homme et la nature. L'homme y joue lui-même vis-à-vis de la nature le rôle d'une puissance naturelle. Les forces dont son corps est doué, bras et jambes, tête et mains, il les met en mouvement, afin de s'assimiler des matières en leur donnant une forme utile à sa vie. En même temps qu'il agit par ce mouvement sur la nature extérieure et la modifie, il modifie sa propre nature, et développe les facultés qui y sommeillent. Nous ne nous arrêtons pas à cet état primordial du travail où il n'a pas encore dépouillé son mode purement instinctif. Notre point de départ c'est le travail sous une forme qui appartient exclusivement à l'homme. Une araignée fait des opérations qui ressemblent à celles du tisserand, et l'abeille confond par la structure de ses cellules de cire l'habileté de plus d'un architecte. Mais ce qui distingue dès l'abord le plus mauvais architecte de l'abeille la plus experte, c'est qu'il a construit la cellule dans sa tête avant de la construire dans la ruche. Le résultat auquel le travail aboutit préexiste idéalement dans l'imagination du travailleur. Ce n'est pas qu'il opère seulement un changement de forme dans les matières naturelles ; il y réalise du même coup son propre but dont il a conscience, qui détermine comme loi son mode d'action, et auquel il doit subordonner sa volonté. Et cette subordination n'est pas momentanée. L'œuvre exige pendant toute sa durée, outre l'effort des organes qui agissent, une attention soutenue, laquelle ne peut elle-même résulter que d'une tension constante de la volonté. Elle l'exige d'autant plus que, par son objet et son mode d'exécution, le travail entraîne moins le travailleur, qu'il se fait moins sentir à lui comme libre jeu de ses forces corporelles et instinctuelles, en un mot, qu'il est moins attrayant[32].

Le travail comme médiation sociale

Par le biais du travail, l'homme peut donc être perçu comme un être en relation avec la nature et avec lui-même. Mais le travail met aussi l'être humain en relation avec ses semblables. Il instaure les liens de « sociabilité », de « réciprocité » et de solidarité humaine sans lesquels aucune production matérielle ne serait possible. Laissons la parole à Marx, qui décrit ce que devrait être idéalement le travail dans un contexte de solidarité réciproque :

> Supposons que nous produisions comme des êtres humains : chacun de nous s'affirmerait doublement dans sa production, soi-même et l'autre. 1° Dans ma production, je réaliserais mon individualité, ma particularité ; j'éprouverais, en travaillant, la jouissance d'une manifestation individuelle de ma vie, et, dans la contemplation de l'objet, j'aurais la joie individuelle de reconnaître ma personnalité comme puissance réelle, concrètement saisissable et échappant à tout doute. 2° Dans ta jouissance ou ton emploi de mon produit, j'aurais la joie spirituelle immédiate de satisfaire par mon travail un besoin humain, de réaliser la nature humaine et de fournir au besoin un autre objet de sa nécessité. 3° J'aurais conscience de servir de médiateur entre toi et le genre humain, d'être reconnu et ressenti par toi comme un complément à ton propre être et comme une partie nécessaire de toi-même, d'être accepté dans ton esprit comme dans ton amour. 4° J'aurais, dans mes manifestations individuelles, la joie de créer la manifestation de ta vie, c'est-à-dire de réaliser et d'affirmer dans mon activité individuelle ma vraie nature, ma sociabilité humaine [*Gemeinwesen*]. Nos productions seraient autant de miroirs où nos êtres rayonneraient l'un vers l'autre[33].

Le travail doit donc servir de médiation sociale. Tant sur le plan de la production que sur celui de la distribution des biens et des services s'installent des rapports entre ouvriers, des rapports entre patrons, des rapports, enfin, entre patrons et ouvriers. La relation entre ces différents protagonistes économiques peut être harmonieuse

---

32. Karl Marx, *Le capital*, troisième section, dans *Œuvres (Économie)*, t. I, trad. Joseph Roy revue par Maximilien Rubel, p. 727-728.

33. Karl Marx, *Notes de lecture*, dans *Œuvres (Économie)*, t. II, p. 33.

et permettre le plein développement de l'individu ; au contraire, elle peut être dégradante et produire un être mutilé qui se déshumanise mentalement et physiquement. Or, selon Marx, le système économique et social du milieu du XIXᵉ siècle domine et exploite le travailleur. Ce système capitaliste produit un homme malade, morcelé, qui ne se possède pas, et qui se perd dans sa relation avec le travail et l'objet qu'il produit. « Le travail, seul lien qui les [individus] unisse encore aux forces productives et à leur propre existence, a perdu chez eux toute apparence de manifestation de soi et ne maintient leur vie qu'en l'étiolant[34]. » Dans un tel contexte de dépersonnalisation, le travailleur devient étranger aux objets que fabriquent ses mains, étranger à son activité première qui est de manifester son être propre en produisant et d'entrer ainsi en rapport avec la nature et avec les autres hommes. Marx utilise le concept d'ALIÉNATION pour désigner, notamment, cette dépossession de soi-même et des fruits de son travail.

> MARX UTILISE LA NOTION D'ALIÉNATION DANS SES PREMIERS ÉCRITS. DANS SES ŒUVRES DITES DE MATURITÉ, IL UTILISE L'EXPRESSION « RÉIFICATION » OU « CHOSIFICATION », QUI DÉSIGNE LA RÉALITÉ DE L'ÊTRE HUMAIN RÉDUIT À L'ÉTAT DE CHOSE, D'OBJET À L'INTÉRIEUR DES RAPPORTS SOCIAUX ÉTABLIS PAR LE SYSTÈME CAPITALISTE INDUSTRIEL.

Les différentes formes de l'aliénation humaine

Parce que la doctrine marxienne veut donner la possibilité à l'« homme total » de se réaliser dans l'histoire, elle analyse, afin de mieux les combattre, les formes majeures d'aliénation qui pèsent sur l'homme. Mais qu'est-ce que l'aliénation ? L'aliénation désigne l'état de l'individu qui, par suite des circonstances extérieures, cesse de s'appartenir en propre, est étranger à lui-même, devient l'esclave d'une puissance étrangère qu'il ne contrôle pas. Or, selon Marx, le travailleur-prolétaire (majoritaire dans l'Allemagne, la France et l'Angleterre du XIXᵉ siècle) est justement un être aliéné sur les plans économique, politique et religieux. Le prolétaire est donc sous le joug de déterminismes issus du système économique, politique et religieux dans lequel il vit.

L'aliénation économique

D'après Marx, l'émancipation de l'homme passe d'abord par une libération de l'aliénation économique, car c'est elle qui engendre toutes les autres formes d'aliénation, et son abolition entraînera nécessairement la suppression de ces dernières. Or, dans les conditions de l'économie capitaliste, l'être humain est aliéné par le travail lui-même. Ce système économique, dominé par la division du travail et par la propriété privée des moyens de production, fait en sorte que l'homme **s'objective** de façon inhumaine. Expliquons brièvement ces deux premiers éléments de l'aliénation économique.

OBJECTIVER (s')
En parlant de l'individu, manifester extérieurement un fait de conscience subjectif.

La division du travail

La division du travail en tant que telle s'actualise « au moment où s'opère une division entre travail manuel et travail intellectuel », et où, conséquemment, « la jouissance et le travail, la production et la consommation échoient en partage à des individus différents[35] ». À l'intérieur du mode de production artisanal, le cordonnier, par exemple, entretenait un rapport direct et global avec son œuvre ; il se représentait en esprit le type de chaussures qu'il se proposait de créer durant sa journée de travail. Il en imaginait la structure, la forme, la couleur, les différentes étapes par lesquelles il passerait, etc. Bref, il pensait le travail à accomplir. Ensuite, ses mains se mettaient à l'ouvrage. En étant conscient de son ouvrage, il exécutait avec minutie chaque geste, chaque tâche nécessaire à la réalisation de la paire de chaussures. À la fin de sa journée de travail, l'artisan

---

34. Karl Marx et Friedrich Engels, *L'idéologie allemande*, p. 150.
35. *Ibid.*, p. 91.

cordonnier pouvait regarder son œuvre avec fierté puisqu'elle était entièrement de lui et qu'il pouvait s'y reconnaître.

Il en est tout autrement avec la venue du machinisme, puis de la grande industrie, où l'ouvrier n'a plus à penser son travail, et où il doit se soumettre à une parcellisation de plus en plus poussée de celui-ci. Dès lors, il ne doit exécuter qu'un élément limité et défini de l'ensemble des tâches essentielles à la production de l'objet, d'où l'obligation de répéter mécaniquement le même geste à longueur de journée. Le travail génère alors la plus inhumaine monotonie. Le travailleur devient lui-même une machine faisant fonctionner une machine. Ainsi, l'ouvrier devient un être divisé, enchaîné toute sa vie durant à une fonction productive partielle. Le travail en tant qu'activité le déshumanise, le rend étranger à lui-même :

> Dans son travail, l'ouvrier ne s'affirme pas, mais se nie ; il ne s'y sent pas satisfait, mais malheureux ; il n'y déploie pas une libre énergie physique et intellectuelle, mais mortifie son corps et ruine son esprit. C'est pourquoi l'ouvrier n'a le sentiment d'être à soi qu'en dehors du travail ; dans le travail, il se sent extérieur à soi-même. Il est lui quand il ne travaille pas et, quand il travaille, il n'est pas lui. Son travail n'est pas volontaire, mais contraint. *Travail forcé*, il n'est pas la satisfaction d'un besoin, mais seulement un *moyen* de satisfaire des besoins en dehors du travail. Le caractère étranger du travail apparaît nettement dans le fait que, dès qu'il n'existe pas de contrainte physique ou autre, le travail est fui comme la peste. Le travail extérieur, le travail dans lequel l'homme s'aliène, est un travail de sacrifice de soi, de mortification. Enfin, le caractère extérieur à l'ouvrier du travail apparaît dans le fait qu'il n'est pas son bien propre, mais celui d'un autre, qu'il ne lui appartient pas, que dans le travail, l'ouvrier ne s'appartient pas lui-même, mais appartient à un autre[36].

La division du travail fait en sorte que les ouvriers ne peuvent exercer leur travail comme une « manifestation de soi », dans la mesure où ce qu'ils produisent devient « un être étranger », une « puissance indépendante » qui se situe à l'extérieur d'eux-mêmes. En d'autres mots, le rapport de l'ouvrier aux objets qu'il fabrique est un RAPPORT ALIÉNÉ, en ce sens que ces objets, situés en face de lui, contiennent la force de travail dont il a été dépouillé, et qu'en plus ces objets ne lui appartiennent pas en propre. Parce qu'il est aliéné, le travail ne

LE TRAVAIL SUR UNE CHAÎNE DE MONTAGE D'AUTOMOBILES EST UNE ILLUSTRATION ACTUELLE DE LA DIVISION DU TRAVAIL. À CE TITRE, IL CONSTITUE UN TRAVAIL ALIÉNÉ DANS LA MESURE OÙ L'OUVRIER DOIT RÉPÉTER UNE TÂCHE PARTIELLE À LONGUEUR DE JOURNÉE.

remplit pas le rôle qu'il devrait remplir sur le plan de la production et sur celui de l'actualisation de la spécificité humaine (réalisation de soi, de son potentiel, de ses capacités, de sa sociabilité, etc.).

La propriété privée des moyens de production

La division manufacturière ou technique du travail implique nécessairement la notion de propriété. D'ailleurs, c'est par l'analyse de la division du travail que Marx aborde la problématique de la propriété privée. La propriété privée est « la raison, la cause du travail aliéné[37] ». C'est donc dire qu'elle se présente à Marx comme la source première ou

---

36. Karl Marx, *Économie et philosophie (Manuscrits de 1844)*, dans *Œuvres (Économie)*, t. II, p. 60-61.

37. *Ibid.*, p. 67.

le fondement de l'aliénation. Précisons de quel type de propriété privée il s'agit. Marx n'a jamais condamné la propriété privée des biens de consommation. Tout ce qui concourt, d'une manière nécessaire, à la satisfaction des besoins et à la survie des hommes n'est pas remis en question par Marx. L'individu peut donc être l'heureux propriétaire d'une chaîne stéréo, d'un vélo, d'une voiture, d'une maison, etc. Ce type de propriété n'entraîne aucune forme d'exploitation.

D'après Marx, c'est la propriété privée des moyens de production qui, seule, pose problème. Elle est une source d'aliénation dans la mesure où la majorité des hommes et des femmes doivent, pour gagner leur vie, s'en remettre à la volonté du bourgeois capitaliste qui est le propriétaire des ressources naturelles et des instruments de production (usine, machines, outils), alors que l'ouvrier ne possède en propre que sa force de travail.

Un être se considère comme indépendant dès qu'il est son propre maître, et il n'est son propre maître que s'il doit son existence à lui-même. Un homme qui vit de la grâce d'un autre se considère comme dépendant[38].

Plus-value et profit, ou le vol du travailleur

Pour compléter l'explication sur l'aliénation économique dont souffre la classe prolétarienne, il faut se référer au concept de la plus-value (le moyen capitaliste de faire du profit), qui peut être défini comme la différence entre ce que le travailleur coûte pour produire et ce qu'il rapporte en produisant. Selon Marx, le capitaliste exploite l'ouvrier, car il lui paie un salaire dont la valeur est moindre que celle des biens produits par l'ouvrier dans sa journée de travail. À titre d'exemple, supposons qu'un ouvrier requiert, pour RENOUVELER quotidiennement SA FORCE DE TRAVAIL, une valeur qui corresponde à six heures de travail (le «travail nécessaire»). Or, le capitaliste du milieu du XIXᵉ siècle fait travailler l'ouvrier 14 heures par jour. Ces huit heures supplémentaires sont du « surtravail » dont le fruit constitue la plus-value que le capitaliste met dans sa poche. La plus-value est carrément du travail non payé à l'ouvrier. En régime capitaliste, la recherche de profits — qui constitue l'objectif de toute entreprise — se fait sur le dos du travailleur, qui est littéralement volé[39] par son patron. En abusant des travailleurs, le groupe restreint de patrons (bourgeois capitalistes) se constitue en classe sociale dominante. Pour contrer cette exploitation éhontée de l'ouvrier, Marx propose l'abolition pure et simple du salariat, car une simple hausse du salaire ne constituerait « qu'une *meilleure rémunération d'esclaves* ; ce ne serait ni pour le travailleur ni pour le travail une conquête de leur vocation et de leur dignité humaines[40] ».

> RENOUVELER SA FORCE DE TRAVAIL SIGNIFIE SE LOGER, SE REPOSER, SE NOURRIR, S'HABILLER, ETC., BREF, TOUT CE QUI EST NÉCESSAIRE POUR REVENIR LE LENDEMAIN AU TRAVAIL AVEC LA CAPACITÉ DE PRODUIRE DE NOUVEAU.

PENDANT QUE LES BOURGEOIS DU XIXᵉ SIÈCLE SE PRÉLASSAIENT À LA CAMPAGNE, LES PROLÉTAIRES TRAVAILLAIENT 14 HEURES PAR JOUR DANS LES MANUFACTURES ET LES MINES.

L'aliénation politique

L'aliénation politique découle de l'aliénation économique. La dépendance économique entraîne nécessairement la dépendance politique. Nous avons vu précédemment que l'État fait partie de la superstructure générée par une société qui se fonde sur des classes

---

38. *Ibid.*, p. 88.

39. La propriété, c'est le vol! » s'écriait Pierre Joseph Proudhon (1809-1865).

40. Karl Marx, *Économie et philosophie (Manuscrits de 1844)*, dans *Œuvres (Économie)*, t. II, p. 68.

économiquement antagonistes. Plus particulièrement, la classe qui domine sur le plan économique s'empare du pouvoir politique et utilise l'État afin de maintenir ses privilèges. L'État bourgeois n'est donc pas un appareil neutre au service de toute la société. Il est l'incarnation illusoire de la communauté, car en réalité la classe possédante s'en sert comme instrument de domination de la classe prolétarienne. L'État bourgeois agit exclusivement en fonction des intérêts de la bourgeoisie. « Le gouvernement moderne, dit Marx, n'est qu'un comité qui gère les affaires de la classe bourgeoise tout entière[41]. » En conséquence, les prolétaires doivent, s'ils veulent s'affirmer et s'émanciper à la fois comme individus et comme groupe social, « conquérir le pouvoir politique [en renversant l'État], s'ériger en classe dirigeante de la nation, devenir [eux-mêmes] la nation[42] ». De toute façon, « les prolétaires n'ont rien à perdre que leurs chaînes[43] ! » Et les derniers mots du *Manifeste* constituent un cri de ralliement lancé aux travailleurs du monde entier : « Prolétaires de tous les pays, unissez-vous[44] ! »

Cependant, l'État bourgeois ne pourra être efficacement et définitivement renversé par la révolution prolétarienne que si une autre aliénation est liquidée : l'aliénation religieuse.

L'aliénation religieuse

Même si c'est l'aliénation économique qu'il importe de comprendre et de supprimer en premier lieu, la dénonciation de l'illusion religieuse et la lutte contre l'aliénation qui en découle exigent, selon Marx, une vigueur particulière. Pourquoi ? Parce que la religion — en demandant, en règle générale, aux croyants de se résigner, de se soumettre, d'accepter leurs conditions misérables d'existence — paralyse tout essai de révolution et toute possibilité de progrès.

La religion est une institution idéologique et, en cela, elle exprime et reflète la misère économique et sociale des croyants, et y apporte une réponse. En effet, le besoin religieux qu'éprouvent les masses asservies s'explique par la nécessité, pour elles, de s'évader de leur réalité pitoyable.

LE PEUPLE SOUFFRE ET PRIE EN SILENCE DANS L'ESPOIR D'UN MONDE MEILLEUR DANS L'AU-DELÀ.

La religion est le soupir de la créature accablée par le malheur, l'âme d'un monde sans cœur, comme elle est l'esprit d'une existence sans esprit. Elle est l'opium du peuple. L'abolition de la religion en tant que bonheur illusoire du peuple est une exigence de son bonheur réel. Exiger que le peuple renonce à ses illusions sur sa condition, c'est exiger qu'il abandonne une condition qui a besoin d'illusions. [...] La religion n'est que le soleil illusoire qui se meut autour de l'homme, aussi longtemps que celui-ci ne se meut pas autour de lui-même[45].

41. Karl Marx et Friedrich Engels, *Manifeste du parti communiste*, p. 22.

42. *Ibid.*, p. 43.

43. *Ibid.*, p. 62.

44. *Ibid.*, p. 62.

45. Karl Marx, *Critique de la philosophie hégélienne du droit*, dans *Pages de Karl Marx*, trad. Maximilien Rubel, Paris, Payot, 1970, p. 105.

Pour supporter leur indigence terrestre, les gens du peuple s'inventent un bonheur illusoire en compagnie d'un Dieu imaginaire qu'ils rencontreront dans un au-delà fantasmagorique. Selon Marx, la religion soustrait donc l'homme à lui-même pour le transporter dans un monde fictif où il se berce d'illusions. Ainsi, en cherchant à soumettre les croyants à un monde de chimères, la religion transforme l'homme — qui devrait être libre et autonome — en un être qui n'a plus aucune prise sur son existence et sur son destin. Le prolétaire, économiquement, socialement et politiquement exploité, ne prend même pas conscience de l'aliénation dans laquelle il est plongé. Il souffre et prie en silence, en espérant la venue d'un monde meilleur après la vie terrestre. Cette mise à l'écart de la prise de conscience et de l'action de la classe prolétarienne n'est pas sans combler d'aise et de bonheur la classe dirigeante ! Marx dénonce vigoureusement la collusion historique entre le pouvoir économique et le pouvoir religieux. En effet, les possédants s'appuient sur la religion officielle pour justifier leur domination, pour endormir le peuple, pour l'empêcher de réfléchir sur les injustices dont il est victime et de revendiquer ses droits par la révolution. C'est dans cette mesure que la religion est « l'opium du peuple » !

Le cas du Québec offre maints exemples de la collusion historique entre l'Église, le gouvernement et la classe possédante afin que les Canadiens français, « nés pour un petit pain », demeurent « des porteurs d'eau ». À titre d'exemple, rappelons des faits qui illustrent cette alliance.

Au XXᵉ siècle, les travailleurs du textile sont parmi les plus bas salariés du Québec. En 1946, la Montreal Cottons (filiale de la Dominion Textile) offrent de 0,21 $ à 0,30 $ l'heure aux ouvriers et aux ouvrières (des enfants y travaillent aussi à partir de l'âge de 13 ans) de sa manufacture située à Valleyfield, au sud-ouest de Montréal. La semaine normale de travail est de 55 heures, mais il n'est pas rare que les ouvriers doivent faire des semaines de 60 heures, voire de 72 heures, pour subvenir aux besoins de leur famille. Les conditions de travail sont très dures : l'usine a été construite au siècle précédent, les machines à filer font un bruit d'enfer et les installations sont dépourvues de système d'aération... Désireux d'améliorer leur sort, les ouvriers fondent un syndicat indépendant. Le 1ᵉʳ juin 1946, après quatre années d'organisation, de demandes de reconnaissance de leur syndicat, d'échecs répétés, une grève est déclenchée.

Dans les églises de Valleyfield, sur la directive du vicaire général Paul-Émile Léger, les curés mènent une vive lutte contre l'implantation de ce syndicat indépendant. Il faut dire que la Montreal Cottons fait des cadeaux au clergé : entre autres, la compagnie offre gratuitement aux institutions religieuses toute la lingerie dont elles ont besoin. Par ailleurs, seules sont acceptées les « unions » (syndicats) catholiques strictement contrôlées par l'Église : toute force communautaire doit passer nécessairement par le clergé, qui ne craint rien de plus qu'une coalition civile autonome. Les curés ordonnent donc à leurs paroissiens de ne pas quitter leur travail sous peine d'être excommuniés. Ils leur rappellent que Dieu aime les pauvres, les misérables et que, conséquemment, la porte des cieux leur est grande ouverte...

La Montreal Cottons peut aussi compter sur l'appui de la bourgeoisie locale constituée des *boss* (cadres) de la filature et des autres usines de la ville, des professionnels, des commerçants et des administrateurs publics. Tous ces gens se fréquentent et contrôlent la Chambre de commerce de Valleyfield. Ils ne voient pas d'un bon œil que les ouvriers deviennent une force sociale indépendante qui revendique des droits. Ces gens se perçoivent comme appartenant à une classe privilégiée qui n'a de comptes à rendre à personne. Ils n'ont pas intérêt à ce que les choses changent.

La compagnie reçoit aussi l'appui du ministère du Travail, qui déclare la grève illégale. Le premier ministre Maurice Duplessis, fervent catholique, défendant des valeurs conservatrices, proclame que cette grève est l'œuvre des communistes. Il donne l'ordre à la Police provinciale de briser la ligne de piquetage illégale pour permettre aux 400 *scabs* (briseurs de grève) d'entrer dans l'usine. L'affrontement ultime a lieu le 11 août, au matin. Les fiers-à-bras formant la police privée de la compagnie épaulés par 250 policiers provinciaux (la presque totalité des effectifs de la Police provinciale de Duplessis) armés de mitraillettes et munis de gaz lacrymogène ont pour mission d'enfoncer la ligne de piquetage. L'émeute débute lorsque les policiers lancent du gaz lacrymogène sur les grévistes. La riposte ne tarde pas : une pluie de roches est lancée sur les policiers. Il faut dire que, entre-temps, une foule d'environ 5 000 personnes (des travailleurs des autres usines, des femmes et des enfants) s'était assemblée aux abords de l'usine...

Par cet exemple, force est de constater que, dans le Québec du milieu du XXᵉ siècle, une lutte acharnée contre la classe possédante, contre la classe politique et contre le clergé fut nécessaire pour que les travailleurs se libèrent peu à peu des formes d'aliénation dont ils étaient l'objet.

Liberté et libération collective

À l'instar de Hegel, Marx veut établir un lien entre l'Histoire et la liberté. Hegel fut, en effet, le premier à proposer une histoire philosophique de l'humanité. Hegel divise le déroulement chronologique de l'histoire humaine en quatre grandes périodes[46] qui, selon son interprétation, correspondent à l'acquisition progressive par l'homme de sa liberté.

Marx emprunte à Hegel l'idée d'une division de l'Histoire (par le biais des quatre modes de production) et le principe selon lequel celle-ci doit mener à l'acquisition de la liberté. Seulement, Marx reproche à Hegel d'avoir pensé que la liberté de tous était chose faite, alors qu'en réalité elle n'a pas encore été instituée de manière concrète. Après tout, libérer sa conscience n'est pas libérer sa vie ! Marx critique donc la confusion hégélienne entre liberté théorique et libération réelle[47]. Et, sa vie durant, l'unique objectif historique de Marx fut de rejeter l'artificialité de la première afin de faire advenir véritablement la seconde. Cela explique l'importance du prolétariat, vecteur principal de cette libération. Cela explique aussi ce mode de production dont il fallait hâter l'avènement, le mode communiste.

Comme on le voit, s'il faut prendre fait et cause pour la classe ouvrière, c'est parce que la praxis prolétarienne va dans le sens même de l'Histoire, qui doit mener à la libération des humains, c'est-à-dire à leur liberté concrète traduite dans leur vie quotidienne.

Résumons le tout. Par le travail, l'être humain devrait pouvoir exprimer librement ses capacités intellectuelles et physiques, et ainsi se réaliser lui-même. Plus précisément, en transformant la nature par la production d'œuvres dans lesquelles il se reconnaît, l'homme se construit comme être libre. Par ailleurs, en travaillant avec d'autres hommes dans une communauté où les rapports sociaux de production sont harmonieux et égalitaires, l'être humain peut réaliser sa liberté.

---

46. Les quatre périodes sont le monde oriental, où seul l'empereur est libre, le monde grec et le monde romain, où seuls les citoyens sont libres, de même que le monde germanique (entendre moderne), où tous sont libres.

47. Marx revient souvent dans son œuvre sur le fait que la Révolution française a bien donné naissance à l'affirmation de droits abstraits (liberté, égalité, fraternité, etc.) — qu'il appelle d'ailleurs de manière très révélatrice des droits «bourgeois» —, mais n'a pas pour autant mis en place les conditions concrètes de libération devant mener à l'usage effectif de ces droits.

Cependant, Marx fait le constat suivant : le capitalisme fait de l'homme un être prisonnier économiquement, politiquement et spirituellement. Le projet marxien consiste à libérer concrètement l'être humain de ces formes d'aliénation et des institutions qui les fondent. Le but ultime de Marx est donc l'émancipation de l'homme dans la société, c'est-à-dire la libération des formes d'aliénation dont il est l'objet afin qu'il retrouve son intégrité et sa dignité. En ce sens, Marx peut être considéré comme l'un des grands fondateurs de la modernité critique : il dénonce l'aliénation économique et politique qui afflige la majorité des humains, et il fustige l'aliénation religieuse en démontrant l'illusion dans laquelle elle plonge les miséreux. Marx espérait qu'un jour les conditions sociales seraient propices à la réalisation de l'homme total qui se développerait en toute liberté à la fois intellectuellement et manuellement dans un travail socialement productif. Ainsi seraient réunis les éléments essentiels à la construction d'une société juste, vraiment humaine, rien qu'humaine, où les individus seraient heureux parce qu'ils pourraient s'y épanouir.

La conception marxienne de l'être humain se fonde sur une croyance implicite en la bonté naturelle de l'homme. En cela, Marx rejoint Rousseau, mais il s'y oppose aussi dans la mesure où ROUSSEAU défendait l'individu libre et perfectible qui aurait réussi à contrer les pressions et les conditionnements de la civilisation. Au contraire, Marx propose des moyens permettant à la collectivité de se libérer du joug capitaliste. En effet, il pensait que le jour où l'on assisterait à la suppression collective des entraves économique, politique et religieuse, l'être humain pourrait s'affirmer sans abuser du pouvoir et sans l'utiliser exclusivement à ses propres fins. C'est donc la libération collective de l'humanité prolétarienne qui intéresse Marx. Il croit que, en agissant collectivement sur leurs conditions d'existence aliénées, les hommes réussiront à se libérer de leurs chaînes.

> MARX A CRITIQUÉ AVEC VIGUEUR LA PHILOSOPHIE POLITIQUE DE ROUSSEAU, L'ACCUSANT DE NATURALISME IDÉOLOGIQUE D'ORIGINE BOURGEOISE.

Marx aujourd'hui

> DE 1922 À 1953, JOSEPH STALINE (1879-1953) A ÉTABLI UN RÉGIME POLITIQUE AUTORITAIRE ET RÉPRESSIF EN URSS (UNION DES RÉPUBLIQUES SOCIALISTES SOVIÉTIQUES).

> À LA SUITE D'UNE RÉVOLUTION, LES TRAVAILLEURS LIQUIDENT LE RÉGIME POLITIQUE EN PLACE ET INSTAURENT UNE DICTATURE DU PROLÉTARIAT, C'EST-À-DIRE UN NOUVEAU RÉGIME AUX POUVOIRS ABSOLUS QUI DÉFEND LES INTÉRÊTS DES PROLÉTAIRES.

Nous reconnaissons aujourd'hui que les buts poursuivis par Marx étaient nobles, mais que les moyens mis en avant par certains dirigeants politiques pour instaurer le communisme sont pour le moins condamnables (par exemple, le STALINISME).

Il faut dire que la philosophie marxienne propose des solutions qui, en pratique, peuvent conduire à des excès. En effet, Marx accorde à la classe prolétarienne un rôle **messianique** : c'est à elle que revient le mandat d'assurer le salut de milliers de travailleurs. À cette fin, l'intérêt personnel doit être subordonné à l'intérêt de la classe sociale prolétarienne. Avec Marx, le collectif l'emporte sur l'individuel ! Cela l'amène à juger nécessaire la DICTATURE DU PROLÉTARIAT et la constitution temporaire d'un État centralisé et autoritaire jusqu'à ce que les conditions nécessaires à l'établissement du communisme aient été réalisées.

MESSIANIQUE
Relatif à la venue d'un messie qui viendrait libérer les hommes et le monde.

Marx et l'État bureaucratique contemporain

Cette étape du processus révolutionnaire (phase du socialisme), où Marx croyait nécessaire l'institution d'un État aux pouvoirs illimités, peut être mise en rapport avec l'État bureaucratique et tentaculaire des sociétés industrialisées de l'époque actuelle. En dépit des efforts concertés de « réorganisation » (entendre « dégraissage ») de l'appareil gouvernemental, l'État technocratique contemporain régit de plus en plus la totalité des activités humaines ; il atomise et dépersonnalise les individus dans un contexte social où les politiques ont tout prévu. Par conséquent, le citoyen « ordinaire » se sent aujourd'hui de moins en moins préoccupé par les affaires publiques ; il éprouve une impuissance devant la mécanique implacable de l'appareil gouvernemental des sociétés capitalistes modernes ; c'est pourquoi il se réfugie dans la sphère privée de son existence. Ce désenchantement du citoyen face à ses obligations politiques fait qu'il s'en remet entièrement à des « professionnels » des affaires publiques (technocrates, députés, ministres, etc.) qui gèrent la collectivité. Le citoyen est désormais incapable de percevoir la société comme étant sa société. Il a perdu toute conscience sociale et politique. En lieu et place, le citoyen des pays industrialisés contemporains de tradition démocratique réclame à gogo des droits en omettant d'y associer des devoirs ou des responsabilités ! Grand consommateur de biens et de services, le citoyen ordinaire est devenu aujourd'hui un consommateur de droits. Il se laisse bercer par l'illusion de l'État providence, dispensateur de services multiples, qui voit à tout et qui le prend sous son aile bienveillante.

Marx et la préfiguration de la mondialisation

À son époque, Marx proposait que l'on dépasse le cadre des États-nations et il parlait déjà de l'internationalisation de l'économie autant que de celle de la lutte contre le capitalisme (« Prolétaires de tous les pays, unissez-vous ! »). N'est-ce pas là une évidente préfiguration de la MONDIALISATION de l'économie contemporaine ?

> DÉVELOPPEMENT À L'ÉCHELLE MONDIALE DE L'ORGANISATION CAPITALISTE DES ACTIVITÉS ÉCONOMIQUES PERMIS PAR L'ABOLITION GRADUELLE DES MESURES PROTECTIONNISTES QUI EMPÊCHAIENT LA LIBRE CIRCULATION DES BIENS ET DES SERVICES, DU CAPITAL ET DE LA MAIN-D'ŒUVRE.

Les conditions pitoyables des travailleurs de la révolution industrielle du XIXe siècle et de leurs enfants ont été décrites au début de ce chapitre. Or, à cause, entre autres, de la mondialisation de l'économie — sous-traitance oblige —, ce genre de conditions existe malheureusement encore aujourd'hui dans beaucoup de pays de la planète. En effet, de nombreux emplois ont quitté les pays riches occidentaux vers les pays émergents. Conséquemment, des millions d'hommes, de femmes et d'enfants travaillent actuellement dans des conditions effroyables et pour des salaires dérisoires. Ils produisent à moindre coût les biens de consommation dont nous raffolons ! À titre d'exemples, signalons d'abord l'existence des « sweatshops », dénoncés par Amnistie internationale[48]. Ces « ateliers de misère » sont implantés essentiellement en Asie et en Amérique centrale, mais aussi en Afrique et dans quelques pays qui ont appartenu à l'Europe de l'Est soviétique. On y fabrique des produits textiles, des articles de cuir, des jouets, de l'équipement automobile ou des composantes électroniques. Près de 27 millions de personnes (principalement des femmes et des jeunes filles) y sont traitées comme des esclaves.

Soulignons aussi l'exploitation scandaleuse de la main-d'œuvre (principalement féminine) qui travaille pour les sous-traitants (indonésiens, chinois, cambodgiens, thaïlandais, bulgares et turcs) des géants de l'industrie des articles de sport, comme Nike, Reebok, Adidas, Fila, Puma, Asics ou Mizumo, dont le marché mondial s'élève à 58 milliards de dollars par année. En période de forte demande, il n'est pas rare que ces ouvrières besognent de 16 à 18 heures par jour, 7 jours sur 7, pour un maigre salaire de 50 dollars par mois !

Mentionnons aussi l'exploitation éhontée des enfants du Bangladesh et du Pakistan qui travaillent dans l'industrie du tapis. Rappelons enfin une étude du Fonds des Nations unies pour l'enfance, publiée le 23 avril 2004, révélant qu'un trafic d'êtres humains (essentiellement des femmes et des enfants) sévit dans 89 % des pays africains examinés

---

48. *Agir*, Amnistie internationale, Section canadienne francophone, vol. 25, n° 1, mars 2004.

par l'Unicef. Les principales destinations de ce trafic sont l'Europe (34 %) et les pays arabes (26 %). Ces femmes et ces enfants alimentent les marchés de la prostitution, travaillent (souvent sans salaire) comme domestiques ou servent de main-d'œuvre à bon marché dans des exploitations agricoles.

Les conditions de travail inhumaines que Marx décriait au XIXe siècle ne sont-elles pas encore présentes au XXIe siècle ?

Marx et la définition de l'homme par le travail

La philosophie marxienne, nous l'avons vu, accorde une importance fondamentale au travail, qui constitue la spécificité de l'être humain. Aujourd'hui, le travail demeure une donnée capitale dans la définition de l'homme. Même si l'on a fait miroiter dans les années 1970 l'idée de l'entrée de l'Occident dans une ère de loisirs, il reste que le travail que l'on fait est révélateur de ce que l'on est. Certains iront même jusqu'à affirmer que la fonction sociale que l'on occupe nous constitue comme personne. Le concept d'identité professionnelle résume à lui seul l'ampleur du phénomène : « Je suis informaticien », « Je suis médecin », « Je suis ingénieur »... Pour plusieurs, c'est comme si l'ensemble de leur personnalité se résumait au travail qui leur permet de gagner leur vie.

Ne va-t-on pas, de nos jours, jusqu'à proclamer que, « sans travail, nous ne sommes rien » ? Qui plus est, dans la foulée de l'analyse marxienne des classes sociales, on constate que la société capitaliste nord-américaine actuelle se construit en excluant certains groupes sociaux : les chômeurs, les assistés sociaux, les jeunes et les mères monoparentales sans travail dit productif. En cette période de difficultés économiques et d'endettement généralisé, ces catégories de personnes sont de plus en plus dévalorisées, considérées comme des citoyens de second ordre ne devant plus avoir voix au chapitre et ne devant plus bénéficier des largesses de l'État. Un jugement aussi sévère n'est possible que si l'on réduit l'être humain aux dimensions de son être historique qui produit, transforme et consomme.

Certains reprochent justement à Marx d'avoir surestimé les facteurs économiques dans sa définition de l'homme. En s'intéressant presque exclusivement à l'activité économique de l'être humain dans un contexte essentiellement social, il se fait de l'homme une vision qui s'en trouve quelque peu simplifiée. Ce faisant, il aurait commis l'erreur de considérer que la libération économique collective entraîne automatiquement la liberté, la justice, la coopération entre les individus. Une telle vision négligerait l'importance chez l'être humain d'une volonté individuelle à l'écoute de ses propres instincts et de ses propres besoins, volonté qui aspire à s'affirmer et à exprimer la vie qu'elle porte en son sein. Friedrich Nietzsche se fit l'ardent défenseur de cette forte volonté individuelle.

Karl Marx

Selon Karl Marx, l'être humain trouve la **plénitude de son être social** dans le travail. Or, l'organisation du travail dans un mode de production capitaliste aliène l'**homme** et l'empêche de manifester son être propre. À cette **aliénation économique** s'ajoutent une **aliénation politique** et une **aliénation religieuse** du prolétariat, puisque l'État et l'Église sont des instruments de domination de la classe possédante. Toutefois, l'être humain peut changer sa condition : l'histoire démontre que les conditions de vie économiques et sociales se transforment conséquemment à la **lutte des classes sociales** défendant des intérêts contradictoires.

Cette conception dite matérialiste et historique définit l'homme à partir des rapports qu'il entretient dans un mode de production donné. En effet, chacune des sociétés humaines s'est construite à partir d'une **division du travail**, qui s'est constituée en un **mode de production spécifique** fondé sur un type particulier de **propriété des moyens de production**, qui a déterminé à son tour des **rapports sociaux de production** où se sont opposées deux **classes sociales antagonistes**. Ainsi, au cours de l'histoire, le **mode de production esclavagiste** s'est transformé en un **mode de production féodal**, qui s'est lui-même transformé en un **mode de production capitaliste**, qui se transformera à son tour en un **mode de production communiste** ou **sans classes**, où les hommes seront égaux et libres.

Réseau de concepts

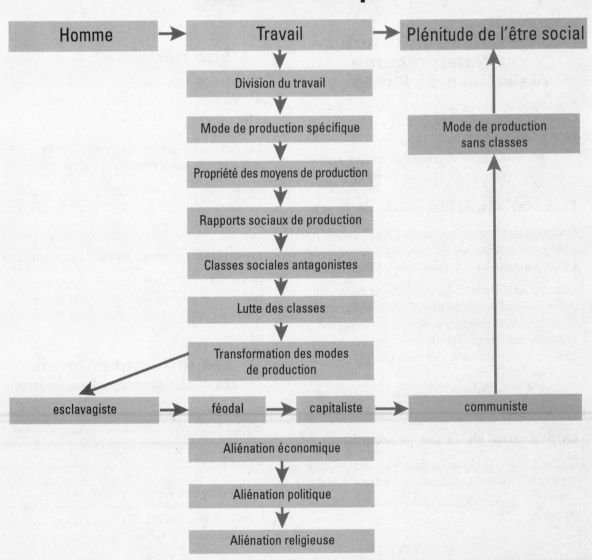

Homme → Travail → Plénitude de l'être social

Division du travail

Mode de production spécifique

Propriété des moyens de production

Rapports sociaux de production

Classes sociales antagonistes

Lutte des classes

Transformation des modes de production

esclavagiste → féodal → capitaliste → communiste

Mode de production sans classes

Aliénation économique

Aliénation politique

Aliénation religieuse

Résumé de l'exposé

Karl Marx et sa lutte contre le capitalisme du XIXᵉ siècle

Notice biographique

Karl Marx (1818-1883), philosophe, économiste, militant politique, a laissé à l'humanité une œuvre capitale dont la pensée et l'action ont marqué d'une manière décisive la fin du XIXᵉ siècle et la majeure partie du XXᵉ siècle.

Le capitalisme du XIXᵉ siècle

Marx analyse et critique les conditions d'existence misérables instaurées par le régime capitaliste de son époque.

Marx dénonce l'exploitation éhontée de la classe prolétarienne par la classe bourgeoise et il propose un nouveau modèle d'organisation économique et sociale qui permettrait la réalisation intégrale de l'être humain.

Le matérialisme historique ou l'interprétation dialectique de l'histoire

Marx réinterprète la dialectique idéaliste hégélienne en des termes matérialistes. Il propose une lecture de l'histoire fondée sur les rapports sociaux qui résultent du développement de deux classes antagonistes s'affrontant à une époque donnée.

Le matérialisme historique de Marx

Pour appréhender le monde réel, il faut partir de la « base matérielle » de l'existence humaine, c'est-à-dire des conditions de vie économiques et sociales.

Chacune des sociétés humaines s'est construite à partir d'une division du travail qui s'est constituée en un mode de production spécifique fondé sur un type de propriété des moyens de production. Celui-ci a déterminé à son tour des rapports sociaux de production où se sont opposées deux classes rivales (maîtres/esclaves, seigneurs/serfs, bourgeois/prolétaires).

La primauté de la vie économique

L'infrastructure économique (le mode de production matérielle) constitue la base de l'édifice social et détermine la superstructure idéologique et juridico-politique.

En revanche, les activités politiques, juridiques, culturelles, philosophiques, etc., de la superstructure viennent consolider, par le biais de l'idéologie, l'infrastructure économique.

L'homme comme être social et historique

Selon Marx, l'essence de l'homme ne se trouve pas dans une idée ou un concept Homme sous lequel se rangeraient tous les individus.

L'individu est un « animal social », c'est-à-dire qu'il se définit par son appartenance à une classe et selon les rapports sociaux dans lesquels il est inscrit :

a) Ce sont les conditions sociales et matérielles d'existence qui définissent l'homme.

b) L'homme est un être historique.

c) L'existence sociale détermine la conscience des hommes.

L'être humain et le travail

Par le travail, l'homme devient un être de praxis : il agit concrètement dans la réalité tout en possédant une connaissance théorique de son action.

Le travail : humanisation de la nature et spécificité de l'homme

Par le travail, l'homme humanise la nature et se définit lui-même comme un être conscient qui actualise ses capacités intellectuelles et physiques.

Le travail comme médiation sociale

Le travail met l'être humain en relation avec ses semblables. Il établit des liens de sociabilité, de réciprocité et de solidarité humaine.

Les différentes formes de l'aliénation humaine

En régime capitaliste, l'homme est aliéné. Il vit sous le joug de déterminismes. Il devient l'esclave d'une puissance étrangère sur les plans économique, politique et religieux.

L'aliénation économique

L'aliénation économique s'explique par la division entre le travail manuel et le travail intellectuel, la pro-

priété privée des moyens de production et la plus-value, qui est du travail non payé à l'ouvrier.

L'aliénation politique

L'aliénation politique vient du fait que la classe possédante (la bourgeoisie) s'empare du pouvoir politique et utilise l'État comme instrument de domination de la classe prolétarienne.

L'aliénation religieuse

La religion est « l'opium du peuple ». Les possédants se servent de la religion pour justifier leur domination, pour endormir le peuple et pour l'empêcher de revendiquer ses droits par la révolution.

Liberté et libération collective

La liberté marxienne se traduit par la libération et l'émancipation collectives, la rupture des chaînes qui asservissent la classe sociale exploitée des travailleurs.

Marx aujourd'hui

Marx et l'État bureaucratique contemporain

Un parallèle peut être établi entre la vision centralisée du pouvoir politique défendue par Marx dans la « phase du socialisme » et l'État bureaucratique et tentaculaire du monde industrialisé d'aujourd'hui.

La société étant gérée par des « professionnels » des affaires publiques, l'individu-citoyen se sent désenchanté et impuissant face à ses obligations politiques. Il devient un consommateur de droits, lesquels sont dissociés des devoirs qui y sont rattachés.

Marx et la préfiguration de la mondialisation

Dans le contexte de la mondialisation de l'économie et de la sous-traitance à l'étranger, les travailleurs des pays émergents deviennent les « prolétaires » exploités du XXIe siècle.

Marx et la définition de l'homme par le travail

À l'instar de Marx, nous accordons aujourd'hui une place capitale au travail dans la définition de l'homme. La fonction sociale que l'on occupe nous constitue essentiellement comme personne. Sans travail, nous ne sommes rien. Ainsi, la société capitaliste nord-américaine se développe en excluant des catégories de personnes jugées non productives.

Activités d'apprentissage

A VÉRIFIEZ VOS CONNAISSANCES

1. En 1841, Marx obtient son doctorat en philosophie en soutenant une thèse sur le livre célèbre de Hegel, la *Phénoménologie de l'esprit*. **VRAI** ou **FAUX** ?

2. L'objectif principal de la collaboration de Marx avec Engels est d'éduquer, de former et d'organiser le mouvement ouvrier afin que les travailleurs se libèrent de leurs chaînes. **VRAI** ou **FAUX** ?

3. Pour Marx, quelle notion permet d'exprimer le mouvement qui va de l'explication théorique à l'action modifiant l'état de choses présent ?

4. Quelle est la nouvelle grille d'analyse du monde et de l'homme que Marx a mise en application ?

5. Quel penseur a eu le plus d'influence sur la pensée de Karl Marx ?

6. Selon Marx, chacune des sociétés humaines s'est construite à partir d'une division du travail. **VRAI** ou **FAUX** ?

7. Nommez deux exemples de rapports sociaux de production analysés par Marx.

8. Quel est le nom donné par Marx pour désigner l'ensemble de l'organisation juridique, politique et idéologique propre à une société donnée ?

9. Marx affirme que l'essence de l'être humain réside dans les rapports sociaux qu'entretiennent les individus ; ce faisant, il rompt de façon définitive avec le concept d'Homme abstrait. **VRAI** ou **FAUX** ?

10. Selon Marx, la différence spécifique de l'être humain, c'est-à-dire ce qui le distingue des autres espèces animales, est la raison. **VRAI** ou **FAUX** ?

11. Quel concept Marx utilise-t-il pour dénoncer la différence entre ce que le travailleur coûte pour produire et ce qu'il rapporte en produisant ?

12. Selon Marx, l'État bourgeois est un appareil neutre au service de toute la société. **VRAI** ou **FAUX** ?

13. Quelle expression lapidaire Marx utilise-t-il pour parler de la religion ?

14. D'après Marx, le vecteur principal de la libération collective et effective de l'humanité est le prolétariat. **VRAI** ou **FAUX** ?

15. À partir de ce que vous avez appris sur Marx, indiquez laquelle des citations suivantes n'a pas été écrite par lui ?

    a) « Les hommes font leur propre histoire […] dans des conditions directement données et héritées du passé. »

    b) « Les philosophes n'ont fait qu'interpréter le monde, il s'agit maintenant de la transformer. »

    c) « Deviens sans cesse celui que tu es, sois le maître et sculpteur de toi-même. »

B ANALYSE ET CRITIQUE DE TEXTE

Cette activité exige la lecture préalable de l'extrait de L'idéologie allemande *présenté à la page 105.*

Compétences à acquérir

- Démontrer sa compréhension d'un texte de Marx et d'Engels en transposant dans ses propres mots un contenu partiel de ce texte philosophique.

- Appliquer la doctrine à une situation réelle, c'est-à-dire trouver un exemple qui illustre la véracité ou l'inexactitude d'une thèse défendue dans ce texte.

- Évaluer le contenu, c'est-à-dire exprimer son accord ou son désaccord (et en donner les raisons) :

  – sur la conception marxienne de la conscience de l'homme ;

  – sur la thèse marxienne de la domination spirituelle de la classe dominante.

Questions

1. Dans ce texte (*4ᵉ fragment*), Marx postule ceci : « Ce n'est pas la conscience qui détermine la vie, mais la vie qui détermine la conscience. Dans la première façon de considérer les choses, on part de la conscience comme étant l'individu vivant, dans la seconde façon, qui correspond à la vie réelle, on part des individus réels et vivants eux-mêmes et l'on considère la conscience uniquement comme leur conscience [...] ».

   a) Dites dans vos propres mots ce que Marx entend par là.

   ### Commentaire critique

   b) Êtes-vous d'accord avec la manière dont Marx se représente la conscience de l'homme ainsi que son origine ? Vous devez fonder vos jugements, c'est-à-dire apporter deux arguments pour appuyer vos affirmations. (*Minimum suggéré : une page*.)

2. Dans ce texte (*6ᵉ fragment*), Marx affirme ceci : « Les pensées de la classe dominante sont aussi, à toutes les époques, les pensées dominantes, autrement dit la classe qui est la puissance *matérielle* dominante de la société est aussi la puissance dominante *spirituelle*. »

   a) Dites dans vos propres mots ce que Marx entend par là.

   b) Illustrez par un exemple actuel (en conséquence autre que ceux qui sont utilisés par Marx) la véracité ou l'inexactitude de cette thèse.

ANALYSE ET CRITIQUE DE TEXTE

Cette activité exige la lecture préalable de l'extrait de Pour une théorie critique de la société *présenté à la page 107.*

Compétences à acquérir

- Démontrer sa compréhension d'un texte d'Herbert Marcuse en transposant dans ses propres mots un contenu partiel de ce texte philosophique.

- Évaluer le contenu, c'est-à-dire exprimer son accord ou son désaccord (et en donner les raisons) sur une thèse avancée par Marcuse dans ce texte.

Questions

1. Dans vos propres mots, donnez les caractéristiques théoriques du concept de l'individu en tant que propriétaire présenté par Marcuse dans ce texte.

2. Selon Marcuse, seule la bourgeoisie a pu actualiser les caractéristiques théoriques de la culture individualiste. Dans vos propres mots, reprenez les raisons sur lesquelles Marcuse fonde son affirmation.

Commentaire critique

3. À l'instar de Marcuse, êtes-vous d'accord pour dire que dans la « société américaine contemporaine [...], l'" individualité " est devenue périmée dans le domaine économique (et pas seulement là) » ? Vous devez fonder vos jugements, c'est-à-dire apporter deux arguments pour appuyer vos affirmations. (*Minimum suggéré : une page*.)

D EXERCICE COMPARATIF : ROUSSEAU ET MARX

Compétence à acquérir

Procéder à une comparaison entre deux conceptions modernes de l'être humain à propos d'un même thème.

Contexte de réalisation

Individuellement, dans un texte d'environ 350 mots (*une page et demie*), comparer (c'est-à-dire examiner les rapports de ressemblance et de différence) la conception rousseauiste avec la conception marxienne de l'être humain à propos du thème de la société.

Étapes suggérées

1. *a)* Caractériser la conception rousseauiste de l'être humain au regard du thème de la société. Par exemple, demandez-vous en quoi et comment, selon Rousseau, la société dénature l'être humain en défigurant son être profond.

b) Caractériser la conception marxienne de l'être humain au regard du thème de la société. Par exemple, demandez-vous dans quelle mesure, selon Marx, la société définit essentiellement l'être humain en lui imposant des conditions concrètes d'existence.

2. *a)* S'il y a lieu, préciser les liens ou les similitudes entre la conception rousseauiste et la conception marxienne de l'être humain à propos du thème de la société.

b) S'il y a lieu, dégager les oppositions ou les antagonismes entre la conception rousseauiste et la conception marxienne de l'être humain à propos du thème de la société.

Texte de Marx et d'Engels
L'idéologie allemande

[4ᴱ FRAGMENT]

EMPIRIQUE
Qui se situe sur le plan de l'expérience et de l'observation.

Voici donc les faits ; des individus déterminés qui ont une activité productive selon un mode déterminé entrent dans des rapports sociaux et politiques déterminés. Il faut que, dans chaque cas particulier, l'observation **empirique** montre dans les faits, et sans aucune spéculation ni mystification, le lien entre la structure sociale et politique et la production. La structure sociale et l'État résultent constamment du processus vital d'individus déterminés ; mais de ces individus non point tels qu'ils peuvent s'apparaître dans leur propre représentation ou apparaître dans celle d'autrui, mais tels qu'ils sont *en réalité*, c'est-à-dire, tels qu'ils œuvrent et produisent matériellement ; donc tels qu'ils agissent dans des limites, des présuppositions et des conditions matérielles déterminées et indépendantes de leur volonté.

La production des idées, des représentations et de la conscience est d'abord directement et intimement mêlée à l'activité matérielle et au commerce matériel des hommes, elle est le langage de la vie réelle. Les représentations, la pensée, le commerce intellectuel des hommes apparaissent ici encore comme l'émanation directe de leur comportement matériel. Il en va de même de la production intellectuelle telle qu'elle se présente dans la langue de la politique, celle des lois, de la morale, de la religion, de la métaphysique, etc., de tout un peuple. Ce sont les hommes qui sont les producteurs de leurs représentations, de leurs idées, etc., mais les hommes réels, agissants, tels qu'ils sont conditionnés par un développement déterminé de leurs forces productives et du mode de relations qui y correspond, y compris les formes les plus larges que celles-ci peuvent prendre. La conscience ne peut jamais être autre chose que l'Être conscient et l'Être des hommes est leur processus de vie réel. Et si, dans toute l'idéologie, les hommes et leurs rapports nous apparaissent placés la tête en bas comme dans une *camera obscura*[49], ce phénomène découle de leur processus de vie historique, absolument comme le renversement des objets sur la rétine découle de son processus de vie directement physique.

IDÉOLOGIQUE
Relatif à l'ensemble des idées, des croyances et des doctrines propres à une époque, à une société ou à une classe donnée.

À l'encontre de la philosophie allemande qui descend du ciel sur la terre, c'est de la terre au ciel que l'on monte ici. Autrement dit, on ne part pas de ce que les hommes disent, s'imaginent, se représentent, ni non plus de ce qu'ils sont dans les paroles, la pensée, l'imagination et la représentation d'autrui, pour aboutir ensuite aux hommes en chair et en os ; non, on part des hommes dans leur activité réelle ; c'est à partir de leur processus de vie réel que l'on représente aussi le développement des reflets et des échos **idéologiques** de ce processus vital. Et même les **fantasmagories** dans le cerveau humain sont des **sublimations** résultant nécessairement du processus de leur vie matérielle que l'on peut constater empiriquement et qui est lié à des présuppositions matérielles. De ce fait, la morale, la religion, la **métaphysique** et tout le reste de l'idéologie, ainsi que les formes de conscience qui leur correspondent, perdent aussitôt toute apparence d'autonomie. Elles n'ont pas d'histoire, elles n'ont pas de développement ; ce sont au contraire les hommes qui, en développant leur production matérielle et leurs rapports

FANTASMAGORIE
Production de l'imagination : image irréelle, fantastique et surnaturelle.

SUBLIMATION
Synonyme de transposition, de transformation.

49. Chambre noire.

matériels, transforment, avec cette réalité qui leur est propre, et leur pensée et les produits de leur pensée. Ce n'est pas la conscience qui détermine la vie, mais la vie qui détermine la conscience. Dans la première façon de considérer les choses, on part de la conscience comme étant l'individu vivant, dans la seconde façon, qui correspond à la vie réelle, on part des individus réels et vivants eux-mêmes et l'on considère la conscience uniquement comme leur conscience [...].

[6ᴱ FRAGMENT]

Les pensées de la classe dominante sont aussi, à toutes les époques, les pensées dominantes, autrement dit la classe qui est la puissance *matérielle* dominante de la société est aussi la puissance dominante *spirituelle*. La classe qui dispose des moyens de la production matérielle dispose, du même coup, des moyens de la production intellectuelle, si bien que, l'un dans l'autre, les pensées de ceux à qui sont refusés les moyens de production intellectuelle sont soumises du même coup à cette classe dominante. Les pensées dominantes ne sont pas autre chose que l'expression idéale des rapports matériels dominants, elles sont ces rapports matériels dominants saisis sous forme d'idées, donc l'expression des rapports qui font d'une classe la classe dominante ; autrement dit, ce sont les idées de sa domination. Les individus qui constituent la classe dominante possèdent, entre autres choses, également une conscience, et en conséquence ils pensent ; pour autant qu'ils dominent en tant que classe et déterminent une époque historique dans toute son ampleur, il va de soi que ces individus dominent dans tous les sens et qu'ils ont une position dominante, entre autres, comme êtres pensants aussi, comme producteurs d'idées, qu'ils règlent la production et la distribution des pensées de leur époque ; leurs idées sont donc les idées dominantes de leur époque. Prenons comme exemple un temps et un pays où la puissance royale, l'aristocratie et la bourgeoisie se disputent le pouvoir et où celui-ci est donc partagé ; il apparaît que la pensée dominante y est la doctrine de la division des pouvoirs qui est alors énoncée comme une « loi éternelle ». Nous retrouvons ici la division du travail [...] comme l'une des puissances capitales de l'histoire. Elle se manifeste aussi dans la classe dominante sous forme de division entre le travail intellectuel et le travail matériel, si bien que nous aurons deux catégories d'individus à l'intérieur de cette même classe. Les uns seront les penseurs de cette classe, les idéologues actifs, qui réfléchissent et tirent leur substance principale de l'élaboration de l'illusion que cette classe se fait sur elle-même, tandis que les autres auront une attitude plus passive et plus réceptive en face de ces pensées et de ces illusions, parce qu'ils sont, dans la réalité, les membres actifs de cette classe et qu'ils ont moins de temps pour se faire des illusions et des idées sur leurs propres personnes. À l'intérieur de cette classe, cette scission peut même aboutir à une certaine opposition, à une certaine hostilité des deux parties en présence. Mais, dès que survient un conflit pratique où la classe tout entière est menacée, cette opposition tombe d'elle-même, tandis que l'on voit s'envoler l'illusion que les idées dominantes ne seraient pas les idées de la classe dominante et qu'elles auraient un pouvoir distinct du pouvoir de cette classe. L'existence d'idées révolutionnaires à une époque déterminée présuppose déjà l'existence d'une classe révolutionnaire [...].

Admettons que, dans la manière de concevoir la marche de l'histoire, on détache les idées de la classe dominante de cette classe dominante elle-même et qu'on en fasse une entité. Mettons qu'on s'en tienne au fait que telles ou telles idées ont dominé à telle époque, sans s'inquiéter des conditions de la production ni des producteurs de ces idées, en faisant donc abstraction des individus et des

MÉTAPHYSIQUE
Partie de la philosophie qui fait la recherche rationnelle, au-delà des données de l'expérience, des causes premières et des principes des choses. En ce sens, la métaphysique est la science de l'être en tant qu'être.

circonstances mondiales qui sont à la base de ces idées. On pourra alors dire, par exemple, qu'au temps où l'aristocratie régnait, c'était le règne des concepts d'honneur, de fidélité, etc., et qu'au temps où régnait la bourgeoisie, c'était le règne des concepts de liberté, d'égalité, etc. C'est ce que s'imagine la classe dominante ellemême dans son ensemble. Cette conception de l'histoire commune à tous les historiens, tout spécialement depuis le XVIIIe siècle, se heurtera nécessairement à ce phénomène que les pensées régnantes seront de plus en plus abstraites, c'està-dire qu'elles affecteront de plus en plus la forme de l'universalité. En effet, chaque nouvelle classe qui prend la place de celle qui dominait avant elle est obligée, ne fût-ce que pour parvenir à ses fins, de représenter son intérêt comme l'intérêt commun de tous les membres de la société ou, pour exprimer les choses sur le plan des idées : cette classe est obligée de donner à ses pensées la forme de l'universalité, de les représenter comme étant les seules raisonnables, les seules universellement valables.

Karl Marx et Friedrich Engels, *L'idéologie allemande*, trad. H. Auger, G. Badia, J. Baudrillard et R. Cartelle, Paris, Éditions Sociales, coll. « Essentiel », 1988, p. 76-79, 111-113.

Lectures suggérées

La lecture de l'une des œuvres suivantes est suggérée dans son intégralité ou en extraits importants :

Karl Marx et Friedrich Engels, L'idéologie allemande, *trad. H. Auger, G. Badia, J. Baudrillard et R. Cartelle, Paris, Éditions Sociales, coll. « Essentiel », 1988, 279 p.*

Karl Marx et Friedrich Engels, Manifeste du parti communiste, *Paris, Union Générale d'Éditions, coll. « 10-18 », 1962, 189 p.*

Texte de Marcuse
Le concept d'individualisme et son évolution

L e conflit qui se manifeste au sein des traditions philosophiques[50] reflète celui qui se développe dans la réalité sociale. La liberté était censée être la qualité essentielle de l'individu, en théorie et en pratique, dans la pensée et dans l'action ; elle devait être une qualité de l'homme intérieur et extérieur. En ce sens, l'individu était le **corollaire** de l'entreprise privée : la responsabilité morale et la personnalité autonome devaient avoir leur fondement effectif dans la liberté économique et politique. L'individu est *propriétaire*, non seulement en ce sens qu'il possède des ressources et des biens matériels, qu'il dispose des services nécessaires à la réalisation (démonstration, confirmation) de sa liberté dans la société, mais en ce sens qu'il a acquis ces choses en vertu de son propre travail et du contrôle qu'il

COROLLAIRE
Conséquence directe.

---

50. Marcuse fait référence au conflit entre deux conceptions de l'individu : celle de l'individu en tant que « sujet de la lutte capitaliste pour l'existence » élaborée par Hobbes, Locke, Adam Smith et Bentham, et celle de l'individu comme « sujet de l'autonomie individuelle, morale et intellectuelle » mise en avant par la philosophie des Lumières, Leibniz et Kant.

exerce sur le travail d'un autre (déjà chez **Locke**) et qu'il les a faites siennes — qu'il en a fait l'expression matérielle de sa personnalité productive, créatrice. Ce concept de l'individu en tant que propriétaire, qui domine la théorie philosophique de l'individu de **Hobbes** à Hegel, pouvait difficilement recevoir une application générale dans une société acquisitive où la majorité de la population restait privée d'une telle autonomie. Mais il existait une classe — longtemps dirigeante —, celle des entrepreneurs agraires et industriels, dont on pouvait dire qu'ils étaient maîtres de leur entreprise : individuellement responsables de leurs décisions, de leurs choix, de leurs risques, récompensés de leur décision si elle était bonne, punis si elle était

20　mauvaise, selon le verdict du marché de la libre compétition. À travers la liberté de l'entreprise privée, cette classe (en gros, la « bourgeoisie ») développa les forces productives sur un fondement individualiste, dans les conditions du capitalisme libéral qui régna dans les pays industriels jusqu'à la fin du XIXᵉ siècle. Ces maîtres de l'économie étaient en même temps des individus autonomes dans leur propre foyer : ils déterminaient l'éducation de leurs enfants, le niveau de leur train de vie, leur ligne de conduite — ils imposèrent le **Principe de Réalité** d'une manière passablement autoritaire. Étant « leurs propres maîtres » aussi bien dans leurs affaires que chez eux, ils pouvaient se passer du gouvernement, de *public relations*, de *mass media* standardisés : c'est pourquoi ils pouvaient être considérés comme

30　les représentants vivants de la culture individualiste.

　　Aujourd'hui, il n'est pas nécessaire d'entrer dans de longues discussions pour montrer que les conditions dans lesquelles cette forme d'entreprise individuelle a pu fleurir ont disparu. La société américaine contemporaine a dépassé le stade de productivité où des unités individuelles de production s'affrontent dans une libre compétition ; avec la transformation du capitalisme libéral en capitalisme organisé, l'« individualité » est devenue périmée dans le domaine économique (et pas seulement là) ; elle s'est étiolée par suite de la croissance rapide et bouleversante de la productivité du travail et par suite de la croissance des moyens et des instruments qui utilisent cette productivité. En face de cette évolution historique, nous devons

40　nous demander où et comment nous pouvons envisager, dans la société industrielle de notre type, le développement de l'individualité créatrice.

Herbert Marcuse, *Pour une théorie critique de la société*, trad. Cornélius Heim, Paris,
Denoël/Gonthier, coll. « Bibliothèque Méditations », 1971, p. 184-186.

LOCKE, JOHN
(1632-1704)
Philosophe anglais et penseur empiriste. Ce partisan du libéralisme politique s'est porté à la défense de la propriété privée.

HOBBES, THOMAS
(1588-1679)
« L'homme est un loup pour l'homme », telle est la nature originelle de l'être humain ! En conséquence, ce philosophe anglais pense que l'établissement d'un contrat social devrait permettre aux individus d'abandonner leurs droits naturels dans l'intérêt de la paix.

PRINCIPE DE RÉALITÉ
Expression freudienne signifiant un rapport direct, exact, objectif avec le monde extérieur.

Herbert Marcuse (1898-1979) est un philosophe américain d'origine allemande. Conjuguant des sources marxiennes et freudiennes, Marcuse développe une critique de la civilisation industrielle et de la société de consommation qui « manipule les consciences ». Ses principaux ouvrages sont *Raison et révolution* (1941), *Éros et civilisation* (1955), *Le marxisme soviétique* (1958), *L'homme unidimensionnel* (1964), *Pour une théorie critique de la société* (1969), *Contre-révolution et révolte* (1973).

L'homme
comme être d'instincts, de désirs et de passions

L'homme est une corde tendue entre la bête et le surhomme, une corde au-dessus d'un abîme. Danger de le franchir, danger de rester en route, danger de regarder en arrière...

Friedrich Nietzsche, *Ainsi parlait Zarathoustra*, p. 20.

Nietzsche ou la philosophie à coups de marteau

Nietzsche et le nihilisme européen de la fin du XIXe siècle

Notice biographique

Friedrich Nietzsche naît le 15 octobre 1844 à Röcken, dans le royaume de Saxe (Allemagne orientale). Son père, pasteur luthérien[1], meurt alors que Friedrich n'a que cinq ans. Entouré de sa mère (elle-même fille de pasteur), de sa sœur Élisabeth et de deux tantes aux mœurs sévères, il passe une enfance et une adolescence calmes et pieuses.

En octobre 1858, obtenant une bourse de la ville de Naumburg, Nietzsche entre au collège de Pforta pour y poursuivre ses études secondaires. Ce collège est réputé pour la qualité de son enseignement en langue et en littérature allemandes, mais on y fait surtout l'étude des **humanités**. Les premiers contacts avec le théâtre et la philosophie des Grecs seront déterminants pour le jeune Nietzsche.

En septembre 1864, Nietzsche entreprend des études en **théologie** et en **philologie** classique (grec ancien et latin), d'abord à l'Université de Bonn, puis à Leipzig. Un seul de ses professeurs fait impression sur lui : le philologue Ritschl. Nietzsche s'intéresse aux leçons de Ritschl parce que celui-ci ne fait pas que présenter l'histoire des formes littéraires gréco-romaines, il aborde aussi l'étude de la pensée et des institutions de l'Antiquité. Inspiré par son maître, Nietzsche se met à la tâche de découvrir les sources de Diogène Laërce (début du IIIe siècle après Jésus-Christ), le grand historien des philosophes grecs. Il passe de nombreux mois à chercher, à scruter, à déchiffrer des documents. Le 1er août 1867, il dépose son essai qui porte en exergue cette maxime évocatrice de l'œuvre à venir : « Tu dois devenir ce que tu es[2]. » Cet ouvrage lui vaut le premier prix du concours annuel de l'Université de Leipzig.

Pendant ces années de formation, la lecture de l'ouvrage d'Arthur Schopenhauer (1788-1860) *Le monde comme volonté et comme représentation* (1818) marque profondément Nietzsche. Il n'approuvera pas les thèses défendues par Schopenhauer, mais il s'inspirera de certains thèmes traités par ce dernier, dont la « volonté absolument libre » et le « vouloir-vivre ». À cette époque, Nietzsche prend aussi connaissance de la philosophie d'Emmanuel Kant (1724-1804), fondateur d'une morale du devoir ; il s'intéresse également au rationalisme expérimental[3] anglais, selon lequel la connaissance doit n'être fondée que sur les faits et l'expérimentation.

Nietzsche doit interrompre ses études pour faire son service militaire. Le 9 octobre 1867, il entre au 4e régiment d'artillerie de campagne. Dans une lettre écrite à cette époque, il dit apprécier cette nouvelle vie car elle nécessite « un appel constant à l'énergie de l'individu » et constitue « un contrepoison décisif à l'érudition froide, étroite, pédante ». Cependant, au mois de mars 1868, Nietzsche subit un grave accident de cheval au cours d'un exercice de cavalerie. Cet accident est suivi d'une longue convalescence qui met un terme à son service militaire. Le 19 octobre 1868, il est de retour à Leipzig pour y terminer ses études.

> **HUMANITÉS (LES)**
> Étude de la langue et de la littérature grecques et latines.

> **THÉOLOGIE**
> « Étude des questions religieuses fondée principalement sur les textes sacrés, les dogmes et la tradition. » (*Le Petit Robert*, 2002.)

> **PHILOLOGIE**
> « Étude d'une langue par l'analyse critique des textes. » (*Le Petit Robert*, 2002.)

---

1. Notons que la conception de l'être humain prônée par Luther (1483-1546) et par Calvin (1509-1564) s'appuyait sur le principe que le bonheur de l'homme ne devait pas être considéré comme le but de la vie, mais n'était qu'un moyen de réaliser des fins voulues par Dieu, l'État ou le commerce. En conséquence, l'individu devait se soumettre à des autorités toutes-puissantes et orienter sa vie en fonction de buts extérieurs à lui-même.

2. Ces mots sont du poète grec Pindare (~518-~438).

3. Voir le chapitre 2, la section « L'avènement du rationalisme expérimental » (au XVIIIe siècle).

Le 12 février 1869, Nietzsche obtient un poste de professeur de langue et de littérature grecques à l'Université de Bâle. Au même moment, passionné par la musique et lui-même bon pianiste et improvisateur, il se lie d'amitié avec Richard Wagner (1813-1883), chez qui il admire le génie musical, le sens du tragique et la volonté héroïque à l'œuvre dans ses opéras. Cette amitié ne durera toutefois que quelques années.

HELLÉNISME

Ensemble de la civilisation grecque. Plus particulièrement, le siècle de Périclès (V.~-495-~429), qui marqua le triomphe de l'hellénisme.

En 1872, Nietzsche publie *La naissance de la tragédie*. Cet ouvrage porte un regard neuf sur l'Antiquité grecque. La culture hellénique n'est pas seulement constituée de l'art APOLLINIEN, qui véhicule la sérénité, l'harmonie, la « juste mesure » et la sagesse rationnelle. Nietzsche montre que l'**hellénisme** a aussi donné naissance à la tragédie (Eschyle, Sophocle, etc.), qui, sur un fond DIONYSIAQUE, met en scène l'homme luttant contre un destin implacable. Selon Nietzsche, la tragédie grecque réunit de façon sublime l'esprit dionysiaque et l'esprit apollinien. Mais vient la philosophie grecque rationnelle (représentée par les présocratiques, Socrate, Platon, etc.) qui remplacera la VISION TRAGIQUE, source de dépassement de soi. *La naissance de la tragédie* perturbe l'interprétation traditionnelle de la civilisation hellénique et, conséquemment, ne fait pas l'unanimité parmi les philologues de l'époque. Nietzsche est fortement contesté ; sa réputation est ébranlée.

APOLLON, DIEU DE LA LUMIÈRE ET DE LA CLARTÉ, EST LE FILS DE ZEUS, LE DIEU SUPRÊME DU POLYTHÉISME GREC. INCARNANT L'IDÉAL GREC DE LA BEAUTÉ, IL SYMBOLISE LA MESURE, L'ORDRE ET L'HARMONIE.

DANS LA MYTHOLOGIE GRECQUE, DIONYSOS EST LE DIEU DE L'IVRESSE, DU RIRE, DE L'EXALTATION ET DE LA DÉMESURE.

Nietzsche a 30 ans et il souffre d'incessants maux de tête et de troubles oculaires. Au printemps 1879, il se voit obligé de quitter son poste de professeur. Dès lors, recherchant un climat favorable à sa santé précaire ainsi qu'à l'éclosion de son œuvre, il entreprend de nombreux voyages en Suisse, en France et en Italie. Ces neuf années d'errance correspondent à une période fébrile de création où le philosophe solitaire et souffrant arrive à un sommet de fécondité intellectuelle. Il écrit coup sur coup *Humain trop humain*, *Le voyageur et son ombre*, *Aurore*, *Le gai savoir*, *Ainsi parlait Zarathoustra*, *Par-delà le bien et le mal*, *La généalogie de la morale*, *Le cas Wagner*, *Le crépuscule des idoles*, *L'Antéchrist*, *Nietzsche contre Wagner* et *Ecce homo* (qui ne paraîtra qu'en 1908).

LA VISION TRAGIQUE GRECQUE PROPOSAIT LE PORTRAIT D'UN HOMME AYANT LE COURAGE D'ASSUMER LE DESTIN IMPLACABLE ET LE TRAGIQUE DE LA VIE AVEC SES CONTRADICTIONS ET SES DOULEURS.

FEMME LIBRE ET INTELLECTUELLEMENT DOUÉE, LOU ANDREAS-SALOMÉ (1861-1937) A PUBLIÉ UNE VINGTAINE D'OUVRAGES ET UNE CENTAINE D'ARTICLES TRAITANT PRINCIPALEMENT D'ART ET DE LITTÉRATURE, DE RELIGION ET DE PSYCHOLOGIE. ELLE EST DEVENUE, DANS LA CINQUANTAINE, UNE DISCIPLE, CONFIDENTE ET CORRESPONDANTE DE FREUD, FONDATEUR DE LA PSYCHANALYSE (VOIR LE CHAPITRE 5).

À la fin de mars 1882, Nietzsche fait la connaissance de LOU ANDREAS-SALOMÉ, une belle et brillante Russe dont il devient éperdument amoureux. Mais Lou ne l'aime pas et lui préfère son ami le poète et philosophe Paul Rée (1849-1901). Nietzsche sortira meurtri de cet imbroglio sentimental qui éclate en octobre 1883.

Les principaux traits de la personnalité de Nietzsche nous sont révélés par Lou Andreas-Salomé dans le premier livre (Vienne, 1894) qui lui fut consacré. Nietzsche y est décrit comme un homme ambivalent.

LOU ANDREAS-SALOMÉ EST SANS DOUTE UNE DES FEMMES LES PLUS IMPORTANTES DANS LA VIE DE NIETZSCHE.

Ses gestes, et d'une façon générale, tout son maintien, donnaient une impression de silence et de réserve. Il ne se départait jamais d'une grande courtoisie et d'une douceur presque féminine[4].

Cependant, Lou Andreas-Salomé dit également de lui qu'il était « l'homme des extrêmes » : autant son tempérament se caractérisait par la douceur et la bienveillance, autant il pouvait être fougueux, exalté et violent.

En ce qui concerne son œuvre philosophique, que dire de son style et de sa forme littéraire ? Dans une très large mesure, Nietzsche rompt avec la tradition philosophique de l'exposé suivi (comme chez Descartes) pour adopter plutôt la forme **aphoristique** de « pensées détachées ». En effet, ses ouvrages sont très souvent constitués de courts paragraphes formant un tout en eux-mêmes et sans liens logiques explicites avec les paragraphes qui précèdent et qui suivent. Quant à son style, on trouve un peu de tous les tons et de toutes les manières littéraires chez cet auteur : tantôt analyse sobre d'un scientifique, tantôt emportement indigné d'un « redresseur de torts », tantôt harangue d'un prophète visionnaire, tantôt cri du cœur d'un poète lyrique, tantôt provocation d'un batailleur de rue... Si l'on ajoute à cela le fait que Nietzsche recourt volontiers à des métaphores et à des paraboles, et qu'il éprouve un certain goût pour les énigmes et les paradoxes, on comprendra que son œuvre peut présenter, sur un point ou sur l'autre, quelques difficultés d'interprétation.

> **APHORISTIQUE**
> Qui se rapporte à l'aphorisme, sorte de maxime qui résume, de façon concise et parfois lapidaire, une appréciation ou un jugement d'ordre moral. Généralement énigmatique, son sens nécessite une interprétation minutieuse.

Le 3 janvier 1889, Nietzsche est terrassé par une crise de folie[5]. Dorénavant, ce ne sera plus que délires, convulsions et paralysie progressive. Il n'écrira plus jamais. La maladie l'enferme dans un mutisme presque complet. Il est d'abord interné dans une maison de santé à Iéna. Par la suite, sa mère et sa sœur le soigneront pendant onze ans. Nietzsche meurt à Weimar le 25 août 1900 sans savoir qu'il est devenu célèbre.

Le nihilisme

Par ses écrits, Nietzsche s'est fait le dénonciateur d'un nihilisme « passif » et l'annonciateur passionné d'un nihilisme « actif ». De quoi s'agit-il au juste ?

L'État allemand, sorti vainqueur des guerres contre l'Autriche (1866) et contre la France (1870), prétendait servir de modèle de civilisation à l'Europe. Cet *esprit* allemand devait donner l'exemple de hautes vertus patriotiques, morales et artistiques. Or, il n'en fut rien. L'Allemagne sombre dans la **gloriole**, la bureaucratie, l'obsession technique, le petit bonheur du confort matériel. Au lieu d'offrir des valeurs nouvelles et nobles, cette Allemagne ne fait qu'incarner, aux yeux de Nietzsche, la décadence morale de l'Europe tout entière.

> **GLORIOLE**
> Gloire vaniteuse et ostentatoire tirée de petites choses.

Le nihilisme passif

Nietzsche affirme que l'humanité européenne de son époque souffre d'un nihilisme passif, symptôme de la décadence de cette civilisation. Ce nihilisme — qu'il condamne vigoureusement — est une attitude qui, dans l'histoire, s'est caractérisée d'abord par la croyance en des valeurs supérieures. Selon Nietzsche, cette croyance en un monde idéal témoigne précisément de la négation de celui dans lequel l'être humain se trouve. L'expression « nihilisme » veut dire essentiellement que la vie terrestre n'est rien, car seules comptent les valeurs auxquelles l'homme aspire. Mais quelles sont ces valeurs et que représentent-elles, selon Nietzsche ?

---

4. Lou Andreas-Salomé, *Friedrich Nietzsche*, Paris, Réimpressions Gordon et Breach, 1970, p. 17.

5. Quelle a été la cause de cette démence ? Nous ne le saurons sans doute jamais avec assurance, mais plusieurs commentateurs invoquent une méningite syphilitique contractée dès 1865.

Les valeurs supérieures [comme la Vérité, le Bien] au service desquelles l'homme devait vivre, surtout quand elles disposaient de lui au prix de lourdes peines : ces valeurs sociales, on les a, en vue de leur amplification, érigées au-dessus de l'homme, comme si elles étaient les commandements de Dieu, en tant que la « réalité », en tant que le monde « vrai », en tant qu'espoir et avenir du monde[6].

Constatant à regret la petitesse des valeurs dites supérieures auxquelles il croyait, le *Dernier Homme*[7] entre alors dans un processus de dépréciation de ses anciennes valeurs et de leur hiérarchie. Ne sachant plus désormais à quelles valeurs s'accrocher, le Dernier Homme en vient à penser que tout est vain, que tout est dénué de sens et de but. Or, si plus rien n'a de sens, aucune valeur ne peut prétendre être supérieure à une autre : TOUT EST ÉGAL, TOUT SE VAUT. Une telle attitude relativiste incite à être pessimiste, à considérer que tout est absurde, à vivre une grande lassitude, à plonger dans le confort consistant à croire qu'il ne sert plus à rien de se demander « pourquoi ? ». Aux yeux de Nietzsche, ce nihilisme décadent constitue « la pensée la plus paralysante qui soit[8] ». Il faut renverser et dépasser ce nihilisme passif, et le remplacer par un nihilisme actif.

> NE PEUT-ON VOIR DANS LE NIHILISME DÉCRIÉ PAR NIETZSCHE LES SIGNES AVANT-COUREURS DU NIHILISME ACTUEL (APPELÉ AUSSI « RELATIVISME »), QUI CONSIDÈRE QU'UNE OPINION EN VAUT UNE AUTRE, QU'AUCUNE VALEUR OU AUCUN IDÉAL N'EST SUPÉRIEUR À UN AUTRE ?

Le nihilisme actif

RESSENTIMENT
Souvenir rancunier des torts qu'on a subis. Amertume.

Nietzsche recommande un nihilisme actif ou « extatique » qui, au lieu de s'apitoyer passivement sur l'absence de sens, s'instaure lui-même comme une dissolution, une destruction volontaire et active des anciennes tables de valeurs.

Les principales tables de valeurs qui fondent la civilisation européenne et qui, selon Nietzsche, doivent être fracassées sont celles que véhiculent :

RATIONALISME
Doctrine d'après laquelle toute connaissance certaine provient de la raison. Conséquemment, selon cette philosophie, l'esprit humain possède la faculté de former des concepts et des principes rationnels lui permettant de rendre intelligibles et compréhensibles les choses et les êtres. Les idées et les jugements seraient soit innés, soit construits par l'esprit ; ils ne découleraient pas des données de l'expérience.

1) le christianisme, qui valorise de petites vertus[9] comme la charité, le devoir, l'espérance, l'humilité, la pitié et le **ressentiment** :

   La foi chrétienne, dans son principe, est sacrifice de l'esprit, de toute sa liberté, de tout son orgueil, de toute confiance en soi ; par surcroît, elle est asservissement, risée et mutilation de soi[10] ;

2) l'ascétisme, qui considère que le développement moral ne se fait qu'au prix d'une lutte contre les exigences du corps, les valeurs d'austérité, de mortification, de pénitence et de privation étant dès lors encouragées ;

3) la science, qui ne croit qu'en ce qui est exact, vérifiable et en ce qui s'exprime dans des lois universelles, l'objectivité devenant alors le seul critère qui permette une représentation fidèle de la réalité ;

4) le **rationalisme**, qui accorde à la raison seule le pouvoir de connaître et qui met en avant une valeur unique : la Vérité.

À ce sujet, Nietzsche s'oppose particulièrement à toutes les systématisations rationalistes (dont celle de Descartes), qui comportent un excès de confiance dans les

---

6. Friedrich Nietzsche, *Le nihilisme européen*, trad. Angèle Kremer-Mariatti, Paris, Union Générale d'Éditions, coll. « 10-18 », 1976, p. 173-174.

7. Nous reparlerons plus loin du *Dernier Homme*, de l'*homme du commun* ou de l'*homme du ressentiment*. Ces trois dénominations renvoient à un seul et même homme : l'homme de la fin du XIXe siècle. Selon Nietzsche, cet homme est incapable de supporter la vie dans sa réalité sensible ; il évite tous les risques et se contente de son plat bonheur.

8. Friedrich Nietzsche, *Le nihilisme européen*, p. 156.

9. L'analyse critique que fait Nietzsche de certaines de ces « petites vertus » sera présentée dans la section « La mort de Dieu ».

10. Friedrich Nietzsche, *Par-delà le bien et le mal*, trad. Geneviève Bianquis, Paris, Union Générale d'Éditions, coll. « 10-18 », 1967, p. 72.

pouvoirs de la raison humaine: la raison est un sous-produit de la vie, créée par celle-ci comme outil de survie. On a édifié artificiellement un «monde-vérité» (Dieu, l'esprit, les «idées pures», la nature, la liberté, la justice, etc.) qu'on a opposé et superposé au monde sensible qualifié de «monde des apparences», considéré comme plus ou moins illusoire, mensonger, dangereux et méprisable.

> La «vérité» n'est pas quelque chose qui est là et qu'il faut trouver et découvrir, — mais quelque chose qu'il faut créer, qui donne son nom à une opération, mieux encore à la volonté de remporter une victoire, volonté qui, par elle-même, est sans fin: introduire la vérité, c'est un processus *ad infinitum*, une détermination active, — et non point la venue à la conscience de quelque chose qui serait fixe et déterminé[11].

5) une certaine conception, à la fois philosophique et politique, de la liberté.

Arrêtons-nous un peu plus longuement à l'analyse critique que Nietzsche propose de la liberté. D'abord, le philosophe critique impitoyablement la notion traditionnelle du libre arbitre. Le libre arbitre serait le pouvoir de se placer, pour ainsi dire, au-dessus de tout **déterminisme** biologique, psychologique ou social, et de se décider à agir par un acte de volonté qui ne serait finalement produit que par la pure initiative du **sujet**, et non par quelques causes étrangères ou quelques motifs contraignants.

Pour Nietzsche, il est clair qu'un tel pouvoir constitue une *illusion*. Cette illusion s'explique de diverses manières. Elle s'explique avant tout — comme le pensait déjà Baruch Spinoza au XVIIᵉ siècle — par l'*ignorance des mécanismes* à l'œuvre dans la prise de décision, ignorance qui nous fait croire à une spontanéité là où en fait il n'y a qu'imprévisibilité. Elle s'explique aussi par le *sentiment de supériorité* provenant de la croyance erronée que je puis commander et être obéi automatiquement par moi-même ou encore par le *sentiment de facilité* qui accompagne la pensée, par contraste avec la difficile résistance des choses, des événements ou des suites de l'action, jugés ainsi «non libres».

Cela dit, à ces considérations psychologiques, Nietzsche ajoute des explications de nature historique. Il écrit, par exemple, que la notion de libre arbitre est une invention des théologiens, nécessaire corollaire de la notion de péché: qui dit «libre arbitre» dit «responsabilité» et «culpabilité», perte de l'état d'innocence de l'homme face à ses «instincts» devenus suspects, hantise de la punition (l'enfer), torture de la conscience (ai-je vraiment «consenti»?).

En ce qui concerne les libertés politiques, Nietzsche considère qu'une fois en place, les **institutions libérales** et les droits démocratiques (droit de vote, liberté de parole, par exemple) «minent sourdement *la volonté de puissance*[12]» et favorisent l'«abêtissement grégaire[13]». Ces libertés acquises encouragent le nivellement, l'insignifiance, l'indifférence et le relativisme nihiliste. Cependant, tant que ces institutions et ces droits sont des enjeux de lutte, et qu'il faut se battre pour leur obtention, l'idée politique de liberté permet, selon Nietzsche, l'affirmation et le développement de ce qu'il y a de fort dans la vie.

DÉTERMINISME
Doctrine selon laquelle tous les phénomènes (pensées, actions, événements, etc.) résultent nécessairement des causes antérieures qui les ont produits.

SUJET
Être individuel, concret, singulier, défini comme une intériorité possédant des qualités personnelles et considéré comme l'auteur de ses actes.

INSTITUTIONS LIBÉRALES
Ensemble des structures sociales, politiques et économiques établies par la loi (le droit public).

---

11. Friedrich Nietzsche, *La volonté de puissance. Essai d'une transmutation de toutes les valeurs*, trad. Henri Albert, Paris, Librairie Générale Française, coll. «Le Livre de poche/Classiques de philosophie», 1991, p. 310.

12. La volonté de puissance est un concept fondamental de la conception nietzschéenne de l'être humain. Il sera présenté plus loin dans une section distincte.

13. Friedrich Nietzsche, *Le crépuscule des idoles*, trad. Jean-Claude Hemery, Paris, Gallimard, coll. «Idées», nᵒ 384, 1977, p. 124-126.

NIETZSCHE — PHILOSOPHANT « À COUPS DE MARTEAU » — S'ATTAQUE AUX ASSISES MORALES DE LA CIVILISATION OCCIDENTALE.

Nietzsche veut renverser toutes ces tables de valeurs décadentes. Il cherche à édifier une culture nouvelle en procédant à une transmutation radicale des idéaux, des valeurs, des idoles éternelles qui fondent la civilisation européenne depuis SOCRATE (~470-~399). De là vient le titre du présent chapitre : « Nietzsche ou la philosophie à coups de marteau ». L'expression « philosopher à coups de marteau[14] » peut être interprétée dans le sens d'une critique radicale qui fracasse les idoles et les faux dieux afin de procéder à la construction et à l'affirmation de son propre vouloir.

> SOCRATE A ÉTÉ LE PREMIER PHILOSOPHE OCCIDENTAL À IMPOSER LA RAISON ET LA VÉRITÉ COMME SOURCES DE LA VERTU ET DU BONHEUR.

La philosophie nietzschéenne conteste donc la tradition philosophique, qui assujettit l'homme à des principes extérieurs à lui-même. Pour Nietzsche, ce n'est pas la recherche de la Vérité ou du Bien (telle que poursuivie par Descartes) qui doit animer l'être humain ; ce sont les passions du vouloir-vivre. D'ailleurs, à y regarder de près, la recherche des grands idéaux traditionnels a toujours été motivée par des intérêts vitaux...

La tradition philosophique occidentale et le christianisme ont trop longtemps surestimé la raison au détriment du corps, dans le but (avoué ou non) de maîtriser les passions. Pour retrouver la source de vie originale, Nietzsche renverse ce schéma millénaire en réhabilitant chez l'être humain « les anciens instincts qui jusqu'ici faisaient sa force, sa joie et son caractère redoutable[15] ».

Le dépassement de soi dans l'affirmation de ses instincts, de ses désirs et de ses passions

IDÉALISTE
Se dit de la tendance philosophique qui réduit toute existence à la pensée : soit que les idées ont plus d'être que le monde sensible, soit que ce dernier n'a de réalité que dans la réalité que nous en avons.

Les grandes philosophies **idéalistes** ainsi que la morale judéo-chrétienne ont, sous une forme ou sous une autre, valorisé le monde de l'esprit et condamné le monde sensible. Par exemple, la philosophie de Descartes, en postulant le *cogito*, fait de la pensée l'essence de l'homme. Descartes n'accorde aucun crédit à la connaissance issue des sens et il nous recommande de contrôler nos passions. Le dogme chrétien, quant à lui, apparente le monde vrai à un royaume de Dieu comme ultime récompense d'une vie terrestre vertueuse. En associant le péché au corps et en réprouvant toutes les joies autres que spirituelles, la morale chrétienne, selon Nietzsche, poursuit depuis vingt siècles un unique objectif : le dressage de l'homme **instinctuel** et, conséquemment, la production de l'*homme du ressentiment*.

L'homme du ressentiment

INSTINCTUEL
Qui appartient à l'instinct. Forte impulsion conduisant à agir d'une manière conforme à la nature de l'homme. Tendance innée, commune à tous les hommes.

Si la philosophie idéaliste, la religion et la morale ont ainsi dévalorisé les sens et les instincts, c'est par faiblesse et décadence, pense Nietzsche. Éliminer de la vie les sentiments, les passions et les pulsions demeure la solution à laquelle recourent les volontés faibles et dégénérées. C'est vouloir produire un type d'homme « faible » qui se coupe d'une partie importante de lui-même, de la part la plus concrète, soit le sensible. Précisons tout de suite que, chez Nietzsche, la notion de faible ne désigne pas quelqu'un qui serait opprimé socialement et économiquement, ou encore handicapé physiquement

---

14. « Comment philosopher à coups de marteau ? » est le sous-titre d'un ouvrage de Nietzsche intitulé *Le crépuscule des idoles* (1888).

15. Friedrich Nietzsche, *La généalogie de la morale*, trad. Henri Albert, Paris, Gallimard, coll. « Idées », 1969, p. 121.

ou mentalement ; ce concept fait plutôt référence à un type d'homme domestiqué, soumis à des valeurs petites, tristes, mesquines, coupables et rancunières. Il s'agit en fait de l'*homme du ressentiment*, du *Dernier Homme* ou de l'*homme du commun*, qui éprouve de l'amertume, de la rancœur face à la vie. Il renonce à tout ce qui demande de la maîtrise, à tout ce qui est changeant et **équivoque** : le corps, les sens et les passions. À l'endroit de tout ce qui est fort, créateur, exceptionnel, il se montre envieux, méprisant et accusateur. N'ayant pas le courage d'assumer l'existence terrestre, l'homme du ressentiment réclame des certitudes toutes faites, intemporelles et immuables. Incapable d'affronter les forces multiples et contraires de la vie, il préconise « la vie intérieure » et le repliement timide sur soi. Nietzsche condamne avec vigueur l'homme du ressentiment.

ÉQUIVOQUE
Ce qui est mystérieux, louche, suspect, inquiétant.

L'homme du corps

À l'opposé de la « petite vie » de l'homme du ressentiment, Nietzsche plaide en faveur d'un accroissement de la vie. Il se porte à la défense du « sens de la terre » que procure le corps.

C'est le corps qui définit essentiellement l'homme : « Je suis corps tout entier et rien d'autre[16] ». Je n'ai pas un corps, je *suis* mon corps. Nietzsche traite du corps comme d'un « Soi » (*das Selbst*) qui constitue « une grande raison », alors que la pensée consciente généralement associée au moi n'est qu'« une petite raison [...], n'est qu'un instrument de ton corps, et un bien petit instrument, un jouet de ta grande raison [le corps][17] ».

Le corps est une grande raison en ce sens qu'il est un guide assuré. On peut s'y fier, s'en servir comme d'une raison qui nous indique notre propre vérité. Les raisons d'agir du corps sont vraies et authentiques ; notre corps juge bien ce qui nous rend heureux : l'actualisation de nos désirs et de nos pulsions.

Nietzsche se porte donc à la défense du corps, car c'est lui qui est le maître du moi (l'esprit, la conscience). Le corps ne ment pas sur ses besoins et désirs. Mon corps a soif, il a faim, il est fatigué : il le ressent, il le « sait ». L'unique souci du corps est de vivre. Et vivre, c'est plonger dans l'abondance chaotique de forces et de contradictions que la vie recèle en son sein ; c'est accorder le droit de cité aux instincts et aux passions que les morales ont depuis longtemps réprouvés sous prétexte que l'animalité de l'homme l'empêchait d'accéder à l'au-delà. Or, puisque aucun monde suprasensible ne se superpose au monde terrestre, l'objectif de l'être humain, selon Nietzsche, est d'accroître toutes les forces créatrices de la vie qui dorment en lui et qui sont sources de dépassement de soi. Pour lui, ces forces instinctives constituent la seule réalité puisqu'elles sont le triomphe de la vie sur la mort. Il s'agit de vivre sa vie en écoutant la voix de son corps, en se dépensant sans retenue ni avarice, loin du souci de se conserver. « Osez donc d'abord croire en vous-mêmes, dit Nietzsche — en vous-mêmes et en vos entrailles ! Quiconque n'a pas foi en lui-même ment toujours[18]. »

La mort de Dieu

La condition nécessaire à un tel dépassement de soi par l'affirmation de ses désirs, instincts et passions implique toutefois l'obligation de « faire mourir Dieu », c'est-à-dire de nier l'existence d'un Dieu, maître suprême qui fonde la Morale.

---

16. Friedrich Nietzsche, *Ainsi parlait Zarathoustra*, trad. Maurice Betz, Paris, Gallimard, coll. « Le Livre de poche classique », 1965, p. 44.
17. *Ibid.*, p. 44.
18. *Ibid.*, p. 145.

Mon moi, écrit Nietzsche, m'a enseigné une nouvelle fierté, je l'enseigne aux hommes : ne plus enfouir leur tête dans le sable des choses célestes, mais la porter fièrement, une tête terrestre qui crée les sens de la terre[19] !

Selon Nietzsche, Dieu — plus précisément le Dieu de la Bible et du christianisme — doit être nié parce qu'il est à l'origine de morales d'esclaves fondées sur des valeurs telles que la patience et la résignation, qui commandent d'accepter les contraintes et les misères de l'existence ; l'humilité, qui, en réprimant tout mouvement d'orgueil, conduit à l'abaissement volontaire de soi devant sa propre faiblesse ou insuffisance ; la charité, qui appelle au sacrifice de soi, voire à l'oubli de soi ; l'espérance en un monde surnaturel, inventé de toutes pièces, venant après la vie terrestre, qui nous libérerait enfin de notre souffrance et de notre impuissance. Bref, Dieu et ses morales instituées assoient leur souveraineté sur la faiblesse et sur l'ignorance des hommes.

Sous la domination d'un Dieu tout-puissant, ces morales s'édifient sur la base d'un nivellement des esprits (« l'esprit de troupeau », dit Nietzsche) : la même doctrine pour tous à laquelle chacun doit se soumettre sans esprit critique. Ces morales empêchent l'expression des valeurs individuelles fortes. Elles font de l'homme un être bonasse qui s'est coupé de la vie.

D'ailleurs, ces morales impliquent généralement l'obéissance passive et la soumission aveugle à des dogmes et à des règles qui briment l'expression des instincts, des désirs et des passions, bref qui nient la vie. En ce sens, elles ne peuvent convenir qu'aux « malades et moribonds qui ont méprisé le corps et la terre[20] ». Les individus qui veulent s'inventer et se créer audacieusement, qui veulent faire coïncider en eux leur être (c'est-à-dire ce qu'ils sont profondément) et leur devenir (c'est-à-dire le désir d'être plus), n'accepteront plus d'être sous le joug d'un Dieu, maître de leur destinée. Ils cesseront de croire non seulement en Dieu, mais également en tous les maîtres, en toutes les idoles, afin de pouvoir s'appartenir pleinement, de pouvoir être « ce moi qui crée, qui veut, qui donne la mesure et la valeur des choses[21] ».

Il faut donc cesser de croire en Dieu, fondement de la morale, si l'on veut rester fidèle à la vie, aux instincts, aux désirs et aux passions au-delà du bien et du mal. Une précision s'impose ici. Nietzsche valorise l'exaltation des sentiments, l'ivresse de la vie, l'effervescence du corps et des instincts, parce que ces derniers correspondent à une énergie vitale, à une force de vie qui permet l'affirmation et le dépassement de soi. Mais Nietzsche ne nous invite pas à extérioriser brutalement, à déchaîner anarchiquement les forces de vie contenues en nous par une frêle pellicule de civilité. Au contraire, il nous exhorte à les diriger de manière qu'elles s'expriment par une volonté de puissance.

La volonté de puissance

La volonté de puissance constitue le concept-clé de la vision nietzschéenne de l'être humain. Mais il faut prendre garde de ne pas l'interpréter au premier degré. La volonté de puissance ne correspond pas à un désir de dominer psychologiquement les autres en les écrasant de sa supériorité intellectuelle, par exemple. Aucune idée d'agressivité ou de compétition ne s'y trouve, pas plus que l'idée de domination politique, sociale ou économique dans le but d'en retirer de la gloire, du prestige ou des richesses. Il ne s'agit pas d'avoir la volonté d'être le maître du monde ou de devenir puissant, mais d'exercer

---

19. *Ibid.*, p. 42.
20. *Ibid.*, p. 42.
21. *Ibid.*, p. 42.

la puissance de sa volonté, d'être plus fort, autrement dit de vouloir avec force sa propre progression. La force dont parle Nietzsche se situe « en dehors de toutes les conventions sociales ».

> Les plus forts [sont] les plus modérés, ceux qui n'ont pas besoin de dogmes extrêmes, ceux qui non seulement admettent, mais aiment aussi une bonne part de hasard, de non-sens. Ceux qui peuvent songer à l'homme, en réduisant quelque peu sa valeur, sans qu'ils se sentent par là diminués et affaiblis [...] — des hommes qui sont certains de leur puissance et qui, avec une fierté consciente, représentent la force à laquelle l'homme est parvenu[22].

La volonté de puissance est la possession de soi et le surpassement de soi

La volonté de puissance, c'est la volonté de possession de soi pour mieux se surpasser soi-même. Cet « acte de se surmonter soi-même » permet à l'individu de découvrir son être propre. Et d'après Nietzsche, l'être humain devient ce qu'il est profondément en osant vivre un « égoïsme souverain ». Car, pour s'affirmer soi-même, il ne faut penser qu'à soi, il faut tout subordonner à son intérêt et à son développement individuels. Il faut trouver que :

> Le fruit le plus mûr de l'arbre est l'individu souverain, l'individu qui n'est semblable qu'à lui-même, l'individu affranchi de la moralité des mœurs, l'individu autonome et supermoral (car « autonome » et « moral » s'excluent), bref l'homme à la volonté propre, indépendante et persistante, l'homme qui peut promettre, — celui qui possède en lui-même la conscience fière et vibrante de ce qu'il a enfin atteint par là, de ce qui s'est incorporé en lui, une véritable conscience de la liberté et de la puissance, enfin le sentiment d'être arrivé à la perfection de l'homme[23].

Les notions d'appropriation, de force, de conquête, de lutte, de prépondérance et de croissance colorent la volonté de puissance nietzschéenne. L'« acte de se surmonter soi-même » possède, en effet, une double signification : combattre les obstacles qui s'opposent à ce que l'individu devienne ce qu'il est vraiment et, ce faisant, passer à une forme supérieure d'être. En d'autres mots, je lutte pour devenir ce que je suis et je travaille à être plus.

Concrètement, l'actualisation de la volonté de puissance implique deux stades.

La volonté de puissance est le rejet des « tu dois »

Il faut rejeter catégoriquement toutes les lois morales, toutes les règles et prescriptions morales, bref tous les « tu dois » qui nous ont été enseignés. Nietzsche nous exhorte à nous libérer des lois morales qui nous ont été imposées afin que nous puissions nous appartenir en propre.

Pour quelle raison Nietzsche s'oppose-t-il à tous ces « tu dois » ? Parce qu'ils conduisent à une « tyrannie et à un **arbitraire** [...] qui inculquent le besoin des horizons limités[24] ». Dans tous les cas, les innombrables « tu dois » et « tu ne dois pas » proviennent de ce que Nietzsche appelle « la morale *contre nature*, c'est-à-dire presque toute morale enseignée, honorée, prêchée jusqu'à ce jour *contre* les instincts de la vie [...]. Elle

ARBITRAIRE
Règle non fondée et artificielle présentée comme un absolu.

---

22. Friedrich Nietzsche, *La volonté de puissance. Essai d'une transmutation de toutes les valeurs*, p. 48.

23. Friedrich Nietzsche, *La généalogie de la morale*, p. 78-79.

24. Friedrich Nietzsche, *Par-delà le bien et le mal*, p. 113.

est une *condamnation*, tantôt secrète, tantôt brutale et fracassante, de ces instincts[25] ». Cette morale correspond à une *éthique du troupeau* fondée sur de petites valeurs qui s'adressent à de petites gens. Il est évident que cette morale et ses nombreux « tu dois » forment des contraintes qui rétrécissent les perspectives de la liberté.

La volonté de puissance est la création de valeurs nouvelles

> La volonté est créatrice, — ainsi parle ZARATHOUSTRA. Tout ce « qui fut » est fragment, énigme et cruel hasard, — jusqu'à ce que la volonté créatrice ajoute : « Mais c'est là ce que j'ai voulu. » — Jusqu'à ce que la volonté créatrice ajoute : « C'est là ce que je veux ! C'est ainsi que je le voudrai[26]. »

Une telle volonté affirme « la puissance d'un vouloir » qui crée ses propres valeurs sans chercher l'approbation des autres. Ces valeurs ne peuvent naître d'un rationalisme de glace car, d'après Nietzsche, la volonté rationnelle, lucide et réfléchie a vu le jour grâce au dressage par la société de la *sauvagerie primitive* de l'homme. La volonté de puissance, en n'obéissant qu'à elle-même, retrouve la force, la vigueur et le courage de la sauvagerie primitive. La volonté de puissance n'accepte pas d'être domptée et transformée en une esclave soumise aux contraintes rationnelles et sociales. Par conséquent, les valeurs nouvelles créées sous son influence intensifieront la volonté de vivre, déborderont d'une énergie vitale, glorifieront la réalisation des instincts au détriment des valeurs de la raison. Méfions-nous de la raison, car elle se veut logique et linéaire ; elle fige alors le devenir des choses en une analyse froide et statique !

> ZARATHOUSTRA ÉTAIT UN PROPHÈTE ET UN RÉFORMATEUR RELIGIEUX IRANIEN QUI VÉCUT AU VIᵉ SIÈCLE. SA DOCTRINE SE CARACTÉRISAIT PAR UNE CONSCIENCE AIGUË DU BIEN ET DU MAL, ET PAR LA NOTION DE CHOIX MORAL. DANS *AINSI PARLAIT ZARATHOUSTRA*, NIETZSCHE SE SERT DU PERSONNAGE (IL EST ZARATHOUSTRA) POUR DÉNONCER LES VALEURS MILLÉNAIRES DE LA MORALE ÉTABLIE, POUR AFFIRMER LA TRANSFORMATION TOTALE DES VALEURS ET LA NÉCESSITÉ DU DÉPASSEMENT DE SOI.

> La vie s'exprime davantage par les instincts que par la raison. Quel qu'il soit, l'instinct est source de liberté, l'instrument de progrès[27].

Un exemple de volonté de puissance

La vie du célèbre écrivain américain Henry Miller (1891-1980) illustre bien la volonté de puissance nietzschéenne. Né dans le quartier populaire de Brooklyn, à New York, Miller ne semble pas promis à un grand destin. Alors qu'il peine à gagner sa vie comme chef des coursiers à la Western Union Telegraph, il décide à 33 ans de devenir romancier. Il se rend en France et mène, dans le Paris du début des années trente, une vie de bohème où il divinise les plaisirs de la chair et de l'esprit réunis. Le monde qu'il côtoie est celui des bas-fonds de la ville : celui des illuminés, des obsédés, des poètes et des prostituées. Il y trouve la liberté, la faim et la misère. Mais rien ne réussit à le détourner de son projet d'écrire qui lui permet de s'appartenir en propre et de n'accepter de servitudes que celles qu'il se serait données lui-même. Homme fort, ardent, passionné, imprévisible, il empoigne la vie et la croque à belles dents. Il ne s'interdit pas de désirer et de jouir en repoussant les civilités, les interdits. Son existence sert de toile de fond à ses romans. Miller écrit comme il vit : avec audace, acharnement, vigueur, dérèglement. Son premier roman, *Tropique du Cancer* (1934), fait scandale. Jugée obscène,

HENRI MILLER TÉMOIGNE D'UNE VOLONTÉ INÉBRANLABLE D'ÊTRE CE QU'IL VEUT ÊTRE : UN ÉCRIVAIN QUI EXPRIME CE QU'IL PENSE ET RESSENT.

25. Friedrich Nietzsche, *Le crépuscule des idoles*, p. 49-50.

26. Friedrich Nietzsche, *Ainsi parlait Zarathoustra*, p. 165-166.

27. Friedrich Nietzsche, *Par-delà le bien et le mal*, p. 69.

l'œuvre de Miller est interdite aux États-Unis pendant plus de 30 ans. En 1964, la Cour suprême de l'Illinois autorise la diffusion de *Tropique du Cancer*. La qualité de l'œuvre de Miller est enfin reconnue. Il deviendra le grand Henry Miller.

La volonté de puissance consiste à affronter avec vigueur les désirs et les pulsions qui habitent notre corps. Non pas tenter de les contrôler, de les maîtriser comme le recommande Descartes en se distanciant des passions qui nous animent. Non pas tenter de les éliminer ou de les refouler, comme le fait l'homme faible, en inventant l'idée du mal pour expulser de sa vie ces forces dont il a peur. Non pas se laisser aller à tous ses caprices et s'abandonner à tous les plaisirs qui passent : ce serait encore esclavage et faiblesse. Au contraire, il s'agit de déployer ces forces instinctuelles et de les transformer en énergie créatrice comme l'a fait le grand romancier Henry Miller.

> En vérité, [...] il faut aimer la terre comme des créateurs, comme des générateurs, joyeux de créer ! Où y a-t-il de l'innocence ? Là où il y a la volonté d'engendrer. Et celui qui veut créer ce qui le dépasse, celui-là possède à mes yeux la volonté la plus pure[28].

Cette volonté, pourrait-on ajouter, exige son propre dépassement dans le surhumain.

Le surhumain

« *"Tous les dieux sont morts ; nous voulons à présent que le Surhomme vive ! Que ceci soit un jour, au grand midi, notre suprême volonté !"* Ainsi parlait Zarathoustra[29]. » Le surhomme n'est pas un individu, un être suprême ou un gourou qui viendrait sauver le monde. Il représente symboliquement la cime de toute l'humanité. Il évoque le modèle, le portrait de l'être humain idéal. Zarathoustra est le prophète du Surhomme ; il annonce la venue d'un nouveau type d'humanité qui n'existe pas encore. Conséquemment, il nous semble préférable d'utiliser l'expression « surhumain » plutôt que celle de « surhomme[30] ». Voyons ses principales caractéristiques.

Le surhumain est l'affirmation de l'individualité

Le surhumain s'oppose de façon absolue à ce que Nietzsche appelle l'homme du commun, c'est-à-dire l'être faible, égalisé et passif, bref l'être totalement réduit à la bête de troupeau. Il correspond à cet état dans lequel j'ai la volonté et le courage de me mettre afin de me dépasser moi-même. De simple humain que je suis, je travaille à devenir plus que ce que je suis. Ce faisant, je me veux unique. Je suis celui qui s'affirme dans son individualité héroïque, qui va au bout de sa différence sans ressentir le besoin d'une ratification venant de l'extérieur, et encore moins le besoin de l'approbation servile de disciples mystifiés.

> Je vous enseigne le Surhomme. L'homme est quelque chose qui doit être surmonté. Qu'avez-vous fait pour le surmonter[31] ?

Le surhumain est un hymne à la vie

Le surhumain, affirmant la volonté de puissance dans sa plénitude, est un chant à la gloire de la vie. Il s'emploie à exalter la vie. Il magnifie les pulsions et les passions parce

---

28. Friedrich Nietzsche, *Ainsi parlait Zarathoustra*, p. 144.

29. *Ibid.*, p. 94.

30. De toute façon, les traducteurs utilisent tantôt « surhumain » tantôt « surhomme » ! Notons aussi que le terme allemand ainsi traduit – *Übermensch* – n'a pas de connotation spécifiquement « masculine ».

31. Friedrich Nietzsche, *Ainsi parlait Zarathoustra*, p. 18.

qu'elles constituent justement la source de toute énergie vitale. Le surhumain est l'instinct de vie, la volonté de vivre par excellence ; il est celui qui intensifie la vie. Or, la vie est décrite par Nietzsche dans les termes de création, de force, d'appropriation, d'agression, d'assujettissement de tout ce qui est étranger et plus faible. Vivre, c'est faire sa place et, par sa seule volonté, détrôner toutes les idoles et tous les dieux.

Le surhumain et l'éternel retour

Tandis que les « faibles en vie » et les dénigreurs de la terre se sont souvent consolés de leur manque d'être par la perspective d'un au-delà futur (le ciel pour eux, « justes et victimes »), le surhumain, lui, veut et peut assumer la « terrible révélation » de l'éternel retour des choses.

Cette idée que « tout revient » est d'abord pour Nietzsche le test par excellence de l'amour inconditionnel de la vie. Mais cette idée peut également servir d'inspiration à un art d'agir (et non à une morale d'action, inexistante chez Nietzsche) à la hauteur des exigences de la vie : ce que je vis maintenant est-il assez « vivant » et « créateur » pour que je puisse souhaiter son éternel retour ?

> Que dirais-tu si un jour, si une nuit un démon se glissait jusque dans ta solitude la plus reculée et te dise : « Cette vie telle que tu la vis maintenant et que tu l'as vécue, tu devras la vivre encore une fois et d'innombrables fois ; et il n'y aura rien de nouveau en elle, si ce n'est que chaque douleur et chaque plaisir, chaque pensée et chaque gémissement et tout ce qu'il y a d'indiciblement petit et grand dans ta vie devront revenir pour toi, et le tout dans le même ordre et la même succession — cette araignée-là également, et ce clair de lune entre les arbres, et cet instant-ci et moi-même. L'éternel sablier de l'existence ne cesse d'être renversé à nouveau — et toi avec lui, ô grain de poussière de la poussière ! — Ne te jetterais-tu pas sur le sol, grinçant des dents et maudissant le démon qui te parlerait de la sorte ? Ou bien te serait-il arrivé de vivre un instant formidable où tu aurais pu répondre : « Tu es un dieu, et jamais je n'entendis choses plus divines ! » Si cette pensée exerçait sur toi son empire, elle te transformerait, faisant de toi, tel que tu es, un autre, te broyant peut-être : la question posée à propos de tout, et de chaque chose : « voudrais-tu ceci encore une fois et d'innombrables fois ? » pèserait comme le poids le plus lourd de ton agir ! Ou combien ne te faudrait-il pas témoigner de bienveillance envers toi-même et la vie, pour ne désirer plus rien que cette dernière, éternelle confirmation, cette dernière, éternelle sanction[32] !

L'éternel retour ne veut pas dire que tous les faits ou événements se répètent à l'identique éternellement. Cette intuition nietzschéenne de l'éternel retour veut mettre l'individu face à l'entière responsabilité de ses actes terrestres : ce que je vis maintenant est-il assez porteur de sens pour que je puisse vouloir le reproduire une infinité de fois ? Selon Nietzsche, je dois privilégier uniquement les expériences qui, à mes yeux, mériteraient d'être répétées à l'infini. L'éternel retour place donc le surhumain devant l'exigence du dépassement de soi dans la plénitude de l'instant.

Amoureux de la vie, sans rechercher aucune échappatoire, le surhumain est capable de désirer et d'assumer l'éternel retour de toutes choses, y compris de tous les instants de sa vie. Ainsi, le surhumain réconcilie le temps terrestre, qu'il vit entièrement, et l'éternité, que les religions et une grande part de la tradition philosophique avaient dissociés et opposés.

---

32. Friedrich Nietzsche, *Le gai savoir*, trad. Pierre Klossowski, Paris, Union Générale d'Éditions, coll. « 10-18 », p. 330-331.

Le surhumain est élitiste

Le surhumain est élitiste dans la mesure où il pense que « toute élévation du type humain a toujours été et sera toujours l'œuvre d'une société aristocratique qui croit à de multiples échelons de hiérarchie et de valeurs entre les hommes [...] condition indispensable au progrès en dignité du type humain[33] ». Une hiérarchie *naturelle* existe donc entre les êtres humains.

Dans une même société, on trouve des individus d'exception qui s'élèvent par rapport à l'individu-masse nivelé, uniformisé, servile et amorphe. Nietzsche se sert de l'*aristocrate* comme modèle de ce type d'individus supérieurs qu'il appelle aussi les hommes d'élite. Notons qu'il n'est pas question ici d'une aristocratie fondée sur l'hérédité ou sur l'argent. Est aristocrate l'individu qui possède de manière exceptionnelle la volonté de puissance, celui qui a de l'envergure et qui connaît sa valeur. L'aristocrate a foi en lui-même. Il est fier et altier. Il a le respect de lui-même.

Cet homme d'exception possède une force de caractère extraordinaire. Il fait preuve d'une grande discipline, d'une maîtrise de soi et d'une ténacité remarquables. Doué de ressources intérieures hors du commun, animé par une personnalité courageuse, cet homme d'élite s'affirme et croît en tant qu'homme supérieur.

> Tout ce qu'il trouve en soi, il l'honore ; une telle morale consiste dans la glorification de soi-même. Elle met au premier plan le sentiment de la plénitude, de la puissance qui veut déborder, le bien-être d'une tension interne, la conscience d'une richesse désireuse de donner et de se prodiguer ; l'aristocrate aussi vient en aide au malheureux, non par pitié le plus souvent, mais poussé par la profusion de force qu'il sent en lui. L'aristocrate révère en soi l'homme puissant et maître de soi, qui sait parler et se taire, qui aime exercer sur soi la rigueur et la dureté, et qui respecte tout ce qui est sévère et dur[34].

L'*homme du commun*, aussi appelé le *Dernier Homme*, au contraire, valorise le relâchement, l'assoupissement et le repos. Il est pessimiste, méfiant et amorphe. Au lieu de vivre en pleine lumière, son esprit se plaît dans les recoins et les faux-fuyants. Il garde le silence, attend, se rapetisse. Constamment, l'homme du commun démontre la faiblesse et nomme « patience », parfois même « vertu », ce qui, en fait, n'est que lâcheté.

> Ce qu'il honore, quant à lui, c'est la pitié, la main complaisante et toujours ouverte, la bonté du cœur, la patience, l'assiduité, l'humilité, l'affabilité, car ce sont les qualités les plus utiles et presque les seuls moyens de supporter le poids de l'existence[35].

Le surhumain est dur

Autre caractéristique du surhumain : la dureté. Le surhumain est dur envers lui-même et envers les autres. « Ô mes frères, je place au-dessus de vous cette table nouvelle : *devenez durs[36] !* » Encore là, il faut dépasser la lecture que nous en donnerait le langage courant. La dureté du surhumain n'en fait pas un monstre qui s'imposerait à lui-même et imposerait à autrui des souffrances atroces.

---

33. Friedrich Nietzsche, *Par-delà le bien et le mal*, p. 207.
34. *Ibid.*, p. 211.
35. *Ibid.*, p. 213.
36. Friedrich Nietzsche, *Ainsi parlait Zarathoustra*, p. 248.

La dureté à laquelle Nietzsche nous invite correspond à la nécessité d'être exigeant envers soi-même et envers les autres. En somme, Nietzsche nous propose une culture de l'exigence et de l'effort soutenus. La dureté permet d'éviter de se complaire dans la paresse et le bâclage. Car celui qui est dur envers lui-même ne peut se satisfaire de petits efforts.

Il faut être dur parce que « les créateurs sont durs [sachant que] le plus dur seul est le plus noble[37] ». Il faut être dur si l'on ne veut pas tomber dans la facilité de la douceur et de la pitié. Il faut être dur envers soi, c'est-à-dire avoir la force, le courage et la ténacité de faire ce qu'il faut faire pour être soi-même et se dépasser. Il faut être dur si l'on ne veut pas s'apitoyer sur son propre sort en disant : « Je ne suis pas capable. Le défi est trop élevé étant donné mes capacités. Je ne réussirai jamais. »

SELON LA PHILOSOPHIE NIETZSCHÉENNE, UN ADOLESCENT TRISOMIQUE POURRA SE SURPASSER SI SES PARENTS SONT EXIGEANTS ENVERS LUI.

S'il faut être dur envers soi-même, il faut aussi être dur envers les autres afin qu'ils se surpassent. Un document de la télévision suisse-romande présenté à Télé-Québec illustre à merveille cette philosophie de la DURETÉ. On y montrait l'attitude de parents envers leur enfant trisomique. Au lieu de le couver, de le protéger sans cesse contre le monde extérieur et contre lui-même, le père et la mère l'obligeaient à participer à toutes les activités de la famille : randonnées à vélo, alpinisme, ski alpin, etc. L'apprentissage de ces différentes disciplines sportives ne se fait pas sans difficulté puisque les individus atteints de cette affection congénitale ont tendance à se décourager devant l'effort, à abandonner, même, dès le premier échec. À première vue, certaines scènes de ce document paraissaient d'une grande dureté. Par exemple, l'enfant vient de faire une chute spectaculaire en ski, ou de tomber de son vélo : il souffre, se plaint, désire arrêter. Ne se laissant pas amadouer, ses parents exigent alors de lui qu'il se relève et qu'il recommence. Mais quelle joie, quelle immense satisfaction pouvions-nous lire sur le visage de cet enfant lorsque, après de multiples efforts et de nombreux échecs, il réussit enfin à se surpasser !

EN RÉPROUVANT LA MOLLESSE, LE FLÉCHISSEMENT DU CARACTÈRE, LA TIMIDITÉ PEUREUSE, LA DURETÉ PERMET, SELON NIETZSCHE, D'ALLER PLUS LOIN, DE SE DÉPASSER.

Le surhumain est amoral

Le surhumain est amoral, en ce sens qu'il ne se soumet pas aux principes de la morale établie, c'est-à-dire à ceux qui sont considérés comme acceptables et convenables par la culture ambiante. Selon Nietzsche, les morales instituées sont des « chaînes », des « impuretés » que l'éducation transmet à l'individu, impuretés qui l'empêchent de découvrir la pureté de soi-même.

L'individu qui adhère à l'état de surhumain ne fait pas le mal pour faire le mal, mais il ne suit pas nécessairement la morale en place qui dit ce qui est bien et ce qui est mal.

Dans ses écrits, Nietzsche critique avec virulence la morale instituée. De fait, c'est « par-delà le bien et le mal » qu'il nous incite à penser et à agir. Cela ne veut pas dire que le surhumain ne ferait que des actes contraires à la morale dominante, mais que, même extérieurement conformes à la morale, ces actes ne seraient pas dictés par celle-ci. Ainsi, donner à manger à l'individu qui a faim pourrait s'accorder avec la morale en vigueur et être accompli par-delà le bien et le mal si ce n'est pas fait par devoir et par « obligation morale », mais par « surabondance vitale ».

---

37. *Ibid.*, p. 247-248.

Bref, le surhumain est amoral dans la mesure où il a un « esprit libre » qui est :

curieux jusqu'au vice, chercheur jusqu'à la cruauté, prêt à saisir à pleines mains ce qui répugne le plus, capable de digérer ce qu'il y a de plus indigeste, apte à tous les métiers qui exigent de la pénétration et des sens aiguisés, prêt à tous les risques, grâce à un surplus de « libre arbitre[38] ».

À l'évidence, cet esprit libre est un être exceptionnel qui ne cherche pas à devenir « MEILLEUR », mais qui est à l'écoute de lui-même afin déterminer et de construire les fondements de sa propre morale.

> D'APRÈS NIETZSCHE, « RENDRE MEILLEUR » SIGNIFIE « DOMESTIQUER », « AFFAIBLIR », « DÉCOURAGER », « RAFFINER », « AMOLLIR », « EFFÉMINER » (RENDRE MEILLEUR SERAIT DONC PRESQUE SYNONYME DE DÉGRADER...). (FRIEDRICH NIETZSCHE, *LA GÉNÉALOGIE DE LA MORALE*, P. 216.)

Le surhumain est libre et créateur

On se souviendra ici de la critique nietzschéenne du libre arbitre. Le libre arbitre étant une illusion, on ne saurait en faire un attribut du surhumain. On peut néanmoins dire libre le « modèle » de Nietzsche. En quel sens alors ?

D'abord, le surhumain est libre en tant qu'être affranchi. Affranchi des préjugés communs. Affranchi de la morale. Affranchi des petits rêves hédonistes et démocratiques. Affranchi de la honte de soi, de l'humiliation et du sentiment de culpabilité. Affranchi du besoin de certitude à tout prix et de son corrélat : le besoin de croire. Affranchi des « vénérables traditions » et du respect qu'elles commandent. Affranchi de tous les « enracinements » qui empêchent le nomadisme le plus total.

Ensuite, le surhumain est libre en tant qu'être indépendant. Ainsi, dans la mesure où il se veut un « esprit libre », et pour favoriser les conditions optimales d'affirmation de sa force, le surhumain se tiendra loin des contraintes comme celles du mariage et de la vie familiale ! De même, cette indépendance le poussera à ne pas vouloir de « disciples » ou d'« esclaves » de quelque sorte que ce soit.

Finalement, le surhumain est libre en tant qu'il est maître, c'est-à-dire que se révèle à travers lui une vie exubérante, joyeuse, combative, triomphante et féconde. Il est un *grand homme*, un *génie*, un *maître* : non pas maître des autres, c'est-à-dire conducteur du troupeau[39], mais maître de soi et de ses actes. Il est celui qui se donne sa propre loi, dont le fondement est la pure affirmation de soi.

L'homme le plus grand, c'est le plus solitaire, le plus caché, le plus isolé, celui qui se place au-delà du bien et du mal, le maître de ses propres vertus, l'homme au vouloir surabondant[40].

Le surhumain est maître dans le sens où il est un grand créateur.

Cette liberté faite d'affranchissement, d'indépendance et d'innocente création, Nietzsche l'a évoquée dans une magnifique allégorie dite des trois métamorphoses : « Je vais vous énoncer trois métamorphoses de l'esprit : comment l'esprit devient *chameau*, comment le chameau devient *lion* et comment enfin le lion devient *enfant*[41]. »

Résumons et interprétons cette allégorie.

---

38. Friedrich Nietzsche, *Par-delà le bien et le mal*, p. 70.

39. Rappelons que le surhumain ne possède ni le pouvoir politique ni la richesse. Il ne domine pas le monde.

40. Friedrich Nietzsche, *Par-delà le bien et le mal*, p. 150.

41. Friedrich Nietzsche, *Ainsi parlait Zarathoustra*, p. 35-37.

Le chameau symbolise l'individu agenouillé qui se charge du fardeau des valeurs établies et qui se contente d'obéir aux « tu dois ». Il est cette « bête robuste qui renonce et qui se soumet ».

Afin de « conquérir la liberté et être le maître de son propre désert », le chameau doit devenir lion, c'est-à-dire celui qui oppose un « Non ! » au devoir d'obéir aux commandements issus de la morale sociale. En rejetant les valeurs de cette morale sociale (nihilisme actif) et en y opposant un puissant « Je veux ! », il se rend libre pour des créations nouvelles.

Cependant, la force et la férocité du lion ne suffisent pas à faire de lui un créateur de valeurs nouvelles. Il lui faut devenir enfant, retrouver l'innocence de l'enfance, voir le monde comme « un nouveau commencement et un jouet ».

L'allégorie des trois métamorphoses illustre les étapes par lesquelles l'individu doit passer s'il veut conquérir « son propre monde », brandir sa propre volonté, inventer sa propre morale.

Le règne du surhumain est celui de la création qui incarne la possibilité même de l'avenir. « Le créateur, écrit Nietzsche, est celui qui donne un but aux hommes et qui donne son sens et son avenir à la terre : lui seul crée le bien et le mal de toutes choses[42]. » Le surhumain est foncièrement et intégralement créateur ; il est un créateur impétueux.

> Il sent qu'il détermine lui-même ses valeurs, il n'a pas à chercher l'approbation ; il juge : « Ce qui m'est nuisible est nuisible en soi. » Il a conscience que c'est lui qui confère de l'honneur aux choses, c'est lui qui crée les valeurs[43].

Les valeurs n'existent pas en soi. Ce sont les hommes qui les inventent en proclamant que ceci est bien ou que cela est beau. Selon Nietzsche, la vie constitue le seul critère de mesure des valeurs. Les valeurs qui vont contre la vie, qui l'empêchent de se manifester ou qui la freinent sont à rejeter. Les valeurs qui affirment la vie et qui lui permettent de se développer sont à préconiser.

L'art et la création

Le surhumain symbolise le grand génie solitaire qui possède le pouvoir de créer et d'exalter la beauté qui stimule la volonté de vivre. Mais plus que cela, c'est l'art qui, à travers lui, est reconnu par Nietzsche comme la valeur suprême, puisque c'est dans la création artistique que l'on peut le mieux et le plus librement aller au-delà de soi :

> Dans cet état, l'on enrichit tout de sa propre plénitude, tout ce que l'on voit, tout ce que l'on veut, on le voit gonflé, tendu, fort, plein à craquer de force. L'homme qui connaît cet état transfigure les choses jusqu'à ce qu'elles lui renvoient l'image de sa puissance — jusqu'à ce qu'elles ne soient plus que des reflets de sa perfection. Ce qui l'oblige à tout transfigurer, à tout rendre parfait, c'est l'art. Même tout ce qui n'est pas devient, malgré tout, pour l'homme une occasion de jouir de son être : dans l'art, l'homme tire jouissance de se voir parfait[44].

L'art est le « grand stimulant de la vie » ; il pousse le créateur à se surmonter lui-même, à plonger à l'intérieur de son propre chaos pour en faire surgir des réalités nouvelles, autres, magnifiées. De fait, nous assistons par l'intermédiaire du surhumain à la

---

42. *Ibid.*, p. 227.

43. Friedrich Nietzsche, *Par-delà le bien et le mal*, p. 211.

44. Friedrich Nietzsche, *Le crépuscule des idoles*, p. 92-93.

EN 1887, GAUGUIN ROMPT DÉFINITIVEMENT AVEC L'IM-PRESSIONNISME POUR CRÉER SON PROPRE ESTHÉTISME PICTURAL, QUI CHERCHE À REJOINDRE LES SOURCES PRIMITIVES DE L'ART.

glorification de l'artiste par Nietzsche. Mieux que n'importe qui, l'artiste chante l'ivresse de la vie à travers sa création. Il exprime les sentiments, les instincts et les impulsions cachés au plus profond de son être ; il plonge au cœur des forces primitives de la vie où aucune voie n'est tracée à l'avance, où il n'y a ni loi, ni maître, que sa propre volonté de créer. À titre d'exemple, pensons au peintre français PAUL GAUGUIN (1848-1903), qui, en 1883, quitte son emploi d'agent de change. Ne pouvant plus supporter de n'être qu'un peintre du dimanche, il abandonne femme et enfants pour se consacrer entièrement à son œuvre. Une nécessité s'impose à lui : devenir Gauguin. Animé d'une vigoureuse volonté, il affronte mille sacrifices et souffrances pour aller au bout de lui-même et de son art. Parlant de sa vie, Gauguin dit qu'il a voulu établir le droit de tout oser.

Nietzsche aujourd'hui

À quoi peut bien correspondre aujourd'hui la philosophie nietzschéenne ? Quel est le rapport entre le vibrant appel à l'affirmation et au dépassement de soi que nous lance Nietzsche et ce que nous sommes devenus aujourd'hui ?

Une remise en question de soi

De nos jours, l'individu vivant dans un pays industrialisé occidental est tellement aux prises avec des conditionnements et des contrôles sociaux qu'il s'en trouve dépersonnalisé. Le même moule pour tous ; tous dans le même moule ! L'« individu moyen » possède une conscience satisfaite et obscurcie par les « bienfaits » de la société de consommation. Assagi, docile, exigeant toujours « quelque chose de sûr », vivant dans des limites fixées d'avance, l'individu contemporain valorise un bonheur standardisé.

Dès lors, la conception nietzschéenne de l'être humain nous exhorte à ne jamais nous contenter de notre petit confort, de nos petites joies, de nos petits mensonges. Cette philosophie nous met en garde contre la facilité et contre nous-mêmes. Et, ce faisant, Nietzsche pose le problème le plus brûlant pour nous, hommes et femmes modernes, menacés par un optimisme ouaté et un confort bourgeois qui rendent impossibles la croissance et le dépassement de soi : comment être créateurs de nos propres valeurs quand règne, dans la civilisation que nous habitons, la loi du moindre effort et du contentement, quand tout nous incite à nous asseoir sur nos acquis au lieu de nous amener à travailler à nous développer, à accroître nos potentialités ?

La conception nietzschéenne de l'être humain appelle une remise en question de notre condition et de notre situation pour que nous devenions des êtres uniques. « L'individu ose à présent être individuel et se distinguer de la généralité[45]. »

Plutôt que de vivre dans le conformisme et l'abêtissement, Nietzsche nous convie à choisir les sentiers abrupts sur lesquels peu de gens acceptent de s'aventurer. Il nous

---

45. Friedrich Nietzsche, *Par-delà le bien et le mal*, p. 217.

invite à toujours côtoyer le risque et à le susciter sans cesse. Il nous demande d'aimer la vie difficile et dangereuse, car elle permet le dépassement de soi.

Et cela sera possible si nous consentons à plonger dans l'imprévisible, dans l'inattendu, dans « l'innocence du devenir » ; si nous embrassons totalement le hasard au lieu de l'éviter ou de le contredire. Il faut avoir foi en chaque instant de la vie et s'y abandonner sans prudence, car dans l'instant senti comme nécessaire et vécu pleinement, l'être humain découvre la force d'appréhender avec la même intensité les autres instants à venir. Chemin faisant, il s'ouvre à la volonté de puissance, qui commande de ne pas laisser pourrir au fond de soi les désirs, les potentialités et les talents, mais de les actualiser avec vigueur et passion.

En somme, Nietzsche nous invite à vivre dans la tempête, balayés par le vent du large, ébranlés par un incessant questionnement issu de nos propres profondeurs.

Un renforcement de l'individualisme contemporain

Cette invitation possède cependant une facette moins reluisante. Il faut admettre que Nietzsche propose une philosophie de l'homme farouchement individualiste qui pourrait venir renforcer l'individualisme contemporain tant valorisé en ce début du XXIe siècle.

L'individualisme contemporain proclame l'affirmation, la liberté et la souveraineté de l'individu dans un univers entièrement désacralisé. Cet individualisme, fruit de maintes luttes et pierre angulaire de notre actuelle civilisation, ne s'est-il pas enfermé dans ce qu'Alexis de Tocqueville (1805-1859) nommait les « petits et vulgaires plaisirs[46] » ? Quels idéaux animent aujourd'hui la vie des humains ? Attentifs à leur seule personne, éprouvant un souci de soi démesuré, les individus que nous sommes devenus s'enferment désormais dans le monde du quant-à-soi et de l'hédonisme tous azimuts. En conséquence, nous pourrions décrire notre rapport à nous-mêmes et à autrui comme étant profondément narcissique.

L'Occident, en effet, donne naissance à des NARCISSES, qui, tombant amoureux de leur propre image, s'avèrent incapables d'aimer autrui. Leurs principales préoccupations consistent à bichonner leur corps et à cultiver leur « authenticité ». Ils s'adonnent donc exclusivement à des pratiques (jogging, *bodybuilding*, aérobic, yoga athlétique, aquagym, méditation transcendantale, thérapies de croissance personnelle, etc.) visant l'amélioration de leurs potentialités privées. Ils préfèrent se développer seuls plutôt que de prendre le risque de se limiter ou de se perdre dans les autres. Ils se veulent un « je » autosuffisant donné au regard de l'autre, mais un autre non engageant, un autre gardé à distance. Au lieu de s'investir dans la relation avec autrui, les Narcisses d'aujourd'hui misent avant tout sur eux-mêmes. Ils pensent que ce repli sur soi est une protection efficace contre l'éventuel envahissement de l'autre dans

LES NARCISSES S'ADONNENT EXCLUSIVEMENT À DES PRATIQUES VISANT L'AMÉLIORATION DE LEURS POTENTIALITÉS PRIVÉES.

46. Alexis de Tocqueville, *De la démocratie en Amérique*, vol. 2, Paris, Gallimard, coll. « Folio/Histoire », 1991, p. 385.

leur vie. Cet individualisme narcissique contemporain a été décrié par plusieurs (Daniel Bell, Christopher Lasch et Gilles Lipovetsky, notamment) comme correspondant à un repliement sur soi qui conduit inévitablement à une inconscience des enjeux et des grandes problématiques de notre monde. C'est comme si, étant uniquement préoccupé de soi, l'individu entretenait un rapport au monde où il ne puise que ce qui peut alimenter son propre moi.

Un autre auteur, Charles Taylor[47] (né en 1931), voit derrière cet individualisme actuel, malgré les formes d'expression controversées qu'il peut prendre, un idéal moral de quête de « véracité à soi-même[48] ». Taylor utilise le concept d'authenticité pour décrire cet idéal auquel correspond la « recherche de l'épanouissement de soi ». Il ne se fait pas pour autant le défenseur de la « culture de l'authenticité », qui « veut qu'une société libérale reste neutre sur les questions qui concernent la nature d'une bonne vie ». La poursuite de l'authenticité personnelle est toutefois considérée par Taylor comme un idéal moral qui, bien que s'étant dégradé, « reste extrêmement valable et capable de redresser notre conduite ».

Nietzsche aurait sûrement apprécié cette « recherche de l'épanouissement de soi », ce besoin de « véracité à soi-même », cette « poursuite d'authenticité » qui caractériseraient l'individualisme contemporain, pour autant que cette quête se fasse sous l'angle des instincts, des passions énergiques et des pulsions créatrices qui permettent l'affirmation, le dépassement de soi et de la vie que l'on porte en soi.

Tout au long de ce chapitre, nous avons vu que Nietzsche a prôné le règne de la vie libérée de toute entrave et affranchie des idoles condamnant son éclosion et sa vigueur. Cet appel nietzschéen à la vie instinctuelle démasquée, mise à nue, n'annonçait-il pas déjà Freud, qui, au début du XXᵉ siècle, propose une analyse des profondeurs de l'âme humaine ?

---

47. Charles Taylor est un philosophe et un politicologue canadien de réputation internationale. Il enseigne à l'Université McGill de Montréal. Dans *Sources of the Self. The Making of Modern Identity* (Boston, Harvard University Press, 1989), Taylor présente une réflexion profonde sur l'homme et le monde modernes.

48. Charles Taylor, *Grandeur et misère de la modernité*, Montréal, Bellarmin, coll. « L'essentiel », 1992, p. 28-38.

Friedrich Nietzsche

...actif qui ren-
...eurs. À la place,
...oi dans l'affir-
...rs et des pas-
...ces vitales et
...est le **corps** qui
...main. Le corps
...puissance. La
...onté de **posses-**
...ent de soi. Elle
...t des « **tu dois** »
...elles. La volonté

de puissance trouve son achèvement dans le
surhumain, qui représente le modèle idéal de
l'humanité. Il est une pure **affirmation de l'individualité**. Il est un **hymne à la vie**. Il s'inscrit
dans l'**éternel retour**, puisque l'instant est assez
vivant et créateur pour qu'il puisse souhaiter le
revivre éternellement. Il est **élitiste**, car il croit à
l'existence d'êtres exceptionnels. Il est **dur**,
c'est-à-dire exigeant envers lui-même et autrui.
Il est **amoral**, agissant par-delà la morale
établie. Comme l'artiste, il est **libre** et **créateur**,
entièrement voué au **dépassement de soi**.

PB
27 sept. 2005

Réseau de concepts

Nietzsche et le nihilisme européen de la fin du XIXᵉ siècle

Notice biographique

Fils d'un pasteur luthérien, Friedrich Nietzsche est né en Allemagne le 15 octobre 1844. Philosophe solitaire, tourmenté et souffrant, il propose une œuvre immense et provocante qui fracasse les dieux, les idoles, afin que l'individu devienne ce qu'il est. Nietzsche est décédé à Weimar le 25 août 1900.

Le nihilisme

1. Le nihilisme passif

   Selon Nietzsche, la fin du XIXᵉ siècle connaît une forme particulière de nihilisme passif où les valeurs dites supérieures qui orientaient traditionnellement la vie des hommes sont désormais dépréciées. Cela amène une perte du sens, le relativisme et le pessimisme.

2. Le nihilisme actif

   Symptôme de la décadence de la civilisation européenne, cette attitude doit être dépassée, selon Nietzsche, par un nihilisme actif ou extatique, qui détruit volontairement (afin d'édifier une culture nouvelle) les anciennes tables de valeurs : le christianisme, l'ascétisme, la science, le rationalisme et une certaine conception de la liberté.

Le dépassement de soi dans l'affirmation de ses instincts, de ses désirs et de ses passions

L'homme du ressentiment

Renoncer au corps, aux sens et aux passions, et dénigrer tout ce qui est fort, c'est être un *homme du ressentiment* qui éprouve de l'amertume face à la vie et qui n'a pas la force d'assumer l'existence terrestre.

L'homme du corps

Au contraire, Nietzsche valorise les forces créatrices de la vie que permet le corps. Il plaide en faveur du corps qui définit essentiellement l'être humain.

La mort de Dieu

Se dépasser soi-même par l'affirmation de ses instincts, de ses désirs et de ses passions demande de ne plus croire en Dieu parce qu'il est à l'origine d'une morale d'esclaves fondée sur de petites valeurs faisant appel à l'esprit de troupeau et commandant de se soumettre à des dogmes et à des règles qui nient la vie.

La volonté de puissance

1. La volonté de puissance, c'est la puissance de la volonté qu'on exerce pour se posséder et se surpasser soi-même.

2. Concrètement, l'actualisation de la volonté de puissance implique :
   a) l'égoïsme, car pour s'affirmer soi-même, il ne faut penser qu'à soi ;
   b) le rejet des « tu dois », qui vont « contre les instincts de la vie » et qui limitent la liberté individuelle ;
   c) la création de ses propres valeurs sans chercher l'approbation des autres.

Le surhumain

Le surhumain représente le modèle, l'état idéal auquel doit tendre le genre humain.

Le surhumain est l'affirmation de l'individualité

Il est un être unique qui affirme sa différence. Ce faisant, il s'oppose à l'*homme du commun*, c'est-à-dire à l'être faible et passif qui fait partie du troupeau.

Le surhumain est un hymne à la vie

Il vit pleinement sa vie en affirmant ses pulsions et ses passions qui sont des sources d'énergie créatrice.

Le surhumain et l'éternel retour

Ce que le surhumain vit maintenant est à ce point intense et créateur qu'il pourrait vouloir le revivre éternellement. L'éternel retour place le surhumain devant l'exigence du dépassement de soi dans l'instant.

Le surhumain est élitiste

Il croit qu'une hiérarchie « naturelle » existe entre les êtres humains. Il y a ceux qui possèdent une *âme aristocratique*, qui ont de l'envergure, qui connaissent leur valeur et ont foi en eux-mêmes. Et il y a l'*homme du commun*, méfiant, pessimiste, qui valorise le relâchement et la petitesse.

Le surhumain est dur

Il est exigeant envers lui-même et envers les autres. S'opposant à la mollesse et à la facilité, la dureté lui permet de se dépasser.

Le surhumain est amoral

Il est un « esprit libre » qui agit par-delà les morales établies, lesquelles sont des « impuretés » empêchant l'individu d'être lui-même la source de sa propre morale.

Le surhumain est libre et créateur

Il est affranchi, indépendant et maître-créateur de ses propres valeurs. Comme l'artiste, il ose plonger à l'intérieur de lui-même pour faire naître une nouvelle manière de voir et de faire.

L'art et la création

L'art représente la valeur suprême parce qu'il permet à l'être humain d'aller au-delà de lui-même. Il est le « grand stimulant de la vie » qui fait surgir des réalités nouvelles.

Nietzsche aujourd'hui

Une remise en question de soi

La philosophie nietzschéenne de l'homme nous met en garde contre notre bonheur standardisé fait de petits conforts. Elle appelle une remise en question de notre conscience satisfaite et obscurcie par les « bienfaits » de la société de consommation.

Un renforcement de l'individualisme contemporain

Farouchement individualiste, cette philosophie de l'homme peut renforcer les deux formes actuelles d'individualisme : l'individualisme narcissique, soit le repli dans le quant-à-soi et l'hédonisme tous azimuts, soit la recherche de l'authenticité et de l'épanouissement de soi.

Activités d'apprentissage

A VÉRIFIEZ VOS CONNAISSANCES

1. Selon Luther et Calvin, le but de la vie est le bonheur. **VRAI** ou **FAUX** ?

2. Nietzsche a commencé sa carrière universitaire par l'étude de la logique, et s'est ensuite orienté vers la philosophie. **VRAI** ou **FAUX** ?

3. Nietzsche a été fortement inspiré par les grands tragiques grecs comme Eschyle et Sophocle. **VRAI** ou **FAUX** ?

4. Nihiliste, Nietzsche croit qu'il n'y a pas d'espoir pour l'humanité. **VRAI** ou **FAUX** ?

5. Accordant beaucoup d'importance au christianisme, Nietzsche s'appuie sur la valeur du ressentiment pour améliorer le sens moral des individus. **VRAI** ou **FAUX** ?

6. Nietzsche croit que le libre arbitre est une illusion étant donné que l'on ne mesure pas suffisamment les mécanismes sous-jacents qui motivent nos actions. **VRAI** ou **FAUX** ?

7. Quels noms Nietzsche donne-t-il aux types d'homme qu'il condamne vigoureusement (3 types) ?

8. Quelle est la condition nécessaire au dépassement de soi exigé par Nietzsche afin de se prémunir contre l'influence néfaste de l'« esprit de troupeau » ?

9. Selon Nietzsche, nous sommes ce que nous sommes et nous ne pouvons rien y faire. C'est à prendre ou à laisser, quoi ! **VRAI** ou **FAUX** ?

10. Quelle est la double signification de la « volonté de puissance » chez Nietzsche ?

11. Pour Nietzsche, nous devons nous en remettre au « surhumain », c'est-à-dire au divin, pour glorifier nos actions. **VRAI** ou **FAUX** ?

12. L'allégorie utilisée par Nietzsche pour faire valoir les métamorphoses qu'exige la condition de « surhumain » est celle de la chenille, de la chrysalide et du papillon. **VRAI** ou **FAUX** ?

13. En tant que créateur, l'être humain doit « se surmonter » lui-même. Selon Nietzsche, quel est le meilleur moyen d'y parvenir ?

14. En somme, Nietzsche propose une philosophie de la simplicité, selon laquelle il faut s'en remettre aux autres. **VRAI** ou **FAUX** ?

15. À partir de ce que vous avez appris sur Nietzsche, indiquez laquelle des citations suivantes n'a pas été écrite par lui.

   a) « Le bon sens est la chose du monde la mieux partagée. »

   b) « Quand on ne place pas le centre de gravité de la vie dans la vie, mais dans l'au-delà — dans le néant —, on a enlevé à la vie son centre de gravité. »

   c) « L'art n'a pas pour fin de laisser des œuvres que le temps ruine, mais de créer des artistes en tous les hommes et d'éveiller dans le vulgaire le génie endormi. »

B ANALYSE ET CRITIQUE DE TEXTE

Cette activité exige la lecture préalable de l'extrait d'Ainsi parlait Zarathoustra présenté à la page 135.

Compétences à acquérir

- Démontrer sa compréhension d'un texte de Nietzsche en illustrant par une citation appropriée la thèse qui y est défendue.

- Transposer dans ses propres mots le contenu partiel de ce texte philosophique.

- Évaluer le contenu, c'est-à-dire exprimer son accord ou son désaccord (et en donner les raisons) sur quelques interprétations de l'être humain avancées par Nietzsche dans ce texte.

Questions

1. *a)* Nietzsche pense-t-il que nous sommes tous égaux en tant qu'êtres humains ? Illustrez la réponse qu'il donne à cette question par un passage (une citation) de ce texte.

Commentaire critique

b) Que pensez-vous de la position de Nietzsche ? En d'autres mots, croyez-vous que les êtres humains sont égaux ou inégaux entre eux ? Vous devez fonder vos jugements, c'est-à-dire apporter deux arguments pour appuyer vos affirmations. (*Minimum suggéré : une demi-page.*)

2. Nietzsche dit que « Dieu a été [le] plus grand danger » pour les hommes supérieurs ; que ces derniers ne sont « ressuscités que depuis qu'il [Dieu] gît dans la tombe ».

a) Expliquez dans vos propres mots le sens qu'on doit donner à cette affirmation.

Commentaire critique

b) Qu'en pensez-vous personnellement ? Êtes-vous pour ou contre cette affirmation ? Apportez deux arguments pour appuyer vos affirmations. (*Minimum suggéré : une demi-page.*)

3. *a)* Globalement, comment Nietzsche dénomme-t-il la résignation, la modestie, la prudence, l'application et les égards ? À qui les attribue-t-il ? En d'autres mots, quelles personnes vivent la résignation, la modestie, la prudence, l'application et les égards ?

Commentaire critique

b) Et vous, que pensez-vous de la résignation, de la modestie, de la prudence, de l'application et des égards ? Reprenez chacun de ces éléments d'abord en les définissant (consultez un dictionnaire), ensuite en les évaluant séparément (dites ce que vous en pensez et pourquoi). (*Minimum suggéré : une demi-page.*)

C ANALYSE ET CRITIQUE DE TEXTE

Cette activité exige la lecture préalable de l'extrait de Grandeur et misère de la modernité *présenté à la page 137.*

Compétences à acquérir

- Démontrer sa compréhension du texte de Charles Taylor en répondant à des questions précises.

- Comparer la conception taylorienne avec la conception nietzschéenne de l'authenticité personnelle, c'est-à-dire examiner les différences entre ces conceptions.

• Évaluer le contenu, c'est-à-dire exprimer son accord ou son désaccord (et en donner les raisons) sur la conception taylorienne et sur la conception nietzschéenne de l'authenticité personnelle.

Questions

1. *a)* Selon Taylor, à quelle condition peut-on défendre l'authenticité personnelle ?

  b) Selon Taylor, à partir de quelles exigences peut se construire une identité authentique ?

2. Dans quelle mesure la conception qu'a Taylor de l'authenticité personnelle s'oppose-t-elle à celle qui est mise en avant par Nietzsche ?

Commentaire critique

3. Quelle est votre opinion là-dessus ? Partagez-vous la position de Taylor ou celle de Nietzsche ? Vous devez fonder vos jugements, c'est-à-dire apporter au moins deux arguments pour appuyer vos affirmations. (*Minimum suggéré : une page.*)

D EXERCICE COMPARATIF : DESCARTES ET NIETZSCHE

Compétence à acquérir

Procéder à une comparaison entre deux conceptions modernes de l'être humain à propos d'un même thème.

Contexte de réalisation

Individuellement, dans un texte d'environ 350 mots (*une page et demie*), examinez les rapports de ressemblance et de différence entre la conception cartésienne et la conception nietzschéenne de l'être humain à propos du thème du corps.

Étapes suggérées

1. *a)* Caractérisez la conception cartésienne de l'être humain au regard du thème du corps. Par exemple, demandez-vous dans quelle mesure le corps est, pour Descartes, une source d'erreurs dont il faut se méfier et comment se situe l'esprit par rapport au corps.

  b) Caractérisez la conception nietzschéenne de l'être humain au regard du thème du corps. Par exemple, demandez-vous en quoi et comment le corps est, pour Nietzsche, l'instrument de la vie et l'esprit, un «symptôme» du corps.

2. *a)* S'il y a lieu, précisez les similitudes entre la conception cartésienne et la conception nietzschéenne de l'être humain à propos du thème du corps.

  b) S'il y a lieu, dégagez les oppositions entre la conception cartésienne et la conception nietzschéenne de l'être humain à propos du thème du corps.

Texte de Nietzsche

Ainsi parlait Zarathoustra[49]

De l'homme supérieur

1

Lorsque je vins pour la première fois parmi les hommes, je fis la folie du solitaire, la grande folie : je me mis sur la place publique.

Et comme je parlais à tous, je ne parlais à personne. Mais le soir, des danseurs de corde et des cadavres furent mes compagnons ; et moi-même j'étais presque un cadavre. Mais, avec le matin, une vérité m'apparut : alors j'appris à dire : « Que m'importent la place publique et la populace, le vacarme de la populace et les longues oreilles de la populace ! »

Hommes supérieurs, apprenez de moi ceci : sur la place publique personne ne croit aux hommes supérieurs. Si vous voulez parler sur la place publique, soit ! Mais la populace clignera de l'œil : « Nous sommes tous égaux. » 10

« Hommes supérieurs ? — ainsi parle la populace en clignant de l'œil, — il n'y a pas d'hommes supérieurs, nous sommes tous égaux, un Homme vaut l'autre, devant Dieu nous sommes tous égaux ! »

Devant Dieu ! Voici que ce Dieu est mort. Mais devant la populace nous ne voulons pas être égaux. Hommes supérieurs, éloignez-vous de la place publique !

2

Devant Dieu ! — Voici que ce Dieu est mort. Hommes supérieurs, ce Dieu a été votre plus grand danger.

Vous n'êtes ressuscités que depuis qu'il gît dans la tombe. C'est maintenant seulement que vient le grand midi, à présent l'homme supérieur devient maître !

Avez-vous compris cette parole, ô mes frères ? Vous êtes effrayés : votre cœur 20 est-il pris de vertige ? L'abîme bâille-t-il ici à vos yeux ? Le chien de l'enfer aboie-t-il à vos trousses ?

Allons ! Hommes supérieurs ! Maintenant seulement la montagne de l'avenir humain va enfanter. Dieu est mort : maintenant nous voulons que le Surhomme vive.

3

Les plus soucieux demandent aujourd'hui : « Comment conserver l'homme ? » Mais Zarathoustra demande, ce qu'il est le seul et le premier à demander : « Comment l'homme sera-t-il surmonté ? »

---

49. Rappelons que, dans *Ainsi parlait Zarathoustra*, Nietzsche est Zarathoustra.

Le Surhomme me tient au cœur, c'est *lui* qui est pour moi la chose unique,
30 — et non point l'homme : non pas le prochain, non pas le plus misérable, non pas
le plus affligé, non pas le meilleur.

Ô mes frères, ce que je puis aimer en l'homme, c'est qu'il soit une transition
et un déclin. Et, en vous aussi, il y a beaucoup de choses qui me font aimer et
espérer.

Vous avez méprisé, ô hommes supérieurs, c'est là ce qui me fait espérer. Car
les grands méprisants sont aussi les grands adorateurs.

Vous avez désespéré, c'est ce qu'il faut honorer en vous. Vous n'avez pas appris
comment vous pourriez vous rendre, vous n'avez pas appris les petites prudences.

Aujourd'hui, les petites gens sont devenus les maîtres, ils prêchent tous la
40 résignation, et la modestie et la prudence, et l'application, et les égards et la longue
énumération des petites vertus.

Ce qui relève de la femme ou du valet, et surtout le mélange populacier : c'est
là ce qui veut à présent devenir maître de toutes les destinées humaines — ô
dégoût ! dégoût ! dégoût !

Cela demande et redemande, et ne se lasse pas de demander : « Comment
conserver l'homme le mieux, le plus longtemps, le plus agréablement ? » C'est ainsi
qu'ils sont les maîtres d'aujourd'hui.

Ces maîtres d'aujourd'hui, surmontez-les-moi, ô mes frères, — ces petites
gens : c'est eux qui sont le plus grand danger pour le Surhomme.

50 Surmontez-moi, hommes supérieurs, les petites vertus, les petites prudences,
les égards pour les grains de sable, le fourmillement des fourmis, le misérable contentement de soi, « le bonheur du plus grand nombre » !

Et désespérez plutôt que de vous rendre. Et, en vérité, je vous aime, parce
que vous ne savez pas vivre aujourd'hui, ô hommes supérieurs ! Car c'est ainsi que
vous vivez le mieux !

> Friedrich Nietzsche, *Ainsi parlait Zarathoustra*, trad. Maurice Betz, Paris,
> Gallimard, coll. «Le Livre de poche classique», 1965, p. 326.

Lectures suggérées

La lecture de l'une des œuvres suivantes est suggérée dans son intégralité ou en extraits importants :

Friedrich Nietzsche, Le crépuscule des idoles, *trad. Jean-Claude Hemery, Paris, Gallimard, coll. « Idées »,*
1977, 153 p.

Friedrich Nietzsche, Par-delà le bien et le mal, *trad. Geneviève Bianquis, Paris, Union Générale d'Éditions,*
coll. « 10-18 », 1967, 251 p.

Texte de Taylor

L'authenticité

APOLOGIE

Propos qui se porte à la louange et à la défense d'une thèse ou d'un comportement.

Dans certaines de ses formes, ce discours[50] [de l'authenticité] tourne à une **apologie** du choix pour lui-même : toutes les options se valent, parce qu'elles se font librement et que le choix leur confère à lui seul une valeur. Le principe **subjectiviste** qui sous-tend le **relativisme** doux est manifestement à l'œuvre ici. Mais du coup se trouve niée l'existence d'un horizon préexistant de signification, grâce auquel certaines choses valent plus que d'autres ou certaines rien du tout, préalablement à tout choix. [...]

SUBJECTIVISTE

Se dit du principe découlant du subjectivisme qui ramène les jugements de valeur à des assentiments individuels.

Pour l'instant, retenons qu'on ne peut défendre l'authenticité en ignorant les horizons de signification. Même le sentiment que le sens de ma vie tient au choix personnel que j'ai fait — c'est le cas lorsque l'authenticité se fonde sur la liberté autodéterminée — dépend de ma prise de conscience qu'il existe *indépendamment de ma volonté* quelque chose de noble et de courageux, et donc de significatif dans le fait de donner forme à ma propre vie. Deux représentations de la vie humaine s'opposent ici : d'une part, le courage de celui qui se crée, d'autre part, le laisser-aller de celui qui cède aux facilités du conformisme. Nul n'invente cette opposition : on la découvre, et on perçoit aussitôt sa vérité. L'horizon est donné. [...]

RELATIVISME

Doctrine selon laquelle les valeurs — étant relatives aux circonstances sociales et à la vie de chaque individu — ne sont pas universelles.

Il importe certes de choisir ma vie, comme le soutient John Stuart Mill dans *On Liberty*[51], mais à moins que certaines options ne soient plus significatives que d'autres, l'idée même de choix personnel sombre dans la futilité et donc dans l'incohérence. L'idéal du libre choix ne fait sens que si certains *critères* valent plus que d'autres. Je ne peux pas prétendre avoir choisi ma vie et déployer tout un vocabulaire nietzschéen seulement parce que j'ai pris un bifteck-frites plutôt que de la poutine au déjeuner. Ce n'est pas moi qui détermine quelles questions comptent. Si c'était vrai, aucune alors n'importerait et l'idée même du libre choix en tant qu'*idéal moral* perdrait toute consistance.

L'idéal du libre choix suppose donc qu'il y ait d'*autres* critères de sens au-delà du simple fait de choisir. Cet idéal ne vaut pas par lui-même : il exige un horizon de critères importants, qui aident à définir dans quelle mesure l'autodétermination est signifiante. À la suite de Nietzsche, je serais vraiment un grand philosophe si je parvenais à redéfinir le système des valeurs. Mais il faudrait pour cela redéfinir des valeurs qui se rapportent aux questions importantes, et non pas le menu de chez McDonald's ou la mode de l'année prochaine.

AGENT

L'individu qui agit.

L'**agent** qui cherche le sens de sa vie, qui essaie de se définir de façon significative, doit se situer par rapport à un horizon de questions essentielles. C'est ce qu'il y a d'autodestructeur dans les formes de la culture contemporaine qui se referment sur l'épanouissement de soi en s'opposant aux exigences de la société ou de

---

50. Le discours dont il est question est celui de « l'acceptation moderne de l'authenticité en tant que différence, originalité, reconnaissance de la diversité ».

51. « Il suffit d'avoir une dose suffisante de sens commun et d'expérience pour tracer le plan de vie le meilleur, non pas parce qu'il est le meilleur en soi, mais parce qu'il est personnel. » John Stuart Mill, *De la liberté*, trad. Laurence Lenglet, à partir de la traduction de Dupond White, Paris, Gallimard, coll. « Folio/Essai », 1990, p. 165.

la nature, et qui tournent le dos à l'histoire et aux exigences de la solidarité. Ces formes égocentriques et «narcissiques» sont, en effet, bien superficielles et futiles ; elles «aplatissent et rétrécissent» la vie, comme l'écrit Bloom[52]. Mais ce n'est pas
40 parce qu'elles appartiennent à la culture de l'authenticité. C'est plutôt parce qu'elles esquivent ses exigences. Tourner le dos à tout ce qui **transcende** le moi, c'est justement supprimer les conditions de significations et courtiser du coup la futilité. Dans la mesure où les gens aspirent à un idéal moral, cet enfermement en soi est une contradiction dans les termes ; il détruit les conditions dans lesquelles cet idéal peut se réaliser.

En d'autres termes, je ne peux définir mon identité qu'en me situant par rapport à des questions qui comptent. Éliminer l'histoire, la nature, la société, les exigences de la solidarité, tout sauf ce que je trouve en moi, revient à éliminer tout ce qui pourrait compter. Je pourrai me définir une identité qui ne sera pas futile
50 seulement si j'existe dans un monde dans lequel l'histoire, les exigences de la nature, les besoins de mes frères humains ou mes devoirs de citoyen, l'appel de Dieu, ou toute autre question de cet ordre-là, existent vraiment. L'authenticité ne s'oppose pas aux exigences qui transcendent le moi : elle les appelle.

Charles Taylor, *Grandeur et misère de la modernité*, trad. Charlotte Melançon,
Montréal, Bellarmin, 1992, p. 54-58.

TRANSCENDER
Se situer au-delà de, dépasser en étant supérieur.

Né au Québec en 1931, Charles Taylor est un philosophe, un historien et un politicologue de réputation internationale. Il enseigne la philosophie à l'Université McGill et à l'Université de Montréal. L'Université d'Oxford, l'Université Berkeley (Californie), l'Université Goethe (Francfort) et l'Université de Princeton l'ont accueilli comme professeur invité. L'ouvrage *Sources of the Self: The Making of Modern Identity* (Harvard University Press, 1989), traduit en six langues, a été publié en français sous le titre : *Les sources du Moi : la formation de l'identité moderne*. Taylor y présente une réflexion profonde sur l'homme et le monde modernes.

---

52. Il s'agit d'Allan Bloom et de son ouvrage *L'âme désarmée. Essai sur le déclin de la culture générale*, trad. Paul Alexandre, Paris et Montréal, Julliard et Guérin Littérature, 1987.

Chapitre 5

L'homme
comme être régi
par l'inconscient

> L'inconscient est le psychique lui-même et son essentielle réalité. Sa nature intime nous est aussi inconnue que la réalité du monde extérieur, et la conscience nous renseigne sur lui d'une manière aussi incomplète que nos organes des sens sur le monde extérieur.
>
> Sigmund Freud, *L'interprétation des rêves*, p. 520.

Freud et la naissance de la psychanalyse

Notice biographique

Sigmund Freud naît le 6 mai 1856 à Freiberg, en Moravie (aujourd'hui en République tchèque). Son père, Jakob Freud, a 41 ans et sa mère, Amalie Nathanson, est âgée de 21 ans. Le père vit avec ses deux fils nés d'un premier mariage ; la mère donnera naissance à sept autres enfants. La famille Freud est juive, de langue et de culture allemandes.

En 1859, la crise économique ébranle le commerce du père de Sigmund, négociant en textiles. Fuyant l'antisémitisme, ce dernier installe sa famille à Leipzig, puis à Vienne, en Autriche.

Malgré leur condition financière modeste, les parents de Sigmund lui permettront d'entreprendre des études supérieures. Lorsque Freud termine ses études secondaires, en plus de l'allemand, il maîtrise cinq langues : le grec, le latin, l'hébreu, le français et l'anglais ; il sait aussi un peu d'italien et d'espagnol.

En 1873, Freud commence des études de médecine à l'Université de Vienne. En 1876, il entre au laboratoire de physiologie d'Ernst Wilhelm von Brücke (1819-1892). Il y entreprend ses premières recherches, qui portent sur les glandes sexuelles des anguilles. À cette époque, Freud se consacre exclusivement à des travaux de recherche en laboratoire. Il s'intéresse surtout à la neurophysiologie, c'est-à-dire à l'étude du cerveau et du système nerveux. Freud publie, en 1877, un rapport de recherche sur le système nerveux central d'une larve de lamproie. En 1880, il traduit le douzième volume *des Œuvres complètes* du philosophe et économiste anglais John Stuart Mill (1806-1873).

Freud obtient son diplôme de médecine le 31 mars 1881. Mais il ne désire pas être médecin, il préfère la recherche. Or, à cette époque, faire des recherches médicales ne constitue pas un métier assurant une sécurité financière. Et considérant les conditions modestes de sa famille, Freud est obligé d'embrasser la carrière médicale.

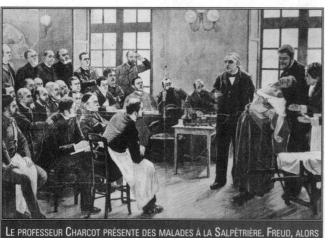

LE PROFESSEUR CHARCOT PRÉSENTE DES MALADES À LA SALPÊTRIÈRE. FREUD, ALORS JEUNE NEUROLOGUE, SÉJOURNA À PARIS ENTRE 1885 ET 1886.

De 1882 à 1885, Freud complète sa formation clinique à l'Hôpital général de Vienne, se spécialisant en neuropathologie. Par la suite, appuyé par Brücke, il obtient une bourse qui lui permet d'étudier à Paris, à la Salpêtrière, avec Jean-Martin Charcot (1825-1893), neurologue alors mondialement connu qui mène des recherches sur l'**hystérie** et l'hypnose. Pendant son stage, Freud est vivement intéressé par le traitement hypnotique pratiqué par Charcot. Toutefois, l'hôpital de la Salpêtrière — s'appuyant sur l'**anatomopathologie** — a tendance à considérer les malades (auxquels on donne le nom de « nerveux ») comme des objets de laboratoire.

À l'été 1889, Freud éprouve le besoin de parfaire sa technique hypnotique et de fréquenter une autre école de pensée que celle de la Salpêtrière. Il passe quelques

HYSTÉRIE

Classe de névroses découlant d'un conflit psychique et se manifestant par des symptômes corporels divers sans que le corps soit en fait malade sur le plan physiologique (par exemple, crise émotive spectaculaire, paralysie, crise d'angoisse, phobies).

ANATOMO-PATHOLOGIE

« Science qui a pour objet l'étude des lésions anatomiques. » (*Le Petit Robert*, 2002.)

EMPIRISTE

Se dit de la doctrine philosophique selon laquelle toutes les connaissances proviennent de l'expérience. Conséquemment, tout savoir doit être fondé sur l'expérience et l'observation.

HUMANISTE

Se dit de l'attitude philosophique qui prend pour fin la personne et son épanouissement. L'humanisme fait de l'homme la valeur suprême et voit en celui-ci, comme l'affirmait Protagoras, « la mesure de toutes choses ».

CATHARSIS

Mot grec signifiant « purification », « purgation ». Procédé expérimenté par le Dr Josef Breuer (1842-1925) qui consistait à extirper du patient mis sous hypnose les secrets (scènes traumatisantes) qui affectaient son comportement afin d'en permettre la reproduction.

INCONSCIENT

Ensemble de faits psychiques qui échappent à la conscience.

NÉVROSE

« Affection psychogène où les symptômes sont l'expression symbolique d'un conflit psychique trouvant ses racines dans l'histoire infantile du sujet et constituant des compromis entre le désir et la défense. » (Jean Laplanche et J.-B. Pontalis, *Vocabulaire de la psychanalyse*, Paris, PUF, 1981, p. 267 et suivantes.)

semaines à Nancy auprès d'Hippolyte Bernheim (1837-1919)[1], chercheur **empiriste** quoique profondément **humaniste**.

Retournons un peu en arrière pour parler de la vie amoureuse de Freud. Au mois d'avril 1882, Freud fait la rencontre de Martha Bernays, jeune fille peu fortunée issue d'une famille d'intellectuels juifs. Le 15 juin, Freud lui écrit une lettre d'amour. Deux jours plus tard, ils se fiancent. Leur engagement dure plus de quatre ans où ils ne se voient qu'à six reprises ! Ces longues fiançailles s'expliquent par la piètre situation financière de Freud. À cette époque, on ne se marie pas si l'on n'en a pas les moyens. Pendant cette période, Freud écrit à Martha plus de 900 lettres. Enfin, ils se marient le 13 septembre 1886.

En 1891, Freud s'établit avec sa femme et leurs trois premiers enfants au 19, Berggasse, à Vienne. Il y ouvre un CABINET afin de se consacrer à la psychopathologie : spécialiste des maladies nerveuses, il y rencontre ses premiers patients. Au début de sa pratique, il utilise les méthodes de l'électrothérapie et de l'hypnose sous forme de **catharsis**.

> À PARTIR DE 1902, TOUS LES MERCREDIS, FREUD RASSEMBLE QUELQUES CONFRÈRES DANS SA SALLE D'ATTENTE DU 19, BERGGASSE. DE CES RENCONTRES NAÎTRA LA SOCIÉTÉ PSYCHANALYTIQUE DE VIENNE.

En avril 1896, devant la Société de psychiatrie et de neurologie de Vienne, Freud prononce une conférence qui a pour titre « Étiologie de l'hystérie ». La thèse qu'il défend repose sur la littérature médicolégale qui traitait des sévices sexuels subis par les enfants et des cas d'inceste fort nombreux à cette époque. Freud s'appuie également sur l'analyse de 18 cas d'hystérie. Il affirme que les manifestations hystériques sont toujours liées à des traumatismes refoulés depuis la petite enfance et résultant d'attouchements ou d'abus sexuels de la part des proches de l'enfant, en particulier du père. Les propos de Freud scandalisent la société bien-pensante de son temps. On refuse même de publier sa communication. Freud abandonnera cette interprétation...

Insatisfait des résultats que permettaient les techniques de traitement des maladies nerveuses, Freud met patiemment en place, à partir de 1897, une nouvelle méthode de psychologie clinique à laquelle il donne le nom de psychanalyse. Il proclame l'importance de l'**inconscient** et de la sexualité chez l'être humain, et ce, dès la naissance. Selon sa nouvelle théorie, c'est l'enfant qui éprouve des désirs sexuels envers son parent de sexe opposé (*voir plus loin la section « Le Sur-Moi et le complexe d'Œdipe »*), et la répression de ces désirs suscite des **névroses**.

Freud subit pendant les dix premières années de sa vie professionnelle l'incompréhension, voire l'hostilité, des milieux scientifiques officiels. Par ailleurs, c'est toute la société bourgeoise et puritaine de la fin du XIXᵉ siècle qui est choquée par ses thèses audacieuses.

Mais à force d'efforts soutenus (Freud travaille tous les jours, sauf le dimanche : entre huit heures du matin et neuf heures du soir, il pouvait recevoir jusqu'à 12 patients, leur consacrant 55 minutes chacun) et de luttes acharnées (Freud est ambitieux), il réussit petit à petit à imposer ses vues. Il forme des disciples (Wilhelm Stekel, Paul Federn, etc.). Il écrit de nombreux articles dans des revues spécialisées. Il donne des conférences dans plusieurs congrès en Europe et aux États-Unis. Mais,

---

1. Freud traduisit et commenta deux ouvrages de Charcot, soit *Les nouvelles leçons* (1886) et *Les leçons du mardi* (1892). Il traduisit également le traité de Bernheim, *Hypnotisme, suggestion et psychothérapie* (1886).

surtout, il publie quantité d'ouvrages[2] qui transformeront à tout jamais la compréhension qu'on se fait de l'homme.

NÉVROSE (SUITE)

La névrose d'angoisse, la névrose narcissique ou mélancolique et la névrose obsessionnelle sont des exemples de types de névrose.

FREUD À SON BUREAU.

Mari fidèle, père de six enfants, bourgeois respectable, amateur de cigares (il en fume une vingtaine par jour), de statuettes antiques et de jardins anglais bien ordonnés, Freud mène une carrière longue et controversée. Ce n'est qu'au début de la cinquantaine qu'il connaît la notoriété. Le Congrès international de Salzbourg, en 1908, marque pour Freud le début de sa renommée internationale. Afin de concrétiser cette renommée, il fonde l'Association internationale de psychanalyse, en 1910. À 70 ans, Freud est l'une des personnalités les plus illustres de son temps. En mai 1933, les nazis brûlent à Berlin les livres décrétés « anti-allemands ». Les ouvrages de Freud en font partie. Il consent enfin à quitter Vienne en juin 1938. Il se réfugie à Londres, où il meurt le 23 septembre 1939. Freud souffrait d'un cancer de la mâchoire maintes fois opéré, qui l'a fait atrocement souffrir pendant les 16 dernières années de sa vie.

Une époque riche en découvertes scientifiques

La foi dans le pouvoir de la raison, la quête de la vérité, l'observation, la mesure, l'examen minutieux des faits : tel est le credo **positiviste** qui fait adhérer Freud à la pensée scientifique de son temps.

POSITIVISTE

Se dit de la doctrine ou de l'attitude de recherche qui s'en tient uniquement à la connaissance des faits révélés par l'expérience. Le positivisme tire son origine des ouvrages d'Auguste Comte (1798-1857) pour qui l'espèce humaine est toujours soumise au même processus historique et est déterminée par les mêmes lois sociales.

La deuxième moitié du XIXe siècle est particulièrement riche en recherches dans les domaines des sciences de la vie, des sciences physiques et des sciences humaines. Ces recherches conduisent à des découvertes qui modifient radicalement la vision qu'on se fait de l'homme et du monde. Mentionnons, entre autres, la théorie évolutionniste de Charles Darwin (1809-1882), qui considérait l'être humain comme un animal s'étant transformé et adapté aux influences du milieu. Les découvertes de Darwin ont comme conséquence la possibilité nouvelle d'observer scientifiquement l'être humain de la même manière que n'importe quel organisme vivant. On sort alors de la nature divine de l'être humain pour porter l'étude sur un plan strictement scientifique.

La naissance de la psychologie scientifique avec Gustave Theodor Fechner (1801-1887) démontre que l'esprit humain peut être un objet d'études et d'observations exactes. Les expérimentations de Louis Pasteur (1822-1895) et de Robert Koch (1843-1910) fondent la science bactériologique. Les recherches de Gregor Mendel (1822-1884)

---

2. Voici les principales œuvres de Freud dans l'ordre où elles ont été publiées en français : *Introduction à la psychanalyse* (Paris, Payot, 1921) ; *Cinq leçons sur la psychanalyse* (Paris, Payot, 1921) ; *Trois essais sur la théorie de la sexualité* (Paris, Gallimard, 1922) ; *Totem et tabou* (Paris, Payot, 1923) ; *La science des rêves* (Paris, Éditions Alcan, 1925), nouvelle traduction sous le titre *L'interprétation des rêves* (Paris, Presses Universitaires de France, 1926) ; *Le rêve et son interprétation* (Paris, Gallimard, 1925) ; *La psychopathologie de la vie quotidienne* (Paris, Payot, 1925) ; *Ma vie et la psychanalyse* (Paris, Gallimard, 1928) ; *L'avenir d'une illusion* (Paris, Denoël et Steele, 1934) ; *Malaise dans la civilisation* (Paris, Denoël et Steele, 1934) ; *Nouvelles conférences sur la psychanalyse* (Paris, Gallimard, 1936) ; *Abrégé de psychanalyse* (Paris, Presses Universitaires de France, 1938) ; *Moïse et le monothéisme* (Paris, Gallimard, 1948).

PHOBIE

Symptôme qui consiste à éprouver de l'angoisse (crainte inconsidérée et en apparence immotivée) face à une situation, à un lieu ou à un objet particulier (par exemple, l'agoraphobie et la claustrophobie).

PSYCHIQUE

Se dit du psychisme ou de la vie psychique, laquelle constitue l'ensemble des faits psychiques, c'est-à-dire tout ce qui concerne la personnalité d'un individu, sa psyché, son « âme ». Ces faits psychiques sont à l'origine de ses attitudes et de ses comportements.

ACTES MANQUÉS SYMPTO-MATIQUES

Expression utilisée par Freud pour désigner tous les comportements exécutés machina-lement et présentés comme étant le fruit du hasard, mais qui, en fait, expriment des pulsions et des pensées inconscientes (par exemple, oubli, lapsus, fait d'égarer un objet).

RÉSISTANCE

« Au cours de la cure psychana-lytique, on donne le nom de résistance à tout ce qui, dans les actions et les paroles de l'analysé, s'oppose à l'accès de celui-ci à son inconscient. » (Jean Laplanche et J.-B. Pontalis, *Vocabulaire de la psychanalyse*, Paris, PUF, 1981, p. 420.)

créent la génétique. Enfin, les études de Hermann von Helmholtz (1821-1894) établissent le principe de conservation de l'énergie. Ce principe postule que l'énergie peut se transformer, se déplacer, mais ne peut se perdre ou être détruite. Il permet d'entrevoir l'être humain comme un système dynamique d'énergies diverses qui obéissent aux lois physiques et chimiques. Freud accordera une place importante à ce principe quand il découvrira que les lois dynamiques de la conservation de l'énergie peuvent s'appliquer non seulement au corps, mais aussi à l'esprit humain. La seconde topique[3] prendra alors forme.

La psychanalyse

Freud fonda la psychanalyse, une nouvelle méthode utilisée pour soigner les névroses, telle l'hystérie. Sur le plan thérapeutique, cette « technique de traitement analytique[4] » cherche à déterminer les causes perturbatrices (traumatismes) responsables des troubles mentaux (angoisses, **phobies**, obsessions, etc.) souvent accompagnés de symptômes physiques graves (paralysie, perte de l'usage d'un sens, saignement, perte de conscience, etc.) alors que, en fait, le corps du patient est sain sur le plan physiologique. Les processus **psychiques** profonds, responsables des névroses, sont alors investigués afin de libérer l'individu de ses malaises. « Notre tâche scientifique dans le domaine de la psychologie consistera à traduire les processus inconscients en processus conscients pour combler ainsi les lacunes de notre perception consciente[5]. »

La psychanalyse freudienne expérimente deux nouvelles techniques d'introspection en vue d'atteindre l'inconscient. D'abord, Freud utilise la méthode de l'*association libre* (dérivée de la catharsis de Breuer) pour retrouver le souvenir des événements ou des conflits traumatisants à l'origine des symptômes névrotiques, souvenir enfoui dans les profondeurs de l'« âme » du malade. Même si le patient ne sait pas ce qui a été rejeté au plus profond de sa psyché, lui seul peut le découvrir et travailler à le rendre inoffensif en exprimant librement tout ce qui vient à son esprit : mots, idées, pensées, réminiscences, **actes manqués symptomatiques**, etc., « qui subissent déjà l'influence de l'inconscient et sont souvent des rejetons de ce dernier[6] ». Avec l'aide de l'analyste, le patient tentera de surmonter ses propres **résistances** afin de reconstituer sa vie psychique inconsciente et de se réapproprier son histoire.

Les résistances empêchant parfois le travail de l'association libre, Freud a dû recourir à une deuxième technique, l'*analyse des rêves*, qui permet d'atteindre l'inconscient par une voie détournée. Cette méthode consiste à dévoiler le contenu réel du rêve, contenu qui se cache sous une forme symbolique et qui représente les conflits inconscients qui perturbent le malade.

Ainsi, les motivations cachées du comportement du malade pourront accéder à la conscience après un long travail conjoint de mise à nu et d'interprétation des causes qui ont perturbé sa personnalité. Le rôle de l'analyste sera de guider le patient pour qu'il ramène à sa conscience ces causes « souterraines » afin d'en permettre l'intégration.

La psychanalyse freudienne, nous le voyons, propose un traitement particulier des troubles mentaux (surtout les névroses, telle l'hystérie). Or, Freud postule qu'il est « impossible d'établir scientifiquement une ligne de démarcation entre les états normaux

---

3. Voir plus loin dans le chapitre.

4. Sigmund Freud, *Abrégé de psychanalyse*, trad. Anne Berman, Paris, Presses Universitaires de France, 1970, p. 14.

5. *Ibid.*, note de bas de page, p. 20.

6. *Ibid.*, p. 42.

L'ANALYSTE ÉCOUTE ATTENTIVEMENT LES PROPOS D'UNE PATIENTE AFIN DE L'AIDER À DÉCOUVRIR LES TRAUMATISMES À L'ORIGINE DE SES DYSFONCTIONNEMENTS.

et anormaux[7] ». Dans la vie quotidienne, nous accomplissons des actes dits normaux (**lapsus**, oublis, actes manqués, rêves) qui s'expliqueraient selon la même grille d'analyse que les actes dits pathologiques (névroses, obsessions, etc.). En conséquence, l'étude des troubles de la personnalité permettrait de se faire une idée du psychisme normal, qui fonctionne sur plusieurs plans. La psychanalyse se présente alors comme une théorie psychologique qui décrit et explique les processus psychiques à l'œuvre chez l'être humain.

LAPSUS
« Emploi involontaire d'un mot pour un autre, en langage parlé ou écrit. » (*Le Petit Robert*, 2002.)

La première topique freudienne : la théorie des trois qualités psychiques

Une conception déterministe de l'être humain

À LA FOIS THÉORIE DES CATÉGORIES ET DÉSIGNATION D'UN LIEU DONNÉ, « TOPIQUE » SERT À DISTINGUER DES PARTIES DU PSYCHISME HUMAIN ET À S'EN FAIRE UNE REPRÉSENTATION SPATIALE, SANS QUE CELLE-CI AIT AUCUN RAPPORT AVEC UNE DISPOSITION ANATOMIQUE RÉELLE.

Avec sa théorie des trois qualités psychiques (l'inconscient, le préconscient et le conscient), appelée la PREMIÈRE TOPIQUE, Freud a révolutionné la représentation qu'on se fait de l'être humain.

Même si Freud a toujours refusé l'existence d'une philosophie particulière de l'homme à laquelle la psychanalyse aurait donné son expression, il faut reconnaître que l'œuvre freudienne constitue une conception neuve et originale de la personnalité humaine[8].

L'homme doué de raison que la philosophie classique (par exemple, Descartes) avait jusqu'alors considéré comme maître de lui-même — parce qu'il est conscient de soi et possède un libre arbitre — est désormais dominé par des pulsions inconscientes. La personne est déterminée à son insu par des forces enfouies dans les profondeurs de son être. En ce sens, la psychanalyse freudienne apparaît comme une théorie **déterministe** de compréhension et d'explication de l'homme. Freud refuse la croyance « profondément enracinée à la liberté [...]. Une pareille croyance est tout à fait antiscientifique et doit s'effacer devant la revendication d'un déterminisme psychique[9] ».

Selon Freud, la personnalité de l'être humain est sous le joug de l'inconscient dont la formation débute dans la prime enfance.

DÉTERMINISTE
Se dit de la doctrine selon laquelle tous les phénomènes (pensées, actions, événements, etc.) résultent nécessairement des causes antérieures qui les ont produits.

---

7. *Ibid.*, p. 71-72.

8. Freud avoue lui-même que la psychanalyse est « avant tout un art d'interprétation ». Interpréter ne signifie-t-il pas donner une signification à l'être humain, à ses actes et à ses paroles ? De plus, il faut dire que la psychanalyse dépasse largement la psychologie descriptive. Freud présente d'ailleurs la psychanalyse comme une « *métapsychologie* [au-delà de la psychologie] lorsque nous réussissons à décrire un processus psychique sous les rapports *dynamique, topique, économique* » (Sigmund Freud, *Métapsychologie*, trad. Jean Laplanche et J.-B. Pontalis, Paris, Gallimard, coll. « Idées », 1968, p. 89).

9. Sigmund Freud, *Introduction à la psychanalyse*, trad. S. Jankélévitch, Paris, Petite Bibliothèque Payot, 1966, p. 120.

L'inconscient (Ics)

Dans son livre *La science des rêves,* publié en 1900, Freud défend la thèse que le RÊVE est une « réalisation de désir » qui supprime une exigence ou un besoin. Par exemple, mon organisme éprouve la faim pendant que je dors ; je rêve alors que je prends un repas apaisant à merveille cette faim qui me tenaille. Ou encore, supposons qu'à l'état de veille j'aie désiré la femme de mon ami, mais sans que ce désir parvienne à ma conscience. La nuit venue, je rêve que je fais l'amour avec elle ou avec une autre femme qui porte son prénom ou avec une partenaire anonyme. Ce deuxième exemple illustre que les rêves, parfois, expriment symboliquement des tendances ou des désirs inconscients, en général réprimés à l'état de veille, donc contrariés dans leur cours par les exigences de la morale ambiante.

FREUD DISTINGUE DANS LE RÊVE UN CONTENU MANIFESTE, C'EST-À-DIRE LES SOUVENIRS QUE NOUS EN AVONS AU RÉVEIL ET QUE NOUS POUVONS RACONTER — FREUD LE QUALIFIE DE « FAÇADE DERRIÈRE LAQUELLE SE DISSIMULE LE FAIT RÉEL » —, ET UN CONTENU LATENT, LOURD DE SIGNIFICATIONS, QU'IL EST POSSIBLE D'INTERPRÉTER « AVEC LE SECOURS DES ASSOCIATIONS QUE LE RÊVEUR LUI-MÊME AJOUTE AUX ÉLÉMENTS DU CONTENU MANIFESTE ». (*ABRÉGÉ DE PSYCHANALYSE*, P. 33.)

C'est par l'étude du rêve que Freud découvre l'importance capitale de l'inconscient dans la vie psychique de l'être humain : une couche profonde du psychisme échappe à notre conscience. Tous les phénomènes psychiques ne sont donc pas conscients, et le rêve constitue la « voie royale » permettant de rejoindre et d'étudier l'inconscient.

Or, au début du XXᵉ siècle, la dimension de l'inconscient était fort mal connue. Certains psychologues et philosophes[10] avaient déjà pris en considération l'inconscient, mais le mérite revient à Freud d'avoir précisé son contenu et mis en lumière ses manifestations dynamiques dans le psychisme tout entier. Pour Freud, l'inconscient est la vie psychique elle-même ; il en est la matrice et la source. « Bien des gens, écrit-il, appartenant ou non aux milieux scientifiques, se contentent de croire que le conscient constitue à lui seul tout le psychisme[11]. » Au contraire, seule une petite part de l'activité psychique est consciente, selon Freud. La presque totalité en est inconsciente et contient les désirs et les idées inavouables qui conditionnent le comportement. Et c'est justement cette large part d'inconscient, où « les règles de la pensée et de la logique ne jouent pas[12] », qui constitue le psychisme humain.

L'hypothèse de l'inconscient est nécessaire et légitime, et nous possédons de multiples preuves de l'existence de l'inconscient. Elle est nécessaire, parce que les données de la conscience sont extrêmement lacunaires ; aussi bien chez l'homme sain que chez le malade, il se produit fréquemment des actes psychiques qui, pour être expliqués, présupposent d'autres actes qui, eux, ne bénéficient pas du témoignage de la conscience. Ces actes ne sont pas seulement les actes manqués et les rêves, chez l'homme sain, et tout ce qu'on appelle symptômes psychiques et phénomènes compulsionnels chez le malade ; notre expérience quotidienne la plus personnelle nous met en présence d'idées qui nous viennent sans que nous en connaissions l'origine, et de résultats de pensée dont l'élaboration nous est demeurée cachée. Tous ces actes conscients demeurent incohérents et incompréhensibles si nous nous obstinons à prétendre qu'il faut bien percevoir par la conscience tout ce qui se passe en nous en fait d'actes psychiques[13].

---

10. Mentionnons, entre autres, Gottfried Wilhelm Leibniz (1646-1716), pour qui les *aperceptions* (représentations conscientes) n'occupaient qu'une infime place dans les *forces* qui dirigent l'action humaine ; Maine de Biran (1766-1824), qui oppose le moi conscient (volonté agissante) à l'arrière-plan inconscient qui le commande ; Arthur Schopenhauer (1788-1860), qui considérait qu'une force universelle et aveugle (la *volonté*) agit en nous et oriente nos comportements ; Karl Gustav Carus (1789-1869), qui, pour la première fois, traitait de l'*inconscient* comme d'un principe naturel soit *absolu* ou *relatif* qui gouverne la destinée de toute réalité, y compris la psyché humaine ; Friedrich Nietzsche (1844-1900), qui avait déjà décrit l'homme comme un être d'instincts en des termes annonciateurs du discours freudien : « Tous nos motifs conscients, écrivait Nietzsche, sont des phénomènes de surface ; derrière eux se déroule la lutte de nos instincts et de nos états : la lutte pour la puissance » (*Œuvres posthumes*, p. 138).

11. Sigmund Freud, *Abrégé de psychanalyse*, p. 18.

12. *Ibid.*, p. 32-33.

13. Sigmund Freud, *Métapsychologie*, trad. Jean Laplanche et J.-B. Pontalis, Paris, Gallimard, coll. « Idées », 1968, p. 66-67.

Les pulsions

Cette vie psychique inconsciente se déroule en nous et détermine, à notre insu, notre comportement. Elle est constituée d'excitations pulsionnelles. Freud utilise généralement le terme de pulsion (*Trieb*, en allemand) afin de jumeler deux types de tendances qui dirigent, selon lui, l'activité de l'être humain : les tendances physiologiques et les tendances psychiques.

> Si, en nous plaçant d'un point de vue biologique, nous considérons maintenant la vie psychique, le concept de « pulsion » nous apparaît comme un concept-limite entre le psychisme et le **somatique**, comme le représentant psychique des excitations issues de l'intérieur du corps et parvenant au psychisme, comme une mesure de l'exigence de travail qui est imposée au psychisme en conséquence de sa liaison au corporel[14].

SUCER SON POUCE EST POUR L'ENFANT UNE PRATIQUE PROCURANT UN PLAISIR CERTAIN.

En somme, les pulsions correspondent à des *poussées* psychiques qui viennent du corps et dont l'unique *but* est de supprimer « l'état d'excitation à la source de la pulsion » en se satisfaisant à l'aide d'un objet. Selon Freud, il existe deux grands groupes de pulsions qui illustrent la dualité du psychisme humain.

L'être humain est animé par la *pulsion de vie*: **Éros**. Dans cette catégorie, on trouve les pulsions d'autoconservation biologique (conservation de soi et reproduction de l'espèce) et les pulsions sexuelles. Les pulsions sexuelles sont considérées par Freud comme la principale force motivant l'être humain. Qui plus est, cette force « se manifeste clairement très tôt après la naissance[15] ». Cependant, la sexualité est pour Freud une notion large qui désigne beaucoup plus que les activités et le plaisir liés au fonctionnement de l'appareil génital. Elle englobe toute une série de pratiques et d'excitations qui procurent du plaisir, et ce, dès l'enfance (par exemple, sucer son pouce).

Éros est en quelque sorte la pulsion d'amour. Éros est amour de soi et de toute personne ou de tout objet duquel il s'éprend. En tant que pulsion de vie, Éros cherche à répandre la vie et à créer des liens. Freud donne le nom de libido à l'énergie par laquelle s'expriment les pulsions de vie. L'énergie de la libido voit à la conservation de soi et de l'espèce.

L'être humain est aussi animé par la *pulsion de mort*: **Thanatos**. Cette pulsion vise l'anéantissement de tout ce qui vit. Elle s'oppose au « divin Éros ». Elle veut « briser tous les rapports [...], ramener ce qui vit à l'état inorganique[16] ». Les incessantes guerres produites par l'humanité ont incité Freud à traiter de l'existence de cette pulsion et à considérer que la nature humaine n'est pas que bonté et amour. Il y a une force à l'intérieur de l'homme qui le pousse à donner la mort. La manifestation directe de Thanatos conduit à se donner la mort (suicide). Dans une discussion avec Albert Einstein (1879-1955) sur le sujet de la guerre, Freud utilise le terme « destruction » pour nommer la

SOMATIQUE
Se dit de tout ce qui est organique et concerne le corps.

ÉROS
Dieu grec de l'amour, fils d'Aphrodite (déesse de l'amour) et d'Arès (dieu de la guerre).

THANATOS
Dieu grec de la mort, fils de la Nuit et frère d'Hypnos.

---

14. *Ibid.*, p. 18.

15. Sigmund Freud, *Abrégé de psychanalyse*, p. 13.

16. *Ibid.*, p. 8.

pulsion qui dérive de la pulsion de mort et qui est dirigée contre le monde extérieur dans le but d'éliminer l'autre plutôt que soi-même.

Au début de la vie d'un être humain, les deux pulsions fondamentales Éros et Thanatos agissent à l'intérieur du psychisme et se neutralisent l'une l'autre. Au cours du développement, Éros et Thanatos forment un processus dynamique de forces opposées qui se conjuguent pour former la personnalité de l'individu. Ces deux pulsions primordiales devraient normalement être intégrées au niveau de la conscience au cours de la petite enfance. Mais, à cause d'un vécu traumatisant (en particulier la crainte de perdre l'amour des parents), ou à cause de circonstances extérieures (des règles éducatives strictes), ces pulsions (plus particulièrement leurs **représentations**) peuvent avoir subi la *censure*, c'est-à-dire avoir été l'objet du refoulement.

Le refoulement

Le refoulement est un **mécanisme de défense** qui repousse dans l'inconscient, en mettant à l'écart et en tenant à distance du conscient — sans la participation volontaire du sujet —, les tendances ou les désirs sexuels et agressifs (et leurs représentations) non acceptés par le milieu familial et social.

Le refoulement est un procédé tout à fait inconscient et automatique. Grâce à celui-ci, un barrage est érigé contre la pulsion menaçante, qui est alors réfrénée sans que la volonté ou la liberté de l'individu y soit pour quelque chose. C'est comme si un interdit était posé et que la représentation d'une pulsion jugée incorrecte fût chassée de la conscience et oubliée, bien que continuant à y vivre, à s'y développer et à influencer la conduite de l'individu. Prenons comme exemple l'un des cas thérapeutiques rapportés par Freud lui-même. Il s'agit d'une patiente qui était tombée amoureuse du mari de sa sœur. Cette dernière meurt subitement. Malgré la peine ressentie face à cette mort soudaine, la patiente ne peut s'empêcher de penser que son beau-frère, désormais veuf, pourra enfin l'épouser. Horrifiée par cette idée inconvenante, elle la « refoule » complètement. Mais elle tombe gravement malade. Freud diagnostique une hystérie aux symptômes sévères. La cure psychanalytique permet de faire réapparaître cette « idée révoltante » à la conscience de la patiente afin qu'elle puisse y voir la cause du grave traumatisme enfoui dans son inconscient.

Prenons un autre exemple pour illustrer le refoulement. Un jeune manœuvre obtient un nouvel emploi dans une usine. À la première rencontre avec son contremaître, il ressent une antipathie à l'endroit de celui-ci. Plus les semaines passent, plus le rapport entre les deux hommes s'envenime. Le contremaître surveille sans cesse l'employé, le réprimande à la moindre faute. Le jeune manœuvre se met à le détester carrément et à éprouver beaucoup d'agressivité envers lui. Mais, pour ne pas risquer de perdre son emploi, le jeune homme ne riposte pas et ronge son frein. Or, une nuit, il rêve qu'il tue son contremaître à coups de couteau. Au réveil, il ne se rappelle pas le contenu de son rêve, car l'objectif premier du refoulement — comme celui de tout mécanisme de défense, d'ailleurs — est de maintenir hors de la conscience les conflits qu'il résout.

> La psychanalyse nous a appris que l'essence du processus de refoulement ne consiste pas à supprimer, à anéantir une représentation représentant la pulsion, mais à l'empêcher de devenir consciente. Nous dirons alors qu'elle se trouve dans l'état « inconscient » et nous pouvons fournir des preuves solides de ce que, tout en étant inconsciente, elle peut produire des effets dont certains même atteignent finalement la conscience [...][17].

---

17. Sigmund Freud, *Métapsychologie*, p. 65.

REPRÉSENTATION

Du latin *repræsentatio*, « action de mettre sous les yeux ». Du mot allemand *Vorstellung*, « représentation » signifie « le contenu concret d'un acte de pensée ». Freud l'utilise plus particulièrement dans le sens de « traces » de l'objet, de l'événement ou de la pulsion qui viennent s'inscrire dans les « systèmes mnésiques (liés aux souvenirs) ».

MÉCANISME DE DÉFENSE

Procédés inconscients qui servent à maîtriser ou à canaliser les pulsions qui risqueraient de porter atteinte à l'équilibre de la personnalité. Ces procédés (refoulement, projection, formation négative, fixation, régression, sublimation) instaurent un compromis défensif entre le désir et la réalité. Afin de protéger l'individu menacé d'angoisse, ces procédés peuvent déformer ou même refuser la réalité.

Le conscient (Cs) et le préconscient (Pcs)

Nous venons de voir qu'un *acte psychique* (une représentation incongrue, déplacée, inacceptable) subit d'abord l'épreuve de la censure ; s'il ne réussit pas à franchir cette épreuve, il est alors refoulé dans le système inconscient (Ics). Mais si cet acte psychique franchit cette épreuve, « il entre dans la deuxième phase et appartient désormais au deuxième système que nous décidons d'appeler le système Cs[18] ». Le système conscient (Cs) représente tous les phénomènes psychiques immédiatement présents à l'esprit. Situé à la limite du psychisme humain, le conscient n'occupe qu'une infime partie de ce dernier. Grâce à sa relation directe avec le monde extérieur, il est responsable de la perception sensorielle et de la motricité.

> La prise de conscience dépend avant tout des perceptions reçues de l'extérieur par nos organes sensoriels. [...] Certes, certains renseignements conscients nous viennent aussi de l'intérieur du corps, les sentiments, qui exercent même sur notre vie psychique une influence bien plus impérieuse que les perceptions externes. Enfin, en diverses circonstances, les organes sensoriels fournissent, en plus de leurs perceptions spécifiques, des sentiments, des sensations douloureuses. Ces impressions, comme nous les appelons pour les distinguer des perceptions conscientes, émanent aussi de nos organes terminaux[19].

Revenons à la représentation refoulée du meurtre du contremaître dont nous parlions précédemment. Il se peut que cette représentation, parce qu'elle a été censurée, ne parvienne pas tout de suite à la conscience du jeune manœuvre, mais qu'elle soit *susceptible de devenir consciente* sans trop de résistance et dans la mesure où certaines conditions sont remplies. Freud donne le nom de système « préconscient » (Pcs) à cette phase par laquelle un acte psychique a la possibilité de devenir conscient. Le préconscient représente donc les phénomènes psychiques, ou affects[20], absents de l'esprit mais qui peuvent être plus ou moins facilement ramenés à la conscience grâce au langage, soit accidentellement ou par un effort de la volonté. La mémoire peut aussi donner accès à l'univers du préconscient alors qu'elle ne peut permettre d'entrer en contact avec le contenu profondément refoulé dans l'inconscient. L'accessibilité au matériel inconscient peut toutefois se faire par des voies détournées telles que l'hypnose, les rêves ou les drogues.

Comme nous avons pu le constater, la première topique freudienne (la théorie de l'inconscient) permet de déterminer les différentes zones du psychisme humain ainsi que leur contenu. On qualifie la première topique de statique, car elle n'offre pas un modèle de compréhension dynamique et complet du comportement humain. Il y a lieu de reprendre l'énoncé de Helmholtz sur le principe de conservation de l'énergie. L'énergie peut être transformée, se déplacer, mais elle ne se crée pas et ne se détruit pas. De même, Brücke concevait l'être humain comme un système dynamique lié aux lois physiques et chimiques. Freud, qui subit alors l'influence des études scientifiques de son époque, croit que les lois de la physique s'appliquent autant à l'esprit qu'au corps. L'énergie physique se déplace et se transforme en énergie psychique en favorisant l'émergence des processus mentaux (mémoire, synthèse, perception, etc.). Le lien corps-esprit est établi.

---

18. *Ibid.*, p. 76.

19. Sigmund Freud, *Abrégé de psychanalyse*, p. 24-25.

20. Freud précise qu'« une pulsion ne peut jamais devenir objet de la conscience, seule le peut la représentation qui la représente », ou l'« état d'affect » sous lequel la pulsion apparaît (*Métapsychologie*, p. 82).

La deuxième topique freudienne : la théorie dynamique de la personnalité

Freud propose, à partir de 1923, un deuxième système conceptuel (qualifié de DEUXIÈME TOPIQUE) représentant l'appareil psychique. La deuxième topique étudie comment l'énergie psychique se distribue à l'intérieur d'instances de la personnalité qui cherchent chacune à en posséder le contrôle afin de satisfaire sa vision du monde.

L'ANCIENNE TOPIQUE (L'Ics, LE Cs ET LE Pcs) N'EST PAS REJETÉE PAR FREUD, MAIS UNE NOUVELLE DISTRIBUTION VIENT DÉSORMAIS SE SUPERPOSER À LA PRÉCÉDENTE.

Ces instances de la personnalité ou « provinces de l'appareil psychique[21] » se nomment le Ça, le Sur-Moi et le Moi. Elles apparaissent à des phases différentes de l'évolution de l'être humain.

Le Ça[22]

Freud donne le nom de Ça à la partie la plus ancienne de l'appareil psychique. Le psychisme n'est d'abord que le Ça inorganisé, c'est-à-dire « tout ce que l'être apporte en naissant[23] ». Le Ça constitue le « noyau de notre être[24] » ; il correspond à la base primitive et inconsciente du psychisme qui est dominée par les besoins primaires. Le Ça possède dès la naissance la totalité de l'énergie psychique disponible et l'utilise pour la satisfaction immédiate des besoins. Le Ça ne sait pas attendre.

Le psychisme du nouveau-né n'est constitué à l'origine que du Ça. Lorsqu'il a faim, l'enfant manifeste cette pulsion par des pleurs et des cris. Il veut se satisfaire tout de suite. Il est entièrement pris par cette faim qui mobilise son être. En somme, le Ça est une espèce de marmite chaotique où bouillonnent les désirs, les besoins et les pulsions organiques. « Les pulsions organiques agissent à l'intérieur du Ça et résultent elles-mêmes de la fusion en proportions variables de deux forces primitives : l'Éros et la Destruction[25] », dont nous avons parlé précédemment.

L'individu qui ne possède qu'un gros Ça ne peut voir les exigences de la réalité extérieure, ni s'y conformer, car la totalité de l'énergie psychique est mise à la disposition de la satisfaction immédiate des besoins. Dans le Ça, il n'y a ni contradiction, ni loi, ni morale, ni temps. C'est l'univers de l'impulsivité pure qui ne tolère aucune augmentation d'énergie provoquée par la tension résultant d'un besoin. Le Ça ignore même qu'il existe une réalité extérieure pouvant participer à la satisfaction des besoins. Il est uniquement en contact avec l'univers interne des besoins, des pulsions et des passions.

Le Ça et le principe de plaisir

Le Ça répond au *principe de plaisir*, c'est-à-dire qu'il cherche constamment à retrouver l'état de bien-être qui existait avant que le besoin apparaisse. En cela, il est incapable d'attendre et exige que toute pulsion soit immédiatement satisfaite sans égard à rien d'autre qu'à ce principe. Le principe de plaisir est un processus primaire d'accomplissement du désir qui ne tient compte d'aucune règle, norme ou logique. C'est comme si une pulsion nous poussait à satisfaire nos désirs dans l'immédiat, de façon égoïste et inconsidérée, sans que nous pensions à nous protéger contre ce qui pourrait menacer

---

21. Sigmund Freud, *Abrégé de psychanalyse*, p. 24.

22. Le Ça est la traduction française du terme allemand *das Es* (*id*, en latin).

23. Sigmund Freud, *Abrégé de psychanalyse*, p. 4.

24. *Ibid.*, p. 74.

25. *Ibid.*, p. 74.

ou compromettre la sécurité de notre personne ou l'ordre moral et social en vigueur. Par exemple, un père qui commet des gestes incestueux envers sa jeune fille ne répond qu'aux injonctions de son Ça.

Évidemment, le fait d'agir de manière impulsive, en ne nous souciant pas des conséquences liées aux actes que nous faisons, risque d'entrer en conflit avec la raison, qui, elle, pense au lendemain et voit à éviter les dangers. Cela risque aussi de contrecarrer les exigences de la société et ses interdits.

Le réservoir du refoulé

Le Ça symbolise le psychisme humain à l'état naturel. Il est ce lieu, au plus profond de nous, où s'agitent les pulsions avant toute manifestation ou tout contrôle de la culture. Mais il sert aussi de réservoir au refoulé.

> BRIÈVEMENT, LE MOI EST LA PARTIE DU PSYCHISME QUI — ÉTANT CONSCIENTE DE LA RÉALITÉ — REPRÉSENTE LA RAISON, LA PRUDENCE ET LA SÉCURITÉ.

L'inconscient est la seule qualité dominant à l'intérieur du Ça. [...] À l'origine, tout était Ça. Le MOI s'est développé à partir du Ça sous l'influence persistante du monde extérieur. Durant ce lent développement, certains contenus du Ça passèrent à l'état préconscient, s'intégrant ainsi dans le Moi. D'autres demeurèrent dans le Ça en en constituant le noyau difficile d'accès. Mais durant ce développement, le Moi jeune et faible a repoussé dans l'inconscient et supprimé certains contenus qu'il avait déjà intégrés, et s'est comporté de la même façon à l'égard de nombre d'impressions nouvelles qu'il aurait pu recueillir, de sorte que ces dernières, rejetées, n'ont pu laisser de traces que dans le Ça. C'est à cette partie du Ça que nous donnons, du fait de son origine, le nom de refoulé. Nous ne sommes pas toujours en mesure de délimiter nettement les deux catégories dans ce contenu du Ça, ce qui d'ailleurs importe peu. Contentons-nous de dire que le Ça comporte des contenus innés et des faits acquis au cours de l'évolution du Moi[26].

En résumé, les pulsions primaires forment le contenu inné du Ça, alors que le refoulé forme son contenu de faits acquis, c'est-à-dire de représentations qui ont été reléguées dans l'inconscient parce qu'elles exprimaient des tendances culturellement, socialement ou moralement inacceptables.

Notons que « le refoulé exerce, en direction du conscient, une pression continue, qui doit être équilibrée par une contre-pression incessante. Maintenir le refoulement suppose donc une dépense constante de force ; le supprimer, cela signifie, du point de vue économique, une épargne[27] ». Tout au long de notre développement, le refoulement exige donc de notre psychisme une dépense d'énergie qui pourrait être utilisée à d'autres fins. Mais quelle est l'origine du refoulement, qu'est-ce qui en est la source ? Reprenons l'exemple du nourrisson qui éprouve une faim subite. Ses parents lui apprendront tôt ou tard à se discipliner, à cesser de pleurer et de crier, et à attendre patiemment qu'ils soient disponibles pour le nourrir. Plus tard, ils lui montreront à contrôler ses besoins naturels : la régularité et la propreté seront exigées de lui. Ils lui enseigneront ensuite qu'il est incorrect de briser ses jouets, d'être agressif envers ses camarades ou de faire des crises de violence. Ses satisfactions autoérotiques pourront aussi lui être interdites. Bref, ses parents lui inculqueront l'ensemble des valeurs et des règles particulières à la société dans laquelle il grandira et qui, de façon générale, s'opposent à l'actualisation spontanée des pulsions. Toutes ces tendances sexuelles ou agressives réprimées par l'éducation — et plus spécialement les représentations liées à ces tendances — seront refoulées dans les profondeurs de l'insconscient.

---

26. *Ibid.*, p. 26.

27. *Ibid.*, p. 53.

L'instance psychique qui représente les exigences de la société et ses interdits est le Sur-Moi.

Le Sur-Moi

INTROJECTER

Terme psychanalytique décrivant le processus inconscient par lequel l'enfant, par exemple, incorpore l'image des parents à son Moi et à son Sur-Moi.

Durant la longue période de l'enfance que nous traversons et pendant laquelle nous dépendons de nos parents, se forme une instance qui prolonge l'influence de ceux-ci. Freud appelle « Sur-Moi » (*Über-Ich*, super-ego) cette instance qui se modèle sur l'autorité parentale **introjectée** au cours de l'enfance.

> Ce n'est évidemment pas la seule personnalité des parents qui agit sur l'enfant, mais transmises par eux, l'influence des traditions familiales, raciales et nationales, ainsi que les exigences du milieu social immédiat qu'ils représentent. Le Sur-Moi d'un sujet, au cours de son évolution, se modèle aussi sur les successeurs et sur les substituts des parents, par exemple sur certains éducateurs, certains personnages qui représentent au sein de la société des idéaux respectés[28].

Selon Freud, le Sur-Moi démontre souvent une sévérité beaucoup plus grande que celle des parents réels ou des personnes les représentant. Il met en place un « code moral » exigeant et étroit. Par exemple, le Sur-Moi ne juge pas uniquement l'individu sur les actes accomplis, mais il considère aussi les intentions et les pensées non encore actualisées.

Le Sur-Moi et le principe de perfection

En ce sens, le Sur-Moi — appelé aussi le Moi idéal — représente un IDÉAL à atteindre et répond au *principe de perfection.* C'est comme si le Sur-Moi se faisait son propre cinéma en se projetant des images idéales de pensées et de comportements qui correspondent aux représentations intériorisées des valeurs parentales. En cela, il ressemble au Ça puisque ces deux instances perçoivent la réalité de façon irréaliste : le Ça en présente une vision anarchique, alors que le Sur-Moi en propose une vision idéalisée.

LA QUÊTE D'UN TEL IDÉAL CORRESPOND À L'UN DES DEUX SOUS-SYSTÈMES DU SUR-MOI : L'IDÉAL DU MOI ET LA CONSCIENCE MORALE.

> Le Sur-Moi représente toutes les contraintes morales et aussi l'aspiration vers le perfectionnement, bref tout ce que nous concevons maintenant psychologiquement comme faisant partie de ce qu'il y a de plus haut dans la vie humaine. C'est en nous tournant vers les sources d'où découle le Sur-Moi que nous parviendrons plus aisément à connaître sa signification ; or nous savons que le Sur-Moi dérive de l'influence exercée par les parents, les éducateurs, etc. En général, ces derniers se conforment, par l'éducation des enfants, aux prescriptions de leur propre Sur-Moi. Quelle qu'ait été la lutte menée entre leur Sur-Moi et leur Moi, ils se montrent sévères et exigeants vis-à-vis de l'enfant. Ils ont oublié les difficultés de leur propre enfance et sont satisfaits de pouvoir s'identifier à leurs parents à eux, à ceux qui leur avaient autrefois imposé de dures restrictions. Le Sur-Moi de l'enfant ne se forme donc pas à l'image des parents, mais bien à l'image du Sur-Moi de ceux-ci ; il s'emplit du même contenu, devient le représentant de la tradition, de tous les jugements de valeur qui subsistent ainsi à travers les générations[29].

---

28. *Ibid.*, p. 5-6.

29. Sigmund Freud, *Nouvelles conférences sur la psychanalyse*, trad. Anne Berman, Paris, Gallimard, coll. « Idées », 1971, p. 90-91.

Le Sur-Moi et le complexe d'Œdipe

Le contenu du Sur-Moi (prescriptions, contraintes et restrictions morales, jugements de valeur, aspirations idéales de perfection) s'élabore à partir du Sur-Moi des parents (agents de transmission de la moralité et de la tradition), mais quel est le mécanisme précis qui en signe l'origine ? Le Sur-Moi naît, selon Freud, à la suite du refoulement du *complexe d'Œdipe*. Le complexe d'Œdipe peut brièvement être décrit comme l'attachement incestueux inconscient que tous les enfants éprouvent (de trois à six ans) envers le parent de sexe opposé. Cet attachement entraîne, d'une part, une jalousie éprouvée envers le parent du même sexe qui est perçu, dans l'inconscient, comme un rival et, d'autre part, un sentiment de culpabilité inconscient qui fait suite aux sentiments d'agressivité à son égard. Les pulsions œdipiennes ainsi enfouies au plus profond de l'inconscient sont en quelque sorte remplacées par le Sur-Moi.

LORSQU'UNE ENQUÊTE RÉVÈLE QU'IL EST COUPABLE DU MEURTRE DE SON PÈRE ET D'AMOUR INCESTUEUX À L'ENDROIT DE SA MÈRE, ŒDIPE SE CRÈVE LES YEUX.

Plus le complexe d'Œdipe aura été fort, plus vite le refoulement sera effectué (sous l'influence de toutes les formes d'autorité morales de même que par la menace de **castration** pour le garçon et par l'annulation du désir de posséder un pénis pour la fille), et plus le Sur-Moi régnera avec rigueur afin de contrôler l'utilisation de l'énergie des pulsions.

En conclusion, on peut dire que le Sur-Moi correspond à une norme impérative qui résulte de l'intériorisation, au cours de l'enfance, de l'autorité parentale-institutionnelle et du sens moral de la culture environnante. En cela, le Sur-Moi représente les exigences du milieu social et moral dans lequel nous grandissons et nous nous développons. Et c'est dans cette mesure qu'on peut dire que le Sur-Moi est la conscience morale d'un individu. En voulant reléguer dans l'inconscient les pulsions sexuelles et agressives jugées excessives ou indécentes, donc en exigeant de réfréner les satisfactions non permises par notre culture (tabous et interdits), le Sur-Moi joue un rôle de censure. Nous le «ressentons, dans son rôle de justicier, comme notre *conscience* [qui surveille l'autre instance psychique, le Moi, lui donne des ordres, le dirige, le menace de châtiment], exactement comme les parents dont elle a pris la place[30] ». Le Sur-Moi n'a cependant pas qu'un rôle répressif. Il représente aussi le niveau des aspirations et notre tendance à la perfection.

Le Moi

Freud donne le nom de Moi (*das Ich, ego*) à cette «fraction de notre psychisme », à cette mince «surface» coincée à la limite de l'inconscient et de la réalité extérieure, et à laquelle correspond en partie la qualité de conscient. Au contact du monde extérieur, le Moi s'est développé à partir d'une transformation du Ça. Le Moi possède la capacité d'être à proximité de la réalité extérieure et en contact avec elle, et il est en mesure d'aider le Ça à éliminer ses tensions. Ainsi, tôt dans la première année de la vie de l'enfant, le Moi

---

30. *Ibid.*, p. 84-85.

ŒDIPE

Personnage de la mythologie grecque qui tue Laïos, roi de Thèbes, sans savoir qu'il est son père, et qui devient l'époux de Jocaste en ignorant qu'elle est sa mère. Par la suite, apprenant qu'il est l'auteur de ces crimes horribles, Œdipe se crève les yeux.

CASTRATION

Le complexe de castration se définit par la crainte intériorisée par le fils de voir son père lui couper son pénis (lorsqu'il constate que les filles n'en ont pas). Le pendant féminin du complexe de castration correspond à l'envie du pénis lorsque la fille se rend compte qu'elle n'en a pas.

obtient une petite quantité d'énergie du Ça et s'en sert pour tester la réalité, c'est-à-dire voir si les demandes du Ça sont compatibles avec les possibilités offertes par le milieu extérieur. Le Moi a besoin de l'aide du monde extérieur afin de réprimer la force de l'énergie pulsionnelle pendant l'enfance.

Voyons plus précisément les principaux rôles que Freud accorde au Moi :

Le Moi dispose du contrôle des mouvements volontaires. Il assure l'autoconservation et, pour ce qui concerne l'extérieur, remplit sa tâche en apprenant à connaître les excitations, en accumulant (dans la mémoire) les expériences qu'elles lui fournissent, en évitant les excitations trop fortes (par la fuite), en s'accommodant des excitations modérées (par l'adaptation), enfin en arrivant à modifier, de façon appropriée et à son avantage, le monde extérieur (activité)[31].

Le Moi et le principe de réalité

En somme, la fonction primordiale du Moi consiste à favoriser le contact avec la réalité (monde extérieur) : je suis là, j'occupe un espace, je m'y déplace, j'ai froid ou chaud, soif ou faim, j'éprouve un désir pour telle femme ou tel homme, etc. C'est le Moi qui établit un contact entre les besoins pulsionnels issus de l'organisme et la réalité extérieure. Un Moi sain assure un rapport exact au monde extérieur. Le Moi est le représentant du *principe de réalité*.

En ce sens, le Moi est l'instance qui sert d'intermédiaire entre le Ça et les contraintes du monde extérieur représentées par le Sur-Moi. « De même que le Ça n'obéit qu'à l'appât du plaisir, le Moi est dominé par le souci de la sécurité. Sa mission est la conservation de soi que le Ça semble négliger[32]. »

Le Moi essaie d'interposer une ACTIVITÉ RÉFLEXIVE entre la pulsion et ce qu'il faut faire pour l'actualiser. En se basant sur les expériences passées et en prenant en considération la situation présente, il pèse le pour et le contre, et décide si le mode de satisfaction projeté est réalisable sans danger et si le moment choisi est approprié. Tout cela a pour but d'éviter le sentiment de culpabilité que pourrait créer le Sur-Moi et d'empêcher de cette manière l'apparition de l'angoisse qui en découlerait. Ainsi, le Moi peut suspendre la pulsion jusqu'à ce que l'objet (personne ou chose) pouvant effectivement satisfaire cette dernière soit découvert, ou encore jusqu'à ce que l'objet désiré se rende disponible. L'exemple suivant peut illustrer cette fonction du Moi, qui est axé sur le principe de réalité et qui, conséquemment, tient compte de l'« épreuve de réalité ». La femme avec laquelle je vis est installée à son bureau. Je la regarde et, soudain, j'éprouve du désir pour elle. Mais elle travaille avec beaucoup de concentration à un rapport très important qu'elle doit remettre demain à son travail. C'est à cause de mon Moi que je tolérerai que la satisfaction de mon désir soit différée ou que mon désir soit réprimé. Je respecterai donc le travail de ma femme et attendrai qu'elle ait terminé son rapport en espérant que...

> « LE MOI REPRÉSENTE CE QU'ON APPELLE LA RAISON ET LA SAGESSE. » (SIGMUND FREUD, *ESSAIS DE PSYCHANALYSE*, P. 193.)

INHIBITEUR
Se dit du processus qui met au repos les données psychiques imprudentes ou inconvenantes en les empêchant de se produire ou d'arriver à la conscience. Afin d'éviter l'angoisse, ou d'entrer en conflit avec le Sur-Moi, le Moi empêche l'éclosion de la pulsion.

Le Moi comme instance inhibitrice

Cet exemple montre que le Moi peut agir comme instance **inhibitrice** en utilisant le mécanisme de la répression. « L'évolution du Moi, écrit Freud, va de la perception

---

31. *Ibid.*, p. 4.
32. *Ibid.*, p. 76.

instinctive des instincts à la domination des instincts, de l'obéissance aux instincts à l'inhibition des instincts[33]. » Freud décrit l'inhibition des instincts de la manière suivante :

> Au-dedans, il [le Moi] mène une action contre le Ça en acquérant la maîtrise des exigences pulsionnelles et en décidant si celles-ci peuvent être satisfaites ou s'il convient de différer cette satisfaction jusqu'à un moment plus favorable ou encore s'il faut les étouffer tout à fait[34].

Le Moi impose de fortes contraintes aux élans du Ça. C'est le Moi qui refoule toute action qui pourrait amener des conséquences fâcheuses ou engendrer de l'anxiété et de l'angoisse.

Dans le but de protéger son intégrité, le Moi peut donc inhiber, c'est-à-dire réprimer délibérément et consciemment, les pulsions répréhensibles du Ça. Prenons comme exemple un enseignant âgé d'une cinquantaine d'années qui éprouve envers l'une de ses élèves un désir sexuel ardent qui ne cesse de le troubler. Aussitôt le cours terminé, il peut, sans faire intervenir sa raison, signifier à son élève l'immense désir qu'il ressent pour elle. À l'inverse, il peut, étant donné qu'il est et restera son enseignant, se dire qu'il serait bien imprudent de se laisser ainsi aller à une impulsion déplacée. Conséquemment, il jugera préférable de différer la manifestation de son désir et attendra la fin de la session. Selon une dernière possibilité, il peut se traiter de « vieux fou », alléguer le statut de maître par rapport à celui d'élève, la différence d'âge inacceptable et la possibilité que le désir ne soit pas partagé, les risques qu'on apprenne une telle liaison et ceux de perdre son emploi, etc., pour étouffer définitivement ce désir. Et, comme par magie, la semaine suivante, lorsqu'il reverra son élève, son désir pour elle ne sera plus aussi pressant.

Le Moi, le Sur-Moi et le Ça

Nous voyons par cet exemple que, dans son activité, le Moi prend en considération les valeurs, les normes et les règles de la culture ambiante édictées par la pression constante du Sur-Moi. Il découvre le moyen le plus favorable et le moins périlleux de satisfaire besoins et pulsions tout en tenant compte des exigences du monde extérieur. En cela, il peut être assimilé à une sorte d'avocat qui négocie avec deux parties adverses : le Ça et le Sur-Moi. Sa principale tâche est de résoudre les conflits surgissant entre ces deux instances. Plus particulièrement, le Moi est le lieu d'un équilibre, solide ou fragile, s'érigeant entre les pulsions du Ça et les pressions morales du Sur-Moi. Ce faisant, « le Moi se voit obligé de satisfaire tout à la fois les exigences de la réalité, celles du Ça et du Sur-Moi, tout en préservant sa propre organisation et en affirmant son autonomie[35] ».

Complétons cette description de la relation entre les trois instances de l'appareil psychique (*voir la figure 5.1*) par un dernier passage des *Nouvelles conférences sur la psychanalyse* où Freud explique comment le Moi est contraint de « servir trois maîtres sévères » :

> Un adage nous déconseille de servir deux maîtres à la fois. Pour le pauvre Moi la chose est bien pire, il a à servir trois maîtres sévères et s'efforce de mettre de l'harmonie dans leurs exigences. Celles-ci sont toujours contradictoires et il paraît souvent impossible de les concilier ; rien d'étonnant dès lors à ce que souvent le Moi échoue dans sa mission. Les trois despotes sont le monde extérieur, le Sur-Moi et le Ça. [...] Il [le Moi] se

---

33. Sigmund Freud, *Essais de psychanalyse*, trad. S. Jankélévitch, revue par A. Hesnard, Paris, Petite Bibliothèque Payot, 1968, p. 230.

34. Sigmund Freud, *Abrégé de psychanalyse*, p. 4.

35. *Ibid.*, p. 39.

sent comprimé de trois côtés, menacé de trois périls différents auxquels il réagit, en cas de détresse, par la production d'angoisse. Tirant son origine des expériences de la perception, il est destiné à représenter les exigences du monde extérieur, mais il tient cependant à rester le fidèle serviteur du Ça, à demeurer avec lui sur le pied d'une bonne entente, à être considéré par lui comme un objet et à s'attirer sa libido. En assurant le contact entre le Ça et la réalité, il se voit souvent contraint de revêtir de rationalisations préconscientes les ordres inconscients donnés par le Ça, d'apaiser les conflits du Ça avec la réalité et, faisant preuve de fausseté diplomatique, de paraître tenir compte de la réalité, même quand le Ça demeure inflexible et intraitable. D'autre part, le Sur-Moi sévère ne le perd pas de vue et, indifférent aux difficultés opposées par le Ça et le monde extérieur, lui impose les règles déterminées de son comportement. S'il vient à désobéir au Sur-Moi, il en est puni par de pénibles sentiments d'infériorité et de culpabilité. Le Moi ainsi pressé par le Ça, opprimé par le Sur-Moi, repoussé par la réalité, lutte pour accomplir sa tâche économique, rétablir l'harmonie entre les diverses forces et influences qui agissent en lui et sur lui : nous comprenons ainsi pourquoi nous sommes souvent forcés de nous écrier : « Ah, la vie n'est pas facile ! » Le Moi, quand il est forcé de reconnaître sa propre faiblesse, est saisi d'effroi : peur réelle devant le monde extérieur, craintes de la conscience devant le Sur-Moi, anxiété névrotique devant la puissance qu'ont les passions dans le Ça[36].

Figure 5.1 Le schéma freudien de l'appareil psychique

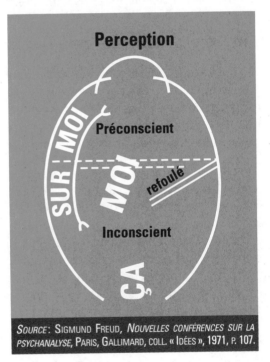

SOURCE: SIGMUND FREUD, *NOUVELLES CONFÉRENCES SUR LA PSYCHANALYSE*, PARIS, GALLIMARD, COLL. « IDÉES », 1971, P. 107.

---

36. Sigmund Freud, *Nouvelles conférences sur la psychanalyse*, p. 104-105.

L'anthropologie philosophique freudienne

Freud philosophe

Le portrait que Sigmund Freud brosse de l'être humain, même s'il est déduit de faits cliniques, reste une théorie générale de la nature humaine et, spécifiquement, de l'inconscient et de ses diverses manifestations. Malgré le fait que Freud n'a pas voulu créer de philosophie, il nous a donné une vision si nouvelle de la condition humaine qu'il peut être considéré comme un grand philosophe du XXᵉ siècle.

> ON NE PEUT SOUMETTRE LES THÉORIES FREUDIENNES À DES TESTS SPÉCIFIQUES ET RÉPÉTÉS QUI EN DÉMONTRERAIENT LA VÉRACITÉ ABSOLUE. EN CE SENS, LA THÉORIE PSYCHANALYTIQUE NE SAURAIT REVENDIQUER LE CARACTÈRE « SCIENTIFIQUE » CAR, NE POUVANT ÊTRE RÉFUTÉE, ELLE RESTE INVÉRIFIABLE. QUI PLUS EST, CHAQUE HISTOIRE PERSONNELLE ÉTANT DIFFÉRENTE, CHAQUE ANALYSE LE SERA... AINSI, LA PSYCHANALYSE, C'EST DU CAS PAR CAS.

Même si Freud présentait la psychanalyse comme une théorie scientifique, nous pensons que cette dernière ne peut revendiquer un caractère d'OBJECTIVITÉ IRRÉFUTABLE. Cette conception de l'être humain est et demeure, au même titre que toutes les autres, une interprétation de l'homme qui cherche à donner un sens à des dimensions de la réalité humaine jusqu'alors négligées, voire ignorées. En cela, elle peut être considérée comme une **anthropologie philosophique**, une approche philosophique de l'être humain. Comme tous les autres penseurs présentés dans ce manuel, Freud a voulu répondre au célèbre «Connais-toi toi-même» de Socrate.

ANTHROPOLOGIE PHILOSOPHIQUE
Conception de l'être humain.

L'homme réel : un être déterminé par son inconscient

Dans sa visée première — en investiguant l'inconscient et en démontrant que la vie psychique obéit à ses lois —, le freudisme remet en question la conception traditionnelle de l'être humain, qui est perçu comme un sujet rationnel, autonome, conscient, libre, maître de lui-même et de ses actions. Ce faisant, Freud présente l'homme comme un être de pulsions et de désirs davantage régi par l'inconscient que par la raison.

> « LE FAIT QUE LE DÉVELOPPEMENT DU MOI SE LAISSE DISTANCIER PAR LE DÉVELOPPEMENT LIBIDINAL EST, À NOS YEUX, LA CONDITION ESSENTIELLE DES NÉVROSES. COMMENT ALORS N'EN PAS DÉDUIRE QUE LES NÉVROSES POURRAIENT ÊTRE ÉVITÉES SI L'ON ÉPARGNAIT AU MOI INFANTILE CETTE ÉPREUVE, C'EST-À-DIRE SI ON LAISSAIT S'ÉPANOUIR LIBREMENT LA SEXUALITÉ DE L'ENFANT, COMME C'EST LE CAS CHEZ BIEN DES PEUPLES PRIMITIFS. » (ABRÉGÉ DE PSYCHANALYSE, P. 78.)

Aujourd'hui, il n'est pas possible de se représenter l'être humain comme si Freud n'avait jamais existé. Depuis la mise en lumière de l'inconscient, nous savons que nous possédons une personnalité ignorée de nous-mêmes et que, par conséquent, nous avons à démasquer les motivations inconscientes qui nous font faire ceci ou cela, qui nous font être ceci ou cela. Désormais, grâce à Freud, nous savons que le milieu culturel et social dans lequel nous grandissons conditionne et modèle notre affectivité, voire notre personne tout entière. Cette «pression civilisatrice[37]» supprime de façon souvent excessive (car elle provoque des NÉVROSES) les pulsions et leurs manifestations. Bien sûr, la civilisation naît de la maîtrise des pulsions, qui ne peuvent s'épancher librement à cause de leur caractère asocial. «Une grande partie de notre trésor de civilisation, si hautement prisé, écrit Freud, s'est constituée au détriment de la sexualité et par l'effet d'une limitation des pulsions sexuelles[38].»

Si nous tentons de définir l'être humain tel que Freud l'a investigué, nous pouvons dire que son essence est un amalgame conflictuel de nature (le Ça) et de culture (le Sur-Moi). À sa naissance, le petit humain est d'abord entièrement sous le joug des pulsions.

---

37. Sigmund Freud, *Malaise dans la civilisation*, trad. C.H. et J. Audier, Paris, Presses Universitaires de France, 1971, p. 57.
38. Sigmund Freud, *Abrégé de psychanalyse*, p. 79.

NARCISSIQUE
Se dit de quelqu'un qui porte une attention exclusive à sa propre personne et à ses propres besoins, de sorte que toutes ses énergies affectives sont dirigées sur lui-même.

Il est exclusivement orienté vers la satisfaction **narcissique** de ses besoins. Il n'est pas en mesure de peser le pour et le contre avant d'agir (nature). Puis, mis en face de la réalité culturelle environnante, il est contraint graduellement de domestiquer ses pulsions qui vont à l'encontre des valeurs, des normes et des règles de la société (culture). C'est par le biais de la socialisation que la culture tentera de maîtriser, en la réprimant, sa nature biologique.

Conséquemment, Freud affirme que l'homme est, de fait, un être déterminé par les instances inconscientes (le Ça et le Sur-Moi) de son psychisme. La vie psychique d'un individu est déterminée par les événements vécus et par l'éducation reçue dans son enfance. Aux yeux de Freud, ce que l'individu devient s'est donc lentement construit au fil des années indépendamment de sa volonté.

Même s'il présente une vision déterministe de l'évolution du psychisme humain, Freud n'exclut pas la possibilité qu'une personne se libère de ses démons intérieurs et en arrive un jour — grâce à la psychanalyse — à s'appartenir en propre.

L'homme idéal : un être affranchi de la domination des pulsions

Mais au fond, dans sa dernière visée, la conception freudienne de l'être humain reste attachée aux grandes philosophies rationalistes. Malgré sa tentative pour présenter le corps (pulsions sexuelles et agressives [le Ça]) et l'esprit (activités réflexives [le Moi] et morales [le Sur-Moi]) comme un ensemble unifié à l'intérieur de l'appareil psychique, Freud ne valorise pas, comme l'avait fait Nietzsche avant lui, le monde des pulsions et des passions. Certes, il essaie de dépasser le dualisme corps-esprit instauré par la philosophie de Descartes, mais il n'en demeure pas moins que la psychanalyse est une grille d'analyse rationaliste qui explore les structures psychiques de la personnalité humaine ainsi que les différents stades de son évolution. Qui plus est, jamais cette exploration freudienne n'a justifié le libre épanchement du Ça. Au contraire, la psychanalyse semble promouvoir le sujet, la conscience, la maîtrise de soi.

SUBLIMATION
Transformation des pulsions libidinales ou agressives en des activités dites supérieures parce qu'elles sont socialement reconnues.
La production d'œuvres d'art, la construction de cathédrales ou l'engagement dans une œuvre sociale valorisée par la culture de l'époque sont des exemples de sublimation.

Freud considérait et présentait d'ailleurs la psychanalyse comme un savoir scientifique qui, somme toute, expliquait rationnellement les bienfaits de la **sublimation** des pulsions en vue de réalisations culturelles et sociales. Tout compte fait, il percevait la modification des pulsions sous des formes socialement utilisables (la sublimation) comme étant tout à fait légitime. Diriger, canaliser les pulsions vers des objets et des buts sociaux, pour autant que cela se fasse sans excès, constituait aux yeux de Freud l'œuvre de toute civilisation digne de ce nom.

L'homme idéal, pour Freud, sera celui qui aura réussi à maîtriser ses pulsions par la volonté et la raison (le Moi), ces dernières ayant été appuyées par le Sur-Moi dans leur tâche de contenir les pulsions. Maîtriser ses pulsions ne veut cependant pas dire les supprimer. Car, sous peine de voir naître et se développer une névrose, il ne faut pas annihiler toutes les « exigences pulsionnelles » du Ça en se mettant exclusivement sous la domination des exigences morales du Sur-Moi trop dures et sévères. « Est

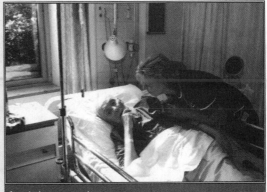

LE BÉNÉVOLAT AUPRÈS DES MALADES EN PHASE TERMINALE CONSTITUE UN EXEMPLE DE SUBLIMATION DES PULSIONS.

considéré comme correct, écrit Freud, tout comportement du Moi qui satisfait à la fois aux exigences du Ça, du Sur-Moi et de la réalité, ce qui se produit quand le Moi réussit à concilier ces diverses exigences[39].

Freud aujourd'hui

Freud et le problème de la guerre

La problématique contemporaine que nous aimerions mettre en rapport avec la théorie freudienne est celle de la guerre. Freud peut nous aider à mieux comprendre le phénomène de la guerre en le juxtaposant à celui de la civilisation.

Le XXe siècle a connu sa part de guerres meurtrières, de génocides et d'actes de barbarie. Qu'il suffise de rappeler la Première Guerre mondiale (1914-1918), que l'ampleur des destructions et le nombre des victimes (65 millions de soldats s'affrontèrent, 10 millions de civils périrent) firent appeler la Grande Guerre ; la grande terreur stalinienne (1936-1938), dont le bilan se chiffre à plus de 15 millions d'exécutions ou de déportations en Sibérie d'« ennemis du peuple » ; la Seconde Guerre mondiale (1939-1945), qui, ayant mobilisé quelque 92 millions de personnes, causa entre 35 millions et 60 millions de pertes humaines et fut le sombre théâtre de la persécution des juifs par les nazis ; le génocide sélectif perpétré par les Khmers rouges (d'avril 1975 à décembre 1978), au cours duquel environ deux mil-

PRISONNIERS DÉCHARNÉS D'UN CAMP D'EXTERMINATION NAZI.

lions de Cambodgiens furent tués ; au début des années 1990, la « purification ethnique » en Bosnie ; en 1994, le génocide au Rwanda, qui se solda par la mort de quelque 800 000 Tutsis et Hutus modérés ; l'extermination de populations civiles au Kosovo dans la République fédérale de Yougoslavie ; la guerre civile en Sierra Leone, qui fit près de 200 000 morts ; au début du XXIe siècle, les cinq millions de victimes issues des affrontements entre les milices tribales de la République démocratique du Congo...

En pleine Grande Guerre, Freud écrit ces mots qui témoignent d'un profond désenchantement :

> La guerre à laquelle nous ne voulions pas croire éclata et fut pour nous une source de déception. Elle n'est pas seulement plus sanglante et plus meurtrière qu'aucune des guerres du passé, à cause des terribles perfectionnements apportés aux armes d'attaque et de défense, mais elle est aussi, sinon plus, cruelle, acharnée, impitoyable que n'importe laquelle d'entre elles [...]. Deux faits ont été la cause de notre déception au cours de cette guerre : le caractère peu moral de la conduite des États envers leurs voisins, alors qu'à l'intérieur chacun d'eux se pose en gardien des normes morales, et la brutalité qui caractérise la conduite des individus et à laquelle on ne se serait pas attendu de la part de ces représentants de la plus haute civilisation humaine[40].

---

39. *Ibid.*, p. 5.

40. Sigmund Freud, *Essais de psychanalyse*, p. 239-242.

Constatant avec tristesse et douleur la fragilité des acquis de la civilisation, Freud essaie de s'expliquer le phénomène de la guerre. En état de guerre, la répression des pulsions de mort cesse car les individus sont libérés du blâme de leur collectivité. Thanatos règne en maître. Les hommes se livrent alors à des actes de cruauté et de brutalité qu'on aurait crus impensables étant donné leur niveau élevé de culture. Or, selon Freud, il est illusoire de penser que la civilisation a réussi à faire disparaître les MAUVAIS PENCHANTS de l'homme. Ces derniers sont tout au plus temporairement inhibés par la pression exercée par l'éducation, porte-parole des exigences de la civilisation. Au moment d'une guerre, les hommes peuvent se soustraire aux obligations morales de leur civilisation et donner libre cours à leurs penchants primitifs refoulés, qui, selon Freud, demeurent impérissables : « Elle [la guerre] emporte les couches d'alluvions déposées en nous par la civilisation et ne laisse subsister que l'homme primitif[41]. »

En fait, Freud considère que les forces irrationnelles et agressives sont tellement puissantes chez l'humain qu'il y a peu de probabilités de voir triompher un jour les forces rationnelles. Malgré un tel pessimisme quant à la destinée de l'homme, Freud croit au bienfait de la civilisation car « le maintien de la civilisation, même sur une base aussi fragile, offre la possibilité d'obtenir dans chaque nouvelle génération une nouvelle transformation des penchants, conditions d'une civilisation meilleure[42] ».

La philosophie qui sera présentée dans le prochain chapitre, l'existentialisme athée de Jean-Paul Sartre, met l'homme devant la responsabilité de se construire soi-même en tant que projet libre dans le monde.

> NOUS POUVONS FAIRE ICI UNE COMPARAISON ENTRE FREUD ET ROUSSEAU. ROUSSEAU, PARTISAN DE LA BONTÉ NATURELLE DE L'HOMME, S'OPPOSE À FREUD, QUI CROIT QUE L'AGRESSIVITÉ, LA VIOLENCE ET LA DESTRUCTION FONT PARTIE INTÉGRANTE DE LA CONDITION HUMAINE. FREUD CONSIDÈRE D'AILLEURS QUE « LA FOI EN LA *BONTÉ* DE LA NATURE HUMAINE EST UNE DE CES DÉPLORABLES ILLUSIONS DONT L'HOMME ESPÈRE QU'ELLES EMBELLIRONT ET FACILITERONT SA VIE [...] ». (SIGMUND FREUD, *NOUVELLES CONFÉRENCES SUR LA PSYCHANALYSE*, P. 137.)

---

41. *Ibid.*, p. 266.
42. *Ibid.*, p. 247-248.

L'essentiel

Sigmund Freud

Selon la psychanalyse freudienne, le psychisme humain est formé de trois systèmes (**première topique** dite **statique**). Premièrement, l'**inconscient (Ics)** est animé par la **pulsion de vie (Éros)** et la **pulsion de mort (Thanatos)** ainsi que par les **représentations de pulsions refoulées**. L'Ics constitue la majeure partie du psychisme et détermine, à notre insu, notre comportement. Deuxièmement, le **conscient (Cs)**, responsable des **perceptions sensorielles** et de la **motricité**, n'occupe qu'une infime partie du psychisme. Troisièmement, le **préconscient (Pcs)** correspond à la phase par laquelle une représentation refoulée peut être ramenée à la conscience.

La **deuxième topique** apporte un éclairage **dynamique**. L'homme est sous le joug du **Ça**. Le Ça est la base primitive et inconsciente du psychisme. Il est dominé par les **besoins primaires** et sert de **réservoir au refoulé**. Le Ça répond au **principe de plaisir**. Le **Sur-Moi**, qui représente l'**idéal du Moi** et la **conscience morale**, vient atténuer les besoins du Ça en censurant la pulsion interdite. Il répond au **principe de perfection**. Le **Moi**, représentant du **principe de réalité**, est l'instance qui autorise ou non la satisfaction de la pulsion. Ce faisant, il négocie avec les pulsions du Ça et les pressions morales du Sur-Moi. C'est le Moi qui contrôle ou canalise les pulsions du Ça en utilisant des **mécanismes de défense** tels que le **refoulement** et la **sublimation**. Idéalement, un être humain équilibré voit à contenir ses pulsions en les sublimant, c'est-à-dire en les modifiant de façon à leur donner des formes socialement valorisées.

Réseau de concepts

Première topique
(statique)

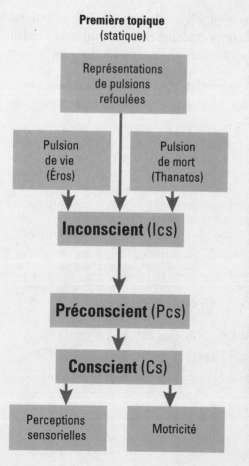

Deuxième topique
(dynamique)

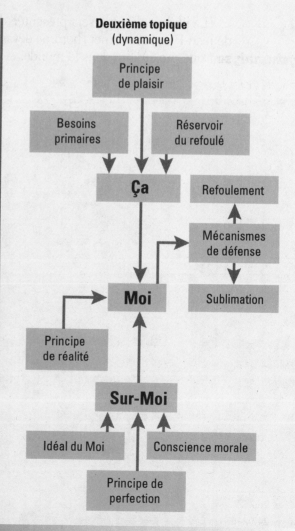

Freud et la naissance de la psychanalyse

Notice biographique

Sigmund Freud (1856-1939), médecin, neuropathologiste, psychanalyste et philosophe, a mis en place une œuvre monumentale qui a transformé à tout jamais la compréhension qu'on se faisait de l'être humain et de la civilisation. Freud proclame l'importance de l'inconscient et de la sexualité chez l'humain.

Une époque riche en découvertes scientifiques

À la fin du XIXe siècle et au début du XXe siècle, Freud adhère au credo positiviste et est porté par les recherches et les découvertes en sciences de la vie et en sciences humaines : la théorie évolutionniste de Darwin, la naissance de la psychologie scientifique avec Gustave Theodor Fechner, les fondements de la science bactériologique avec Louis Pasteur et Robert Koch, la création de la génétique par Gregor Mendel, l'établissement du principe de conservation de l'énergie par Hermann von Helmholtz.

La psychanalyse

Freud met au point la psychanalyse ou « technique de traitement analytique » qui permet d'investiguer le passé du malade atteint d'une névrose, telle l'hystérie. Au moyen de cette introspection, le patient peut retrouver le souvenir des traumatismes à l'origine de ses dysfonctionnements. Ainsi, il pourra, à l'aide de l'analyste, se réapproprier sa propre histoire.

En tant que théorie psychologique, la psychanalyse décrit et explique les processus psychiques à l'œuvre chez l'être humain. En ce sens, elle apparaît comme un système théorique de compréhension et d'explication de l'homme.

La première topique freudienne : la théorie des trois qualités psychiques

Une conception déterministe de l'être humain

Freud soumet une première théorie du psychisme humain qui s'appuie sur trois systèmes ou qualités psychiques : l'inconscient, le préconscient et le conscient. Cette première topique propose une nouvelle représentation de l'être humain : il n'est pas rationnel, maître de lui-même et libre comme le prétendait la philosophie classique ; au contraire, il est dominé par des pulsions inconscientes.

L'inconscient (Ics)

C'est par l'étude du rêve que Freud découvre que l'inconscient constitue la majeure partie du psychisme et détermine, à notre insu, notre comportement.

1. Les pulsions

   Les pulsions, c'est-à-dire les poussées psychiques qui viennent du corps, alimentent l'Ics. Les deux pulsions fondamentales qui forment, à l'intérieur de l'Ics, un processus dynamique de forces opposées sont la pulsion de vie, *Éros* (pulsion d'amour), et la pulsion de mort, *Thanatos* (destruction).

2. Le refoulement

   Le refoulement est un mécanisme de défense qui repousse dans l'Ics les représentations de pulsions sexuelles ou agressives non acceptées par le milieu familial ou social. Ces représentations de pulsions n'en continuent pas moins d'exister et d'influencer la conduite de l'individu.

Le conscient (Cs) et le préconscient (Pcs)

Le système conscient n'occupe qu'une infime partie du psychisme et représente tous les phénomènes psychiques dont l'esprit a conscience. Il est responsable de la perception sensorielle et de la motricité.

Le système préconscient correspond à la phase par laquelle un acte psychique inconscient peut être ramené à la conscience grâce au langage (soit accidentellement ou par un effort de la volonté), à la mémoire ou encore à l'hypnose, au rêve ou aux drogues.

La deuxième topique freudienne : la théorie dynamique de la personnalité

À partir de 1923, Freud propose un deuxième système conceptuel dynamique (qualifié de deuxième topique) représentant l'appareil psychique. Ce dernier est constitué de trois instances : le Ça, le Sur-Moi et le Moi.

Le Ça

Le Ça est le réservoir renfermant les pulsions primaires innées et les représentations refoulées. Il correspond à la base primitive et inconsciente du psychisme.

1. Le Ça et le principe de plaisir

Le Ça répond au principe de plaisir, c'est-à-dire qu'il veut se satisfaire immédiatement, de façon égoïste et inconsidérée.

2. Le réservoir du refoulé

Les représentations liées aux tendances jugées inacceptables par la culture et la morale ambiantes sont refoulées dans le Ça et constituent son contenu acquis.

Le Sur-Moi

Le Sur-Moi (*Uber-Ich*, super-ego) représente les exigences de la société et ses interdits. Constitué de la moralité ambiante intériorisée au cours du développement de l'individu, le Sur-Moi est la conscience morale qui censure les pulsions sexuelles et agressives jugées excessives ou indécentes.

1. Le Sur-Moi et le principe de perfection

Le Sur-Moi répond au principe de perfection, c'est-à-dire à une vision idéalisée (idéal du moi) du comportement humain.

2. Le Sur-Moi et le complexe d'Œdipe

L'origine du Sur-Moi vient du refoulement du complexe d'Œdipe.

Le Moi

Le Moi (*das Ich*, ego) se trouve coincé entre l'inconscient et la réalité extérieure. Il s'est développé à partir d'une transformation du Ça.

1. Le Moi et le principe de réalité

Le Moi assure la présence de la réalité et l'adaptation à cette réalité. Il est le représentant du principe de réalité.

2. Le Moi comme instance inhibitrice

Avant d'autoriser la satisfaction d'une pulsion, le Moi analyse la situation, se demande si cela peut engendrer des conséquences fâcheuses, de l'anxiété ou de l'angoisse, s'il vaut mieux inhiber la pulsion imprudente ou inconvenante. En cela, le Moi représente la raison.

3. Le Moi, le Sur-Moi et le Ça

Coincé entre le monde extérieur, le Sur-Moi et le Ça, le Moi peut être considéré comme un avocat qui essaie de concilier les pulsions du Ça et les pressions morales du Sur-Moi.

L'anthropologie philosophique freudienne

Freud philosophe

Même si la psychanalyse se veut une théorie scientifique (ce qui est contestable), le portrait que Freud brosse de l'être humain demeure une théorie générale de la nature humaine. En cela, la psychanalyse peut être considérée comme une approche philosophique de l'homme.

L'homme réel : un être déterminé par son inconscient

Freud présente l'homme comme un être de pulsions et de désirs davantage régi par l'inconscient que par la raison. En fait, l'être humain n'est pas un sujet libre, autonome, maître de lui-même et de ses conduites.

Selon Freud, l'être humain est, de fait, un amalgame conflictuel de nature (le Ça) et de culture (le Sur-Moi).

L'homme idéal : un être affranchi de la domination des pulsions

Freud ne valorise pas le libre épanchement des pulsions et des passions. Au contraire, la psychanalyse fait la promotion du sujet conscient qui maîtrise (sans excès) ses pulsions par la volonté et la raison (le Moi). Conséquemment, l'être humain doit travailler à se libérer du déterminisme des pulsions.

D'ailleurs, la sublimation, c'est-à-dire la modification des pulsions sexuelles et agressives en des formes socialement valorisées, constitue, selon Freud, le fondement de toute civilisation digne de ce nom.

Freud aujourd'hui

Freud et le problème de la guerre

Le XXe siècle peut être perçu, à juste titre, comme un siècle particulièrement violent, marqué par des guerres meurtrières, des génocides et des actes de barbarie.

Freud nous aide à mieux comprendre le phénomène de la guerre. En état de guerre, la répression de la pulsion de mort cesse, car les individus sont libérés du blâme de leur collectivité. Thanatos règne en maître. Les hommes se livrent alors à des actes de cruauté et de brutalité qu'on aurait crus impensables étant donné leur niveau élevé de culture.

Activités d'apprentissage

A VÉRIFIEZ VOS CONNAISSANCES

1. Freud mène des recherches à Paris avec Jean-Martin Charcot. Sur quelle maladie ces recherches ont-elles porté?

2. Selon Freud, la psychanalyse est une « technique de traitement analytique » qui ne cherche pas à déterminer les causes perturbatrices responsables des troubles mentaux. **VRAI** ou **FAUX**?

3. Quelles sont les deux nouvelles techniques d'introspection que la psychanalyse freudienne expérimente en vue d'atteindre l'inconscient?

4. La psychanalyse freudienne est un travail de courte durée qui nécessite quelques séances seulement pour mettre à nu et interpréter les causes qui ont perturbé la personnalité du patient. **VRAI** ou **FAUX**?

5. La conception humaine élaborée par Freud apparaît comme une théorie non déterministe. **VRAI** ou **FAUX**?

6. Pour Freud, la psychanalyse est « avant tout un art d'interprétation » qui permet de donner une signification à l'être humain, à ses actes et à ses paroles. **VRAI** ou **FAUX**?

7. Selon Freud, le rêve ne constitue pas la « voie royale » pour rejoindre et étudier l'inconscient. **VRAI** ou **FAUX**?

8. Pour Freud, la matrice et la source même de notre conscience résident dans l'inconscient. **VRAI** ou **FAUX**?

9. Quelles sont les deux pulsions qui, selon Freud, dirigent notre vie psychique?

10. Pour Freud, le Ça ne constitue pas le «noyau de notre être» et ne répond pas non plus au principe de plaisir. **VRAI** ou **FAUX**?

11. Selon Freud, la société, de façon générale, est très favorable à l'actualisation spontanée des pulsions. **VRAI** ou **FAUX**?

12. Le Sur-Moi, selon Freud, répond à deux sous-systèmes. Lesquels?

13. Selon Freud, quel est le complexe qui, une fois refoulé, donne naissance au Sur-Moi?

14. Pour Freud, il n'est pas possible de parvenir à s'affranchir de la domination des pulsions et ainsi de s'appartenir en propre. **VRAI** ou **FAUX**?

15. À partir de ce que vous avez appris sur Freud, indiquez laquelle des citations suivantes n'a pas été écrite par lui.

   a) «Le Sur-Moi représente toutes les contraintes morales et aussi l'aspiration au perfectionnement.»

   b) «Le Moi idéal satisfait à toutes les conditions auxquelles doit satisfaire l'essence supérieure de l'homme.»

   c) «Nos défauts sont les yeux avec lesquels nous voyons l'idéal.»

B ANALYSE ET CRITIQUE DE TEXTE

Cette activité exige la lecture préalable de l'extrait d'Essais de psychanalyse présenté à la page 168.

Compétences à acquérir

- Démontrer sa compréhension d'un texte de Freud en transposant dans ses propres mots des contenus partiels de ce texte philosophique.

- Appliquer les notions fondamentales de la psychanalyse freudienne décrites dans ce texte en inventant un personnage vivant sous le joug de son Sur-Moi.

Questions

1. À la lumière de ce texte, définissez dans vos propres mots les concepts de Moi, de Sur-Moi et de Ça.

2. Illustrez votre compréhension de la dynamique entre le Moi, le Sur-Moi et le Ça en présentant un personnage (son histoire personnelle, ses traits de caractère, ses habitudes de vie, ses relations avec autrui, etc.) complètement dominé par son Sur-Moi.

   Vous devez utiliser toutes les notions liées au Moi, au Sur-Moi et au Ça traitées dans le texte. (*Minimum suggéré: une page.*)

ANALYSE ET CRITIQUE DE TEXTE

Cette activité exige la lecture préalable de l'extrait de La mission de Sigmund Freud *présenté à la page 173.*

Compétences à acquérir

- Faire un résumé des propos tenus par Fromm dans ce texte.

- Évaluer le contenu, c'est-à-dire exprimer son accord ou son désaccord (et en donner les raisons) sur les critiques avancées par Fromm à l'endroit de la psychanalyse freudienne.

Questions d'analyse et de critique

1. Quel reproche Erich Fromm fait-il à l'inconscient et au refoulement freudiens ?

2. Expliquez dans vos propres mots le phénomène du refoulement tel que présenté par Erich Fromm dans ce texte.

Commentaire critique

3. Êtes-vous d'accord avec l'affirmation suivante d'Erich Fromm : « La compréhension de l'inconscient de l'individu présuppose et nécessite l'analyse critique de la société dans laquelle il vit » ? Vous devez fonder vos jugements, c'est-à-dire apporter au moins deux arguments pour appuyer vos affirmations. (*Minimum suggéré : une page.*)

EXERCICE COMPARATIF : ROUSSEAU ET FREUD

Compétence à acquérir

Procéder à une comparaison entre deux conceptions de l'être humain à propos d'un même thème.

Contexte de réalisation

Individuellement, dans un texte d'environ 350 mots (*une page et demie*), examinez les rapports de ressemblance et de différence entre la conception rousseauiste et la conception freudienne de l'être humain à propos du thème de la nature et de la culture.

Étapes suggérées

1. a) Caractérisez la conception rousseauiste de l'être humain au regard du thème de la nature et de la culture. Par exemple, demandez-vous dans quelle mesure la culture vient, selon Rousseau, pervertir la nature originelle de l'homme.

b) Caractérisez la conception freudienne de l'être humain au regard du thème de la nature et de la culture. Par exemple, demandez-vous en quoi et comment la culture correspond, pour Freud, à la pression civilisatrice qui vient modifier les pulsions sous des formes socialement utilisables.

2. a) S'il y a lieu, précisez les liens ou les similitudes entre la conception rousseauiste et la conception freudienne de l'être humain à propos du thème de la nature et de la culture.

b) S'il y a lieu, dégagez les oppositions ou les antagonismes entre la conception rousseauiste et la conception freudienne de l'être humain à propos du thème de la nature et de la culture.

JEU DE MOTS CROISÉS SUR LES CONCEPTS FREUDIENS

Compétence à acquérir

Démontrer sa compréhension de l'exposé de la conception freudienne de l'être humain et des principaux concepts qui y sont expliqués en faisant les mots croisés qui suivent[43].

Horizontalement

1. Théorie formulée par Freud
2. Ancien do — Article
3. Le Sur-Moi répond à ce principe
4. Pièce de monnaie — Indique une alternative — Petit ruisseau — D'un verbe gai
5. Ensemble des phénomènes psychiques échappant à la conscience
6. Enlève — Connaît — Cite textuellement

Verticalement

1. Habite le Ça — Souverain
2. Saint — Obtiennent — Père de la psychanalyse
3. Parasite — Prénom féminin
4. Pour ouvrir une serrure — Emportée rapidement
5. Oiseau échassier (pl.) — Instance de la personnalité
6. Se répandit en fondant — Point que l'on vise

---

43. Ces mots croisés ont été créés par André Bergeron, professeur de psychologie au Cégep de Saint-Jérôme. Nous lui exprimons toute notre gratitude et notre amitié.

Horizontalement

7. Les siens — Note de musique
8. Passer quelque chose par le feu
9. Mécanisme de défense par lequel une pulsion est rendue inconsciente
10. Le Moi répond à ce principe — Terminaison
11. Marque le lieu — Instance morale de la personnalité
12. Opinions — Cheville au golf

Verticalement

7. Rejette — Sculptés finement
8. Principe auquel on se réfère — Ancienne note
9. Élimine — Supérieure d'un couvent
10. Notre-Seigneur — Fin
11. Relatif au sport
12. Négation — Instance de la personnalité — Groupe de trois personnes

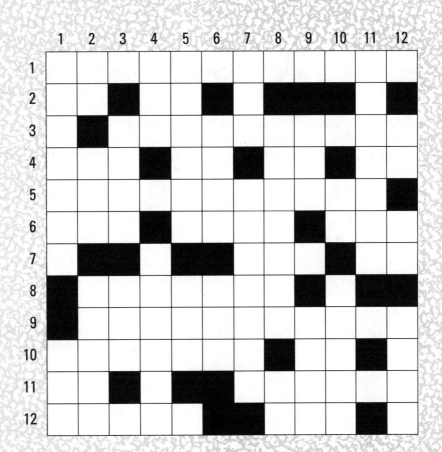

Texte de Freud
Le Moi

Nous nous représentons les processus psychiques d'une personne comme formant une organisation cohérente et nous disons que cette organisation cohérente constitue le *Moi* de la personne. C'est à ce *Moi*, prétendons-nous, que se rattache la conscience, c'est lui qui contrôle et surveille les accès vers la motilité, c'est-à-dire l'extériorisation des excitations. Nous voyons dans le *Moi* l'instance psychique qui exerce un contrôle sur tous ses processus partiels, qui s'endort la nuit et qui, tout en dormant, exerce un droit de censure sur les rêves. C'est encore de ce *Moi* que partiraient les refoulements, à la faveur desquels certaines tendances psychiques sont non seulement éliminées de la conscience, mais mises
10 dans l'impossibilité de se manifester ou de s'exprimer d'une façon quelconque. Au cours de l'analyse, ces tendances, éliminées par le refoulement, se dressent contre le *Moi*, et la tâche de l'analyse consiste à supprimer les résistances que le *Moi* nous oppose dans nos tentatives d'aborder les tendances refoulées. Or, on constate au cours de l'analyse que le malade se trouve fort embarrassé lorsqu'on lui impose certaines tâches, que ses associations se trouvent en défaut toutes les fois qu'elles se rapprochent de ce qui est refoulé. Nous lui disons alors qu'il subit l'influence d'une résistance, mais il n'en sait rien lui-même ; et alors même que les sentiments pénibles qu'il éprouve l'obligent à reconnaître qu'il est dominé par une résistance, il est incapable de dire en quoi elle consiste et d'où elle vient. Mais comme cette
20 résistance émane certainement de son *Moi* et en fait partie, nous nous trouvons devant une situation que nous n'avions pas prévue. Nous avons trouvé dans le *Moi* lui-même quelque chose qui est aussi inconscient que les tendances refoulées et se comporte comme elles, c'est-à-dire produit des effets très marqués, sans devenir conscient, et ne peut être rendu tel qu'à la suite d'un travail spécial. De ce fait, nous nous heurtons, dans notre travail analytique, à d'innombrables difficultés et obscurités, lorsque nous voulons nous en tenir à nos définitions habituelles, en ramenant, par exemple, la névrose à un conflit entre le conscient et l'inconscient. À cette opposition nous devons, étant donné la manière dont nous concevons la structure psychique, en substituer une autre : l'opposition entre le *Moi* cohérent et
30 les éléments détachés du *Moi* et refoulés [...].

Le Moi *et le* Ça

[...] Un individu se compose ainsi pour nous d'un *Ça* psychique, inconnu et inconscient, auquel se superpose le *Moi* superficiel, émanant du système P [perception] comme d'un noyau. Pour donner de ces rapports une représentation pour ainsi dire graphique, nous dirons que le *Moi* ne recouvre le *Ça* que par sa surface formée par le système P, à peu près comme le disque germinal recouvre l'œuf. Il n'existe pas entre le *Moi* et le *Ça* de séparation tranchée, surtout dans la partie inférieure de celui-là, où ils tendent à se confondre.

Mais ce qui est refoulé se confond également avec le *Ça*, dont il n'est qu'une
40 partie. C'est par l'intermédiaire du *Ça* que les éléments refoulés peuvent communiquer avec le *Moi* dont ils sont nettement séparés par les résistances qui s'opposent à leur apparition à la surface. Nous voyons aussitôt que presque toutes les

PATHOLOGIE
Science qui a pour objet l'étude des maladies, des lésions et des troubles qu'elles provoquent.

distinctions que nous venons de décrire, en suivant les suggestions de la **pathologie**, ne se rapportent qu'aux couches superficielles, les seules que nous connaissions de l'appareil psychique.

La naissance du *Moi* et sa séparation du *Ça* dépendent encore d'un autre facteur que l'influence du système P. Le propre corps de l'individu et, avant tout, sa surface constituent une source d'où peuvent émaner à la fois des perceptions externes et des perceptions internes. Il est considéré comme un objet étranger, mais fournit au toucher deux variétés de sensations, dont l'une peut être assimilée à une perception interne. La psychophysiologie a d'ailleurs suffisamment montré comment notre propre corps se dégage du monde des perceptions. La douleur semble jouer, elle aussi, un rôle important dans ce processus et la manière dont, dans les maladies douloureuses, nous acquérons une nouvelle connaissance de nos organes est peut-être de nature à nous donner une idée de la manière dont nous nous élevons à la représentation de notre corps en général.

Il est facile de voir que le *Moi* est une partie du *Ça* ayant subi des modifications sous l'influence directe du monde extérieur, et par l'intermédiaire de la conscience-perception. Il représente, dans une certaine mesure, un prolongement de la différenciation superficielle. Il s'efforce aussi d'étendre sur le *Ça* et sur ses intentions l'influence du monde extérieur, de substituer le principe de réalité au principe de plaisir qui seul affirme son pouvoir dans le *Ça*. La perception est au *Moi* ce que l'instinct ou l'impulsion instinctive sont au *Ça*. Le *Moi* représente ce qu'on appelle la raison et la sagesse, le *Ça*, au contraire, est dominé par les passions. Tout cela s'accorde avec les distinctions courantes et bien connues, mais ne doit être pris que d'une façon très générale et considéré comme étant d'une exactitude purement virtuelle.

L'importance fonctionnelle du *Moi* consiste en ce que, d'une façon normale, c'est lui qui contrôle les avenues de la motilité. Dans ses rapports avec le *Ça*, on peut le comparer au cavalier chargé de maîtriser la force supérieure du cheval, à la différence près que le cavalier domine le cheval par ses propres forces, tandis que le *Moi* le fait avec des forces d'emprunt. Cette comparaison peut être poussée un peu plus loin. De même qu'au cavalier, s'il ne veut pas se séparer du cheval, il ne reste souvent qu'à le conduire là où il veut aller, de même le *Moi* traduit généralement en action la volonté du *Ça* comme si elle était sa propre volonté.

Le *Moi* est avant tout une entité corporelle, non seulement une entité toute en surface, mais une entité correspondant à la projection d'une surface. Pour nous servir d'une analogie anatomique, nous le comparerions volontiers au « mannequin cérébral » des anatomistes, placé dans l'écorce cérébrale, la tête en bas, les pieds en haut, les yeux tournés en arrière et portant la zone du langage à gauche.

Les rapports entre le *Moi* et la conscience ont été souvent décrits, mais quelques faits importants méritent d'être signalés à nouveau. Habitués à introduire partout le point de vue de la valeur sociale ou morale, nous ne sommes pas surpris d'entendre dire que les passions inférieures ont pour arène l'inconscient, et nous sommes persuadés que les fonctions psychiques pénètrent dans la conscience d'autant plus facilement et sûrement que leur valeur sociale ou morale est plus grande. Mais l'expérience psychanalytique nous montre que cette manière de voir repose sur une erreur ou sur une illusion. Nous savons, en effet, d'une part, que même un travail intellectuel difficile et délicat et qui, dans des conditions ordinaires, exige une grande concentration de la pensée, peut s'accomplir dans le préconscient, sans parvenir à la conscience. Il s'agit là de cas dont la réalité est au-dessus de toute contestation, de cas qui se produisent, par exemple, dans l'état de sommeil et se manifestent par le fait qu'une personne retrouve au réveil la solution d'un problème difficile, mathématique ou autre, qu'elle avait cherchée en vain à l'état de veille[44].

Mais nous pouvons citer un autre fait, beaucoup plus étrange. Nous constatons au cours de nos analyses qu'il y a des personnes chez lesquelles l'attitude critique à l'égard de soi-même et les scrupules de conscience, c'est-à-dire des fonctions psychiques auxquelles s'attache certainement une valeur sociale et morale très grande, se présentent comme des manifestations inconscientes et, comme telles, se montrent d'une très grande efficacité ; le caractère inconscient de la résistance que les malades opposent au cours de l'analyse ne constitue donc pas la seule manifestation de ce genre. Mais ce fait nouveau, qui nous oblige, malgré l'affinement de notre sens critique, à parler d'un *sentiment de culpabilité inconscient*, est de nature à aggraver l'embarras que nous éprouvons déjà du fait de la résistance inconsciente et à nous mettre en présence de nouvelles énigmes, surtout lorsque nous en venons à nous assurer peu à peu que dans un grand nombre de névroses ce *sentiment de culpabilité inconscient* joue, au point de vue économique, un rôle décisif et oppose à la guérison les plus grands obstacles. Pour en revenir à notre échelle de valeurs, nous pouvons donc dire : ce n'est pas seulement ce qu'il y a de plus profond en nous qui peut être inconscient, mais aussi ce qu'il y a de plus élevé. Nous avons là comme une nouvelle démonstration de ce que nous avons dit plus haut au sujet du *Moi* conscient, à savoir qu'il ne représente que notre corps.

Le *Moi*, *le* Sur-Moi *et l'idéal du* Moi

[...] C'est ainsi que la modification la plus générale que la phase sexuelle, dominée par le *Complexe d'Œdipe*, imprime au Moi consiste essentiellement en ce qu'elle y laisse subsister ces deux identifications[45], rattachées l'une à l'autre par des liens dont nous ne savons rien de précis. Cette modification du *Moi* assume une place à part et un rôle particulier et s'oppose à l'autre contenu du *Moi*, en tant que *Moi* idéal ou *Sur-Moi*.

Ce *Sur-Moi* n'est cependant pas un simple résidu des premiers choix d'objets par le *Ça*; il a également la signification d'une formation destinée à réagir énergiquement contre ces choix. Ses rapports avec le *Moi* ne se bornent pas à lui adresser le conseil : « sois ainsi » (comme ton père), mais ils impliquent aussi l'interdiction : « ne sois pas ainsi » (comme ton père) ; autrement dit : « ne fais pas tout ce qu'il fait ; beaucoup de choses lui sont réservées, à lui seul ». Ce double aspect du *Moi* idéal découle du fait qu'il a mis tous ses efforts à refouler le *Complexe d'Œdipe* et qu'il est né à la suite de ce refoulement. Il est évident que refouler le *Complexe d'Œdipe* ne devait pas être une tâche très facile. S'étant rendu compte que les parents, surtout le père, constituaient un obstacle à la réalisation des désirs en rapport avec le *Complexe d'Œdipe*, le *Moi* infantile, pour se faciliter cet effort

---

44. Un cas de ce genre m'a été communiqué récemment, et à titre d'objection contre ma description du « travail de rêve ».

45. Identification au père et identification à la mère. (Note de l'éditeur)

de refoulement, pour augmenter ses ressources et son pouvoir d'action en vue de cet effort, dressa en lui-même l'obstacle en question. C'est au père que, dans une certaine mesure, il emprunta la force nécessaire à cet effet, et cet emprunt constitue un acte lourd de conséquences. Le *Sur-Moi* s'efforcera de reproduire et de conserver le caractère du père, et plus le *Complexe d'Œdipe* sera fort, plus vite (sous l'influence de l'enseignement religieux, de l'autorité, de l'instruction, des lectures) s'en effectuera le refoulement, plus forte sera aussi la rigueur avec laquelle le *Sur-Moi* régnera sur le *Moi*, en tant qu'incarnation des scrupules de conscience, peut-être aussi d'un sentiment de culpabilité inconscient. Nous essaierons de formuler plus loin quelques conjectures concernant la source à laquelle le *Sur-Moi* puise et la force qui lui permet d'exercer cette domination et le caractère de contrainte qui se manifeste sous la forme d'un **impératif catégorique**.

IMPÉRATIF CATÉGORIQUE
Commandement, prescription inconditionnelle d'ordre moral que l'esprit se donne à lui-même.

En réfléchissant à ce que nous avons dit relativement au mode d'apparition du *Sur-Moi*, nous constatons qu'il constitue la résultante de deux facteurs biologiques excessivement importants : de l'état d'impuissance et de dépendance infantile que l'homme subit pendant un temps assez long, et de son *Complexe d'Œdipe* que nous avons rattaché à l'interruption que le développement de la libido subit du fait de la période de latence, c'est-à-dire aux doubles dispositions de sa vie sexuelle. En ce qui concerne cette dernière particularité qui est, paraît-il, spécifiquement humaine, une hypothèse psychanalytique la représente comme un reste héréditaire de l'évolution vers la culture qui s'était déclenchée sous la poussée des conditions de vie inhérentes à la période glaciaire. C'est ainsi que la séparation qui s'opère entre le *Sur-Moi* et le *Moi*, loin de représenter un fait accidentel, constitue l'aboutissement naturel du développement de l'individu et de l'espèce, développement dont elle résume pour ainsi dire les caractéristiques les plus importantes ; et même, tout en apparaissant comme une expression durable de l'influence exercée par les parents, elle perpétue l'existence des facteurs auxquels elle doit sa naissance.

À d'innombrables reprises, on a reproché à la psychanalyse de ne pas s'intéresser à ce qu'il y a d'élevé, de moral, de supra-personnel dans l'homme. Ce reproche était doublement injustifié : injustifié au point de vue historique, injustifié au point de vue méthodologique. Au point de vue historique, parce que le psychanalyste a attribué dès le début aux tendances morales et esthétiques un rôle important dans les efforts de refoulement ; au point de vue méthodologique, parce que les auteurs de ce reproche ne voulaient pas comprendre que la recherche psychanalytique n'avait rien de commun avec un système philosophique, en possession d'une doctrine complète et achevée, mais qu'elle était obligée de procéder progressivement à la compréhension des complications psychiques, à la faveur d'une décomposition analytique des phénomènes tant normaux qu'anormaux. Tant que nous avions à nous occuper de l'étude des éléments refoulés de la vie psychique, nous ne pouvions guère partager le souci angoissant de ceux qui voulaient à tout prix assurer l'intégrité de ce qu'il y a de sublimé et d'élevé dans l'âme humaine. Mais à présent que nous avons abordé l'analyse du *Moi*, nous pouvons répondre à tous ceux qui, ébranlés dans leur conscience morale, nous objectaient qu'il devait bien y avoir dans l'homme une essence supérieure : certes, et cette essence supérieure n'est autre que le *Moi* idéal, le *Sur-Moi*, dans lequel se résument nos rapports avec les parents. Petits enfants, nous avons connu ces êtres supérieurs qu'étaient pour nous nos parents, nous les avons admirés, craints et, plus tard, assimilés, intégrés à nous-mêmes.

Le *Moi* idéal représente ainsi l'héritage du *Complexe d'Œdipe* et, par conséquent, l'expression des tendances les plus puissantes, des destinées libidinales les plus importantes du *Ça*. Par son intermédiaire, le *Moi* s'est rendu maître du *Complexe d'Œdipe* et s'est soumis en même temps au *Ça*. Alors que le *Moi* représente essentiellement le monde extérieur, la réalité, le *Sur-Moi* s'oppose à lui, en tant que chargé des pouvoirs du monde intérieur, du *Ça*. Et nous devons nous attendre à ce que les conflits entre le *Moi* et l'idéal reflètent, en dernière analyse, l'opposition qui existe entre le monde extérieur et le monde psychique.

190   Ce que la biologie et les destinées de l'espèce humaine ont déposé dans le *Ça*, est repris, par l'intermédiaire de la formation idéale, par le *Moi* et revécu par lui à titre individuel. Étant donné son histoire, son mode de formation, le *Moi* idéal présente les rapports les plus intimes et les plus étroits avec l'**acquisition phylogénique**, avec l'**héritage archaïque** de l'individu. Ce qui fait partie des couches les plus profondes de la vie psychique individuelle devient, grâce à la formation du *Moi* idéal, ce qu'il y a de plus élevé dans l'âme humaine, à l'échelle de nos valeurs courantes. Mais on tenterait en vain de localiser le *Moi* idéal de la même manière dont on localise le *Moi* tout court ou de le plier à l'une des comparaisons par lesquelles nous avons essayé d'illustrer les rapports entre le *Moi* et le *Ça*.

200   Il est facile de montrer que le *Moi* idéal satisfait à toutes les conditions auxquelles doit satisfaire l'essence supérieure de l'homme. En tant que formation substitutive de la passion pour le père, il contient le germe d'où sont nées toutes les religions. En mesurant la distance qui sépare son *Moi* du *Moi* idéal, l'homme éprouve ce sentiment d'humilité religieuse qui fait partie intégrante de toute foi ardente et passionnée. Au cours du développement ultérieur, le rôle du père avait été assumé par des maîtres et des autorités dont les commandements et prohibitions ont gardé toute leur force dans le *Moi* idéal et exercent, sous la forme de scrupules de conscience, la censure morale. La distance qui existe entre les exigences de la conscience morale et les manifestations du *Moi* fait naître le sentiment de culpabilité.

210

Sigmund Freud, *Essais de psychanalyse*, trad. S. Jankélévitch, revue par A. Hesnard, Paris, Petite Bibliothèque Payot, 1968, p. 184-206.

ACQUISITION PHYLOGÉNIQUE
Mode de formation des acquis et du développement de l'espèce humaine au cours de l'évolution.

HÉRITAGE ARCHAÏQUE
Ce qui est transmis à l'être humain depuis son origine primitive.

Lectures suggérées

La lecture de l'une des œuvres suivantes est suggérée dans son intégralité ou en extraits importants :

Sigmund Freud, Abrégé de psychanalyse, *trad. Anne Berman, Paris, Presses Universitaires de France, coll. « Bibliothèque de psychanalyse », 1970, 86 p.*

Sigmund Freud, Essais de psychanalyse, *trad. S. Jankélévitch, revue par A. Hesnard, Paris, Petite Bibliothèque Payot, 1968, 280 p.*

Texte de Fromm

La mission de Sigmund Freud

En fait, la grande découverte de Freud, celle d'une nouvelle dimension de la réalité humaine, l'inconscient, est *un élément* dans un mouvement qui visait à réformer l'humanité. Mais cette découverte même s'est embourbée de façon fatale. Elle a été appliquée à un petit secteur de la réalité, les pulsions **libidinales** de l'homme et leur refoulement, mais fort peu ou pas du tout à la réalité bien plus vaste de l'existence humaine et aux phénomènes sociaux et politiques. La plupart des psychanalystes, et cela est vrai de Freud lui-même, ne sont pas moins aveugles aux réalités de l'existence humaine et aux phénomènes sociaux inconscients que ne le sont les autres membres de leur classe sociale. En un certain sens, ils sont même plus aveugles, car ils croient qu'ils ont trouvé *la* réponse ___10 au problème de la vie dans la formule du refoulement de la libido. Mais on ne peut pas être clairvoyant dans certains domaines de la réalité humaine et rester aveugle dans d'autres. Cela est particulièrement vrai du fait que le phénomène du refoulement est, dans son ensemble, un phénomène social. Dans n'importe quelle société, l'individu refoule les sentiments et les fantasmes qui sont incompatibles avec les schémas de pensée de cette société. La force qui agit dans ces refoulements, c'est la peur d'être isolé et de devenir un paria parce qu'on a des pensées et des sentiments que personne ne voudrait partager. (Dans ses formes extrêmes, la peur de l'isolement complet n'est rien d'autre que la crainte de la folie.) Si l'on considère cela, il est absolument nécessaire pour le psychanalyste d'aller au-delà des sché- ___20 mas de pensée de sa société, de les examiner d'un œil critique et de comprendre les réalités qui produisent de tels schémas. *La compréhension de l'inconscient de l'individu présuppose et nécessite l'analyse critique de la société dans laquelle il vit.* Le fait même que la psychanalyse freudienne n'a guère dépassé une attitude qui est celle de la classe moyenne libérale à l'égard de la société constitue une raison de son étroitesse et de sa stagnation ultérieure dans son propre domaine de la compréhension de l'inconscient individuel. (Il existe à cet égard, soit dit en passant, une connexion étrange — et négative — entre la théorie freudienne **orthodoxe** et la **théorie marxiste** orthodoxe : les freudiens ont vu l'inconscient individuel et sont ___30 restés aveugles à l'inconscient social ; les marxistes orthodoxes, au contraire, ont pris très vivement conscience des facteurs inconscients du comportement social, mais sont restés remarquablement aveugles dans leur appréciation de la motivation individuelle. Cela a conduit à une détérioration de la théorie et de la pratique marxistes, exactement comme le phénomène inverse a conduit à la détérioration de la théorie et de la thérapeutique psychanalytiques. Ce résultat ne devrait surprendre personne. Qu'on étudie la société ou les individus, on a toujours affaire à des êtres humains et cela veut dire qu'on a affaire à des motivations inconscientes ; on ne peut séparer l'homme en tant qu'individu de l'homme en tant que membre de la société — et si on le fait on aboutit à ne comprendre ni l'un ni l'autre.)

Erich Fromm, *La mission de Sigmund Freud*, trad. Paul Alexandre, Bruxelles, Éditions Complexe, 1975, p. 98-99.

LIBIDINALES
De « libido », recherche instinctive du plaisir, et surtout du plaisir sexuel.

ORTHODOXE
Conforme à la doctrine telle qu'enseignée par Freud.

THÉORIE MARXISTE
Doctrine de Karl Marx (1818-1883).

Erich Fromm (1900-1980), psychanalyste et philosophe juif alle-mand, se réfugie en Amérique pour fuir le nazisme hitlérien. Fromm y mène une brillante carrière de professeur, de thérapeute et d'écrivain. Principal représentant de l'école « culturaliste », Erich Fromm critique la psychanalyse freudienne orthodoxe.

Chapitre 6

L'homme
comme être libre

> Je suis condamné à être libre. Cela signifie qu'on ne saurait trouver à ma liberté d'autres limites qu'elle-même ou, si l'on préfère, que nous ne sommes pas libres de cesser d'être libres.
>
> Jean-Paul Sartre, *L'être et le néant*, p. 515.

Sartre ou l'existentialisme athée

Sartre : un homme inscrit dans son époque

Notice biographique

Jean-Paul Sartre est né à Paris le 21 juin 1905. Fils unique, orphelin de père, il est élevé dans la « bourgeoisie moyenne » entre sa mère, sa grand-mère et son grand-père. C'est dans *Les mots* (1964) que Sartre critique sa classe sociale d'origine, la jugeant imbue d'elle-même et excessivement soucieuse de sa sécurité, de ses devoirs et de ses droits. Il y parle surtout de son « commencement ». L'enfance, qualifiée de « Paradis », est caractérisée par l'expérience de la « mauvaise foi[1] » où le jeune Sartre joue à être sage, généreux et vertueux. « Un seul mandat : plaire ; tout pour la montre[2]. » Le jeune Sartre bénéficie d'une sécurité insouciante qui le met à l'abri de l'ébran- lement du monde européen secoué par la Grande Guerre (1914-1918). Celle-ci dérange peu Sartre et l'ennuie très vite. Il la prendra cependant en dégoût lorsqu'elle le privera de ses meilleures lectures.

À l'âge de 19 ans, Sartre entre à l'École normale supérieure, l'une des plus grandes écoles de France. Pendant ces quatre années d'études, il se dit heureux. Il découvre avec bonheur l'indépendance. Sartre acquiert la réputation d'être un joyeux luron, avide de plaisanteries et de canulars à l'endroit de ses camarades. Il semble peu préoccupé de ce qui se passe dans le monde.

Pourtant, la dictature fasciste de Mussolini s'installe en Italie dès 1926. En 1929, la situation économique se détériore dans le monde occidental : c'est la Crise. Dans les années qui suivent, la terreur fait rage en Union sovié- tique. Staline s'emploie à liquider ceux qui s'opposent au régime en les déportant massivement dans des camps de travail du grand nord sibérien. L'Allemagne connaît la montée fulgurante du nazisme. Hitler est élu chancelier en 1933, puis führer du IIIe Reich l'année suivante.

LE COUPLE SARTRE-DE BEAUVOIR S'EST ENGAGÉ DANS LES GRANDS COMBATS QUI ONT MARQUÉ L'EUROPE DE L'APRÈS-GUERRE.

En 1929, Sartre se classe premier au concours de l'agrégation de philosophie qu'il a préparé avec Simone de Beauvoir, qui arrive deuxième. Simone de Beauvoir sera la compagne de vie de Sartre. Elle sera sa plus grande lectrice et sa première critique. Dans le Paris de l'après-guerre, ils formeront un couple avant-gardiste qui valorise l'union libre et la sexualité libertaire. Ils mèneront tous les deux une vie active d'intellectuels engagés.

> SARTRE RETIENDRA SURTOUT DE HEGEL LA PUISSANCE DE NÉGATION DE L'ESPRIT, LA FORMATION DE LA CONSCIENCE DANS SON RAPPORT D'AFFRONTEMENT À L'AUTRE ET LA RÉALISATION DE L'HUMANITÉ EN NOUS ET DANS L'HISTOIRE.

De 1931 à 1933, Sartre enseigne la philosophie au lycée du Havre. En septembre 1933, il accepte pour l'année scolaire un poste de lecteur à l'Institut français de Berlin. Il y poursuit sa formation philosophique. Il étudie FRIEDRICH HEGEL (1770-1831) et se laisse imprégner par la **phénoménologie** d'EDMUND HUSSERL (1859-1938) et de Heidegger. Les premières œuvres philosophiques de Sartre (*L'ima- gination* [1936], *La transcendance de l'Ego* [1938], *Esquisse d'une théorie des émotions* [1939], *L'imaginaire* [1940], *L'être et le néant. Essai d'ontologie phéno- ménologique* [1943]) témoignent du courant phénoménologique allemand.

PHÉNO- MÉNOLOGIE

Du grec *phainomenon*, « phénomène », et *logos*, « étude, science ». Étude des phénomènes (« pure donnée sensible d'un fait ») ou d'un ensemble de phénomènes tels qu'ils se présentent directement à la conscience afin d'en saisir les essences. Edmund Husserl (1859-1938) fonda cette méthode d'investigation philosophique, qui fut, par la suite, privilégiée par les existentialistes.

---

1. Le thème de la mauvaise foi sera traité à la fin du présent chapitre.

2. Jean-Paul Sartre, *Les mots*, Paris, Gallimard, 1964, p. 22.

HUSSERL DÉVELOPPE LA NOTION D'INTENTIONNALITÉ DE LA CONSCIENCE POUR DÉSIGNER LA RELATION DE LA CONSCIENCE À L'OBJET. LA CONSCIENCE EST TENSION, ÉCLATEMENT, DÉPASSEMENT D'ELLE-MÊME VERS CE QU'ELLE N'EST PAS : LE MONDE ET LES CHOSES.

En 1938, Sartre publie un premier roman fort remarqué, *La nausée*. *Le mur* est publié en 1939. La Seconde Guerre mondiale le mobilise en 1939. Il est fait prisonnier en juin 1940. Il est « libéré » l'année suivante grâce à un faux certificat médical le déclarant atteint de trouble de l'orientation. De retour à Paris, il reprend ses cours au lycée Pasteur. Malgré sa tâche d'enseignant, il travaille à la rédaction de nombreux ouvrages.

De 1942 à 1944, Sartre enseigne aux élèves du lycée Condorcet qui préparent l'École normale supérieure.

Sous l'occupation allemande, Sartre écrit beaucoup. Sa première pièce, *Les mouches*, est jouée à Paris en 1942. Publiée en 1943, elle connaît un grand succès. La même année, une œuvre philosophique colossale de 722 pages, *L'être et le néant*, est offerte aux lecteurs français. En 1944, Sartre publie la pièce *Huis clos*, jouée depuis dans presque tous les pays. Sartre est désormais un auteur célèbre.

À partir de 1945, Sartre entreprend de nombreux voyages : aux États-Unis, en Afrique, en Islande, en Scandinavie, en Russie, etc. En 1946, *L'existentialisme est un humanisme* est publié. Cette transcription d'un entretien radiophonique deviendra l'œuvre philosophique sartrienne la plus lue.

L'originalité de Sartre réside dans le fait qu'il écrit de nombreux romans et pièces de théâtre[3] qui traduisent, par la voie de la fiction, ses thèses philosophiques. Son œuvre littéraire connaît la consécration lorsque le prix Nobel de littérature lui est octroyé en 1964. Il refuse ce prix prestigieux, parce que, selon lui, « l'écrivain ne doit pas se laisser institutionnaliser[4] ». À ce sujet, quelques années plus tard, il dira : « Je ne vois pas pourquoi une cinquantaine de messieurs âgés qui font de mauvais livres me couronneraient. C'est aux lecteurs à dire ce que je vaux. Pas à ces messieurs-là[5]. » Même s'il décline l'honneur que ces « vieux messieurs » lui font, c'est à sa production littéraire que Sartre doit son immense popularité, car il faut bien admettre que ses œuvres proprement philosophiques[6] — denses, spécialisées et souvent arides — ne sont guère accessibles à un large public.

L'œuvre sartrienne, immense et variée, reflète les inquiétudes et les interrogations de toute une époque. Jouissant d'une audience exceptionnelle et mettant en pratique une philosophie de l'engagement, Sartre fait face aux problèmes de son temps. En 1945, il fonde avec Maurice Merleau-Ponty (1908-1961) la prestigieuse revue *Les temps modernes*, qui fait de l'écriture une *action* politique. Sartre et Beauvoir en assumeront progressivement la direction. Sartre lutte contre l'antisémitisme. Anticolonialiste conséquent, il se prononce contre la guerre d'Indochine (1946-1954). En 1952, Sartre devient « compagnon de route » du Parti communiste français. Il rompt son alliance quand la Hongrie est envahie par les troupes soviétiques en 1956. Pendant la guerre d'Algérie (1954-1962), il dénonce l'intervention française et la torture qui y est pratiquée.

---

3. Les principaux romans de Sartre sont : *La nausée* (1938), *Le mur* (1939), *Les chemins de la liberté* (1945-1949) : *L'âge de raison, Le sursis, La mort dans l'âme*. Pour le théâtre, il a écrit : *Les mouches* (1942), *Huis clos* (1944), *Morts sans sépulture* (1946), *La putain respectueuse* (1946), *Les mains sales* (1948), *Le Diable et le bon Dieu* (1951), *Kean* (1954), *Nekrassov* (1955), *Les séquestrés d'Altona* (1960).

4. Louis Wiznitzer, « Sartre parle », *Magazine Maclean*, janvier 1967, p. 27.

5. Entretien radiophonique sur France Inter, 1973.

6. Outre les œuvres déjà citées, mentionnons : *Réflexion sur la question juive* (1946), *Situations I* (1947), *Situations II* (1948), *Situations III* (1949), *Saint Genet, comédien et martyr* (1952), *Critique de la raison dialectique* (1960), *Questions de méthode* (1960), *Situations IV, Situations V, Situations VI* (1964).

Ardent défenseur des droits de l'homme, il signe de nombreux manifestes pour la défense des objecteurs de conscience, contre l'exécution de prisonniers politiques, contre l'action américaine au Viêtnam (1961-1973). En tant que président exécutif, Sartre participe au tribunal Bertrand Russell pour juger les activités de guerre des États-Unis au Viêtnam. En mai 1968, Sartre appuie la contestation des étudiants français, contestation qui se répandra comme une traînée de poudre dans le monde démocratique. Les étudiants français contestent les institutions scolaires sclérosées, la hiérarchie omniprésente, les programmes rétrogrades, la transmission du savoir par des moyens ancestraux, l'équipement désuet, etc. Sartre encourage l'action contestataire de l'heure avec cette formule qui sera par la suite inscrite sur tous les murs de Paris : « Ce qu'il y a d'intéressant dans votre action, c'est qu'elle met *l'imagination au pouvoir.* » Dans une interview accordée à des étudiants québécois à Paris, Sartre se prononce contre la Loi des mesures de guerre, qui supprime les droits civils au Québec lors de la crise d'octobre 1970. Âgé de 68 ans, Sartre s'inscrit encore dans l'action en participant à la fondation du quotidien « démocratique » de gauche *Libération*, qui se donne comme mandat d'interroger le monde contemporain au nom de l'homme et de sa liberté.

Jean-Paul Sartre meurt le 15 avril 1980. Le jour de son enterrement, 50 000 personnes suivent son cortège funèbre dans les rues de Paris.

Sartre a profondément marqué de son empreinte le monde philosophique, littéraire, théâtral, journalistique et politique de son époque. Il a traversé notre siècle en surprenant, en ébranlant, en irritant, en passionnant ses contemporains. Pendant plus de 40 ans, il a occupé la scène française ; aucun autre philosophe n'a été aussi présent, n'a exercé autant d'influence, n'a été aussi déconcertant et controversé que Sartre.

En France, Jean-Paul Sartre fut le fondateur et le chef de file de l'existentialisme athée. Connu dans le monde entier, traduit dans toutes les langues, Sartre est devenu la figure de proue incontestée du mouvement existentialiste de l'après-guerre.

Les existentialismes contemporains

Il n'existe pas un existentialisme, mais des philosophies existentialistes auxquelles Sartre se rattache. Ce courant philosophique rassemble des penseurs importants dont les écrits furent déterminants au XXe siècle.

Ces philosophies, bien qu'elles divergent par le traitement qu'elles font subir aux thèmes existentialistes, ont une préoccupation commune : l'**existence** de l'être humain prise dans sa réalité et dans sa singularité concrètes. Les philosophies existentialistes interrogent directement l'existence humaine en vue de tirer au clair l'énigme que l'homme est pour lui-même. Elles sont, par définition, des philosophies qui cherchent à répondre aux questions que l'homme se pose sur sa propre existence. Puisqu'elles prennent comme point de départ la **subjectivité** de l'individu engagé dans l'expérience vécue, c'est l'être humain « dans le monde » qui les intéresse. En ce sens, elles s'opposent aux doctrines **idéalistes**, qui ont tendance à définir l'être humain d'une manière abstraite et détachée de la vie.

Présentons brièvement les principaux représentants de l'existentialisme « contemporain ». Søren Kierkegaard (1813-1855) est un philosophe et théologien danois. Son influence fut marquante pour tous les philosophes de l'existence, qu'ils fussent chrétiens ou athées. Kierkegaard est le premier à défendre non pas le **sujet** détaché du monde, mais le sujet individuel dans le monde, le sujet concret comme fondement de toute pensée. Et pour comprendre le sujet, Kierkegaard doit comprendre les conditions concrètes d'existence du sujet : le temps, le devenir, la souffrance. La liberté est ce qui permet à

EXISTENCE
Le fait d'être là, dans le monde ; la réalité vivante, vécue.

SUBJECTIVITÉ
Ce qui appartient au sujet seul : sa conscience, son moi.

IDÉALISTE
Se dit de la tendance philosophique qui réduit toute existence à la pensée : soit que les idées ont plus d'être que le monde sensible, soit que ce dernier n'a de réalité que dans les idées que nous en avons.

SUJET
Être individuel, concret, singulier, défini comme une intériorité possédant des qualités personnelles et considéré comme l'auteur de ses actes.

l'individu de se réaliser dans le monde, de constituer sa subjectivité. Lorsque l'individu échoue dans ce projet, il connaît l'angoisse et le désespoir. Selon Kierkegaard, seul le chemin de la foi dans le Christ — chemin parsemé d'incertitude et de déchirement — peut apporter à l'individu la vérité authentique. Kierkegaard peut être considéré comme le père des existentialismes.

Karl Jaspers (1883-1969), philosophe et psychologue allemand, est influencé par Kierkegaard. Selon Jaspers, pour comprendre l'homme, il faut cerner son « être au monde », c'est-à-dire les diverses conditions ou « situations limites » qu'il rencontre dans son existence. Ces situations (folie, combat, échec, souffrance, faute, mort) tracent les limites à partir desquelles l'homme se manifeste, s'accomplit et rencontre sa propre **finitude**. Pour dépasser le fait que l'existence humaine soit finie et pour contrer l'absurdité qui en découle, l'homme doit se **transcender** dans un Être qui se situe au-dessus de l'existence subjective : Dieu.

Martin Heidegger (1889-1976), philosophe allemand, prend également l'être concret existant (l'« étant humain ») comme point de départ et trace une phénoménologie de l'existence humaine. L'étant humain est abandonné à lui-même et jeté dans le monde pour y mourir. Il ne réussit jamais à coïncider avec ce qu'il est essentiellement. Pour fuir l'angoisse que génère cet état, l'homme dissimule son être véritable. Il devient « inauthentique ». Il se réfugie dans le quotidien banal et anonyme qui dissout les individualités. La quête de l'« authenticité », c'est-à-dire la conquête de la personnalité véritable de l'individu, se fera en interrogeant l'Être, la source « spirituelle » de toutes choses.

Gabriel Marcel (1889-1973), philosophe, journaliste et dramaturge français, fait porter son questionnement sur le sujet pris dans son existence personnelle. Il se refuse à expliquer l'homme comme une chose. Il dénonce les sciences et les techniques contemporaines, qui essaient d'utiliser l'être humain comme un objet. Les rapports aux autres étant des conditions de notre propre existence, Gabriel Marcel interroge les notions d'« autrui » et de « fidélité ». Il oppose à l'Avoir le mystère de l'Être qui place l'individu face à lui-même et le rend responsable. Gabriel Marcel prône la rencontre nécessaire de l'homme avec Dieu dans la foi. Ce faisant, il est devenu le principal porte-parole de l'existentialisme chrétien.

Simone de Beauvoir (1908-1986) est philosophe, essayiste, romancière, militante politique et féministe. *Le deuxième sexe*, paru en 1949, analyse de manière décapante l'inégalité et l'oppression qui aliènent l'autonomie des femmes. « On ne naît pas femme, on le devient », proclame Simone de Beauvoir. Selon elle, la liberté se pose en des termes de libération, de révolte, d'émancipation, de rupture des chaînes qui asservissent l'être. Quoique complice de la philosophie sartrienne, Simone de Beauvoir développe une conception particulière et différente de la liberté, et fait de la conquête et de l'usage de la liberté le pivot autour duquel s'organisent son œuvre et sa vie.

FINITUDE
Caractère limité et mortel de l'existence humaine. Jaspers y voit particulièrement l'impossibilité pour toute conscience individuelle de s'exprimer une fois pour toutes dans une parole ou dans une action.

TRANSCENDER
Du latin *transcendere*, « s'élever au-dessus de ». Dépasser en étant supérieur, appartenir à un degré plus élevé. Par exemple, Dieu transcende le monde et les êtres immanents.

La conception sartrienne de l'être humain[7] : l'homme comme être libre

Le point de départ de la philosophie sartrienne est l'existence. D'après Sartre, si nous voulons comprendre ce que nous sommes, il faut partir de cette évidence première : « J(e)'existe. » Ce « je » correspond à la subjectivité, à la **conscience** individuelle qui s'atteint elle-même dans l'existence. Je suis là ici et maintenant.

CONSCIENCE

Acte ou état dans lequel le sujet se connaît lui-même en se distinguant de l'objet qu'il connaît.

L'existence précède l'essence

Selon l'existentialisme sartrien, l'être humain n'est pas définissable en soi, c'est-à-dire que nous ne pouvons pas lui donner une belle et savante définition qui délimiterait sa nature propre. « Ainsi, il n'y a pas de NATURE HUMAINE, puisqu'il n'y a pas de Dieu pour la concevoir[8]. » Il n'y a pas une ou des caractéristiques communes qui se retrouveraient chez tous les humains[9]. Selon Sartre, il n'y a que des existants particuliers et singuliers « en situation ».

LES INDIVIDUS QUI ÉVOQUENT L'EXISTENCE D'UNE « NATURE HUMAINE » CONSIDÈRENT QU'ON TROUVE EN TOUT HOMME UN ENSEMBLE DE CARACTÈRES OU DE TRAITS COMMUNS À TOUS LES HOMMES. AINSI, SELON UNE TELLE CONCEPTION, L'INDIVIDU NE SERAIT QU'UN EXEMPLAIRE D'UNE ESSENCE UNIQUE APPELÉE « NATURE HUMAINE ».

SELON UNE LECTURE DÉTERMINISTE, LES HOMMES SONT LIÉS PAR UNE CHAÎNE D'ÉVÉNEMENTS ANTÉRIEURS INTERPRÉTÉS COMME DES CAUSES EXPLIQUANT ET JUSTIFIANT NOS COMPORTEMENTS ACTUELS.

L'être humain est en situation en ce sens qu'il s'inscrit dans des conditions d'existence concrètes ; il est visé par ce qui se passe dans l'instant ; il fait face à des données qui sont déjà là. Cela veut donc dire qu'il est lié par un ensemble de DÉTERMINISMES héréditaires, économiques, sociaux et culturels, à partir desquels l'homme se fait, construit son essence.

Le parcours de Jean Genet[10] (1910-1986) est une bonne illustration de ce fait. Abandonné par sa mère à l'Assistance publique, condamné pour vol à l'âge de 10 ans, il devient l'incarnation du Mal sous toutes ses formes (vol, prostitution homosexuelle, délation, etc.). Pendant ses séjours en prison, il fait toutefois acte de liberté en se choisissant poète, romancier et dramaturge, alors qu'il avait été rigoureusement conditionné à n'être qu'un voleur.

Puisque l'existentialisme sartrien est de type athée, il pose un homme sans Dieu qui se définit lui-même par les choix qu'il fait au cours de sa vie.

EXISTENCE/ ESSENCE

Pour la philosophie classique, l'existence désigne le fait d'être, c'est-à-dire la réalité vivante, vécue, par opposition à l'essence, qui dit ce qu'est une chose, ce qui constitue sa nature intime.

Si Dieu n'existe pas, il y a au moins un être chez qui l'**existence** précède l'**essence**, un être qui existe avant d'être défini par aucun concept et que cet être c'est l'homme [...]. Qu'est-ce que signifie ici l'existence précède l'essence ? Cela signifie que l'homme existe d'abord, se rencontre, surgit dans le monde, et qu'il se définit après[11]. »

---

7. Dans un entretien radiophonique réalisé et diffusé sur France Inter, en 1973, Sartre dit : « Je ne renonce à rien de ce que j'ai écrit [...]. Je suis passé de l'existentialisme au marxisme sans renoncer à mes idées » (cassettes Radio France K1199 AD035). En conséquence, nous avons fait le choix de présenter un exposé « classique » de la conception sartrienne de l'être humain en négligeant la période dite « matérialiste » de sa philosophie, période qui débute après la parution, en 1946, de *L'existentialisme est un humanisme*.

8. Jean-Paul Sartre, *L'existentialisme est un humanisme*, Paris, Les Éditions Nagel, coll. « Pensées », 1968, p. 22.

9. Rappelons que, pour Descartes, la nature de l'homme est la pensée : ce qui fait de lui un être rationnel. Selon Rousseau, la nature de l'homme est la perfectibilité : ce qui a fait de lui un être qui a été transformé par la société. Selon Nietzsche, la nature de l'homme se situe dans son corps : ce qui fait de lui un être qui doit se dépasser par l'affirmation de ses désirs et passions.

10. Sartre a publié chez Gallimard, en 1952, un essai sur Jean Genet intitulé *Saint Genet, comédien et martyr*.

11. Jean-Paul Sartre, *L'existentialisme est un humanisme*, p. 21.

Aucun caractère essentiel ne peut donc définir l'homme. L'homme n'est pas, seul l'individu existe, et en existant il se fait peu à peu. Ce n'est qu'après avoir existé, c'est-à-dire après avoir agi, que l'individu « se définit peu à peu, et la définition demeure ouverte[12] ». Autrement dit, c'est en existant que l'individu peut choisir librement d'être ce qu'il veut être (son essence).

Parce que l'existence précède l'essence, l'homme est libre. C'est le primat de l'existence qui rend possible et nécessaire cette liberté.

Exister, c'est être libre ; être libre, c'est choisir

On ne peut comprendre la conception de la liberté avancée par Jean-Paul Sartre sans rappeler ses positions religieuses. En effet, l'existentialisme sartrien est rigoureusement lié à l'athéisme.

> Si Dieu n'existe pas, nous ne trouvons pas en face de nous des valeurs ou des ordres qui légitimeront notre conduite. Ainsi, nous n'avons ni derrière nous, ni devant nous, dans le domaine lumineux des valeurs, des justifications ou des excuses. Nous sommes seuls et sans excuses. C'est ce que j'exprime en disant que l'homme est condamné à être libre[13].

La liberté constitue la conséquence fondamentale d'une position athée cohérente. Sartre postule la liberté comme principe premier de l'action et de la réflexion. L'être humain ne peut qu'être libre car sa conscience possède le pouvoir de *néantiser*, c'est-à-dire d'annihiler, de rendre nuls les divers déterminismes dont elle peut être l'objet. En conséquence, les seules limites à la liberté de l'être humain sont celles qu'il s'est lui-même données.

La liberté, chez Sartre, ne constitue pas un cadeau, elle n'est pas un droit. C'est un reçu malgré nous, une donnée qui nous colle à la peau, qui nous enveloppe entièrement et qui, au pis aller, nous étouffe parce qu'elle nous oblige continuellement à nous construire.

La liberté sartrienne est liée à la conscience qui choisit d'être ceci ou cela au-delà de tout déterminisme, de toute cause. Cette liberté est une liberté vécue, une liberté de fait que chacun se doit d'assumer. Il n'est donc aucunement question ici d'une liberté-concept, d'une liberté-notion. La liberté adhère d'une façon constante et inévitable à l'existence. Elle ne prend son sens que dans l'acte. En d'autres termes, notre entière liberté se manifeste chaque fois que nous faisons un acte[14]. Lorsque, par exemple, en telle circonstance, nous manifestons de la peur, c'est nous — et nous seuls — qui librement nous choisissons et nous définissons peureux en exécutant des gestes de peur. Au contraire, en d'autres circonstances, nous

CET HOMME QUI PORTE SECOURS À UN ALPINISTE BLESSÉ SE CHOISIT COMME ÊTRE HUMAIN COURAGEUX.

---

12. *Action, Mise au point*, décembre 1944.

13. Jean-Paul Sartre, *L'existentialisme est un humanisme*, p. 37.

14. Sartre ne fait aucune distinction entre choisir et faire.

pourrons nous choisir courageux, affirmer toute notre liberté dans des actes de courage, exister comme êtres courageux. La question que nous devons poser est donc la suivante : quelle est notre manière de nous choisir ? Plus particulièrement, quel est le choix que nous faisons de nous-mêmes dans le monde ? Et ce choix, selon Sartre, ne peut qu'être libre.

Cette immense liberté sartrienne peut-elle être comparée aux pouvoirs infinis du libre arbitre de Descartes ? Pour un idéaliste comme Descartes qui souscrit aux VALEURS UNIVERSELLES, la liberté correspond au pouvoir de la volonté de choisir le vrai et d'agir selon le bien, pouvoir immense certes, mais pouvoir théorique détaché des conditions de l'existence.

> LES VALEURS UNIVERSELLES DU VRAI, DU BIEN ET DU BEAU SONT PRÉSENTÉES PAR LES PHILOSOPHIES IDÉALISTES COMME ÉTANT VALABLES *A PRIORI* (C'EST-À-DIRE AVANT TOUTE EXPÉRIENCE) POUR TOUS LES HOMMES ET POUR TOUTES LES ÉPOQUES.

Pour Sartre, être libre, ce n'est pas choisir entre des valeurs prédéterminées (le vrai plutôt que le faux, le bien plutôt que le mal) ; c'est, au contraire, me choisir moi-même dans le monde en faisant concrètement un choix, car, nous venons de le voir, il n'y a de liberté que dans la mesure où un geste, un acte libre est exécuté. Or, il y a nécessité pour l'homme de se choisir perpétuellement. Selon Sartre, l'individu qui prétend ne pas pouvoir choisir est un lâche ou un salaud. Rien ne peut venir à l'homme à moins que ce ne soit délibérément choisi. Être libre, c'est même être obligé de choisir, car il « n'est pas possible [...] de ne pas choisir [...] ; si je ne choisis pas je choisis encore[15] ». Je choisis alors de ne pas choisir. Sartre donne l'exemple suivant. En face de ma situation d'être sexué, je suis dans l'obligation de choisir une attitude : j'ai des relations sexuelles avec un être de l'autre sexe, ou bien du même sexe, ou encore je suis bisexuel ; je m'inscris dans des rapports sexuels monogames, ou bien je privilégie les relations multiples ; je me limite à l'autoérotisme, ou bien je reste chaste. Or, si je m'abstiens d'actualiser ma sexualité, je ne peux dire que je n'ai pas choisi : j'ai choisi de ne rien faire ; j'ai choisi de ne vivre d'aucune manière ma « situation » d'être sexué.

La liberté en situation

La liberté sartrienne est une liberté « en situation ». Non seulement notre liberté se manifeste dans des situations concrètes, mais elle n'est possible qu'en situation. L'être humain a le choix d'accepter sa situation, de la transformer ou de la refuser carrément.

Dans *L'être et le néant*, Sartre relève et décrit les éléments fondamentaux de notre situation dans le monde à partir de laquelle se manifeste notre liberté. Voyons de quoi il s'agit.

Ma place

Ma place, c'est mon « pays », le lieu que « j'habite », mon « emplacement » actuel par rapport aux choses qui m'entourent. Or, cette place, qui correspond, somme toute, à ma situation dans l'espace, peut-elle être une restriction à ma liberté ? se demande Sartre.

D'abord, la place que j'ai reçue à ma naissance ne constitue pas une entrave à ma liberté, puisque j'étais, comme nouveau-né et enfant, dans l'impossibilité d'y réagir et de choisir une autre place. Quant à la place que je prends actuellement, j'en suis entièrement responsable. Car il dépend de mon unique liberté de ne pas me limiter à mon être-là (c'est-à-dire le fait d'être là plutôt qu'ailleurs), mais de me situer par rapport à ce

15. Jean-Paul Sartre, *L'existentialisme est un humanisme*, p. 73.

que je veux ou non atteindre. En d'autres mots, c'est moi qui, librement, donne une signification existentielle à la place que j'occupe ou à celle que j'occuperai. Par exemple, je donnerai une signification à ma situation spatiale présente si je saute dans ma voiture et supporte (puisque je déteste conduire !) la fatigue des trois heures de route me séparant de mon ami Roger. Ainsi, c'est notre liberté qui « fait apparaître notre emplacement comme résistance insurmontable ou difficilement surmontable à nos projets[16] ».

Mon passé

Notre passé constitue la deuxième caractéristique de notre situation dans le monde. Ce passé pèserait, selon une lecture déterministe, de tout son poids sur l'orientation de notre présent. Bien sûr, Sartre admet que les engagements passés peuvent influencer le présent, mais seulement dans la mesure où nous avons constamment à les « ré-affirmer », à les « ré-actualiser ». Je suis le seul à pouvoir « ré-assumer » à chaque moment la *portée* de mon passé en lui donnant une signification par l'acte que j'exécute dans le présent. C'est moi seul qui éclaire mon passé à l'aide du projet que je suis et que je lance dans l'avenir. En conséquence, je choisis mon passé. Je choisis le sens que je veux bien donner à mon passé étant donné le choix que je fais de mon présent.

Mon passé ne détermine pas mon présent. À l'inverse, c'est en assumant en toute liberté un projet de vie présent, qui s'oriente vers l'avenir, que je sélectionne, interprète et réalise mon passé à la lumière de ce projet de vie présent. Par exemple, si j'ai librement choisi, il y a quelques années, de m'engager dans une relation amoureuse unique, il n'en tient qu'à moi de ne pas aujourd'hui rejeter ce passé, de ne pas le considérer comme mort, mais au contraire de le revivifier, de lui conférer une valeur toujours actuelle en accomplissant des gestes pour faire grandir cet amour unique.

Mes entours

Dès notre naissance, nous sommes jetés dans un monde d'existences différentes de la nôtre. Ces « choses-ustensiles » nous entourent et affichent leur imprévisibilité, leur complicité ou leur adversité : ce sont les « entours ». En fait, les entours sont tout ce qui peut nous arriver lorsque l'on fait quelque chose et qui peut être interprété soit positivement, soit négativement.

Ainsi, lorsque je projette de faire une randonnée à vélo et de me rendre à tel endroit, je peux être placé devant un pneu qui crève, un vent de face, un soleil de plomb, etc. Est-ce que l'apparition de ces entours hostiles, qui peuvent contribuer à changer radicalement ma situation, constituent pour autant une entrave à ma liberté ? Pas du tout ! Les accidents prévisibles et même ceux que je n'avais pas prévus ou pu

PARCE QU'ELLE EST LIBRE, CETTE CYCLISTE INTERPRÉTERA POSITIVEMENT OU NÉGATIVEMENT LES INCIDENTS POUVANT SURVENIR PENDANT SA RANDONNÉE À VÉLO.

prévoir, malgré qu'ils interrompent ma route, ne déterminent pas mon existence. Ils font partie de mon projet de randonnée à vélo comme des probables, des possibles pouvant surgir inopinément. C'est même ma liberté qui donne un sens à ces entours, les exprime

16. Jean-Paul Sartre, *L'être et le néant*, Paris, Gallimard, coll. « Bibliothèque des Idées », 1968, p. 576.

et les constitue *en situation*, c'est-à-dire comme des éléments ayant un rapport adverse ou complice avec mon projet et moi-même. Il ne tient qu'à moi d'interpréter la côte à monter comme un obstacle difficile, sinon impossible, à franchir ou comme le moyen d'obtenir (une fois arrivé au sommet) un magnifique point de vue sur la campagne environnante. «Ainsi suis-je absolument libre et responsable de ma situation. Mais aussi ne suis-je jamais libre *qu'en situation*[17]. »

Mon prochain

Le monde des autres

Ma situation concrète, c'est aussi vivre dans un monde où il y a autrui. Plus particulièrement, en tant qu'existant, je me trouve en présence de significations (modes d'emploi, panneaux indicateurs, ordres et consignes en tout genre) qui n'émanent pas de moi-même, mais des autres. Est-ce que ces dernières constituent une limite externe à ma liberté? Non. Certes, j'habite un «monde-là» peuplé de sens que je n'ai pas mis moi-même, mais c'est à moi d'affirmer et d'assumer ma liberté en tenant compte de la conjoncture présente et en faisant mien ou non ce sens déjà là. Ces interdictions, ces défenses n'entraveront ma liberté que dans les limites de mon propre choix.

Le besoin des autres

En tant qu'objet au milieu du monde, nous sommes constamment soumis aux appréciations d'autrui. Or, en posant sur moi un regard qui me renvoie à moi-même, l'autre me permet de m'appréhender, de me jauger. Selon Sartre, nous avons besoin des autres pour prendre conscience de nous-mêmes dans la mesure où nous ne pouvons «rien être (au sens où on dit qu'on est spirituel, ou qu'on est méchant, ou qu'on est jaloux) sauf si les autres le reconnaissent comme tel[18] ».

En d'autres mots, je ne peux m'atteindre que par le regard d'un autre. Pour savoir qui je suis, j'ai besoin d'autrui; il est celui qui me permet d'acquérir ma réalité. «Pour obtenir une vérité quelconque sur moi, écrit Sartre, il faut que je passe par l'autre. L'autre est indispensable à mon existence, aussi bien d'ailleurs qu'à la connaissance que j'ai de moi[19]. » L'autre me confère un caractère. Il est la «condition concrète» de mon objectivité. Lorsque, pour me décrire, il utilise les qualités de «bon» ou de «méchant», de «sympathique» ou d'«antipathique», etc., il veut m'atteindre et il m'atteint dans mon être. Cependant, c'est moi, à la lumière de mes propres fins, qui accepterai ou non l'image de moi que me présente l'autre. Par le regard jeté sur moi, l'autre est celui qui me confirme ou m'infirme à moi-même, en ce sens que c'est ma liberté qui me permet d'accorder ou non du crédit à ce que l'autre dit de moi.

La haine des autres

Le regard qu'autrui porte sur moi m'aide à me définir, mais en même temps il peut apparaître comme une menace et même me conduire à la haine d'autrui.

«L'autre [est] une liberté posée en face de moi qui ne pense et qui ne veut que pour ou contre moi[20]. » Dans l'une de ses pièces de théâtre les plus populaires, *Huis clos*, Sartre situe en enfer l'action de trois personnages imaginaires. Pour lui, l'enfer n'est pas un lieu de torture physique; on n'y endure ni feu ni gril. Dans *Huis clos*, l'enfer est

---

17. *Ibid.,* p. 591.

18. Jean-Paul Sartre, *L'existentialisme est un humanisme*, p. 66.

19. *Ibid.,* p. 67.

20. *Ibid.,* p. 67.

représenté par un simple salon sans fenêtre, avec uniquement trois fauteuils pour Garcin, Inès et Estelle, qui sont condamnés à rester seuls ensemble pour toujours.

Le sommet de la souffrance pour l'être humain n'est pas dans la douleur physique ; il est dans le voisinage des autres. « Le bourreau, c'est chacun de nous pour les deux autres[21] », dit Inès. En effet, selon l'existentialisme sartrien, l'autre est bourreau de trois façons différentes.

D'abord, les autres nous gênent, encombrent notre existence par le seul fait d'être là, surtout quand c'est le hasard qui les y a mis et qu'aucune affinité ne nous lie à eux. Les trois protagonistes de *Huis clos* ne se sont pas choisis. Ils sont là, en enfer, pour l'éternité ! Le milieu de travail peut fort bien illustrer cette problématique. Le travail que nous faisons nous oblige à côtoyer quotidiennement des collègues. Qui sont-ils ? Des gens que nous n'avons pas choisis, qui souvent ne nous ressemblent guère et avec lesquels il nous est parfois difficile de sympathiser. Mais ils sont là, nous agacent, nous irritent, nous énervent.

Ensuite, l'autre représente le bourreau dans la mesure où il est souvent incapable de nous donner ce que nous aimerions recevoir de lui. Cela occasionne, bien sûr, nombre de malentendus et de déceptions. La pièce *Huis clos* met en lumière de belle façon cette deuxième dimension du difficile rapport à autrui. Garcin, le personnage masculin, est mort lâche. Il essaie tant bien que mal de se construire une image d'homme fort et assuré, d'abord pour lui-même, mais aussi pour les yeux d'Estelle. Mais à quoi bon tenter de paraître ce qu'il n'est pas, de séduire Estelle, puisqu'elle représente tout ce qu'il ne peut pas supporter chez une femme : un intérêt excessif porté à son apparence, un besoin constant d'être rassurée, une naïveté et une superficialité criantes. Estelle ne peut donc rien apporter à Garcin. Inès, quant à elle, est lesbienne. Elle fait preuve de dureté, ne ménage pas ses compagnons d'infortune, les oblige à se reconnaître tels qu'ils sont. Elle les immobilise dans leur fatalité. Cependant, elle a besoin des autres, d'Estelle en particulier ; mais elle ne peut rien attendre d'elle, puisque Estelle n'a d'yeux que pour Garcin.

Enfin, autrui me « chosifie ». Quand il me juge d'une manière implacable, il est un sujet qui tente de me réduire à l'état d'objet. Par le jugement qu'il porte sur moi, l'autre essaie de nier ou d'étouffer ma liberté en me rendant esclave de valeurs qui me qualifient de l'extérieur. Pour lui, je suis, par exemple, intelligent ou stupide, beau ou laid, etc. Son jugement à mon endroit est beaucoup plus qu'une simple opinion qu'il se fait de ma personne, car il me confère un sens que je ne me suis pas donné moi-même. Je subis ce sens dans la mesure où il m'est imposé par une liberté autre que la mienne. Je deviens, par le regard de l'autre, ce quelqu'un, cette qualité ou ce défaut que je n'ai pas nécessairement choisi d'être. Bref, la liberté de l'autre appréhende librement ma liberté selon ses propres perspectives et orientations.

CHACUN DES PROTAGONISTES, PAR LE REGARD QU'IL POSE SUR SON VIS-À-VIS, TENTE DE LE « CHOSIFIER » EN LE RÉDUISANT À L'ÉTAT D'OBJET.

Les trois personnages de *Huis clos* se jugent constamment les uns les autres. Ils connaissent l'angoisse infernale de devenir des personnes-choses par le regard de l'autre. Sous ce regard, ils ne peuvent plus fuir, figés qu'ils sont par l'œil qui les voit. « Ah !

---

21. Jean-Paul Sartre, *Huis clos*, Paris, Gallimard, coll. « Le Livre de poche », 1967, p. 34.

Comme tu vas payer à présent, dit Inès. Tu es un lâche, Garcin, un lâche parce que je le veux. Je le veux, tu entends, je le veux[22] !» L'enfer de *Huis clos*, c'est notre condition d'ici-bas où les autres nous condamnent à être ce qu'ils jugent que nous sommes. Ainsi, lorsque quelqu'un, catégorique, me dit que je suis un salaud, un ingrat ou un jaloux, je deviens cela à ses yeux; désormais, pour lui, je ne suis que cela. Il me pétrifie, me fixe à tout jamais dans le rôle de salaud, d'ingrat ou de jaloux. Et c'est pourquoi Sartre, par la bouche de Garcin, s'écrie à la fin de *Huis clos*: «L'enfer, c'est les Autres[23]». Cet enfer, soyons-en certains, peut nous conduire à la haine d'autrui.

Cependant, il existe une porte de sortie. Il s'agit tout simplement de prendre sur moi le point de vue de l'autre et de lui donner un sens à la lumière de mes propres fins. Ici encore, la liberté m'accorde le pouvoir, non pas de décider de la façon dont l'autre me perçoit, mais d'accepter ou de refuser la définition que l'autre m'attribue. Autrui n'est donc pas une entrave à ma liberté, puisque je peux reprendre ou non à mon compte les limites qui me sont imposées par la liberté de l'autre.

Liberté individuelle et liberté d'autrui

La liberté sartrienne implique une volonté d'engagement de soi dans chaque situation qu'il nous est donné de vivre. Mais cette liberté de soi n'est ni un acte purement égoïste ni un **solipsisme**.

> La liberté comme définition de l'homme ne dépend pas d'autrui, mais dès qu'il y a engagement, je suis obligé de vouloir en même temps la liberté des autres, je ne puis prendre ma liberté pour but que si je prends également celle des autres pour but[24].

LA LIBERTÉ HUMAINE EST SOLIDAIRE DE CELLE DES AUTRES HOMMES.

Ainsi, je ne pourrais vouloir la liberté des autres si je plaçais autrui dans une situation où je tenterais de l'exploiter ou de l'opprimer — même si ce dernier possède toujours le pouvoir de refuser mon oppression, d'y résister. En conséquence, la liberté s'exige universellement. L'être humain doit vouloir, selon Sartre, la LIBERTÉ DES AUTRES. C'est individuellement que l'être humain doit découvrir et actualiser pour lui-même les «chemins de la liberté[25]», et ce n'est que dans cette mesure qu'il sera homme, car il n'est que ce qu'il choisit d'être. Cependant, ce projet — qui le fait être — ne doit pas se refermer sur lui-même; il doit s'actualiser comme projet en relation avec les autres.

SOLIPSISME

« Théorie d'après laquelle il n'y aurait pour le sujet pensant d'autre réalité que lui-même. » (*Le Petit Robert,* 2002.)

Ma mort

Sartre, qui se réclame d'une position athée, note d'abord le caractère totalement absurde de la mort. Avec la mort, les valeurs, les attentes et les comportements mis en avant par l'individu tombent d'un coup dans l'indéterminé, le néant. Aussi, il serait vain de croire que la mort peut donner un sens à la vie. Au contraire, elle lui enlève toute signification car, pour qu'il y ait un sens, il faut que je puisse être là, comme subjectivité, afin d'en fabriquer un et de l'actualiser à la lumière de mon avenir. Or, n'étant plus vivant, tout avenir m'est alors refusé; conséquemment, je ne pourrai pas interpréter ma mort. Lorsque j'existe, j'ai constamment à décider du sens de ma vie; il est carrément entre mes mains. La mort fait que, désormais, pour ma vie, les jeux sont faits; dès lors, ma vie est une vie *faite*, close, définitivement fermée; rien ne peut plus lui arriver; rien ne peut plus y entrer.

---

22. *Ibid.*, p. 73.

23. *Ibid.*, p. 75.

24. Jean-Paul Sartre, *L'existentialisme est un humanisme*, p. 83.

25. Titre d'un roman de Jean-Paul Sartre présenté sous forme d'une trilogie (I. *L'âge de raison*; II. *Le sursis*; III. *La mort dans l'âme*) publiée à Paris chez Gallimard, coll. «N.R.F.», de 1945 à 1949.

En outre, une fois mort, je suis condamné à n'exister que par autrui. En effet, ceux qui restent, comme on dit, reprennent à leur compte les significations concernant ma vie. Ils peuvent transformer celle-ci en échec ou en réussite, et je ne peux plus corroborer ni démentir l'interprétation qu'ils imposent à ma vie en m'annonçant par mon ou mes projets. « Être mort, c'est être en proie aux vivants[26]. » La mort trace-t-elle alors la limite finale de ma liberté ? se demande Sartre. Pas nécessairement. Ce n'est pas parce que les autres me voient mortel, ou encore parce qu'ils peuvent me déposséder du sens que je donnais moi-même à ma vie (alors que j'existais), que la mort est pour autant la contrainte ultime de ma liberté.

En fait, la mort n'est « rien d'autre que du *donné* » qui doit arriver ; elle n'est qu'une situation limite inéluctable et absurde que j'intériorise comme étant ultime. En cela, elle peut être considérée comme une limite qui hante ma liberté. Mais en réalité, puisque ma conscience ne peut concevoir la mort, ni l'attendre, ni se projeter vers elle, ma subjectivité est entièrement indépendante d'elle et « la liberté qui est *ma liberté* demeure totale et infinie[27] ». Certes, je n'ai pas le choix de ne pas mourir un jour. La mort fait partie de ma situation d'homme, mais la mort n'est pas, de mon vivant, un obstacle à mes projets, car « je suis un libre mortel » qui échappe à sa mort dans son projet même de vivre. Bref, la mort est néant, mais j'ai la liberté de vivre ma vie.

> SA PLACE, SON PASSÉ, SES ENTOURS, SON PROCHAIN ET SA MORT CONSTITUENT LA SITUATION FONDAMENTALE DE TOUT HOMME, ET C'EST UNIQUEMENT DANS CETTE SITUATION ET FACE À ELLE QUE L'ÊTRE HUMAIN EST LIBRE. IL A LE POUVOIR D'ACCEPTER OU DE REFUSER CETTE SITUATION.

En résumé, nous pouvons dire que la liberté ne devient effective qu'à partir du moment où l'être humain se mesure aux différents éléments qui tracent sa SITUATION dans le monde. Dans *L'être et le néant*, Sartre éclaire sa conception de la liberté par l'exemple de la mobilisation en temps de guerre : je n'ai pas choisi cette situation ; je ne suis pour rien dans le fait que mon pays se soit mis en guerre ; ce n'est pas moi qui, personnellement, ai déclaré cette guerre ; etc. Mais à l'égard de cette situation, il m'est toujours possible de me choisir soldat combattant ou objecteur de conscience. Autrement dit, si je ne me soustrais pas à cette guerre en désertant ou, à la limite, en me suicidant, elle devient ma guerre, je l'ai choisie, et j'en porte l'entière responsabilité. « Vivre cette guerre, écrit Sartre, c'est me choisir par elle et la choisir par mon choix de moi-même[28]. »

La liberté sartrienne est une liberté en situation dans la mesure où elle s'inscrit dans le choix d'agir dans une situation particulière dont je ne suis pas nécessairement responsable au départ ou de réagir à celle-ci. En d'autres termes, il dépend toujours de soi, et de soi seul, de choisir une attitude d'acceptation (résignation) ou une attitude de refus (opposition) face à une situation donnée.

ADVENANT UNE GUERRE, CES JEUNES HOMMES QUI SE SONT CHOISIS MILITAIRES EN ÉPOUSERONT LA CAUSE ET EN PORTERONT L'ENTIÈRE RESPONSABILITÉ.

---

26. Jean-Paul Sartre, *L'être et le néant*, p. 628.

27. *Ibid.*, p. 632.

28. *Ibid.*, p. 640.

L'homme comme projet

À l'intérieur de sa condition d'existant, l'être humain ne peut que choisir, choisir de s'accommoder de cette condition ou choisir de la nier. Mais, dans l'un ou l'autre cas, « la liberté se fait acte[29] » et, ce faisant, l'homme se construit comme projet.

Ce parti pris en faveur de l'existence fait que, pour Sartre, l'être humain se définit par « l'ensemble de ses actes[30] ». C'est à lui, et à lui seul, de tracer sa propre figure dans le monde. À la question : « Qui suis-je ? », tout existentialiste sartrien répondrait : « Je suis ma vie, c'est-à-dire tout ce que j'ai fait jusqu'à présent, tous les actes que j'accomplis maintenant et toutes les "entreprises" que je ferai dans l'avenir. »

L'être humain est, selon Sartre, « ce qui se jette vers un avenir et qui est conscient de se projeter dans l'avenir. L'homme est d'abord un projet qui se vit subjectivement [...]. L'homme sera d'abord ce qu'il aura projeté d'être[31]. » Autrement dit, l'homme devient le *projet essentiel* qu'il choisit d'être, c'est-à-dire sa manière propre d'*être au monde* en accomplissant les actes qui y correspondent nécessairement.

Pour saisir toute la portée de cette conception de l'être humain, il faut bien comprendre la signification que Sartre accorde au mot « projet ». « Je suis un projet » ne veut pas dire « je veux être quelqu'un » ou « je veux faire quelque chose », en ce sens que je veux être un astronaute ou faire le tour du monde sans jamais exécuter la moindre action qui me dirigerait ou me confirmerait dans cette voie.

L'être humain est un projet en ce sens qu'il est ce qu'il a projeté d'être par ses actes. Il est ici question de l'orientation générale qu'on donne à sa vie en agissant en conséquence. Cette fin significative commandera un ensemble d'actes qui me permettront d'actualiser sans cesse ce projet qui me définira comme personne.

L'exemple de Jean Genet présenté au début de cet exposé illustre à merveille cette problématique. Ayant jusqu'alors adopté le projet d'orienter sa vie en fonction du mal, Jean Genet choisit un jour le projet d'écrire. Travaillant quotidiennement à la rédaction d'ouvrages variés, Genet donne un nouveau sens à sa vie. Il se construit peu à peu comme poète, romancier et dramaturge. Par la suite, il fait le choix de rester dynamique dans ce projet (du verbe *projicere*, « jeter au loin ») : il ne tient qu'à lui de continuer d'être écrivain. Comme on le voit, en choisissant librement d'accomplir des actes, l'homme se crée comme projet responsable.

L'être humain est pleinement responsable

Si vraiment l'être humain n'est que ce qu'il fait de lui-même, il s'ensuit logiquement qu'il détient l'entière responsabilité de ce qu'il est et de ce qu'il devient. Sartre l'affirme catégoriquement en écrivant que « la première démarche de l'existentialisme est de mettre tout homme en possession de ce qu'il est et de faire reposer sur lui la responsabilité totale de son existence[32] ».

Conséquemment, l'être humain ne peut invoquer aucune circonstance atténuante, comme il ne peut se réfugier derrière aucun déterminisme pour se justifier de n'avoir

---

29. *Ibid.,* p. 513.

30. Jean-Paul Sartre, *L'existentialisme est un humanisme*, p. 55.

31. *Ibid.,* p. 23.

32. *Ibid.,* p. 24.

pas fait ceci ou cela, de n'être pas ceci ou cela. Tout le mérite ou toute la faute de ce qu'il est ne revient qu'à lui seul.

Un exemple peut mettre en lumière la responsabilité totale de l'être humain quant à ses choix existentiels : celui du voleur de banque. Si un individu commet un vol à main armée, il ne peut rejeter la faute sur une prédisposition génétique, sur son éducation familiale ou sur son environnement social. Car c'est lui seul qui s'est présenté ce matin-là à telle banque, a braqué son arme dans la direction de la caissière, a demandé le contenu du tiroir-caisse. La faute lui revient totalement. Il en est entièrement responsable. C'est lui seul qui s'est construit librement comme voleur et qui, ce faisant, a donné un sens, une valeur (négative, dans ce cas) à son existence.

Prenons cette fois-ci un exemple ayant une connotation positive. Si un élève obtient 100 % à un examen de philosophie particulièrement difficile, un existentialiste sartrien dira que cet élève est responsable de sa réussite. Il ne doit ce succès qu'à lui-même. C'est parce qu'il a assumé son statut d'élève et que, conséquemment, il a étudié qu'il a obtenu ce résultat exceptionnel.

L'être humain est totalement responsable de ses choix de vie, lesquels sont porteurs de valeurs.

L'être humain invente les valeurs

Sartre appelle l'être humain à se construire lui-même dans l'action. Les actes accomplis le définissent, et, ce faisant, il invente les valeurs qui donneront un sens à sa vie. Car les valeurs ne sont pas déjà là dans le monde, offertes. Aucune valeur, aucun sens n'est fourni d'avance. C'est l'homme qui, en agissant, crée les valeurs.

Les actes que je choisis de faire, les engagements que je privilégie, génèrent donc des valeurs particulières qui rendront, à mes yeux, mon existence signifiante. Cela amène Sartre à dire que « l'homme, sans appui et sans secours, est condamné à chaque instant à inventer l'homme[33] ».

L'acte individuel engage toute l'humanité

L'être humain est à ce point responsable de ses propres choix qu'il est dans l'obligation, selon Sartre, de les considérer comme valables pour tous les autres.

> Quand nous disons que l'homme se choisit, nous entendons que chacun d'entre nous se choisit, mais par là nous voulons dire aussi qu'en se choisissant il choisit tous les hommes. En effet, il n'est pas un de nos actes qui, en créant l'homme que nous voulons être, ne crée en même temps une image de l'homme tel que nous estimons qu'il doit être[34].

En d'autres mots, cela signifie que l'être humain que nous choisissons d'être par nos actes propose un portrait de l'humain à nos semblables, portrait valable pour toute l'époque dans laquelle nous vivons. C'est comme si je disais à mes contemporains : « Ce choix de vie qui est le mien met en jeu une ou des valeurs que je vous propose comme étant bonnes. »

---

33. Jean-Paul Sartre, *L'existentialisme est un humanisme*, p. 38.

34. *Ibid.*, p. 25.

Sartre apporte l'exemple du choix individuel de se marier et de fonder une famille. « Même si ce mariage, dit-il, dépend uniquement de ma situation, ou de ma passion, ou de mon désir, par là j'engage non seulement moi-même, mais l'humanité entière sur la voie de la monogamie[35]. » Ces propos de Sartre veulent dire que mon propre choix (habiter avec un partenaire, lui être fidèle, avoir et élever des enfants, etc.) constitue un modèle de valeurs que tous pourraient adopter.

Par son existence même et les choix qu'il privilégie, l'être humain est engagé dans son monde et dans son époque. Il choisit d'être ceci ou cela. Il l'affirme pour lui-même et, simultanément, il propose à tous la valeur de ce choix. Les actes individuels que l'être humain accomplit lui permettent de se définir à ses propres yeux, mais, en même temps, ils se doivent d'être bons pour tous. Ainsi, nous sommes responsables pour nous-mêmes et pour tous, car chaque acte humain présente une idée de l'humanité. Cette responsabilité immense nous place devant l'angoisse.

L'être humain est angoisse

« Nous *sommes* angoisse », écrit Sartre dans *L'être et le néant*[36]. L'angoisse est le lot de la réalité humaine[37]. Puisque l'être humain ne peut trouver sur terre aucun signe susceptible de l'orienter (il n'y a pas de normes prédéterminées), puisqu'il est sans appui, puisque aucune morale générale ne peut lui indiquer ce qu'il y a à faire, puisqu'« il n'y a pas de signe dans le monde[38] », l'individu éprouve de l'angoisse.

Mais qu'est-ce que l'angoisse ? L'angoisse est l'inquiétude profonde vécue par l'individu conscient de devoir construire pour lui et pour tous, sans modèle ni référence, une essence humaine dont il est entièrement responsable.

L'angoisse est le sentiment d'être jetés dans un monde que nous n'avons pas choisi, d'être plongés dans une existence fortuite, donnée pour rien, d'être une situation de hasard ; d'où le sentiment d'absurdité lié à l'existence de l'homme. L'existence humaine est absurde dans la mesure où elle est d'abord dépourvue de sens, où elle ne peut être justifiée de manière rationnelle. Je n'ai pas choisi de naître, et je suis assuré de mourir un jour. Sartre utilise le concept de FACTICITÉ pour exprimer le caractère absurde, non nécessaire de l'existence de l'homme. « Ma facticité, [c'est] le fait que les choses *sont là* simplement comme elles sont et que *je suis là* parmi elles[39]. » Par le caractère injustifiable des choses posées là, et de moi existant parmi elles, je ressens la nausée[40] : j'éprouve une espèce de malaise, de dégoût face à ma propre existence et face à l'existence des choses. Je me sens « de trop » dans un monde sans raison ni finalité.

> LA FACTICITÉ EXPRIME L'IDÉE QUE L'EXISTENCE INDIVIDUELLE EST UN FAIT ACCIDENTEL, SANS PRINCIPE FONDATEUR ET, CONSÉQUEMMENT, ABSURDE AU DÉPART.

Ce n'est pas le monde extérieur qui constitue une menace et qui susciterait chez moi l'angoisse. D'ailleurs, nous devrions à ce moment parler de peur plutôt que d'angoisse. L'individu qui a peur craint tel objet ou telle situation du monde qu'il appréhende comme un danger. Par contre, l'angoisse émane de la conscience. Elle correspond à l'in-

---

35. *Ibid.*, p. 27.

36. Jean-Paul Sartre, *L'être et le néant*, p. 81.

37. L'existentialisme sartrien ne condamne pas l'être humain au désespoir. Au contraire, il l'engage à sortir de l'angoisse inhérente à l'humain en donnant un sens à sa vie, qui, au départ, n'en a pas. L'existence est donnée sans raison, mais l'homme est libre d'en faire quelque chose.

38. Jean-Paul Sartre, *L'existentialisme est un humanisme*, p. 47.

39. Jean-Paul Sartre, *L'être et le néant*, p. 633-634.

40. Cette sensation de nausée est habilement décrite par Sartre dans son roman *La nausée*.

certitude que connaît la conscience devant son avenir qu'elle n'est pas encore, mais qu'elle est totalement libre de faire. En ce sens, l'angoisse est la conscience de ne pouvoir faire autrement que d'être libre ; c'est la conscience qui s'angoisse elle-même devant le choix qu'elle a à faire.

La mauvaise foi

Placé devant le choix d'adopter une attitude d'acceptation ou de refus face à une situation donnée, placé devant l'obligation de proposer à tous la valeur de ses propres choix, l'être humain éprouve de l'angoisse. Lorsque la conscience est incapable d'assumer la responsabilité du choix, et pour fuir l'angoisse qui en résulte, elle peut se dérober et choisir sans choisir. Nous avons affaire alors à la mauvaise foi[41].

La mauvaise foi est définie par Sartre comme « un mensonge à soi » : c'est comme si la conscience se mentait à elle-même. Cependant, on est loin du « mensonge tout court » :

> L'essence du mensonge implique, en effet, que le menteur soit complètement au fait de la vérité qu'il déguise. On ne ment pas sur ce qu'on ignore, on ne ment pas lorsqu'on répand une erreur dont on est soi-même dupe, on ne ment pas lorsqu'on se trompe[42].

Le mensonge implique une dualité entre moi qui trompe et autrui qui est trompé. Je connais parfaitement la vérité et je la cache ou la déforme à quelqu'un qui ne sait pas. Avec la mauvaise foi, il s'agit d'autre chose, car le trompeur et le trompé se retrouvent dans la même personne.

> Dans la mauvaise foi, c'est à moi-même que je masque la vérité. [...] On ne subit pas sa mauvaise foi, on n'en est pas affecté, ce n'est pas un état. Mais la conscience s'affecte elle-même de mauvaise foi. Il faut une intention première et un projet de mauvaise foi[43].

On choisit donc consciemment d'être de mauvaise foi. Un acte de mauvaise foi n'est pas la manifestation d'un désir qui nous détermine à notre insu. Mais à l'encontre du mensonge où je ne trompe qu'autrui, là c'est à moi-même que je cache d'abord la vérité.

Trois manières d'être de mauvaise foi

Refuser de choisir

La mauvaise foi se manifeste de différentes façons. Une personne fait preuve de mauvaise foi lorsqu'elle refuse de choisir. Afin de mieux cerner cette dimension de la mauvaise foi, Sartre examine une conduite particulière : celle d'une jeune femme qui s'est rendue à un premier rendez-vous que lui a donné un homme[44]. Assise à la table d'un café, face à cet homme, elle connaît parfaitement les intentions de cet homme et l'intérêt qu'il lui porte. Pour l'heure, elle s'attache seulement au fait que les propos de son vis-à-vis sont discrets et respectueux. Au fond, elle ne tient pas à être uniquement objet de respect. Elle est sensible au désir que cet homme lui manifeste, elle en est même flattée, mais en même temps elle s'offusquerait d'un désir trop direct, trop affiché, qui

---

41. Un rapport peut être fait entre la mauvaise foi sartrienne et l'inconscient freudien. Refusant « l'obscure chimie de l'inconscient », Sartre remplace en quelque sorte l'inconscient par la mauvaise foi. La personne faisant preuve de mauvaise foi est toutefois consciente de ce qu'elle fait ou dit, alors que l'inconscient travaille à son insu.

42. Jean-Paul Sartre, *L'être et le néant*, p. 86.

43. *Ibid.*, p. 87.

44. Cet exemple est décrit aux pages 94 et 95 de *L'être et le néant*.

ne s'adresserait qu'à son corps comme objet. Elle refuse donc de reconnaître le désir pour ce qu'il est : elle ne le nomme pas et préfère ne retenir que l'admiration, l'estime, le respect que l'homme lui témoigne. Mais l'homme lui prend la main. Retirera-t-elle sa main ou la lui laissera-t-elle ? Elle se doit de choisir. Si elle abandonne sa main, elle s'engage en quelque sorte et participe au jeu de la séduction. Si elle la retire, elle rompt le charme. La jeune femme abandonne sa main comme si elle ne s'apercevait pas qu'elle l'abandonne. Elle devient alors « tout esprit » : une personne, une conscience qui parle de la vie, de sa vie de façon tout à fait détachée. Elle n'est plus son corps. « Et pendant ce temps, le divorce du corps et de l'âme est accompli ; la main repose inerte entre les mains chaudes de son partenaire : ni consentante ni résistante — une chose[45]. » De toute évidence, cette femme est de mauvaise foi. Elle a constamment joué sur deux tableaux. Tout en se permettant de jouir du charme de la situation, elle a réduit — pour la porter au-delà du désir physique — la conduite de l'homme comme si elle n'était pas ce qu'elle était, comme si elle était neutre, sans signification. Par MAUVAISE FOI, cette femme refuse de prendre position face au flirt de l'homme. Elle fuit ce qui est effectivement en train de se vivre. Par mauvaise foi, elle refuse d'engager sa personne dans un choix clair et évident.

> LA MAUVAISE FOI DEMEURE POUR L'ÊTRE HUMAIN « UNE MENACE IMMÉDIATE ET PERMANENTE » : CELLE DE REFUSER LA LIBERTÉ ET L'ANGOISSE INHÉRENTES À NOTRE CONDITION.

Refuser d'être responsable de ses actes

Voyons une deuxième façon d'être de mauvaise foi. Un individu adopte une conduite de mauvaise foi lorsqu'il n'assume pas la responsabilité de ses actes. Ainsi, le voleur de banque qui, arrêté et amené devant le juge, se défend d'être la pauvre victime de conditionnements familiaux (son père était assisté social, alcoolique et violent) ou sociaux (il a été entraîné dans le crime par de mauvais compagnons de son quartier défavorisé). Sartre dirait que cet homme est de mauvaise foi. Il se ment d'abord à lui-même, et essaie de tromper le juge.

Refuser de se montrer tel que l'on est

Enfin, un individu fait acte de mauvaise foi quand il fait primer ce qu'il n'est pas essentiellement (par exemple, une fonction sociale) par rapport à ce qu'il est. En fait, on peut être de mauvaise foi en se présentant sous une fausse image qui ne reflète pas ce que nous sommes réellement. Reprenons un exemple présenté par Sartre dans *L'être et le néant*[46]. Un garçon de café circule entre les tables d'une terrasse de café à Paris. Il a le bras bien haut, trop haut levé. Il porte son plateau avec la témérité du funambule. Quoique assurés, trop assurés, ses mouvements sont mécaniques. Il s'avance vers une table de consommateurs. Ses gestes sont vifs et appuyés. Il a le menton levé. Sa tête, penchée légèrement de côté, exprime la suffisance. Il prend la commande : sa voix est brusque, hautaine. Mais à quoi joue-t-il ? Il joue à être un garçon de café. Cet individu ne montre pas ce qu'il est vraiment. En jouant au garçon de café, il se cache sa propre vérité et la cache aux autres.

En somme, pour être de bonne foi, dans une situation donnée, il faut choisir, il faut assumer la responsabilité de son choix, il faut se montrer à soi-même et aux autres tel que l'on est.

---

45. Jean-Paul Sartre, *L'être et le néant*, p. 95.
46. *Ibid.*, p. 98-100.

Sartre aujourd'hui

Sartre et la revendication de la liberté tous azimuts

L'existentialisme sartrien athée définit l'homme comme un «je» qui, en assumant son entière liberté — dans les limites de sa situation dans le monde —, se fait, se construit en tant qu'être humain responsable.

Ne peut-on mettre en rapport cette liberté de choix totale telle qu'élaborée par Sartre avec la liberté tous azimuts revendiquée aujourd'hui par les jeunes adultes qui cherchent à se réaliser par eux-mêmes et pour eux-mêmes[47]? Plusieurs critiques considèrent, en effet, que les jeunes adultes d'aujourd'hui ne s'intéressent qu'à leur moi devenu objet de culte. Ces derniers ne vivraient qu'en fonction de leurs intérêts individuels exacerbés qu'ils accumuleraient en une quête illimitée de la liberté.

Même s'il peut être tentant de trouver un rapport de ressemblance entre ces deux types de liberté, il faut prendre garde de ne pas les confondre. Il existe des différences majeures entre la liberté sartrienne et la recherche actuelle de la liberté portée à son paroxysme. Selon Sartre, nous nous définissons librement par ce que nous faisons, et nous devons nous tenir pour responsables de nos choix. Or, actuellement, bon nombre de jeunes adultes ne semblent pas assumer les choix quotidiens qu'ils font. Ils ne s'en rendent pas toujours responsables.

Sartre et la responsabilité de notre existence

Sartre affirme que l'homme doit être le sujet de sa propre existence sans utiliser des alibis tels que «Je ne suis pas doué pour faire ceci», «Mon tempérament, mon caractère ne me permet pas de réaliser cela», «Mon milieu social m'a conditionné à être ceci ou cela».

À l'encontre de cette recommandation sartrienne, bon nombre d'entre nous semblent ne pas avoir le courage et la persévérance nécessaires pour affronter les déterminismes héréditaires, psychologiques ou sociaux dont ils sont l'objet. Ils ont tendance à adopter une attitude consistant à dire que ce n'est pas leur faute, qu'ils n'y peuvent rien. Ce qu'ils ont vécu, ou plutôt ce qu'on leur a fait vivre par le passé, serait responsable de tout ce qui leur arrive. Aujourd'hui, plusieurs semblent abdiquer devant la responsabilité de se définir librement comme projet en accomplissant les actes qui y correspondent nécessairement.

Sartre et la mauvaise foi vestimentaire

Sartre affirme que l'une des manières d'être de mauvaise foi, c'est de mettre en avant des attitudes, des comportements, bref, une image de nous-mêmes qui ne nous représente pas tels que nous sommes vraiment.

Aujourd'hui, on dit que les jeunes adultes constituent la clientèle cible de l'industrie du vêtement, car ils suivent la mode. Or, suivre la mode, ne serait-ce pas une conduite de mauvaise foi? Suivre la mode peut, en effet, avoir pour fonction de conjurer

---

47. Voir à ce sujet la section « Nietzsche aujourd'hui » du chapitre 4.

l'angoisse. Cela procurerait une sécurité, qui consiste à voguer dans des « eaux connues » : pas celles d'hier, ni celles de demain, puisqu'il s'agit toujours de la mode actuelle. Au fond, être à la mode, c'est vouloir nous distinguer en étant pareils aux autres ! C'est « choisir » d'être différents en étant pareils !

Être à la mode, c'est surtout nous présenter à nous-mêmes et aux autres sous l'apparat d'un vêtement qui ne nous définit pas toujours tels que nous sommes réellement. Alors que nos vêtements devraient en principe témoigner de notre personnalité propre, force est de constater que certains se mentent à eux-mêmes et mentent aux autres en portant des vêtements qui représentent une fausse image d'eux-mêmes.

Sommes-nous vraiment les vêtements que nous portons ?

L'existentialisme sartrien proclame que l'être humain est un projet libre ; il affirme que c'est à l'homme de se faire lui-même et de faire le sens. Or, une école de pensée — qui sévit actuellement dans le monde occidental — s'oppose d'une manière irréductible à la philosophie sartrienne de la liberté. Il s'agit des théories déterministes, et en particulier du behaviorisme skinnérien qui envisage l'être humain comme un produit du milieu.

Le prochain chapitre fera la présentation de cette conception de l'homme en tant qu'être déterminé.

CETTE JEUNE FEMME FAIT-ELLE PREUVE DE *MAUVAISE FOI* EN S'AFFUBLANT DE VÊTEMENTS QUI NE REFLÈTENT PAS CE QU'ELLE EST ESSENTIELLEMENT ?

Jean-Paul Sartre

Pour l'existentialisme athée sartrien, l'**existence** précède l'**essence**. À cause de cela, l'homme est **libre** de construire son essence en agissant. Il ne peut que **choisir**. Cependant, pour être effective, cette liberté se vit à partir de **situations** (place, passé, entours, prochain, mort) qui caractérisent la vie de tout homme. L'être humain choisit d'**accepter** sa condition ou choisit de la **refuser**. Mais dans l'un ou l'autre cas, il choisit librement et, ce faisant, il se fait, se crée comme **projet** qu'il peut constamment redéfinir. Il porte l'entière **responsabilité** des actes accomplis par lesquels il invente les **valeurs**. L'être humain que nous choisissons d'être par nos **actes** propose aux autres un **modèle de valeurs** applicable à tous. Cette responsabilité engendre l'**angoisse**. Pour fuir cette angoisse, l'homme nie parfois sa responsabilité en faisant preuve de **mauvaise foi**.

Réseau de concepts

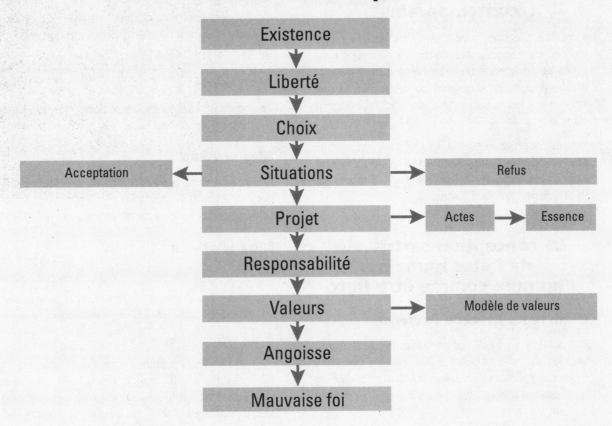

Sartre : un homme inscrit dans son époque

Notice biographique

Jean-Paul Sartre est né en 1905. Il est décédé en 1980. Il est le fondateur de l'existentialisme athée. Jouissant d'une audience exceptionnelle et mettant en pratique une philosophie de l'engagement, Sartre fait face aux problèmes de l'après-Seconde Guerre mondiale en marquant de son influence le monde philosophique, littéraire, théâtral, journalistique et politique.

Les existentialismes contemporains

Il n'existe pas une, mais des philosophies existentialistes. La préoccupation commune de ces philosophies est l'existence de l'être humain prise dans sa réalité et dans sa singularité concrètes. Ce qui les intéresse, c'est la subjectivité de l'individu engagé dans le monde.

Les philosophies existentialistes les plus importantes sont celles de Søren Kierkegaard, Karl Jaspers, Martin Heidegger, Gabriel Marcel, Simone de Beauvoir et Jean-Paul Sartre.

La conception sartrienne de l'être humain : l'homme comme être libre

L'existence précède l'essence

Puisqu'il n'y a pas de nature humaine qui définirait tous les humains, et puisque Dieu n'existe pas, il n'y a que des existants particuliers qui doivent construire leur essence à partir des déterminismes qui pèsent sur eux.

Ce n'est qu'en existant que l'individu peut se définir par les choix qu'il fait.

Exister, c'est être libre ; être libre, c'est choisir

L'être humain ne peut qu'être libre, car sa conscience possède le pouvoir de *néantiser*, c'est-à-dire de rendre nuls les divers déterminismes dont il peut être l'objet.

La liberté humaine est une liberté vécue qui se manifeste chaque fois que nous accomplissons un acte ; ce faisant, nous nous choisissons.

L'être humain est obligé de choisir, car même s'il ne choisit pas, il choisit de ne pas choisir, il s'abstient.

La liberté en situation

L'être humain peut toujours choisir une attitude d'acceptation ou de refus face à une situation donnée. Ma liberté se manifeste lorsque je me mesure aux éléments fondamentaux qui tracent ma situation dans le monde.

Ma place

J'ai l'entière liberté de donner une signification existentielle à la place (lieu, emplacement) que j'occupe ou à celle que j'occuperai.

Mon passé

Je choisis le sens que je veux donner à mon passé à la lumière du choix que je fais de mon présent.

Mes entours

C'est ma liberté qui interprète ce qui se présente dans une situation donnée comme ayant un rapport adverse ou complice avec mon projet et moi-même.

Mon prochain

1. Le monde des autres

   J'ai la liberté de faire mien ou non le sens que les autres ont déjà mis dans le monde.

2. Le besoin des autres

   J'ai besoin des autres pour me définir. En me jugeant, autrui me confère un caractère. Cependant, à la lumière de mes propres buts, j'ai le pouvoir d'accepter ou de refuser cette définition que l'autre me donne.

3. La haine des autres

   L'autre est bourreau de trois façons différentes :

   a) Il me gêne, encombre mon existence par le seul fait d'être là.

   b) Il est souvent incapable de me donner ce que j'aimerais recevoir de lui.

   c) Il tente de nier ma liberté en me jugeant inexorablement. Il me « chosifie », tente de me réduire à l'état d'objet. Autrui me confère un sens que je ne me suis pas donné moi-même, mais la liberté me procure le pouvoir d'accepter ou de refuser la définition que l'autre m'attribue.

4. Liberté individuelle et liberté d'autrui

L'homme est liberté (il n'est que ce qu'il choisit d'être), mais la liberté s'exige universellement. L'être humain doit vouloir la liberté des autres.

Ma mort

Je n'ai pas le choix de ne pas mourir, mais la mort n'est pas, de mon vivant, un obstacle à mon projet. Car je possède la liberté de vivre ma vie.

L'homme comme projet

L'être humain se construit peu à peu comme projet. Il devient le projet essentiel qui orientera sa vie, c'est-à-dire sa manière propre d'être dans le monde en accomplissant les actes qui y correspondent nécessairement.

L'être humain est pleinement responsable

L'homme ne peut se justifier d'être ceci ou cela en invoquant des circonstances atténuantes ou en se réfugiant derrière des déterminismes. Tout le mérite ou toute la faute ne revient qu'à lui seul.

L'être humain invente les valeurs

En exécutant des actes qui le constituent et rendent son existence signifiante, l'être humain donne un sens à sa vie et, ce faisant, il crée les valeurs.

L'acte individuel engage toute l'humanité

Mes propres choix individuels se doivent d'être valables pour tous les autres. Par mes actes, je propose à autrui un portrait de l'humain (un modèle de valeurs) applicable à toute l'époque dans laquelle je vis.

L'être humain est angoisse

L'angoisse est l'inquiétude profonde associée au fait de devoir construire pour soi et pour tous les autres une essence humaine dont je suis entièrement responsable.

L'angoisse est le sentiment d'être jetés dans un monde que nous n'avons pas choisi, d'être plongés dans une existence absurde.

L'angoisse correspond à l'incertitude que connaît la conscience d'avoir devant elle des possibles infinis.

La mauvaise foi

La mauvaise foi est un mensonge à soi-même.

Trois manières d'être de mauvaise foi

Il y a trois manières de vivre la mauvaise foi:

a) refuser de choisir;
b) refuser d'être responsable de ses actes;
c) refuser de se montrer tel que l'on est.

Sartre aujourd'hui

Sartre et la revendication de la liberté tous azimuts

Sartre définit l'homme comme un être libre qui se construit peu à peu par ce qu'il fait et qui doit assumer l'entière responsabilité de ses choix.

Nous assistons aujourd'hui à une quête illimitée de la liberté, mais souvent sans son corollaire: la responsabilité.

Sartre et la responsabilité de notre existence

Sartre affirme qu'on doit être le sujet de sa propre existence sans utiliser d'alibis ni se réfugier derrière des déterminismes pour se justifier d'être ceci ou cela.

Au contraire, on a tendance aujourd'hui à dire que ce n'est pas notre faute, que ce que l'on nous a fait vivre ou ce qui nous est arrivé par le passé serait responsable de nos actions présentes.

Sartre et la mauvaise foi vestimentaire

Selon Sartre, l'une des manières de vivre la mauvaise foi consiste à refuser de se montrer tel que l'on est.

« Suivre la mode », est-ce fuir la responsabilité de se choisir tel que l'on est et de le présenter aux autres? Est-ce faire preuve de mauvaise foi? Les jeunes adultes d'aujourd'hui se mentent-ils à eux-mêmes en portant des vêtements qui ne reflètent pas ce qu'ils sont essentiellement?

Activités d'apprentissage

A VÉRIFIEZ VOS CONNAISSANCES

1. En 1964, Sartre, auteur prolifique, est couronné du prix Nobel de littérature qu'il se fera un plaisir d'accepter. **VRAI** ou **FAUX**?

2. N'ayant exercé une influence que parmi les élites du savoir, Sartre n'a pas provoqué de véritable remous dans la société de son temps. **VRAI** ou **FAUX**?

3. Quel est le point de départ de la philosophie sartrienne?

4. Puisqu'on ne peut évoquer l'existence d'une «nature humaine» propre à tous les hommes, Sartre soutient que l'individu est un ensemble de déterminismes à partir desquels il construit son essence. **VRAI** ou **FAUX**?

5. Conséquent avec sa position athée, Sartre pose la liberté comme principe premier de l'action et de la réflexion. **VRAI** ou **FAUX**?

6. Pour Sartre, la liberté consiste à être obligé de choisir. **VRAI** ou **FAUX**?

7. Selon Sartre, le regard d'un autre constitue un prisme par lequel je m'éloigne toujours plus de moi-même. **VRAI** ou **FAUX**?

8. En un mot, la liberté sartrienne implique une volonté d'engagement de soi dans chaque situation qu'il nous est donné de vivre. **VRAI** ou **FAUX**?

9. Quel est, pour Sartre, le caractère de la mort?

10. L'être humain, selon Sartre, est un projet, en ce sens qu'il se donne pour objectif «d'être quelqu'un» ou «de faire quelque chose». **VRAI** ou **FAUX**?

11. Étant donné que l'homme est obligé de choisir, Sartre considère qu'il ne peut être tenu pour responsable de ses actes. **VRAI** ou **FAUX**?

12. Sartre considère que le choix effectué par un individu n'engage que lui seul et n'est, par conséquent, aucunement universalisable. **VRAI** ou **FAUX**?

13. Quel est le lot de la réalité humaine, selon Sartre?

14. D'après Sartre, pour être de bonne foi, dans une situation donnée, il faut à la fois choisir, assumer la responsabilité de son choix et se montrer à soi-même autant qu'aux autres tel que l'on est. **VRAI** ou **FAUX**?

15. À partir de ce que vous avez appris sur Sartre, indiquez laquelle des citations suivantes n'a pas été écrite par lui.

    a) «Nous sommes seuls et sans excuses.»

    b) «Choisir de ne pas choisir demeure un choix.»

    c) «Un droit n'est jamais que l'autre aspect d'un devoir.»

B ANALYSE ET CRITIQUE DE TEXTE

Cette activité exige la lecture préalable de l'extrait de L'existentialisme est un humanisme *présenté à la page 201.*

Compétences à acquérir

- Démontrer sa compréhension en expliquant des contenus partiels d'un texte de Sartre.

- Évaluer le contenu, c'est-à-dire exprimer son accord ou son désaccord (et en donner les raisons) sur la conception de l'être humain avancée par Sartre dans ce texte.

Questions

1. a) Expliquez la pensée de Sartre lorsqu'il dit : « Pour l'existentialiste, il n'y a pas d'amour autre que celui qui se construit, il n'y a pas de possibilité d'amour autre que celle qui se manifeste dans un amour ; il n'y a pas de génie autre que celui qui s'exprime dans des œuvres d'art : le génie de Proust, c'est la totalité des œuvres de Proust ; le génie de Racine, c'est la série de ses tragédies, en dehors de cela il n'y a rien. »

Commentaire critique

b) Commentez cette citation, autrement dit demandez-vous si vous êtes d'accord avec cette thèse sartrienne. Vous devez fonder vos jugements, c'est-à-dire apporter au moins deux arguments pour appuyer vos affirmations. (*Minimum suggéré : une page.*)

2. À la lumière de ce texte, dans quelle mesure est-il possible d'affirmer que l'existentialisme est une « doctrine optimiste » ?

3. a) Expliquez la phrase suivante : « S'il est impossible de trouver en chaque homme une essence universelle qui serait la nature humaine, il existe pourtant une universalité humaine de *condition*. »

Commentaire critique

b) Commentez cette citation, autrement dit demandez-vous si vous êtes d'accord avec cette thèse sartrienne. Vous devez fonder vos jugements, c'est-à-dire apporter au moins deux arguments pour appuyer vos affirmations. (*Minimum suggéré : une page.*)

C ANALYSE ET CRITIQUE DE TEXTE

Cette activité exige la lecture préalable de l'extrait de Pour une morale de l'ambiguïté *présenté à la page 203.*

Compétences à acquérir

- Démontrer sa compréhension d'un texte de Simone de Beauvoir en transposant dans ses propres mots le contenu partiel de ce texte philosophique.

- Évaluer le contenu, c'est-à-dire exprimer son accord ou son désaccord (et en donner les raisons) sur l'interprétation beauvoirienne du passage de l'enfance à l'adolescence.

Questions

1. a) Retrouvez les principales caractéristiques à partir desquelles Simone de Beauvoir s'explique le passage de l'enfance à l'adolescence.

Commentaire critique

b) Évaluez ces caractéristiques. En d'autres mots, êtes-vous d'accord avec l'explication donnée par Simone de Beauvoir ? Vous devez fonder vos jugements, c'est-à-dire apporter au moins deux arguments pour appuyer vos affirmations. (*Minimum suggéré : une page.*)

2. Expliquez dans vos propres mots quelle est la cause profonde de la crise de l'adolescence selon Simone de Beauvoir.

3. Dans vos propres mots, dites pour quelle raison l'être humain peut être nostalgique de son enfance.

D EXERCICE COMPARATIF : ROUSSEAU ET SARTRE

Compétence à acquérir

Procéder à une comparaison entre deux conceptions de l'être humain à propos d'un même thème.

Contexte de réalisation

Individuellement, dans un texte d'environ 350 mots (*une page et demie*), examinez les rapports de ressemblance et de différence entre la conception rousseauiste et la conception sartrienne de l'être humain à propos du thème de la liberté.

Étapes suggérées

1. a) Caractérisez la conception rousseauiste de l'être humain au regard du thème de la liberté et de la perfectibilité. Par exemple, demandez-vous en quoi et comment, selon Rousseau, la perfectibilité est la faculté que possède l'« homme originaire » d'acquérir des éléments que la nature ne donne pas au départ, et qui, subséquemment, fait de l'être humain un produit de la société et de l'histoire.

b) Caractérisez la conception sartrienne de l'être humain au regard du thème de la liberté. Par exemple, demandez-vous dans quelle mesure, selon Sartre, il n'y a de liberté que par rapport à des situations concrètes face auxquelles l'être humain prend le parti d'agir ou de réagir.

2. a) S'il y a lieu, précisez les liens ou les similitudes entre la conception rousseauiste et la conception sartrienne de l'être humain à propos du thème de la liberté.

b) S'il y a lieu, dégagez les oppositions ou les antagonismes entre la conception rousseauiste et la conception sartrienne de l'être humain à propos du thème de la liberté.

Texte de Sartre
L'existentialisme est un humanisme

L'EXISTENTIALISME S'OPPOSE AU QUIÉTISME

QUIÉTISME
Doctrine mystique qui prêche la tranquillité de l'âme de sorte que l'homme devient indifférent aux œuvres du monde terrestre.

Le **quiétisme** c'est l'attitude des gens qui disent : les autres peuvent faire ce que je ne peux pas faire. La doctrine que je vous présente est justement à l'opposé du quiétisme, puisqu'elle déclare : il n'y a de réalité que dans l'action ; elle va plus loin d'ailleurs, puisqu'elle ajoute : l'homme n'est rien d'autre que son projet, il n'existe que dans la mesure où il se réalise, il n'est donc rien d'autre que l'ensemble de ses actes, rien d'autre que sa vie. D'après ceci, nous pouvons comprendre pourquoi notre doctrine fait horreur à un certain nombre de gens. Car souvent ils n'ont qu'une seule manière de supporter leur misère, c'est de penser : « Les circonstances ont été contre moi, je valais beaucoup mieux que ce que j'ai été ; bien sûr, je n'ai pas eu de grand amour, ou de grande amitié, mais c'est parce que je n'ai pas rencontré un homme ou une femme qui en fussent dignes, je n'ai pas écrit de très bons livres, c'est parce que je n'ai pas eu de loisirs pour le faire ; je n'ai pas eu d'enfants à qui me dévouer, c'est parce que je n'ai pas trouvé l'homme avec lequel j'aurais pu faire ma vie. Sont restées donc, chez moi, inemployées, et entièrement viables une foule de dispositions, d'inclinations, de possibilités qui me donnent une valeur que la simple série de mes actes ne permet pas d'**inférer**. Or, en réalité pour l'existentialiste, il n'y a pas d'amour autre que celui qui se construit, il n'y a pas de possibilité d'amour autre que celle qui se manifeste dans un amour ; il n'y a pas de génie autre que celui qui s'exprime dans des œuvres d'art : le génie de **Proust** c'est la totalité des œuvres de Proust ; le génie de **Racine** c'est la série de ses tragédies, en dehors de cela il n'y a rien ; pourquoi attribuer à Racine la possibilité d'écrire une nouvelle tragédie, puisque précisément il ne l'a pas écrite ? Un homme s'engage dans sa vie, dessine sa figure, et en dehors de cette figure il n'y a rien. Évidemment, cette pensée peut paraître dure à quelqu'un qui n'a pas réussi sa vie. Mais d'autre part, elle dispose les gens à comprendre que seule compte la réalité, que les rêves, les attentes, les espoirs permettent seulement de définir un homme comme rêve déçu, comme espoirs avortés, comme attentes inutiles ; c'est-à-dire que ça les définit en négatif et non en positif ; cependant quand on dit « tu n'es rien d'autre que ta vie », cela n'implique pas que l'artiste sera jugé uniquement d'après ses œuvres d'art ; mille autres choses contribuent également à le définir. Ce que nous voulons dire, c'est qu'un homme n'est rien d'autre qu'une série d'entreprises, qu'il est la somme, l'organisation, l'ensemble des relations qui constituent ces entreprises.

LA MAUVAISE FOI

L'HOMME EST CE QU'IL FAIT

INFÉRER
Conclure. Tirer une conséquence de quelque chose.

PROUST,
Marcel (1871-1922). Romancier français qui renouvela la prose contemporaine avec, entre autres, *À la recherche du temps perdu*.

RACINE,
Jean (1639-1699). Célèbre auteur dramatique, il est considéré comme le créateur de la tragédie française. Ses pièces les plus connues sont *Andromaque* (1667), *Britannicus* (1669) et *Phèdre* (1677).

L'HOMME N'EST RIEN D'AUTRE QUE SA VIE

PESSIMISME OU DURETÉ OPTIMISTE ?

Dans ces conditions, ce qu'on nous reproche là, ça n'est pas au fond notre pessimisme, mais une dureté optimiste. Si les gens nous reprochent nos œuvres romanesques dans lesquelles nous décrivons des êtres veules, faibles, lâches et quelquefois même franchement mauvais, ce n'est pas uniquement parce que ces êtres sont veules, faibles, lâches ou mauvais : car si, comme **Zola**, nous déclarions qu'ils sont ainsi à cause de l'hérédité, à cause de l'action du milieu, de la société, à cause d'un déterminisme organique ou psychologique, les gens seraient rassurés, ils diraient : voilà, nous sommes comme ça, personne ne peut rien y faire ; mais l'existentialiste, lorsqu'il décrit un lâche, dit que ce lâche est responsable de sa lâcheté. Il n'est pas comme ça parce qu'il a un

ZOLA,
Émile (1840-1902). Écrivain français qui décrit les conditions de vie misérables des paysans et des travailleurs de la fin du XIXᵉ siècle. Ses principaux romans sont *L'assommoir* (1877) et *Germinal* (1885).

cœur, un poumon ou un cerveau lâche, il n'est pas comme ça à partir d'une organisation physiologique mais il est comme ça parce qu'il s'est construit comme lâche
par ses actes. Il n'y a pas de tempérament lâche ; il y a des tempéraments qui sont
nerveux, il y a du sang pauvre, comme disent les bonnes gens, ou des tempéra-
50 ments riches ; mais l'homme qui a un sang pauvre n'est pas lâche pour autant, car

RESPONSABILITÉ DE L'HOMME
ce qui fait la lâcheté c'est l'acte de renoncer ou de céder, un tempérament ce n'est pas un acte ; le lâche est défini à partir de l'acte
qu'il a fait. Ce que les gens sentent obscurément et qui leur fait
horreur, c'est que le lâche que nous présentons est coupable d'être lâche. Ce que
les gens veulent, c'est qu'on naisse lâche ou héros. Un des reproches qu'on fait le
plus souvent aux *Chemins de la liberté* se formule ainsi ; mais enfin, ces gens qui
sont si veules, comment en ferez-vous des héros ? Cette objection prête plutôt à
rire car elle suppose que les gens naissent héros. Et au fond, c'est cela que les gens
souhaitent penser : si vous naissez lâches, vous serez parfaitement tranquilles, vous
60 n'y pouvez rien, vous serez lâches toute votre vie, quoi que vous fassiez ; si vous
naissez héros, vous serez aussi parfaitement tranquilles, vous serez héros toute votre
vie, vous boirez comme un héros, vous mangerez comme un héros. Ce que dit
l'existentialiste, c'est que le lâche se fait lâche, que le héros se fait héros ; il y a toujours une possibilité pour le lâche de ne plus être lâche, et pour le héros de cesser
d'être un héros. Ce qui compte, c'est l'engagement total, et ce n'est pas un cas particulier, une action particulière, qui vous engagent totalement.

**L'EXISTENTIALISME EST
UNE DOCTRINE OPTIMISTE**
Ainsi, nous avons répondu, je crois, à un certain nombre de
reproches concernant l'existentialisme. Vous voyez qu'il ne peut
pas être considéré comme une philosophie du quiétisme, puisqu'il
70 définit l'homme par l'action ; ni comme une description pessimiste de l'homme : il
n'y a pas de doctrine plus optimiste, puisque le destin de l'homme est en lui-même ;
ni comme une tentative pour décourager l'homme d'agir puisqu'il lui dit qu'il n'y
a d'espoir que dans son action, et que la seule chose qui permet à l'homme de
vivre, c'est l'acte. Par conséquent, sur ce plan, nous avons affaire à une morale
d'action et d'engagement. [...]

LA CONDITION HUMAINE
En outre, s'il est impossible de trouver en chaque homme une
essence universelle qui serait la nature humaine, il existe pourtant
une universalité humaine de *condition*. Ce n'est pas par hasard que les penseurs
d'aujourd'hui parlent plus volontiers de la condition de l'homme que de sa nature.
80 Par condition ils entendent avec plus ou moins de clarté l'ensemble des *limites a
priori* qui esquissent sa situation fondamentale dans l'univers. Les situations historiques varient : l'homme peut naître esclave dans une société

**SITUATION HISTORIQUE
ET CONDITION HUMAINE**
païenne ou seigneur féodal ou prolétaire. Ce qui ne varie pas, c'est
la nécessité pour lui d'être dans le monde, d'y être au travail, d'y
être au milieu d'autres et d'y être mortel. Les limites ne sont ni subjectives ni objectives ou plutôt elles ont une face objective et une face subjective. Objectives parce
qu'elles se rencontrent partout et sont partout reconnaissables, elles sont subjectives parce qu'elles sont *vécues* et ne sont rien si l'homme ne les vit, c'est-à-dire ne
se détermine librement dans son existence par rapport à elles. Et bien que les pro-
90 jets puissent être divers, au moins aucun ne me reste-t-il tout à fait étranger parce
qu'ils se présentent tous comme un essai pour franchir ces limites ou pour les
reculer ou pour les nier ou pour s'en accommoder. En conséquence, tout projet,
quelque individuel qu'il soit, a une valeur universelle. Tout projet, même celui du
Chinois, de l'Indien ou du nègre, peut être compris par un Européen. Il peut être
compris, cela veut dire que l'Européen de 1945 peut se jeter à partir d'une situa-

tion qu'il conçoit vers ses limites de la même manière, et qu'il peut refaire en lui le projet du Chinois, de l'Indien ou de l'Africain. Il y a universalité de tout projet en ce sens que tout projet est compréhensible pour tout homme. Ce qui ne signifie nullement que ce projet définisse l'homme pour toujours, mais qu'il peut être retrouvé. Il y a toujours une manière de comprendre l'idiot, l'enfant, le primitif ou l'étranger, pourvu qu'on ait les renseignements suffisants. En ce sens nous pouvons dire qu'il y a une universalité de l'homme ; mais elle n'est pas donnée, elle est perpétuellement construite. Je construis l'universel en me choisissant ; je le construis en comprenant le projet de tout autre homme, de quelque époque qu'il soit. Cet absolu du choix ne supprime pas la relativité de chaque époque. Ce que l'existentialisme a à cœur de montrer, c'est la liaison du caractère absolu de l'engagement libre, par lequel chaque homme se réalise en réalisant un type d'humanité, engagement toujours compréhensible à n'importe quelle époque et par n'importe qui [...].

> UNIVERSALITÉ DU PROJET INDIVIDUEL

> UNIVERSALITÉ DE L'HOMME

> L'ENGAGEMENT

100

Jean-Paul Sartre, *L'existentialisme est un humanisme*, Paris, Les Éditions Nagel, coll. « Pensées », 1968, p. 55-72.

Lecture suggérée

La lecture de l'œuvre suivante est suggérée dans son intégralité ou en extraits importants :

Jean-Paul Sartre, L'existentialisme est un humanisme, Paris, Les Éditions Nagel, coll. « Pensées », 1968, 141 p.

Texte de Beauvoir
Pour une morale de l'ambiguïté

La liberté ou le choix moral

En fait, il est très rare que le monde infantile se maintienne au-delà de l'adolescence. Dès l'enfance, déjà des failles s'y révèlent ; dans l'étonnement, la révolte, l'irrespect, l'enfant peu à peu s'interroge : pourquoi *faut*-il agir ainsi ? à quoi est-ce utile ? et si moi j'agissais autrement, qu'arriverait-il ? Il découvre sa subjectivité, il découvre celle des autres. Et lorsqu'il arrive à l'âge de l'adolescence, tout son univers se met à vaciller parce qu'il aperçoit les contradictions qui opposent les uns aux autres les adultes, et aussi leurs hésitations, leurs faiblesses. Les hommes cessent de lui apparaître comme des dieux, et en même temps l'adolescent découvre le caractère humain des réalités qui l'entourent : le langage, les coutumes, la morale, les valeurs ont leur source dans ces créatures incertaines ; le

10

moment est venu où il va être appelé à participer lui aussi à leur opération ; ses actes pèsent sur terre autant que ceux des autres hommes, il va lui falloir choisir et décider. On comprend qu'il ait peine à vivre ce moment de son histoire, et c'est là sans doute la cause la plus profonde de la crise d'adolescence : c'est que l'individu doit enfin assumer sa subjectivité. Par un certain côté l'écroulement du monde sérieux est une délivrance. Irresponsable, l'enfant se sentait aussi sans défense en face des puissances obscures qui dirigeaient le cours des choses. Mais quelle que soit la joie de cette libération, ce n'est pas sans un grand désarroi que l'adolescent se trouve jeté dans un monde qui n'est plus tout fait, qui est à faire, en proie à une

20   liberté que plus rien n'enchaîne, délaissé, injustifié. En face de cette situation neuve, que va-t-il faire ? C'est à ce moment qu'il se décide : si l'histoire qu'on pourrait appeler naturelle d'un individu : sa sensualité, ses complexes affectifs, etc., dépend surtout de son enfance, c'est l'adolescence qui apparaît comme le moment du choix moral : alors la liberté se révèle et il faut décider de son attitude en face d'elle. Sans doute, cette décision peut toujours être remise en question, mais en fait les conversions sont difficiles, parce que le monde nous renvoie le reflet d'un choix qui se confirme à travers ce monde qu'il a façonné ; ainsi se noue un cercle de plus en plus rigoureux, d'où il devient de plus en plus improbable que l'on s'échappe. Le malheur qui vient à l'homme du fait qu'il a été un enfant, c'est donc

30   que sa liberté lui a été d'abord masquée et qu'il gardera toute sa vie la nostalgie du temps où il en ignorait les exigences.

Simone de Beauvoir, *Pour une morale de l'ambiguïté*, Paris, Gallimard,
coll. « Idées », 1968, p. 56-58.

Simone de Beauvoir (1908-1986), sous des formes variées (romans, récits autobiographiques, essais) a surtout voulu circonscrire les problématiques de la liberté et de la responsabilité de tout être humain inscrit dans le difficile rapport à autrui. En cela, le propos de Mme de Beauvoir est essentiellement moral et philosophique. Ses œuvres principales sont : *L'Invité* (1943) ; *Pyrrhus et Cinéas* (1944) ; *Le deuxième sexe* (1944) ; *Les Mandarins* (1954) ; *Pour une morale de l'ambiguïté* (1957) ; *Mémoires d'une jeune fille rangée* (1958) ; *La Force de l'âge* (1960) ; *La Force des choses* (1963) ; *Une mort très douce* (1964) ; *Tout compte fait* (1972).

Chapitre 7

L'homme
comme être déterminé

> L'individu n'agit pas
> sur le monde, c'est le
> monde qui agit sur lui.
>
> Burrhus Frederic Skinner, *Par-delà
> la liberté et la dignité*, p. 255.

Le behaviorisme skinnérien ou le comportement humain modelé par l'environnement

Le déterminisme ou l'impossibilité d'être libre

Le behaviorisme skinnérien s'appuie sur une conception déterministe de l'être humain. Présentons brièvement les principes et l'évolution de la doctrine déterministe.

Le terme « déterminisme » a été associé au terme « science » lorsque la mécanique devint, au XIXe siècle, le fondement des sciences expérimentales. On posa alors le principe que les mêmes causes produisent les mêmes effets suivant un enchaînement prévisible. Selon la doctrine déterministe, des relations nécessaires existent entre les **phénomènes** de sorte que tout phénomène est conditionné et s'explique par le ou les phénomènes qui le précèdent ou qui l'accompagnent. Plus particulièrement, cette conception scientifique postule que les phénomènes ou les conduites observables découlent nécessairement d'une ou de plusieurs causes tout aussi observables. En conséquence, chaque fois que nous attribuons comme cause à un phénomène ou à une conduite une entité inobservable (Dieu, l'âme, l'esprit, la volonté, la conscience, etc.), la théorie déterministe considère que nous n'expliquons rien du tout.

LES PRINCIPAUX REPRÉSENTANTS DE LA PHILOSOPHIE STOÏCIENNE SONT ZÉNON DE CITIUM (~335-~264), SÉNÈQUE (~4-65), ÉPICTÈTE (50-130) ET MARC AURÈLE (121-180).

Au cours des siècles, le monde occidental a vu naître et se développer de nombreuses philosophies déterministes. On fait généralement remonter l'idée du déterminisme jusqu'aux STOÏCIENS, qui recommandaient d'accepter notre sort puisque tout fait partie d'un plan (destin) que nous ne pouvons modifier. Des philosophes comme René Descartes (1596-1650), Blaise Pascal (1623-1662) et Baruch Spinoza (1632-1677) sont influencés par la philosophie stoïcienne. Mais il faut attendre les matérialistes français du XVIIIe siècle — Julien Offray de La Mettrie[1] (1709-1751) et Paul Henri, baron d'Holbach (1725-1789), entre autres — pour voir triompher les thèses déterministes qui s'expriment dans un **matérialisme** mécaniste.

Dans un tourbillon de poussière qu'élève un vent impétueux, quel qu'il paraisse à nos yeux, dans la plus affreuse tempête excitée par des vents opposés qui soulèvent les flots, il n'y a pas une seule molécule de poussière ou d'eau qui soit placée au hasard, qui n'ait sa cause suffisante pour occuper le lieu où elle se trouve, et qui n'agisse rigoureusement de la manière dont elle doit agir. Un géomètre qui connaîtrait exactement les différentes forces qui agissent dans les deux cas, et les propriétés des molécules qui sont mues, démontrerait que, d'après des causes données, chaque molécule agit précisément comme elle doit agir, et ne peut agir autrement qu'elle ne fait[2].

Ce passage mériterait, à notre avis, de figurer dans toute **anthologie** du déterminisme, car il suggère les deux idées-forces de toute doctrine déterministe : l'enchaînement rigoureux et inéluctable des causes et des effets, et la nécessité (ce qui doit arriver) qui s'oppose à l'accidentel (le hasard).

Soutenir ces deux idées maîtresses, c'est être amené nécessairement, au regard de l'être humain, à poser le raisonnement suivant : si tout effet a une cause, tout choix est le résultat d'une chaîne causale biologique ou culturelle, et donc la liberté n'existe pas. Croire que l'être humain est libre, c'est, selon la théorie déterministe, s'enfermer dans un monde illusoire issu de notre ignorance. L'illusion d'être libre résulte d'une inconscience

PHÉNOMÈNE
« Tout ce qui se manifeste à la conscience, que ce soit par l'intermédiaire des sens (phénomènes extérieurs, physiques, sensibles) ou non (phénomènes psychologiques, affectifs). » (*Le Petit Robert*, 2002.)

MATÉRIALISME
Courant philosophique qui n'admet d'autre substance ou réalité que la matière. Cette doctrine soutient que notre pensée fait partie intégrante de la matière en tant que produit de son évolution. L'origine de cette doctrine remonte à l'Antiquité grecque. Par exemple, Épicure (~341-~270), s'opposant à l'idéalisme de Platon, estimait que le monde physique était antérieur à la pensée et possédait une existence propre.

ANTHOLOGIE
Recueil de morceaux choisis d'œuvres littéraires, musicales ou philosophiques.

---

1. En 1748, l'encyclopédiste, médecin et philosophe La Mettrie publie *L'homme-machine*, où il applique à l'être humain la théorie cartésienne des animaux-machines.

2. Paul Henri, baron d'Holbach, *Système de la nature ou des lois du monde physique et moral*, 1770, chap. 4, cité dans *Encyclopédie philosophique universelle. Les notions philosophiques*, t. I, Paris, Presses Universitaires de France, 1990, p. 621.

des déterminismes qui influencent ce que nous appelons « nos choix ». En fait, nous n'avons ni le choix de l'action, ni le choix de nos conduites, car ces dernières sont programmées par nos gènes ou par l'éducation que nous avons reçue tout au long de notre apprentissage de la vie en société. En d'autres termes, tous les « choix » que nous disons et croyons faire ont leurs causes dans notre biochimie ou dans notre environnement, ou dans les deux à la fois, et nous ne déciderions que de ce qui est déjà décidé.

Dans le présent chapitre, nous aborderons la conception de l'homme en tant qu'être déterminé qui a le plus marqué la deuxième moitié du XXe siècle : la théorie behavioriste de Burrhus Frederic Skinner, soit le déterminisme lié à l'histoire des apprentissages d'un individu inséré dans un environnement donné.

Skinner et l'école behavioriste

EMPIRISTE

Se dit de la doctrine philosophique selon laquelle toutes les connaissances proviennent de l'expérience. Conséquemment, tout savoir doit être fondé sur l'expérience et l'observation.

Dans l'étude du comportement humain, le behaviorisme adopte l'attitude **empiriste**, selon laquelle l'explication de nos comportements doit être fondée sur l'expérience et l'observation. Cette attitude est partagée dans la tradition philosophique anglaise par John Locke (1632-1704) et David Hume (1711-1776), pour lesquels l'expérience sensible est le réel. Si l'on applique cette théorie à la conduite humaine, cela donne la thèse suivante : nos idées, notre personnalité et finalement notre comportement sont le résultat de ce que notre environnement nous fait vivre[3]. Voilà ce que défendent fondamentalement les tenants du behaviorisme.

Le Russe Ivan PAVLOV (1849-1936) et l'Américain John Broadus Watson[4] (1878-1958) sont considérés comme les pères du behaviorisme. Au début du XXe siècle, ils ont été parmi les premiers chercheurs à s'intéresser aux comportements observables de l'individu animal ou humain. Ils ont démontré que de nouveaux comportements pouvaient être produits par conditionnement. En insistant sur la mesure des comportements observés et sur la relation stimulus-réponse, Pavlov et Watson ont donné le jour à une nouvelle psychologie. À la lumière d'expériences faites en laboratoire, ces chercheurs ont émis la règle générale suivante : les comportements sont des réactions à des stimuli issus du milieu, stimuli qui influencent et modifient le comportement. Autant en psychologie

PAVLOV FUT LE PREMIER PHYSIOLOGISTE A ÉLABORER LA NOTION DE RÉFLEXE CONDITIONNÉ, GRÂCE À SA CÉLÈBRE EXPÉRIENCE MENÉE SUR DES CHIENS. CHAQUE FOIS QUE DE LA VIANDE (STIMULUS PRIMAIRE OU INCONDITIONNEL) ÉTAIT DÉPOSÉE SUR LA LANGUE DU CHIEN SUJET DE L'EXPÉRIENCE, ON ACTIONNAIT UNE CLOCHETTE (STIMULUS SECONDAIRE OU CONDITIONNEL) ; APRÈS PLUSIEURS ESSAIS, LA CLOCHETTE SEULE SUFFISAIT À FAIRE SALIVER LE CHIEN. CE CHIEN AVAIT DONC APPRIS À RÉPONDRE (RÉPONSE CONDITIONNÉE) À UN STIMULUS AUPARAVANT NEUTRE : LE SON D'UNE CLOCHETTE.

---

3. Le behaviorisme n'interprète pas, par exemple, la facilité et le succès en mathématiques que connaît un individu en disant qu'il a un talent particulier ou qu'il possède la « bosse des maths ». Au contraire, il explique une telle facilité en disant que cet individu a reçu dans son passé des informations mathématiques pertinentes, qu'il s'est astreint à un apprentissage rigoureux, qu'il a obtenu de bonnes notes lors de contrôles, bref qu'il a connu des expériences bénéfiques avec les mathématiques.

4. Dans son principal ouvrage, *Behaviorism*, publié en 1925, Watson veut faire de la psychologie une « science de la nature » qui se limite aux choses observables et à la formulation de lois concernant ces choses.

qu'en philosophie, cette hypothèse s'oppose à l'idée que le psychisme, l'esprit ou la raison humaine puisse être la source de nos comportements d'une manière plus ou moins indépendante de notre environnement.

Quant à Skinner, il est sans contredit le plus **positiviste** des théoriciens behavioristes. Il a eu une grande influence sur l'école behavioriste américaine et a contribué, par ses recherches et ses écrits controversés, à la diffusion auprès d'un large public de cette « psychologie du comportement » fondée sur l'observation objective.

Notice biographique

Burrhus Frederic Skinner naît en 1904 dans la petite ville de Susquehanna, en Pennsylvanie, où son père est avocat. Il a une enfance heureuse et il manifeste très tôt un esprit inventif. Après une tentative de carrière littéraire, il entreprend des études de psychologie à l'Université Harvard. Ses lectures en psychologie des sciences, et plus particulièrement des œuvres de John B. Watson, le fondateur du behaviorisme américain, l'influencent beaucoup.

Dès sa thèse de doctorat, déposée en 1931, Skinner adopte et radicalise la position behavioriste. Il évacue non seulement toutes les causes **métaphysiques** ou **psychiques** (telles que l'âme, l'esprit ou la conscience) pour expliquer le comportement, mais aussi toutes les causes physiologiques auxquelles Watson faisait parfois appel. En fait, Skinner refuse les théories qui expliquent un comportement observé par des événements survenant ailleurs (dans le psychisme ou dans ce qu'on appelle l'âme ou l'esprit de l'individu) et décrits dans des termes différents et mesurés selon des dimensions différentes[5]. La méthode de Skinner consiste à examiner des comportements et l'environnement dans lequel ils se produisaient. Il observe des rats, des pigeons et des singes, modifie certains aspects de leur environnement et note les variations de fréquence d'un comportement. Le premier livre qu'il écrit, *The Behavior of Organism : An Experimental Analysis* (1938) [*Le comportement des êtres organisés*], loin d'être une théorie du comportement, est simplement un compte rendu des relations découvertes entre les variations de l'environnement et les variations du comportement. Parallèlement à ses recherches en laboratoire et à ses nombreuses publications[6], Skinner est professeur successivement à l'Université du Minnesota (1937-1945), à l'Université de l'Indiana (1945-1948), puis à Harvard jusqu'en 1957.

À l'âge de 79 ans, vif d'esprit et doué d'une sagesse certaine, Skinner écrit *Enjoy Old Age*[7]. Il meurt d'une leucémie le 18 août 1990.

La conception skinnérienne de l'être humain se présente comme le prolongement et l'application des recherches menées en psychologie expérimentale. Skinner s'est consacré, en effet, à la psychologie de laboratoire afin de découvrir les lois et les relations qui régissent le comportement et le milieu dans lequel il se produit. Même si le behaviorisme se définit comme une « science du comportement », il n'en demeure pas moins que les recherches menées par Skinner conduisent à l'élaboration d'une philosophie de l'homme.

POSITIVISTE

Se dit de la doctrine ou de l'attitude de recherche qui s'en tient uniquement à la connaissance des faits révélés par l'expérience. Le positivisme tire son origine des ouvrages d'Auguste Comte (1798-1857), qui envisage la science et la politique à partir de l'observation minutieuse de la société et de son histoire.

MÉTAPHYSIQUE

Du grec *meta ta phusika,* « après les choses de la nature ». Partie de la philosophie qui fait la recherche rationnelle, au-delà des données de l'expérience, des causes premières des choses et des principes d'action. Conséquemment, un monde idéal et supérieur en qualité d'être est superposé au monde sensible.

PSYCHIQUE

Se dit du psychisme ou de la vie psychique, qui constitue l'ensemble des faits psychiques, c'est-à-dire tout ce qui concerne la personnalité d'un individu, sa psyché, son « âme ». Ces faits psychiques sont à l'origine de ses attitudes et de ses comportements.

---

5. Voir la préface de *L'analyse expérimentale du comportement : un essai théorique*, Bruxelles, Dessart et Margada, Éditeurs, 1971.

6. Les principaux ouvrages de Skinner sont *Science and Human Behavior* (1953) [*Science et comportement humain*], *Verbal Behavior* (1957) [*Le comportement verbal*], *The Technology of Teaching* (1968) [*La révolution scientifique de l'enseignement*], *Contingencies of Reinforcement : A Theoretical Analysis* (1969) [*L'analyse expérimentale du comportement : un essai théorique*] et *Beyond Freedom and Dignity* (1971) [*Par-delà la liberté et la dignité*].

7. B.F. Skinner et M.F. Vaugham, *Bonjour sagesse. Bien vivre après soixante-dix ans*, Paris, Robert Laffont, coll. « Réponses », 1986.

Une philosophie positiviste de l'être humain

D'après Skinner, l'être humain est un organisme qui «déploie un répertoire complexe de conduites[8]». Ce que nous trouvons chez l'homme et que nous pouvons étudier, ce sont des actions liées «aux conditions dans lesquelles l'espèce humaine a évolué et aux conditions dans lesquelles vit l'individu[9]». Si l'on prend en considération les constituants biologiques propres à son espèce, l'homme se définit à partir de son comportement, qui dépend des rapports entretenus avec l'environnement. Pour mieux comprendre et expliquer le comportement humain, Skinner développe la notion de stimulus déjà utilisée par Pavlov et Watson. Il définit le *stimulus* comme étant «tout élément de la situation dans laquelle une *réponse* est émise et renforcée[10]» : S = > R. Pour préciser et résumer cette définition, il utilise le concept de **contingence** : «le comportement [est] engendré par un ensemble donné de contingences[11]», c'est-à-dire qu'il est influencé par les circonstances du milieu qui viennent le modifier.

CONTINGENCE

Désigne le caractère de ce qui arrive par hasard (ce qui peut être ou ne pas être).

INTROSPECTION

Examen ou observation d'une conscience par elle-même.

Voulant s'appuyer exclusivement sur les principes d'objectivité et de contrôle scientifique des hypothèses retenues, Skinner s'intéresse peu au pourquoi des comportements émis. Il ne fait pas appel à la méthode de l'**introspection** : il privilégie le comment, c'est-à-dire l'examen minutieux des réactions observables et mesurables que l'organisme produit dans un environnement donné. C'est dans cet esprit qu'il procède à l'expérience suivante.

SKINNER CONDITIONNE UN PIGEON À PICORER UN DISQUE LUMINEUX AFIN D'OBTENIR DE LA NOURRITURE.

Skinner met un pigeon affamé dans une cage («boîte de Skinner») munie de trois boutons lumineux ; un seul de ces boutons permet de faire tomber de la nourriture dans une mangeoire. Pendant l'exploration de sa cage, le pigeon heurte par hasard le disque lumineux qui libère un peu de nourriture. Ici, le pigeon fait par hasard un APPRENTISSAGE OPÉRANT. Il aura peut-être tendance à picorer de nouveau ce disque lumineux, car ce comportement lui vaudra une gratification.

L'APPRENTISSAGE OPÉRANT NE NOUS APPARAÎT PAS COMME CHOQUANT, CAR C'EST AINSI QUE NOUS APPRENONS. EN CE SENS, LA NATURE, LE HASARD ET L'ENVIRONNEMENT FONT DU CONDITIONNEMENT OPÉRANT À NOTRE ÉGARD.

N'attendant pas que le hasard inculque un comportement au pigeon, Skinner utilise la technique du CONDITIONNEMENT OPÉRANT pour que le pigeon apprenne à picorer le bon disque lumineux. Ici, l'expérimentateur façonne pas à pas le comportement du pigeon en renforçant par de la nourriture chaque tentative qui rapproche le pigeon du moment où il picorera enfin le disque lumineux qui automatiquement distribuera de la nourriture chaque fois qu'il sera heurté. On peut dire que grâce aux conséquences engendrées par son comportement (ici l'obtention de nourriture), le pigeon est conditionné par l'expérimentateur à agir d'une certaine manière (ici à picorer de nouveau le disque lumineux approprié).

LE CONDITIONNEMENT OPÉRANT PEUT HEURTER NOTRE CONSCIENCE PARCE QU'IL S'AGIT D'UN APPRENTISSAGE OPÉRANT OBLIGÉ, CONSTRUIT, PENSÉ PAR UN ÊTRE HUMAIN AFIN DE CONDITIONNER LE COMPORTEMENT D'UN ANIMAL OU D'UN AUTRE ÊTRE HUMAIN. IL S'AGIT D'UNE UTILISATION VOLONTAIRE DES LOIS DE L'APPRENTISSAGE OPÉRANT EN VUE D'UNE FIN PRÉCISE.

8. B.F. Skinner, *Par-delà la liberté et la dignité*, trad. Anne-Marie et Marc Richelle, Montréal et Paris, Éditions HMH et Robert Laffont, 1975, p. 242.

9. *Ibid.*, p. 25.

10. B.F. Skinner, *L'analyse expérimentale du comportement : un essai théorique*, trad. Anne-Marie et Marc Richelle, Bruxelles, C. Dessart, 1976, p. 26.

11. *Ibid.*, p. 23.

L'apprentissage : tout est affaire de conditionnement opérant

L'être humain, comme tout organisme animal, a acquis un répertoire de comportements au cours de son histoire. Or, parmi l'ensemble des comportements que nous pouvons théoriquement poser, notre environnement social sélectionne, en les renforçant, ceux qu'il considère comme adaptés. Nos comportements nous sont appris par l'environnement. Chaque fois que nous avons répondu à un stimulus d'une manière qui nous a été bénéfique, nous avons appris un comportement que nous répéterons dans des circonstances semblables. Voilà ce que Skinner a appelé le comportement opérant, c'est-à-dire le comportement qui est contrôlé par ses conséquences immédiates. Le pigeon de l'expérience décrite précédemment a émis des réponses « opérantes », en ce sens que celles-ci sont des actions fournies par le pigeon pour « agir » au sein de son environnement en vue de trouver de la nourriture.

Le comportement opérant possède le caractère fondamental de produire un changement dans l'environnement de l'individu qui agit ou d'être suivi d'un tel changement. Le comportement, contrôlé en quelque sorte par ce changement, aura plus ou moins tendance à se reproduire par la suite. Selon le degré de modification du milieu que suscitera tel comportement, ce dernier verra sa fréquence d'apparition augmentée, diminuée ou inchangée. Ainsi, un étudiant qui passe de nombreuses heures à préparer un examen de philosophie et qui échoue ne sera pas incité à reproduire son comportement. Si, au contraire, il obtient une excellente note à l'examen, il y a de fortes chances qu'il étudie tout autant pour l'examen suivant.

De toute évidence, il ne s'agit pas ici du comportement auquel correspond le premier grand mécanisme d'apprentissage découvert par Pavlov, en 1927, et qui porte le nom de conditionnement répondant ou classique. Dans ce cas, un stimulus (le son d'une clochette) en vient à provoquer un comportement (une réponse) qu'il ne provoquait pas auparavant. Dans le cas du comportement opérant, si le chien lui-même actionnait une clochette pour obtenir de la nourriture, on serait placé devant un apprentissage opérant. Le mécanisme d'acquisition, de modification ou de maintien des comportements s'appelle « conditionnement opérant ». Ici, on vise à accroître ou à faire décroître la fréquence d'un comportement en le faisant suivre d'une conséquence donnée. Il s'agit cette fois d'une réponse motivée par un stimulus-renforçateur (un « agent de renforcement ») qui augmente la probabilité que la réponse attendue soit émise. Par exemple, lorsqu'une personne dresse son chien à s'asseoir, elle doit d'abord dire « assis », puis appuyer sur le dos de l'animal et renforcer enfin la position assise du chien en lui donnant un biscuit. La mère qui amène son enfant à bien exécuter un morceau de piano en le gratifiant d'éloges ou en lui promettant une visite au parc aquatique s'il réussit constitue un autre exemple de conditionnement opérant de la part de la mère et d'apprentissage opérant de la part de l'enfant.

« Bravo, ma petite ! Tu es la meilleure ! Tu seras sélectionnée pour les Jeux olympiques ! »

L'agent de renforcement, ou renforçateur, qui augmente ou qui diminue la probabilité d'apparition d'un comportement peut être positif ou négatif. La nourriture, la boisson, la stimulation sexuelle ou l'approbation sont généralement utilisées comme renforçateurs positifs. Au contraire, tout ce qui fait souffrir l'organisme (douleurs physiques, désapprobation, etc.) peut constituer un agent de RENFORCEMENT NÉGATIF : l'organisme apprendra alors à agir de façon à éviter ces renforçateurs.

> LE RENFORCEMENT NÉGATIF OU PUNITIF N'EST PAS TRÈS EFFICACE, CAR « LE COMPORTEMENT PUNI RISQUE DE REFAIRE SON APPARITION LORSQUE LES CONTINGENCES PUNITIVES AURONT ÉTÉ SUSPENDUES ». (*PAR-DELÀ LA LIBERTÉ ET LA DIGNITÉ*, P. **79.**)

> LE RENFORCEMENT POSITIF À PROPORTION VARIABLE EST UN RENFORCEMENT QUI N'EST ACCORDÉ QU'APRÈS UN NOMBRE VARIABLE DE BONNES RÉPONSES. EN D'AUTRES MOTS, UN SUJET (ANIMAL OU HUMAIN) AURA TENDANCE À ACCOMPLIR PLUS SOUVENT UN COMPORTEMENT S'IL N'EST PAS RÉCOMPENSÉ CHAQUE FOIS QU'IL LE FAIT.

Dans ses expériences, Skinner étudie principalement l'effet de différents programmes de renforcement sur l'établissement d'un comportement. En s'adonnant à cette « sélection artificielle », il découvre que le RENFORCEMENT POSITIF À PROPORTION VARIABLE est le renforcement qui a pour effet d'augmenter le plus la fréquence du comportement, alors que le renforcement qui vient à intervalles fixes[12] est le moins efficace. Illustrons par un exemple ces deux types de renforcement. Dans une usine textile, le contremaître qui distribue les pièces de tissu aux ouvrières et qui reçoit tous les deux jeudis un salaire fixe pour 40 heures de travail par semaine participe à un programme de renforcement positif à intervalles fixes. Les ouvrières, quant à elles, qui sont payées au rendement (plus elles travaillent vite, meilleur est leur salaire ; plus elles travaillent lentement, moindre est leur salaire), participent à un programme de renforcement positif à proportion variable. Ne sachant pas à l'avance le montant de la prime qu'elles recevront ni le moment où elles la recevront, ces travailleuses ont intérêt à travailler toujours de plus en plus vite pour espérer atteindre un salaire convenable.

L'homme programmable ou l'être humain comme créature malléable

S'appuyant sur une telle analyse empirique de l'apprentissage des comportements, Skinner élabore une théorie de techniques de contrôle du comportement. Puisque le behaviorisme se veut une science, il se propose, par la connaissance des lois de la nature, d'intervenir pour transformer celle-ci à l'avantage de l'humanité. Pour résoudre les problèmes terrifiants auxquels le monde d'aujourd'hui fait face (problèmes de guerre, de pollution, de surpeuplement, d'improductivité au travail, de détérioration du système d'éducation, de décrochage scolaire, etc.), il ne sert à rien de recourir aux inefficaces rengaines traditionnelles telles que celles-ci : « Il faut inculquer la tolérance entre les peuples », « Il faut créer un sentiment de responsabilité envers la survie de la planète », « Il faut transmettre le sens de l'ouvrage bien fait » ou « Il faut enseigner le respect et le savoir ». À l'opposé de cette croyance aveugle et irréaliste dans « les forces intérieures de l'homme », Skinner propose impérieusement « une science appliquée, une technologie du comportement [...] qui puisse rivaliser, en puissance et en précision, avec la technologie physique ou biologique[13] ». Les gens ne souffrent pas d'un sentiment d'insécurité, d'angoisse ou d'aliénation, mais sont, en fait, placés devant des problèmes réels qui proviennent de « milieux sociaux déficients ». Il importe donc de procéder à une « analyse scientifique du comportement » et de ses relations étroites avec l'environnement.

---

12. On entend par « intervalle fixe » une période d'égale longueur entre chaque renforcement.

13. B.F. Skinner, *Par-delà la liberté et la dignité*, p. 13-14.

À l'aide des lois de l'APPRENTISSAGE DU COMPORTEMENT, Skinner croit qu'il est possible et souhaitable d'intervenir pour transformer les comportements humains au bénéfice de l'individu et de la société. Il rappelle à ce propos, dans le deuxième chapitre de *L'analyse expérimentale du comportement*, l'histoire des utopies sociales depuis Platon (~428-~348) jusqu'à Karl Marx (1818-1883) en passant par saint Augustin (354-430) et Henry David Thoreau (1817-1862). C'est à leur suite qu'il propose la transformation effective de l'environnement social actuel, c'est-à-dire de la culture.

SKINNER APPLIQUE CES LOIS À L'APPRENTISSAGE DU LANGAGE, DE LA PENSÉE ET MÊME DE LA SCIENCE. POUR EN SAVOIR DAVANTAGE SUR LES PRINCIPES D'APPRENTISSAGE BEHAVIORISTES, CONSULTEZ LE CHAPITRE **5** DE L'*INTRODUCTION AU BEHAVIORISME* DE FRANÇOIS BERTHIAUME, MONTRÉAL, LES PRESSES DE L'UNIVERSITÉ DE MONTRÉAL, 1986, P. 39-46.

> Une culture n'est pas le produit d'un « esprit de groupe » créatif, ni l'expression d'une « volonté générale ». Aucune société n'a débuté par un contrat social, aucun système économique par l'idée du troc ou des salaires, aucune structure familiale par une intuition quant aux avantages de la cohabitation. Une culture évolue lorsque de nouvelles coutumes favorisent la survie de ceux qui les pratiquent[14].

En fait, ce que Skinner désire, c'est l'élaboration de techniques de planification de la culture incitant les personnes qui y adhèrent à travailler pour que cette culture leur survive. Une culture équilibrée, « bien agencée », selon l'expression de Skinner, est une culture qui se construit pour les hommes qui auront à la vivre demain ; elle est « un ensemble de contingences de renforcement tel que les membres de cette culture agissent de façon à la préserver, à la faire survivre aux situations critiques et à la modifier dans le sens d'une possibilité sans cesse accrue de se perpétuer[15] ». En d'autres mots, l'environnement culturel (physique et mental) de l'individu devrait renforcer les comportements (paroles et actes) qui favorisent la survie de cet environnement.

Actuellement, les renforcements sociaux que sont la nourriture et la boisson, la richesse et le pouvoir ne mènent pas, selon Skinner, à des comportements utiles à la construction et au développement d'un environnement culturel équilibré. Le recours à des techniques punitives ne contribue guère plus à améliorer l'environnement parce que les individus dépensent alors temps et énergie en vue d'éviter la punition. Il vaudrait mieux mettre les humains sous le contrôle de contingences sociales qui emploieraient des techniques de renforcement positif afin d'établir un environnement physique et social non en fonction d'un « idéal de la nature humaine », mais en fonction uniquement de « ses effets sur le patrimoine génétique de l'espèce[16] » et de sa capacité de survivre aux individus qui y vivent en ce moment.

Puisque, de toute façon, nous sommes déjà conditionnés par la famille, l'école, les médias, l'État, etc., il est urgent, selon lui, que nous acceptions que notre monde soit délibérément orienté dans un sens propre à faire grandir l'être humain et non à le faire régresser. Le conditionnement existant déjà et s'effectuant à tort et à travers produit, selon lui, des comportements non désirés. Pourquoi alors ne pas institutionnaliser le conditionnement de façon bénéfique et ainsi créer chez l'humain le BONHEUR ? Qui orientera et contrôlera ce nouveau monde de bonheur ? À mots couverts, Skinner nous dit que c'est à l'homme de science (le « spécialiste du comportement ») que revient la responsabilité de planifier la culture et de régir le comportement humain. Les hommes de science ne sont pas plus moraux que quiconque, ni ne possèdent un sens éthique qui les met au-dessus de tout soupçon,

L'APPRENTISSAGE DU BONHEUR PAR CONDITIONNEMENT NE COMPORTE-T-IL PAS CEPENDANT QUELQUES RISQUES ? CELUI, ENTRE AUTRES, DE N'ÊTRE PAS TRÈS LOIN DU *MEILLEUR DES MONDES* D'ALDOUS HUXLEY OU DU *BONHEUR INSOUTENABLE* D'IRA LEVIN !

---

14. *Ibid.*, p. 163.

15. B.F. Skinner, *L'analyse expérimentale du comportement*, p. 66-67.

16. *Ibid.*, p. 66-67.

mais ils bénéficient d'un environnement de travail offrant «des contingences qui réduisent au minimun les renforcements personnels immédiats[17]». Les résultats de leurs recherches étant constamment vérifiés et contrôlés par la communauté scientifique, Skinner croit qu'il y a moins de possibilités que les hommes de science utilisent dans leurs propres intérêts le pouvoir qu'on leur donnerait. Peut-on douter de l'optimisme dont fait preuve ici Skinner? Est-on en droit de se demander au profit de qui et à quelles fins ces spécialistes du comportement décideront de «ce qui est bon pour l'homme»?

On a souvent accusé Skinner de fournir des techniques pour contrôler les humains. Pour sa défense, disons qu'il propose plutôt de contrôler l'environnement, la culture, et que c'est ainsi que l'individu serait amené à faire ce qui serait le plus utile pour tous.

Par-delà la liberté et la dignité

IDÉALISTE

Se dit de la tendance philosophique qui réduit toute existence à la pensée : soit que les idées ont plus d'être que le monde sensible, soit que ce dernier n'a de réalité que les idées que nous en avons.

Skinner a analysé les résistances qu'ont suscitées ses théories dans un ouvrage publié aux États-Unis en 1971, *Beyond Freedom and Dignity*[18]. D'après lui, les conceptions de la liberté et de la dignité qui s'opposent à la planification de l'environnement sont des théories qui, sous le couvert de valeurs **idéalistes**, refusent, en fait, à l'humain la maîtrise réelle de sa destinée.

Au début du deuxième chapitre qui traite de la liberté, Skinner affirme que «vomir» et «éternuer» constituent des manifestations primaires de la liberté dans le sens où l'individu se libère alors d'«aliments indigestes ou toxiques» ou de «substances irritantes». Mais ce constat ne signifie pas que la liberté (en tant que volonté ou sentiment) existe pour autant! Les hommes ne sont pas «les artisans de leur propre destinée[19]». Et un peu plus loin, Skinner ajoute: «La liberté est une affaire de contingences de renforcement, non de sentiments — lesquels, s'il s'en trouve, sont le produit de contingences[20]».

Nous sommes donc tous, dans tous nos comportements, déterminés à agir dans un certain sens. Ce que certains appellent le libre choix n'est en fait que le produit de contingences de survie génétiques, environnementales et sociales[21] par rapport auxquelles l'individu n'est pas libre et qui, en réalité, déterminent entièrement ses actes. «L'idée que la personne échappe au déterminisme complet cède le terrain devant le progrès de l'analyse scientifique dans l'explication du comportement individuel[22].» En conséquence, on ne peut tenir l'individu pour responsable (en le LOUANGEANT ou en le BLÂMANT) de son comportement. Même si cela semble porter atteinte à la dignité ou à la valeur de l'être humain, Skinner affirme que le temps est venu de reconnaître que le comportement d'un individu tire son origine des «conditions environnementales ou génétiques[23]» qui deviennent, dès lors, les seules «responsables» du comportement méritoire ou répréhensible.

LES NOTIONS TRADITIONNELLES DE MÉRITE (C'EST-À-DIRE CE QUI REND UNE PERSONNE DIGNE D'ESTIME ÉTANT DONNÉ SA CONDUITE ET LES DIFFICULTÉS SURMONTÉES) ET DE DÉMÉRITE (C'EST-À-DIRE CE QUI FAIT QU'UNE PERSONNE DEVIENT OBJET DE DÉSAPPROBATION) N'ONT DÉSORMAIS PLUS COURS.

17. B.F. Skinner, *Par-delà la liberté et la dignité*, p. 212.

18. B.F. Skinner, *Beyond Freedom and Dignity*, New York, Alfred A. Knopf, 1971.

19. B.F. Skinner, *Par-delà la liberté et la dignité*, p. 32.

20. *Ibid.*, p. 52.

21. Selon Skinner, les facteurs environnementaux et sociaux ont une influence beaucoup plus prépondérante sur la détermination du comportement d'un être humain que les facteurs génétiques ou héréditaires.

22. B.F. Skinner, *Par-delà la liberté et la dignité*, p. 33.

23. *Ibid.*, p. 95.

À mesure que nous comprenons mieux l'interaction entre l'organisme et son environnement, nous pouvons attribuer à des variables accessibles à l'observation des effets jadis attribués aux états d'esprit, aux sentiments, aux traits de caractère, et une technologie du comportement devient possible. Elle ne résoudra pas nos problèmes, cependant, aussi longtemps qu'elle ne prendra pas la place des conceptions préscientifiques traditionnelles, et celles-ci sont solidement retranchées. Les notions de liberté et de dignité illustrent bien la difficulté. Elles sont les possessions de l'homme autonome des théories traditionnelles et sont essentielles à tous les usages dans lesquels l'individu est tenu pour responsable de sa conduite et tire mérite de ses réalisations. Une analyse scientifique déplace vers l'environnement tant la responsabilité que les réalisations du sujet. [...]

Dans la perspective traditionnelle, c'était l'élève qui échouait, l'enfant qui se conduisait mal, le citoyen qui violait la loi, le pauvre qui, par sa paresse, faisait sa propre misère. Mais aujourd'hui, on admet couramment qu'il n'existe pas de sots élèves mais des maîtres médiocres ; qu'il n'y a que de mauvais parents, non de mauvais enfants ; qu'il n'y a pas de délinquance si ce n'est du côté des instruments de la loi, et qu'il n'y a pas de gens paresseux mais seulement des systèmes insuffisants pour les inciter au travail[24].

Il n'existe pas, d'après Skinner, d'« états d'esprit » ou de traits de caractère qui orienteraient la conduite de l'individu. Ainsi, quand nous traversons un pont, nous pouvons dire que nous sommes confiants dans le fait que ce dernier ne s'écroulera pas. Ce sentiment de confiance en la solidité du pont n'est pas un état d'esprit qui nous permet de nous engager sur le pont en ne ressentant aucune anxiété. En fait, il est un « sous-produit du comportement dans ses relations avec les événements antérieurs[25] ». Nous nous disons alors : « J'ai déjà, à maintes reprises, traversé des ponts sans que ceux-ci s'écroulent. » Nous imaginons alors que le pont que nous nous proposons de traverser ne s'écroulera pas étant donné les expériences « positives » que nous avons eues dans le passé avec les ponts.

Présentons maintenant des exemples de traits de caractère dont dépendrait le comportement de l'être humain. Les jeunes délinquants qui s'adonnent à la violence le font librement et souffrent de troubles de la personnalité, disent les théories du libre arbitre et de la volonté libre. Si ces jeunes délinquants ne se sentaient pas menacés dans leur survie, s'ils n'étaient pas victimes d'un milieu défavorable et s'ils n'étaient jamais renforcés dans leurs actions violentes (par exemple, par un groupe néonazi auquel appartient un « skinhead »), ils n'auraient pas « choisi » d'être violents, répond Skinner. De même pour le zèle au travail ou la paresse, la faiblesse ou la force de volonté, l'imitation ou la créativité ; tout cela a été créé par un environnement physique et social, et peut être produit « artificiellement » par des programmes de renforcement. D'après Skinner, aucun agent n'habite au-dedans de l'être humain. Ce qui, soi-disant, s'agite dans les profondeurs de l'esprit humain ne l'intéresse pas. Bref, « l'homme intérieur » ne peut servir d'explication. Ainsi, Skinner ne croit pas que l'organisme humain « contient plusieurs personnalités qui le contrôlent de manières différentes à différents moments[26] ». Et il ne croit pas plus aux discours et aux explications de la « *psychologie des différences* individuelles qui compare et décrit les individus en termes de traits de caractère, de capacités et d'aptitudes[27] ».

---

24. *Ibid.*, p. 38 et 96.

25. *Ibid.*, p. 115.

26. Skinner critique la psychanalyse qui a « identifié trois de ces personnalités (le moi, le surmoi et le ça) dont les interactions rendent compte du comportement de l'homme qu'elles habitent » (B.F. Skinner, *Par-delà la liberté et la dignité*, p. 17).

27. B.F. Skinner, *Par-delà la liberté et la dignité*, p. 19.

CRÉATIVITÉ

Capacité de manifester une réponse originale et inédite par rapport à ce qu'une personne a appris dans un milieu donné.

Par exemple, les behavioristes skinnériens n'acceptent pas la **créativité** en tant que « faculté » innée. C'est l'histoire privée de l'apprentissage d'une personne qui fera qu'elle pourra ou non trouver des réponses nouvelles au regard de ce qui est considéré comme habituel. En d'autres mots, les personnes qu'on dit plus créatrices, plus inventives que d'autres le sont tout simplement parce qu'elles ont obtenu de leur milieu plus d'informations sur la manière de découvrir des réponses uniques et parce qu'elles ont obtenu par la suite des renforcements positifs (elles ont par exemple été valorisées) lorsqu'elles en avaient trouvé. Selon une telle théorie, Wolfgang Amadeus MOZART (1756-1791) serait devenu un grand compositeur uniquement parce que son père lui avait donné une solide formation et qu'il avait été gratifié, étant enfant, par toutes les cours d'Europe lors d'une tournée où il démontrait sa virtuosité précoce au clavier et au violon.

Apprendre n'est pas autre chose que subir un programme de renforcement, principalement verbal ; et le langage est aussi, selon Skinner, déterminé par l'environnement. Après tout, si un enfant apprend le chinois, l'allemand, l'anglais ou le français à partir de sa naissance, cela ne peut provenir que des renforcements de son milieu particulier. Quant à la pensée abstraite que le langage permet, elle correspond aussi à un apprentissage conditionné ; elle est « le produit d'un type particulier d'environnement, non une faculté cognitive[28] ». La conscience, le regard que l'on pose sur soi-même, la connaissance que l'on a de soi, nos maux ou nos monologues intimes sont tous aussi des produits sociaux.

La communauté verbale pose des questions comme celles-ci : Qu'avez-vous fait hier ? Qu'êtes-vous en train de faire ? Que ferez-vous demain ? Pourquoi avez-vous fait cela ? Avez-vous vraiment envie de faire ceci ? Que pensez-vous de ça ? Les réponses aident les gens à s'ajuster les uns aux autres efficacement. Et c'est parce qu'on lui pose de telles questions que l'individu réagit à lui-même et à son propre comportement de cette manière particulière que nous désignons par les termes : connaissance de soi et prise de conscience. Sans l'aide d'une communauté verbale, tout comportement serait inconscient[29].

CONTRÔLE DE SOI

Capacité de se maîtriser soi-même, de dominer ses réactions, de se priver de quelque chose ou de quelqu'un par la seule force de son caractère.

En somme, l'auto-observation est, selon Skinner, le comportement que l'organisme adopte pour faire face à certaines contingences. Il en est de même pour le **contrôle de soi**. Ce n'est pas l'individu qui décide de se contrôler de telle ou telle façon, mais bien les contingences actuelles qui déclenchent chez l'individu des activités apprises lors de contingences passées[30] semblables à celles qui se présentent maintenant. Si, par exemple, un étudiant reste à la maison le samedi soir pour faire son travail de philosophie au lieu d'aller danser à la discothèque, ce n'est pas, selon

PORTRAIT DE LA PRODIGIEUSE FAMILLE MOZART, PEINT PAR LOUIS CARROGIS, DIT CARMONTELLE, EN **1764**.

28. *Ibid.*, p. 229.

29. *Ibid.*, p. 232.

30. Ainsi en est-il de la conscience judéo-chrétienne ou du Sur-moi freudien qui se présentent comme des « contrôles présentement intériorisés », mais qui sont, en fait, les fruits d'un conditionnement dont la trace s'est estompée. Cela fait dire à Skinner que ces « hôtes intérieurs [...] sont les vicaires de la société » (*Par-delà la liberté et la dignité*, p. 86).

l'interprétation behavioriste, parce qu'il a une forte volonté ou une motivation inébranlable, mais bel et bien parce que ce comportement a été appris dans le passé et qu'il a été renforcé par de bonnes notes.

À la suite de ces exemples, un behavioriste affirmerait sans détours que « l'homme autonome » ne possède ni une aptitude créatrice naturelle, ni une faculté cognitive innée, ni une forte volonté lui permettant de se déterminer librement à agir ou à s'abstenir.

La science du comportement comme science des valeurs

Dans une perspective que Skinner qualifie de préscientifique, les actes qu'accomplit un individu sont considérés comme sa propre réalisation. Une telle vision des choses revient à déclarer que l'être humain est maître de son existence. Nous avons abordé, au chapitre précédent, une philosophie de l'homme qui défendait cette hypothèse. En effet, la philosophie existentialiste athée de Jean-Paul Sartre présente l'être humain comme se construisant lui-même par ses actes ; il détient l'entière responsabilité de ses échecs comme de ses réussites, et il crée les valeurs en adoptant telle ou telle conduite qui se doit d'être valable pour l'ensemble de l'humanité. Ainsi, d'après Sartre, un homme fait le choix délibéré d'accomplir un acte de courage. Skinner pense, au contraire, qu'un individu « agit courageusement quand les circonstances du milieu l'y incitent. Les circonstances ont changé son comportement ; elles n'ont pas implanté un trait ou une vertu[31]. » Tout ce que nous trouvons chez l'homme, ce sont des actions déterminées par les circonstances du milieu qui modifient le comportement.

> Dans la perspective scientifique [celle que défend Skinner], le comportement de l'individu est déterminé par son équipement génétique, dont l'origine remonte à l'histoire évolutive de l'espèce, et par les circonstances de l'environnement auxquelles il a, en tant qu'individu, été exposé[32].

Qui plus est, ce que les humains valorisent et déclarent comme étant bon, bref ce qu'ils appellent généralement les valeurs et les jugements de valeur ne sont, aux yeux de Skinner, que des « conséquences de leur comportement[33] ». À l'opposé, la littérature qui se porte à la défense de la liberté et de la dignité humaines définit habituellement la valeur comme quelque chose qui importe, qui est souhaitable, qui est jugé désirable et digne d'estime. Une telle définition n'a aucun sens pour Skinner. Les choses sont bonnes dans la mesure où elles sont positivement renforçantes, et elles sont mauvaises quand elles sont négativement renforçantes. Par exemple, un père de famille sera ponctuel, assidu à son travail, responsable, etc., non pas parce que la ponctualité, l'assiduité et la responsabilité sont des valeurs en soi, mais parce qu'un tel comportement est fortement encouragé et renforcé par la culture occidentale actuelle. Conséquemment, Skinner pense que « porter un jugement de valeur en appelant une chose bonne ou mauvaise, c'est la classer en fonction de ses effets renforçants[34] ». Quant aux conduites humaines proprement dites, qui constituent l'objet de réflexion des philosophies morales traditionnelles, Skinner les dépouille de toute connotation éthique :

> Les comportements que l'on classe comme bons ou mauvais, corrects ou faux, ne sont pas dus à la bonté ou à la méchanceté, ni à un bon ou à un mauvais caractère, ni à une

---

31. B.F. Skinner, *Par-delà la liberté et la dignité*, p. 239.
32. *Ibid.*, p. 125.
33. *Ibid.*, p. 127.
34. *Ibid.*, p. 130.

connaissance du bien et du mal ; ils sont dus à des contingences impliquant une grande variété de renforcements, y compris les renforcements verbaux généralisés du type « bon », « mauvais », « bien », « mal ». Dès l'instant où nous avons identifié les contingences qui contrôlent le comportement que l'on qualifie de bon ou mauvais, la distinction devient claire entre les faits et ce que les gens éprouvent à propos des faits. Ce que les gens ressentent à propos des faits est un sous-produit. Ce qui importe, c'est ce qu'ils font, non ce qu'ils ressentent, et nous ne comprenons ce qu'ils font qu'en examinant les contingences pertinentes[35].

Skinner tente de défendre cette thèse en l'illustrant par des exemples fort intéressants. Nous en reprendrons quelques-uns. Ainsi, pour l'État de droit (démocratique), le « bien » et le « mal » se présentent en « légal » et en « illégal » : l'État prescrit des lois qui établissent les comportements souhaités et les sanctions encourues par les personnes qui ne s'y soumettent pas. Afin de rendre plus efficace le contrôle social, l'État aménage généralement toute une panoplie de renforcements allant de l'hymme national à la fête nationale. L'institution religieuse, quant à elle, traduit le « bien » et le « mal » en des termes de « vertu » et de « péché ».

Des contingences impliquant des renforcements positifs et négatifs, souvent de l'espèce la plus extrême, sont codifiées — sous forme de commandements, par exemple — et maintenues par des spécialistes, habituellement avec l'appoint de cérémonies, de rituels et de récits. [...] Un fidèle ne supporte pas sa religion parce qu'il est pieux ; il la supporte à cause des contingences aménagées par l'institution religieuse[36].

Il en est de même pour l'éducation instituée. Dans des lieux déterminés qu'on appelle « écoles », des spécialistes mettent en place des contingences fondées sur des renforcements que sont les notes et les diplômes. Le « bien » et le « mal » correspondent alors au « juste » et au « faux » qui sont codifiés dans des plans de cours, des manuels, des guides, des examens et des tests de toutes sortes. Nous voyons par ces exemples qu'une lecture behavioriste réduit les valeurs de « bien » et de « mal » à des contingences qui impliquent des renforcements efficaces. Conséquemment, le behaviorisme ne donne aucune créance à l'homme-sujet autonome qui adhère librement à des valeurs.

De l'autonomie à l'environnement

DISCRIMINATION

Distinction, séparation entre deux choses.

Croire en l'autonomie de l'être humain, c'est, entre autres choses, présumer que ce dernier est un être de pensées qui, délibérément, généralise, fait des **discriminations**, des associations, forme des concepts ou des abstractions, se rappelle. Or, suivant la doctrine behavioriste, c'est la culture qui apprend à l'homme à faire ces opérations : l'homme autonome n'y est pour rien. Continuer de supposer que l'être humain est autonome, c'est donc ne pas se rendre compte des mécanismes invisibles issus des contingences passées et présentes qui contrôlent, en fait, tout comportement humain. « Il est dans la nature d'une analyse expérimentale du comportement de dépouiller l'homme autonome des fonctions qui lui furent jusqu'ici attribuées pour les transférer l'une après l'autre à l'environnement qui exerce le contrôle[37]. »

Selon la doctrine behavioriste, les contingences issues de l'environnement expliquent le comportement d'un individu. Ainsi en est-il de la « place » où un individu naît, œuvre et se développe. Skinner accorde une importance capitale à la place que nous occupons.

35. *Ibid.*, p. 139-140.
36. *Ibid.*, p. 142-143.
37. *Ibid.*, p. 240.

Cette dernière nous fait vivre des contingences environnementales précises qui, en quelque sorte, nous constituent[38] — pour autant qu'elles fournissent des renforcements efficaces pour nos comportements.

Plusieurs psychologues et philosophes ont reproché à l'analyse behavioriste d'abolir «l'homme en tant qu'homme», c'est-à-dire l'être humain rationnel, volontaire, libre et autonome. Et Skinner ne s'en défend pas :

> Son abolition a été longtemps retardée. L'homme autonome est un dispositif que l'on invoque pour expliquer ce que l'on ne peut expliquer autrement. Il s'est construit de nos ignorances. [...] À «l'homme en tant qu'homme», nous disons : bon débarras. Ce n'est qu'en le dépossédant que nous nous tournerons vers les véritables causes du comportement humain. Alors seulement nous pourrons passer de l'inféré à l'observé, du miraculeux au naturel, de l'inaccessible au manipulable[39].

En abolissant l'autonomie, c'est aussi la notion d'INTENTION que supprime le behaviorisme. Skinner ne nie pas, bien sûr, le sentiment subjectif de l'intention, mais la source objective de l'intention est l'environnement dans lequel l'individu a baigné : «Ce qu'il [l'individu] a l'intention de faire dépend de ce qu'il a fait dans le passé, et de ce qui s'est ensuivi[40].» Par conséquent, l'intention devient «un sous-produit du comportement en relation avec ses conséquences». En d'autres mots, l'intention est causée par les conséquences qu'aura tel comportement dans tel environnement ; elle est un effet de nos comportements et non pas une cause. Par exemple, un auteur qui se dit avoir l'«intention» de continuer d'écrire le fera parce qu'en fait il est renforcé par les centaines de milliers de lecteurs qu'il prévoit dans les siècles à venir.

> SELON SKINNER, L'INTENTION EST CAUSÉE PAR LES CONSÉQUENCES QU'AURA TEL COMPORTEMENT DANS TEL ENVIRONNEMENT ; ELLE EST UN EFFET DE NOS COMPORTEMENTS ET NON PAS UNE CAUSE.

Mais tout cela implique-t-il que l'homme ne soit qu'une marionnette aux prises avec un environnement totalement étranger ? Pas du tout, répond Skinner. L'environnement sélectionne nos comportements les plus adaptés, et en ce sens nous sommes déterminés par lui. Cependant, «l'environnement physique de la plupart des gens est pour une grande part de fabrication humaine. [...] L'environnement social est de toute évidence fait par l'homme[41].» L'homme se fabrique en fabriquant son environnement, qu'il y ait planification délibérée ou pas. Cela amène Skinner à dire que «l'homme a contrôlé sa propre destinée, pour autant que l'expression ait un sens. L'homme que l'homme a fait est le produit d'une culture qu'il a lui-même créée[42].»

Toutes les «intentions» que chaque individu peut avoir en ce qui le concerne ou en ce qui concerne l'humanité sont fonction des conséquences que sa culture lui fait voir comme souhaitables et des moyens que cette culture lui donne pour les réaliser. Cet accent mis sur la responsabilité de la culture constitue la principale raison, d'après Skinner, des résistances face au behaviorisme. Les individus ne veulent pas abandonner leur sentiment subjectif de responsabilité, de mérite, de dignité et de liberté. Or, ce n'est pas ce que le behaviorisme skinnérien exige. En réalité, cette théorie postule que ces sentiments sont le résultat de renforcements, et que le fait de les expliquer scientifiquement n'empêche pas de les éprouver. «Aucune théorie, dit Skinner, ne change ce sur quoi elle porte[43].» Une telle affirmation ne peut être réfutée.

---

38. Ces propos skinnériens s'opposent à la philosophie sartrienne, qui affirme que c'est l'individu qui, librement, donne une signification existentielle à la place qu'il occupe... Voir au chapitre 6 la section «La liberté en situation. Ma place».

39. B.F. Skinner, *Par-delà la liberté et la dignité*, p. 243.

40. *Ibid.*, p. 92.

41. *Ibid.*, p. 249.

42. *Ibid.*, p. 251-252.

43. *Ibid.*, p. 257.

Même si Skinner s'en défend, la doctrine behavioriste est souvent qualifiée de mécaniste, en ce sens qu'elle interprète les comportements humains comme de simples mécanismes d'action et de réaction face au milieu environnant. Puisqu'il ne se représente pas l'individu comme ayant une personnalité stable et autonome qui déterminerait ses actions, le behaviorisme donne, en effet, prise à une telle critique. La théorie behavioriste aurait tendance à considérer l'être humain comme une espèce d'« animal-machine » qui se définit exclusivement par ses comportements qu'il est possible de conditionner et de manipuler à loisir! À l'évidence, une telle conception enlèverait toute autonomie à la personne en octroyant à l'environnement seul le contrôle que cette dernière devrait exercer.

Le behaviorisme aujourd'hui

Curieux retour du balancier de l'horloge de la pensée occidentale où le behaviorisme contemporain emprunterait à Descartes sa vision pour appréhender de nouveau l'homme en tant que machine! Une machine animée, sans intériorité, identique à son comportement qui se réduit à des actes quantifiables, c'est-à-dire objets de science. Et lorsque ces actes sont jugés dérangeants, déviants ou improductifs, un spécialiste du comportement se charge de les modifier par le conditionnement opérant.

Ce résumé, par trop ironique et simplifié, ne doit pas laisser entendre que le behaviorisme skinnérien représente une philosophie simpliste de l'être humain et de son comportement. Certes, Skinner propose «une conception scientifique de l'homme[44]» où ce dernier est perçu comme étant le produit des contingences évolutives et sociales réunies.

Le behaviorisme skinnérien et les programmes de renforcement

Il faut admettre que la vision behavioriste de l'homme connaît de vifs succès en psychothérapie, en pédagogie, en management, en publicité, etc. Ainsi, l'application de programmes de renforcement a produit des résultats à d'innombrables reprises depuis les premières publications de Skinner dans les années 1950. La thérapie behavioriste, l'enseignement programmé et les campagnes de «productivité et de qualité totale» sont des adaptations des programmes de renforcement mis au point par Skinner.

PHOBIE

Type de comportement de fuite (par exemple, l'agoraphobie ou la claustrophobie) qui consiste à éprouver de la crainte face à une situation, à un lieu ou à un objet particulier.

Les techniques thérapeutiques behavioristes sont effectivement reconnues comme étant les plus efficaces pour régler les problèmes de **phobies**. La méthode consiste à désensibiliser le patient en l'exposant d'une façon graduelle au stimulus qui engendre un comportement phobique. Ainsi, il sera progressivement amené à ne plus éprouver de crainte face à la situation, au lieu ou à l'objet phobique. Des procédés autres, mais s'inspirant aussi des techniques behavioristes, sont utilisés avec succès sur des délinquants, des toxicomanes, etc.

Les milieux d'enseignement se sont mis, eux aussi, aux programmes de renforcement positif. Afin de motiver les élèves dans l'apprentissage de comportements corrects (par exemple, être ponctuels, être attentifs en classe, répondre promptement et adéquatement aux consignes, être polis envers leurs enseignants et leurs camarades), plusieurs établissements scolaires adoptent l'« économie du bon point » (*token economy*). Ces points donnent droit à des privilèges (comme une journée de plein air) qu'il faut gagner par son «bon» comportement.

---

44. *Ibid.*, p. 202.

L'industrie n'a pas tardé, bien sûr, à s'emparer de ce système de « stimulants positifs » afin d'accroître la productivité des travailleurs (par exemple, par l'octroi de primes et de récompenses pour l'invention de méthodes visant à augmenter la cadence ou à faire baisser les coûts de production). Les industries de la vente et de la publicité, elles aussi, se servent des techniques de renforcement positif ; elles sont devenues de véritables laboratoires de psychologie behavioriste. Pensons aux points de voyage que certaines compagnies aériennes donnent à leurs clients fidèles. Même l'industrie du hasard, qui

porte fort mal son nom, est réglée comme une horloge suisse sur les grands principes behavioristes. Ainsi, les récents modèles de MACHINES À SOUS exercent un renforcement sur le joueur en lui accordant, selon une fréquence variable, des gains plus ou moins généreux afin qu'il ne s'arrête pas de parier.

Skinner au cabinet des thérapeutes, Skinner à l'école, à l'usine, au bureau, au casino et même chez soi[45] ! N'est-ce pas un peu trop ? Quelle étrange fascination exercent sur nous les spécialistes du comportement pour que nous acceptions de nous laisser conditionner avec tant de docilité ?

L'ATTRAIT DES MACHINES À SOUS PROVIENT D'UN RENFORCEMENT POSITIF À PROPORTION VARIABLE.

Le behaviorisme skinnérien et l'éthique

Les objectifs poursuivis de même que les méthodes et les techniques utilisées par la science behavioriste ne sont pas sans poser quelques problèmes éthiques. En effet, le behaviorisme skinnérien avalise et met en place des mécanismes de conditionnement, de manipulation et de programmation de la personne, et ce, « pour le bonheur de l'humanité », disent les spécialistes du comportement. Qui sont ces « scientifiques » ? Comment pourrait-on être assuré qu'ils ont une compétence morale pour conditionner l'humanité alors qu'ils ne croient pas aux valeurs du bien et du mal telles que conçues et analysées par la tradition philosophique occidentale ? Rappelons que, pour un behavioriste, une action est bonne dans la mesure où elle est positivement renforçante !

Nous avons affaire ici à une conception de l'être humain qui rejette les fondements moraux de la civilisation occidentale, fondements qui pourraient se résumer par la formule suivante : il y a nécessité de recourir à la raison et à l'examen critique pour éclairer nos choix. Pour les personnes qui défendent une conception **humaniste** de l'être humain, le behaviorisme skinnérien apparaît comme une théorie hautement critiquable. Comment, en effet, adhérer à une doctrine qui refuse d'expliquer ou de justifier la conduite d'un individu par ses valeurs, ses idéaux, ses intentions, sa pensée propre, bref par son soi, c'est-à-dire la perception qu'un individu se fait de lui-même et de ce qu'il vaut ?

HUMANISTE
Se dit de l'attitude philosophique qui fait de l'homme la valeur suprême et qui voit en celui-ci, comme l'affirme Protagoras, « la mesure de toutes choses ».

Le behaviorisme skinnérien et l'infantilisation de l'homme

La philosophie de l'homme que le behaviorisme nous propose vise-t-elle à faire grandir ou à infantiliser l'être humain ? La théorie behavioriste ne considère pas la personne comme un être libre pouvant prendre des décisions éclairées. Elle ne lui accorde pas

---

45. Qu'il suffise de rappeler cette « fenêtre ouverte » sur... la publicité que représente l'appareil de télévision !

non plus le pouvoir d'évaluer les situations d'une manière critique et, en conséquence, d'adopter une conduite sensée.

Conséquemment, nous pouvons avancer que la doctrine behavioriste traite la personne comme un enfant (une créature malléable que façonne le milieu) qui ne possède pas les capacités de l'adulte autonome qui se rend responsable de ses actes. Nous assistons ici à un processus de déresponsabilisation de l'individu pour qui les notions de mérite (louange) et de démérite (faute) n'ont plus désormais aucune signification.

Un éminent penseur de notre temps du nom d'Erich Fromm s'est vigoureusement opposé à faire de l'homme une marionnette entre les mains des institutions qui tenteraient de changer ou de contrarier sa nature profonde. Voyons, en terminant, la belle et généreuse conception de l'être humain que nous propose Fromm.

Burrhus Frederic Skinner

La théorie behavioriste de Skinner propose une lecture déterministe de l'être humain. Les **comportements humains** sont façonnés par l'**environnement de l'individu**. Ces comportements ne sont que des réponses à des **stimuli** fournis par ce même environnement. Par le **conditionnement opérant**, on peut modifier la probabilité qu'une réponse attendue soit émise en y associant un ou des **renforçateurs (comportements modifiés)**.

Une telle lecture définit l'**homme** comme une créature **malléable**, donc **programmable**. En conséquence, pour assurer le bonheur de l'être humain, une **science du comportement** devrait contrôler ce dernier en planifiant la **culture** environnante. Considérant l'être humain comme un **produit du milieu**, le behaviorisme skinnérien ne donne aucune créance à l'homme-sujet autonome qui adhère librement à des valeurs. L'être humain est donc **non libre**.

Réseau de concepts

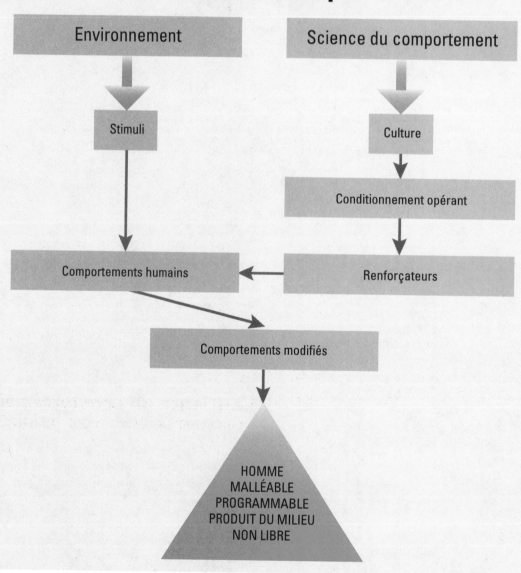

Environnement

Stimuli

Science du comportement

Culture

Conditionnement opérant

Comportements humains

Renforçateurs

Comportements modifiés

HOMME
MALLÉABLE
PROGRAMMABLE
PRODUIT DU MILIEU
NON LIBRE

Le déterminisme ou l'impossibilité d'être libre

1. Une philosophie déterministe pose le raisonnement suivant : si tout effet a une cause, tout choix est le résultat d'une chaîne causale biologique ou culturelle, donc la liberté n'existe pas.

2. De fait, nous n'avons ni le choix de l'action, ni le choix de nos conduites, car ces dernières sont programmées par nos gènes ou par l'éducation que nous avons reçue tout au long de notre apprentissage de la vie en société.

Skinner et l'école behavioriste

Le behaviorisme est la « psychologie ou science du comportement » qui adopte l'attitude empiriste : les comportements doivent être expliqués à partir des réactions observables et mesurables que l'organisme humain produit dans un environnement donné.

Notice biographique

Burrhus Frederic Skinner, docteur en psychologie de l'Université Harvard, a exercé une grande influence sur l'école behavioriste américaine de la deuxième moitié du XXᵉ siècle. Il a contribué, par ses recherches et ses ouvrages controversés, à la diffusion auprès d'un large public des lois et des relations qui régissent le comportement et le milieu dans lequel il se produit.

Une philosophie positiviste de l'être humain

Prenant en considération les particularités biologiques de son espèce, l'homme est défini à partir de son comportement, qui dépend des rapports entretenus avec l'environnement.

L'apprentissage : tout est affaire de conditionnement opérant

1. Le comportement opérant est un comportement qui est contrôlé par ses conséquences immédiates : quand un individu répond à un stimulus d'une manière qui lui a été bénéfique, il « apprend » un comportement qu'il répétera dans des circonstances semblables.

2. Le conditionnement opérant consiste à utiliser un renforçateur positif ou négatif afin d'augmenter ou de diminuer la probabilité qu'une réponse attendue soit émise.

L'homme programmable ou l'être humain comme créature malléable

1. Plutôt que de recourir inutilement aux « forces intérieures de l'homme », et puisque l'être humain est déjà conditionné, Skinner propose « une science appliquée, une technologie du comportement » qui planifierait la culture et contrôlerait l'homme pour son bonheur.

2. Ainsi serait établi un environnement physique et social, non en fonction d'un « idéal de la nature humaine », mais selon « ses effets sur le patrimoine génétique de l'espèce » et sa capacité de survivre aux individus qui y vivent ici et maintenant.

Par-delà la liberté et la dignité

Le behaviorisme skinnérien explique le comportement humain en ne considérant pas les valeurs traditionnelles de la liberté et de la dignité, ni les « états d'esprit » ou les traits de caractère.

1. La liberté n'existe pas : ce que certains appellent le libre choix n'est, en fait, que le produit de contingences de survie génétiques, environnementales et sociales.

2. La dignité ou la valeur de l'être humain n'a plus aucun sens : l'individu ne peut plus être tenu pour seul responsable de ses actes.

3. Ainsi, la créativité, la pensée abstraite et le contrôle de soi ne sont pas des « facultés » innées, mais des « attitudes » qui sont le fruit d'apprentissages conditionnés.

La science du comportement comme science des valeurs

D'après la « science du comportement », il n'existe pas de vertus ou de valeurs. Ce que les hommes appellent les valeurs sont des « conséquences de leur comportement ».

1. Le behaviorisme réduit les valeurs du bien et du mal à des contingences qui impliquent des renforcements efficaces.

2. Le behaviorisme ne donne aucune créance à l'homme-sujet autonome qui adhère librement à des valeurs.

De l'autonomie à l'environnement

1. Le behaviorisme skinnérien dépouille l'homme autonome des fonctions qui lui furent jusqu'ici attribuées pour les transférer l'une après l'autre à l'environnement qui exerce le contrôle.

2. Selon Skinner, l'homme ne devient pas pour autant une marionnette aux prises avec un environnement totalement étranger, puisqu'il « est le produit d'une culture qu'il a lui-même créée ».

3. Les critiques du behaviorisme skinnérien accusent cette doctrine d'interpréter l'homme d'une manière « mécaniste » en le décrivant comme un « animal-machine » qui se définit exclusivement par ses comportements, lesquels peuvent être conditionnés et manipulés à loisir.

Le behaviorisme aujourd'hui

Le behaviorisme skinnérien et les programmes de renforcement

La vision de l'homme avancée par le behaviorisme est utilisée avec succès en psychothérapie, en péda-gogie, en management, en publicité et dans l'industrie du jeu. N'est-ce pas un peu trop ?

Le behaviorisme skinnérien et l'éthique

1. Le conditionnement et la manipulation que nous font subir les « spécialistes du comportement » posent quelques problèmes éthiques : les valeurs du bien et du mal telles que nous les concevions n'ont plus cours !

2. Selon le behaviorisme skinnérien, seules existent des contingences positives (« bien ») ou négatives (« mal ») qui impliquent des renforcements efficaces.

Le behaviorisme skinnérien et l'infantilisation de l'homme

La philosophie de l'homme proposée par la doctrine behavioriste infantilise la personne plutôt que de la faire grandir : l'être humain est considéré comme un enfant malléable que le milieu doit conditionner. En conséquence, la personne est dépouillée de son autonomie et de la nécessité de se rendre responsable de ses actes.

Activités d'apprentissage

A VÉRIFIEZ VOS CONNAISSANCES

1. Sur quel type de conception de l'être humain s'appuie l'approche behavioriste ?

2. Quelles sont les deux idées-forces de toute doctrine déterministe ?

3. Quelle est l'attitude adoptée par les behavioristes pour fonder le comportement humain sur l'expérience et l'observation ?

4. La notion élaborée par Pavlov grâce à ses expériences menées sur des chiens est celle du « réflexe conditionné ». **VRAI** ou **FAUX** ?

5. Pour Skinner, un conditionnement opérant est un comportement renforcé par notre environnement social. **VRAI** ou **FAUX** ?

6. Le conditionnement répondant de Pavlov et le comportement opérant de Skinner sont deux notions identiques. **VRAI** ou **FAUX** ?

7. Selon Skinner, le renforcement négatif (ou punitif) permet de corriger un comportement jugé indésirable. **VRAI** ou **FAUX** ?

8. Quel type de renforcement, selon Skinner, permet d'augmenter le plus la fréquence d'un comportement désiré?

9. Skinner soutient qu'il faut découvrir les véritables causes du comportement humain en cessant de se référer aux notions usuelles d'autonomie et d'intention. **VRAI** ou **FAUX**?

10. Selon Skinner, l'homme n'est qu'une marionnette aux prises avec un environnement totalement étranger. **VRAI** ou **FAUX**?

11. D'après Skinner, la dignité de l'homme — de même que sa liberté — ne réside pas dans le sentiment subjectif de responsabilité ni de mérite. **VRAI** ou **FAUX**?

12. En bref, pour Skinner, l'homme n'est pas autre chose que le produit des contingences évolutives et sociales réunies. **VRAI** ou **FAUX**?

13. En matière éthique, les behavioristes recourent à la raison ainsi qu'à l'examen critique pour éclairer les choix. **VRAI** ou **FAUX**?

14. Avec la pensée de Skinner, à quel type de processus envers l'homme autonome assistons-nous?

15. À partir de ce que vous avez appris sur Skinner, indiquez laquelle des citations suivantes n'a pas été écrite par lui.

   a) « L'homme que l'homme a fait est le produit d'une culture qu'il a lui-même créée. »

   b) « Le choix de ne pas choisir demeure un choix. »

   c) « L'individu n'agit pas sur le monde, c'est le monde qui agit sur lui. »

B ANALYSE ET CRITIQUE DE TEXTE

Cette activité exige la lecture préalable de l'extrait de Par-delà la liberté et la dignité *présenté à la page 228.*

Compétences à acquérir

- Démontrer sa compréhension d'un texte de Skinner en transposant dans ses propres mots un contenu partiel de ce texte.

- Évaluer le contenu, c'est-à-dire exprimer son accord ou son désaccord (et en donner les raisons) sur la vision skinnérienne d'un monde « planifié ».

Questions

1. Dans vos propres mots, décrivez la « conception scientifique de l'homme » que défend Skinner.

2. Skinner trace le portrait du monde que les planificateurs de la culture pourraient mettre en place. Il décrit ce monde « planifié » dans les termes suivants:

   [...] un monde dans lequel les gens vivraient ensemble sans se disputer, se maintiendraient en vie en produisant la nourriture, les abris, les vêtements dont ils ont besoin, se divertiraient et contribueraient au divertissement des autres par les arts, la musique, les lettres, les sports, ne consommeraient qu'une partie raisonnable des ressources du monde et aggraveraient aussi peu que possible la pollution, n'auraient pas plus d'enfants qu'ils n'en pourraient décemment élever, continueraient à explorer l'univers autour d'eux et à découvrir de meilleures méthodes d'agir sur lui, où ils apprendraient à se connaître eux-mêmes avec plus de précision et, par conséquent, à se maîtriser plus efficacement.

Commentaire critique

Êtes-vous d'accord avec cette description et trouvez-vous possible et souhaitable que la «technologie du comportement» en arrive un jour à planifier un tel monde? Vous devez fonder vos jugements, c'est-à-dire défendre votre point de vue, en apportant deux arguments pour appuyer vos affirmations. (*Minimum suggéré: une page.*)

C ANALYSE ET CRITIQUE DE TEXTE

Cette activité exige la lecture préalable de l'extrait d'Éloge de la fuite présenté à la page 230.

Compétences à acquérir

- Démontrer sa compréhension du texte de Laborit en faisant un résumé, c'est-à-dire une description condensée de l'argumentation avancée par Laborit.

- Évaluer le contenu, c'est-à-dire exprimer son accord ou son désaccord (et en donner les raisons) sur les thèses de Laborit présentant la liberté comme une illusion.

Questions

1. À l'instar de Skinner, Henri Laborit considère la liberté comme une illusion. Dites comment Laborit explique dans ce texte cette «sensation fallacieuse de liberté».

Commentaire critique

2. Faites l'examen critique des points de vue mis en avant par Laborit dans ce texte. En d'autres mots, êtes-vous d'accord avec les thèses qu'il défend? Vous devez fonder vos jugements, c'est-à-dire apporter deux arguments pour appuyer vos affirmations. (*Minimum suggéré: une page.*)

D EXERCICE COMPARATIF: SARTRE ET SKINNER

Compétences à acquérir

- Analyser le problème philosophique de la liberté et du déterminisme, c'est-à-dire décomposer une «mise en situation» en y décelant les éléments constituants et les liens qui les unissent, en vue de tracer un schéma d'ensemble de la situation.

- Comparer différentes visions, c'est-à-dire examiner les rapports de ressemblance et de différence entre les éléments fondamentaux relevés dans la mise en situation proposée et les conceptions de la liberté sartrienne et du déterminisme skinnérien.

Contexte de réalisation

Problème sur la liberté [46]

À huit heures ce matin, un homme âgé de 27 ans s'est donné la mort à la station de métro Berri-UQAM. Il a marché nerveusement le long du quai. Il a attendu l'entrée en gare du premier wagon. D'un pas décidé, il a écarté les voyageurs massés au bord du quai. Puis, il s'est jeté sur les rails, les pieds joints et les bras le long du corps. Les deux jambes coupées, la figure ensanglantée, le corps brûlé, il est mort sur le coup.

Cet homme ne déambulera plus dans la rue Saint-André, là où enfant il jouait à la balle et à la cachette. Il ne montera plus l'escalier lugubre. Il ne sera plus à la charge de sa mère. Il ne lira plus, accoudé à la table de la cuisine étroite, les offres d'emplois du *Journal de Montréal*. Il avait le métier de son père, concierge, mais depuis 24 mois il était en chômage : petites annonces, entrevues, rebuffades. À l'usine, le disant trop faible, on l'a refusé comme manœuvre ; au bureau, le directeur du personnel a regardé, l'air moqueur, ses habits démodés : pas d'emploi. Rester des jours entiers sur son lit avec le sentiment d'être inutile dans un monde qui vous refuse le droit au travail est injuste et révoltant ! Ce matin, il est donc entré dans le métro à l'heure où l'on se rend au travail. Tous étaient contraints par l'horaire, affairés à leurs tâches quotidiennes. Lui était libre. Il pouvait aller au Musée des beaux-arts ou au Jardin botanique ; il était libre de penser au *cogito* cartésien ou au dernier match des Expos. Mais en fait, il se sentait surtout libre de choisir entre le fusil et la rame de métro.

Questions

En vous servant de la conception de la liberté et de celle du déterminisme qui vous ont été présentées aux chapitres 6 et 7, répondez aux deux questions suivantes :

1. Dans quelle mesure cet homme était-il libre ?

2. Dans quelle mesure cet homme était-il non libre ?

(*Minimum suggéré : deux pages.*)

---

46. Ce texte est une adaptation d'un « fait divers » cité par Denis Huisman et André Vergez dans leur *Court traité de philosophie* (*Métaphysique*), Paris, Fernand Nathan, 1961, p. 141.

Texte de Skinner
Par-delà la liberté et la dignité

L
a science n'a sans doute jamais exigé de changement plus profond dans la manière traditionnelle de penser un problème, et jamais il n'y a eu problème plus important. Dans la perspective traditionnelle, l'individu perçoit le monde qui l'entoure, sélectionne les traits à percevoir, discrimine entre eux, les juge bons ou mauvais, les change pour les améliorer (ou, s'il est négligent, les rendre pires) ; on peut le tenir pour responsable de ses actes, le récompenser ou le punir justement selon leurs conséquences. Dans la perspective scientifique, l'individu est membre d'une espèce façonnée par les contingences évolutives de survie, manifestant des mécanismes de comportement qui le placent sous le contrôle de

10 l'environnement dans lequel il vit, et pour une grande part sous le contrôle d'un environnement social que lui-même et des millions d'autres hommes semblables à lui ont construit et maintenu au cours de l'évolution culturelle. Le sens de la relation est inversé : l'individu n'agit pas sur le monde, c'est le monde qui agit sur lui.

Il est difficile d'admettre un tel changement simplement sur des bases intellectuelles, et presque impossible d'en accepter les implications. La réaction du traditionaliste se traduit généralement en termes de sentiments. L'un de ceux-ci, auquel les freudiens ont eu recours pour expliquer la résistance en psychanalyse, est la blessure narcissique. Freud lui-même exposa, comme le note **Ernest Jones**,

20 « les trois coups portés par la science au **narcissisme** de l'humanité. Le premier, cosmologique, fut porté par **Copernic** ; le second, biologique, par **Darwin** ; le troisième, psychologique, par Freud. » (Ce dernier coup atteignait la croyance en quelque chose, au-dedans de l'homme, qui saurait tout ce qui s'y passe, et en un instrument, dénommé le libre arbitre, qui exercerait le pouvoir et le contrôle sur le reste de la personnalité.) Mais quels sont les signes ou les symptômes de la blessure narcissique, et comment les expliquerons-nous ? Que font les gens à propos d'une telle conception scientifique ? Ils la qualifient de mauvaise, de dégradante, de dangereuse, ils argumentent contre elle, ils attaquent ceux qui la proposent ou la défendent. S'ils agissent ainsi, ce n'est pas par blessure narcissique,

30 mais parce que la formulation scientifique a détruit les renforcements habituels. Si l'individu ne peut plus désormais tirer mérite et recueillir admiration pour ce qu'il fait, il semble perdre de sa dignité ou de sa valeur, et le comportement précédemment renforcé par l'éloge et l'admiration subira l'extinction. L'extinction conduit souvent à l'attaque agressive.

Un autre effet de la conception scientifique serait un manque de foi ou de « nerf », un sentiment de doute ou d'impuissance, de découragement, de dépression ou de mélancolie. L'être sent, dit-on, qu'il est impuissant devant sa destinée. Mais ce qu'il éprouve, c'est l'affaiblissement de réactions anciennes qui ont cessé d'être renforcées. Les gens sont, en effet, « impuissants » quand des répertoires

40 verbaux installés de longue date se révèlent inutiles. Par exemple, un historien se plaignait de ce que, « si les actions humaines devaient être écartées comme n'étant que le produit du conditionnement naturel et psychologique », il n'y aurait plus rien sur quoi on puisse écrire ; « le changement doit être au moins en partie le résultat de l'activité mentale consciente ».

ERNEST JONES
Médecin et psychanalyste (1879-1958), auteur de *La vie et l'œuvre de Sigmund Freud* dont il fut le premier disciple en Angleterre.

NARCISSISME
Contemplation de soi. Attention excessive portée à sa propre personne, de sorte que toutes ses énergies affectives sont dirigées exclusivement sur soi-même.

COPERNIC, NICOLAS
Astronome polonais (1473-1543). Rejetant le géocentrisme antique, il élabore la théorie de l'héliocentrisme (double mouvement des planètes sur elles-mêmes et autour du Soleil). La Terre, et conséquemment l'homme, n'est plus le centre de l'Univers.

DARWIN, CHARLES
Naturaliste anglais (1809-1882). Avec la théorie de l'évolution, du transformisme et de la sélection naturelle, Darwin n'octroie plus à l'homme une position privilégiée dans la nature. L'être humain est constitué de la même matière que les autres créatures vivantes, et il est le descendant d'autres espèces.

On note encore une sorte de nostalgie. Les anciens répertoires font irruption, on se saisit de la moindre analogie entre le présent et le passé et on l'exagère. On parle du passé comme du bon vieux temps, où l'on reconnaissait la dignité inhérente de l'homme et l'importance des valeurs spirituelles. Ces restes de comportements anachroniques ont une ombre de «regret» — ils ont le caractère des comporte-ments de plus en plus infructueux.

Ces réactions à une conception scientifique de l'homme sont certainement malheureuses. Elles paralysent les hommes de bonne volonté et quiconque se soucie de l'avenir de sa culture fera tout ce qu'il pourra pour les corriger. Aucune théorie ne change ce sur quoi elle porte. Les choses ne changent rien du fait que nous les regardons, que nous en parlons ou les analysons d'une manière neuve. **Keats** buvait à la ruine de **Newton** pour le châtier d'avoir analysé l'arc-en-ciel, mais l'arc-en-ciel resta aussi beau que toujours et aux yeux de beaucoup en devint même plus beau. L'homme n'a pas changé parce que nous le regardons, en parlons et l'analysons scientifiquement. Ses réalisations dans les sciences, la politique, la reli-gion, l'art et la littérature demeurent ce qu'elles ont toujours été, offertes à l'ad-miration comme une tempête sur la mer, une forêt en automne ou le sommet d'une montagne, indépendamment de leurs origines et d'aucune analyse scientifique. Ce qui change, ce sont nos chances d'agir sur la matière de la théorie. L'analyse que fit Newton de la lumière de l'arc-en-ciel était un pas dans la direction du Laser. [...]

Les technologies physique et biologique ont réduit les famines, les épidémies, et nombre d'aspects douloureux, dangereux ou épuisants de notre vie quotidienne. La technologie du comportement peut commencer à atténuer d'autres types de maux. Il se peut que, dans l'analyse du comportement humain, nous soyons quand même un rien plus avancés que n'était Newton dans l'analyse de la lumière, car nous commençons à faire des applications technologiques. Les possibilités sont merveilleuses — d'autant plus merveilleuses que les approches traditionnelles se sont révélées fort inefficaces. Il est difficile d'imaginer un monde dans lequel les gens vivraient ensemble sans se disputer, se maintiendraient en vie en produisant la nourriture, les abris, les vêtements dont ils ont besoin, se divertiraient et con-tribueraient au divertissement des autres par les arts, la musique, les lettres, les sports, ne consommeraient qu'une partie raisonnable des ressources du monde et aggraveraient aussi peu que possible la pollution, n'auraient pas plus d'enfants qu'ils n'en pourraient décemment élever, continueraient à explorer l'univers autour d'eux et à découvrir de meilleures méthodes d'agir sur lui, où ils apprendraient à se con-naître eux-mêmes avec plus de précision et, par conséquent, à se maîtriser plus efficacement. Et pourtant, tout cela est possible, et le moindre signe de progrès devrait apporter une sorte de changement propre, en termes traditionnels, à apaiser la blessure narcissique, à compenser le désespoir ou la nostalgie, à corriger l'im-pression que «nous n'avons ni le pouvoir ni le devoir de faire quoi que ce soit pour nous-mêmes», à favoriser un «sens de la liberté et de la dignité» en affermissant la confiance et en construisant un sens de la valeur. En d'autres termes, tout cela devrait renforcer abondamment ceux qui ont été incités par leur culture à travailler pour sa survie.

Une analyse expérimentale déplace les causes déterminantes du comporte-ment de l'homme autonome vers l'environnement — un environnement respon-sable à la fois de l'évolution de l'espèce et du répertoire acquis par chacun de ses membres. Les premières versions de l'environnementalisme étaient inadéquates

KEATS, JOHN
Poète romantique anglais (1795-1821).

NEWTON, ISAAC
Mathématicien, physicien et astronome anglais (1642-1727). Newton publia en 1675 sa théorie de la lumière et des couleurs. Mais c'est en 1687 qu'il exposa dans *Philosophiæ naturalis principia mathematica* sa célèbre théorie de l'attraction universelle.

parce qu'elles ne pouvaient expliquer comment agissait l'environnement ; l'homme autonome semblait conserver beaucoup de ses prérogatives. Mais les contingences environnementales prennent aujourd'hui en charge les fonctions jadis attribuées à l'homme autonome, et certaines questions surgissent : l'homme est-il donc « aboli »? Assurément non, ni en tant qu'espèce ni en tant qu'individu créateur. Seul est aboli l'homme autonome intérieur, et c'est un pas en avant. Mais l'homme ne devient-il pas ainsi une simple victime, ou un simple observateur de ce qui lui arrive ? Il est, en effet, sous le contrôle de son environnement, mais il faut nous rappeler que cet environnement est, pour une grande part, fait de ses mains. L'évolution d'une culture est un gigantesque exercice de contrôle de soi. On accuse souvent une conception scientifique de l'homme de conduire à des blessures narcissiques, au désespoir et à la nostalgie. Mais aucune théorie ne change l'objet sur lequel elle porte ; l'homme reste ce qu'il a toujours été. Mais une nouvelle théorie peut changer les possibilités d'action sur son objet d'étude. Une conception scientifique de l'homme offre des possibilités exaltantes. Nous n'avons pas encore vu ce que l'homme peut faire de l'homme.

B.F. Skinner, *Par-delà la liberté et la dignité*, Montréal, Éditions HMH, 1975, p. 255-260.

Lecture suggérée

La lecture de l'œuvre suivante est suggérée dans son intégralité ou en extraits importants :
B.F. Skinner, Par-delà la liberté et la dignité, *Montréal, Éditions HMH, 1975, 270 p.*

Texte de Laborit
La liberté est une illusion

On admet que la liberté est « une donnée immédiate de la conscience ». Or, ce que nous *appelons liberté, c'est la possibilité de réaliser les actes qui nous gratifient, de réaliser notre projet, sans nous heurter au projet de l'autre. Mais l'acte gratifiant n'est pas libre*. Il est même entièrement déterminé. Pour agir, il faut être motivé et nous savons que cette motivation, le plus souvent inconsciente, résulte soit d'une pulsion **endogène**, soit d'un automatisme acquis et ne recherche que la gratification, le maintien de l'équilibre biologique, de la structure organique. L'absence de liberté résulte donc de l'**antagonisme** de deux déterminismes comportementaux et de la domination de l'un sur l'autre. [...]

La sensation **fallacieuse** de liberté s'explique du fait que ce qui conditionne notre action est généralement du domaine de l'inconscient, et que par contre le discours logique est, lui, du domaine conscient. C'est ce discours qui nous permet de croire au libre choix. Mais comment un choix pourrait-il être libre alors que nous sommes inconscients des motifs de notre choix, et comment pourrions-nous

ENDOGÈNE
Qui prend naissance à l'intérieur du corps.

ANTAGONISME
État d'opposition de deux forces, de deux principes.

FALLACIEUSE
Qui trompe, qui est faux, mensonger.

croire en l'existence de l'inconscient puisque celui-ci est par définition inconscient ? Comment prendre conscience de pulsions primitives transformées et contrôlées par des automatismes socioculturels lorsque ceux-ci, purs jugements de valeur d'une société donnée à une certaine époque, sont élevés au rang d'**éthique**, de principes fondamentaux, de lois universelles, alors que ce ne sont que les règlements de manœuvres utilisés par une structure sociale de dominance pour se perpétuer, se survivre ? [...] _20

La sensation fallacieuse de liberté vient aussi du fait que le mécanisme de nos comportements sociaux n'est entré que depuis peu dans le domaine de la connaissance scientifique, expérimentale, et ces mécanismes sont d'une telle complexité, les facteurs qu'ils intègrent sont si nombreux dans l'histoire du système nerveux d'un être humain, que leur déterminisme semble inconcevable. [...] Les facteurs mis en cause sont simplement trop nombreux, les mécanismes mis en jeu trop complexes pour qu'ils soient dans tous les cas prévisibles. Mais les règles générales que nous avons précédemment schématisées permettent de comprendre qu'ils sont entièrement programmés par la structure innée de notre système nerveux _30 et par l'apprentissage socioculturel.

Henri Laborit, *Éloge de la fuite*, Paris, Robert Laffont, 1976, p. 87-90.

ÉTHIQUE
Principes et règles de conduite considérés comme valables de façon absolue.

Henri Laborit (1914-1995), médecin de la marine française, directeur de recherches fondamentales en biologie, introduit le premier tranquillisant (la chlorpromazine) en 1951. S'intéressant particulièrement à la réaction de l'organisme humain à l'agression, Laborit a publié de nombreux ouvrages ayant une large diffusion où il fait le lien entre les connaissances que lui fournit la biologie et les comportements humains en situation sociale.

Chapitre 8

L'homme
comme choix entre « être » et « avoir »

> Nous avons l'abondance, mais nous n'avons pas la joie de vivre. Nous sommes plus riches, mais nous sommes moins libres. Nous consommons davantage, mais nous sommes plus vides. [...] Nous avons beaucoup, mais nous sommes peu.
>
> Erich Fromm, *De la désobéissance*, p. 82 et 87.

La philosophie humaniste d'Erich Fromm

Erich Fromm et le rôle de la culture dans la formation de la personne

Notice biographique

Erich Fromm naît à Francfort, en Allemagne, le 23 mars 1900. Enfant unique d'une famille juive orthodoxe, il grandit dans un milieu religieux et traditionnel. D'ailleurs, son grand-oncle maternel, rabbin de profession, se fait un devoir de lui enseigner scrupuleusement le **Talmud.**

Fromm fait d'abord des études de droit à Francfort, puis il étudie la philosophie, la psychologie et la sociologie à Heidelberg. À l'âge de 22 ans, il obtient un doctorat en philosophie de l'Université de Heidelberg. Puis, il suit une formation en psychanalyse à l'Université de Munich et il fréquente l'Institut psychanalytique de Berlin. À la suite d'une autoanalyse sous la supervision de Hans Sachs (l'un des disciples de Freud), dès 1925 il reçoit des patients en consultation ; sa pratique psychanalytique est alors de stricte **obédience** freudienne.

COURANT DE PHILOSOPHIE POLITIQUE, SOCIALE ET ESTHÉTIQUE QUI PRÉSENTE UNE CRITIQUE SOCIALE ALLIANT DES ÉLÉMENTS MARXISTES ET FREUDIENS. SELON CETTE ÉCOLE DE PENSÉE, LA LIBERTÉ PERÇUE COMME UNE FIN À ATTEINDRE CARACTÉRISE L'ÊTRE HUMAIN.

Durant les années 1930, il enseigne à l'Institut de psychanalyse de Francfort et collabore aux travaux de l'ÉCOLE DE FRANCFORT où il rencontre Herbert Marcuse (1898-1979) et Theodor Wisengrund Adorno (1903-1969). Progressivement, Fromm remet en question l'**orthodoxie** freudienne. Il lui reproche principalement de ne pas suffisamment tenir compte des facteurs socioéconomiques dans la formation de la personnalité.

Fuyant le nazisme, Erich Fromm émigre aux États-Unis en 1934. Il est naturalisé américain. Dès lors commence une longue et brillante carrière professorale à l'Institut international de recherches sociales, puis dans de nombreuses universités d'État : Columbia, Yale, Michigan, New York. À partir de 1951, il enseigne également au département de psychanalyse de l'Université nationale de Mexico. Parallèlement à son enseignement, il mène une carrière de thérapeute (de plus en plus éloigné de l'orthodoxie freudienne) et il participe aux travaux du Parti socialiste américain ainsi qu'à ceux du mouvement en faveur du désarmement (le SANE). En 1969, il s'installe en Suisse, qui l'accepte comme citoyen d'honneur. Il y meurt le 18 mars 1980.

Une approche pluridisciplinaire et critique de la société de consommation

Les recherches menées par Erich Fromm portent surtout sur le rôle de la culture dans la formation de la personnalité. C'est le rapport individu-société qui l'intéresse particulièrement. Son approche se veut pluridisciplinaire et elle allie, entre autres, la psychologie freudienne et la théorie sociale de Karl Marx. Fromm a publié plus de 20 essais ayant connu une large diffusion, dont *Le langage oublié* (Payot, 1953), *La peur de la liberté* (Buchet-Chastel, 1963), *L'homme pour lui-même* (Éditions sociales françaises, 1967), *Psychanalyse et religion* (Éditions de l'Épi, 1968), *L'art d'aimer* (Éditions de l'Épi, 1968), *Espoir et révolution* (Stock, 1970), *Société aliénée et société saine* (Le Courrier du Livre, 1971), *La crise de la psychanalyse* (Anthropos, 1971), *La passion de détruire* (Robert Laffont, 1975), *Vous serez comme des dieux* (Éditions Complexe, 1975), *Le dogme du Christ et autres essais* (Éditions Complexe, 1975), *La mission de Sigmund Freud* (Éditions Complexe, 1975), *Avoir ou être ?* (Robert Laffont, 1978), *Le Cœur de l'homme. Sa propension au bien et au mal* (Payot, 1979). Les ouvrages écrits par Fromm se fondent

TALMUD
« Enseignement » en hébreu. Le Talmud est un volumineux ouvrage constituant la référence fondamentale du judaïsme (religion des juifs). Il contient les règlements, les interdits individuels et les règles de conduite concernant tous les points de la vie religieuse et civile.

OBÉDIENCE
Obéissance ou soumission à une doctrine ou à un maître spirituel.

ORTHODOXIE
Conformité à l'ensemble d'une doctrine, à ses règles strictes et à ses usages sans se permettre la moindre déviation ni la moindre critique.

sur une vaste culture philosophique. Pour lui, la réflexion psychanalytique ne peut être séparée de la philosophie et de la morale. Ainsi retrouve-t-on dans son œuvre des références constantes aux philosophes occidentaux les plus importants : Platon, Aristote, René Descartes, Baruch Spinoza, Emmanuel Kant, Friedrich Hegel, Karl Marx, Friedrich Nietzsche, Sigmund Freud, etc.

La préoccupation centrale de Fromm étant la situation de l'homme du XXᵉ siècle, il présente une analyse de ce que nous sommes devenus et de notre monde. Malgré la critique radicale qu'il a faite de l'homme d'aujourd'hui inscrit dans la société de consommation, jamais Erich Fromm n'a cessé de croire en l'être humain et en sa capacité de changer pour devenir meilleur. En cela, il a été un grand HUMANISTE et l'un des théoriciens de la culture les plus importants de notre époque.

> ATTITUDE PHILOSOPHIQUE QUI PREND POUR FIN LA PERSONNE ET SON ÉPANOUISSEMENT. L'HUMANISME FAIT DE L'HOMME LA VALEUR SUPRÊME ET VOIT EN CELUI-CI, COMME L'AFFIRME PROTAGORAS, « LA MESURE DE TOUTES CHOSES ».

La situation humaine ou les conditions spécifiques de l'existence de l'homme

Avant de traiter de la personnalité humaine, Fromm fait l'étude de la « situation humaine » — que la philosophie classique nomme « nature humaine » —, car il croit que la personnalité propre d'un individu est déterminée par des particularités de l'existence humaine communes à tous les hommes.

TRANSCENDANT
Du verbe « transcender », en latin *transcendere*, « s'élever au-dessus de ». Dépasser en étant supérieur, appartenir à un degré plus élevé.

Fromm essaie de comprendre la nature de l'homme dans sa totalité. Pour mener à bien cette recherche, il considère qu'il est nécessaire de dégager la signification de l'existence humaine et de découvrir les normes qui devraient guider la vie des hommes. Seul l'homme lui-même, sans se référer à une autorité **transcendante**, peut décider de ce qui est bien et de ce qui est mal.

À l'éternelle question « que signifie être homme ? », Erich Fromm veut apporter une réponse globale qui dépasserait les simples « manifestations d'humanité », comme les comportements de générosité ou de cupidité, d'autonomie ou de dépendance. Il veut dégager les « conditions mêmes de l'existence humaine d'où jaillissent, comme des alternatives éventuelles, toutes les possibilités[1] ». Or, ces conditions se limitent, selon lui, à deux **dichotomies** : celle entre le corps et l'esprit, et celle, dont nous parlerons plus loin, entre la vie et la mort.

DICHOTOMIE
Division entre deux éléments qu'on sépare nettement et qu'on oppose.

INSTINCTUEL
Qui appartient à l'instinct. Forte impulsion conduisant à agir d'une manière conforme à la nature de l'homme. Tendance innée, commune à tous les hommes.

DÉTERMINISME
Doctrine selon laquelle tous les phénomènes (pensées, actions, événements, etc.) résultent nécessairement des causes antérieures qui les ont produits.

Par son corps, l'être humain est lié à la nature et au règne animal. Il éprouve des besoins **instinctuels** au même titre que les animaux. Mais comparativement à l'animal, l'homme est pourvu d'une piètre capacité d'adaptation instinctuelle, et le **déterminisme** instinctuel occupe chez lui un niveau peu élevé. En d'autres mots, face aux diverses situations qu'il a à vivre dans le monde d'aujourd'hui, l'être humain réagit très peu par instinct. Ce n'est guère l'instinct qui est la cause de ses actions, mais plutôt des facultés spécifiquement humaines liées à ce qu'on appelle généralement « l'esprit » que l'être humain a développées au cours des âges.

LE LION EXPRIME DANS SA QUINTESSENCE LE DÉTERMINISME INSTINCTUEL. L'INSTINCT EST LA SEULE CAUSE DE SES ACTIONS.

---

1. Erich Fromm, *Espoir et révolution*, trad. Gérard D. Khoury, Paris, Stock, 1970, p. 79.

Le lot de l'homme : raison, conscience, mémoire et imagination

Le développement prodigieux du cerveau de l'homme a fait de lui un être doué de raison, de conscience, de mémoire et d'imagination.

Ainsi, l'un des besoins fondamentaux de l'être humain est de comprendre la réalité. Grâce à sa raison, il peut concevoir les choses, les êtres et le monde, c'est-à-dire se les représenter rationnellement, et par le fait même leur donner une signification.

De ce fait, l'être humain est conscient de lui-même, de son existence, de sa propre finitude, et il craint la mort. Par cette conscience que nous avons de nous-mêmes et de notre vie — conscience qui constitue l'une des caractéristiques propres à l'existence humaine —, nous pouvons voir ce qui se trouve en nous et en face de nous.

L'être humain est, par ailleurs, doté d'une mémoire qui lui donne une prise sur son passé. Pouvant se souvenir de ce qu'il a déjà vécu et connu, l'individu peut s'en servir pour guider ses choix dans le présent.

L'être humain est aussi capable d'imagination. Cette faculté que possède l'esprit humain de combiner des images provenant de l'expérience en un nouvel ensemble permet d'envisager l'avenir.

Ainsi équipé de ces facultés humaines, l'homme ne peut « revenir au stade préhumain d'harmonie avec la nature ». Il est désormais aux prises avec la première dichotomie existentielle dont il a été question : il est à la fois un corps et un esprit. Il ne peut se délivrer de son esprit même s'il le souhaite parfois . « Et il doit supporter son corps aussi longtemps qu'il est en vie — et ce corps le pousse à vouloir vivre[2]. »

En conséquence, au fil des siècles, l'être humain a dû établir un monde qui lui permet de survivre et qui le laisse souvent perplexe et mécontent. Il a en effet de multiples raisons d'être mécontent du monde dans lequel il vit : il y a les guerres, les fanatismes de toutes sortes, les inégalités sociales, la faim, etc. Or, parce qu'il est doué de raison, l'homme sait que c'est à lui-même qu'il doit rendre des comptes. Cela l'amène à s'interroger sur ce qu'il a fait de ce monde et sur la signification de son existence dans celui-ci.

De plus, chaque individu fait face à une autre dichotomie enracinée dans son existence même. D'une part, l'individu est conscient que sa mort est inéluctable et que la vie humaine est de courte durée ; d'autre part, il possède des potentialités qu'il aspire à réaliser, mais qu'il ne peut toutes actualiser dans une aussi courte vie.

L'individu qui se veut responsable de sa propre personne et de sa vie assumera les dichotomies existentielles inhérentes à la condition humaine en utilisant et en développant ses talents et ses capacités. Cet individu

> reconnaîtra que *la vie n'a de sens que celui que chacun lui donne en développant ses possibilités et en vivant de façon productive*. Il saura que seuls une vigilance constante, l'activité et l'effort l'empêcheront d'échouer dans l'accomplissement de l'unique tâche qui importe — et qui consiste à développer ses pouvoirs le plus possible, dans les limites imparties à son existence. L'homme ne doit jamais cesser d'être intrigué, étonné, et de

2. Erich Fromm, *L'homme pour lui-même*, trad. Janine Claude, Paris, Éditions sociales françaises, 1967, p. 39.

poser des questions. Pour réussir, il lui faut appréhender tout cet ensemble qui compose la situation humaine. Alors, il sera lui-même pour lui-même — il obtiendra le bonheur par le plein épanouissement de ses facultés propres : raison, amour et créativité[3].

Les hommes partagent tous la même situation humaine et les mêmes dichotomies existentielles. Cependant, chaque individu est unique dans la mesure où il tente de résoudre les difficultés inhérentes à la condition humaine selon sa voie propre et selon ses propres choix.

La liberté comme processus d'épanouissement

Erich Fromm est un philosophe qui soutient l'idée que le degré de liberté d'un individu peut varier à différents moments de sa vie. Dans son ouvrage intitulé *Le cœur de l'homme (sa propension au bien et au mal)*, il soutient que la faculté de choisir n'est pas quelque chose qui nous est donné une fois pour toutes, qu'elle est plutôt quelque chose qui varie en fonction de la direction que nous imprimons à notre vie.

Pour mieux nous faire comprendre ce qu'il veut dire, Fromm utilise l'exemple du jeu d'échecs[4]. Deux joueurs d'habileté égale engagent une partie. Au départ, ils ont théoriquement autant de chances l'un que l'autre de gagner, malgré le léger avantage que détient celui qui joue avec les blancs, avantage dont on peut ne pas tenir compte ici. En d'autres mots, les deux joueurs sont aussi libres l'un que l'autre de gagner. Néanmoins, après quelques coups, la situation se présente déjà sous un jour différent. Tous deux peuvent encore gagner, mais le joueur A, qui a joué plus habilement que son adversaire, a désormais plus de chances de remporter la victoire. On pourrait dire qu'il est plus libre de gagner que le joueur B, malgré le fait que ce dernier est toujours libre lui aussi de gagner. Cependant, après quelques coups supplémentaires, A, qui a continué à manœuvrer de façon plus adroite que B, est presque assuré de l'emporter, mais *presque* seulement. Effectivement, B a encore la possibilité de gagner. Les joueurs continuent de déplacer leurs pièces et, à un moment donné, l'issue de la partie ne fait plus aucun doute. Étant donné qu'il est un bon joueur, B reconnaît qu'il n'a plus désormais la possibilité de gagner. Autrement dit, il sait très bien qu'il n'est plus libre de gagner. Il se rend compte qu'il a perdu avant même que son adversaire ne fasse échec et mat. Seuls les joueurs peu expérimentés qui ne sont pas capables d'analyser correctement les données de la situation continuent à caresser l'illusion qu'ils peuvent encore gagner la partie alors qu'ils ont déjà perdu la liberté de le faire.

Être libre, c'est faire un bon choix

Fromm considère que le jeu d'échecs est une excellente illustration du principe selon lequel notre liberté varie selon la direction que nous donnons à notre vie. Cela revient à dire qu'il y a des circonstances dans lesquelles notre liberté est grande, d'autres où elle est moindre, voire nulle. Mais d'où peut bien venir cette différence de degré ? Fromm répond qu'elle vient de notre capacité ou de notre incapacité de faire un bon choix. Dans son esprit, la liberté est essentiellement un processus d'épanouissement qui s'effectue en nous lorsque nous faisons un bon choix. Et le bon choix, c'est le choix qui nous permet de réaliser nos aspirations profondes tout en agissant bien.

---

3. *Ibid.*, p. 42.

4. Erich Fromm, *Le Cœur de l'homme. Sa propension au bien et au mal*, trad. Sylvie Laroche, Paris, Petite Bibliothèque Payot, 1991, p. 192-193.

Lorsqu'on lit Fromm, on se rend vite compte à quel point sa pensée rejoint celle de Descartes. Ce dernier écrivait que si l'on connaissait toujours clairement ce qui est vrai et ce qui est bien, on n'aurait jamais besoin de se demander quel jugement et quel choix on devrait faire ; ainsi, on serait entièrement libre, sans jamais être indifférent[5].

Quand on y regarde de près, on s'aperçoit que la pensée de Fromm va dans le sens de celle de Descartes. Fromm considère que la conscience et la raison de l'individu sont les deux facteurs qui influent sur sa capacité de faire un bon choix. C'est la conscience de l'individu qui lui permet de comprendre qu'il est à la croisée des chemins, c'est-à-dire à un moment où il est dans l'obligation de faire un choix important, qui orientera sa vie d'une manière plutôt que d'une autre. Et c'est sa raison qui lui permet de distinguer les choix qui sont réalisables (les possibilités réelles) de ceux qui ne le sont pas (les possibilités fictives). Les possibilités réelles correspondent aux choix qui sont susceptibles de se matérialiser, compte tenu des **inclinations** qui s'opposent à l'intérieur d'un individu et des conditions particulières de la situation. Au contraire, les possibilités fictives sont des choix qui répondent aux désirs et aux idéaux de l'individu mais qui n'offrent aucune probabilité de s'actualiser dans la situation objective.

INCLINATION
Tendance innée (généralement inconsciente) propre à la personnalité de l'individu.

En utilisant sa raison, l'individu devient alors capable de distinguer le vrai du faux, le vrai étant représenté par ce qui est réalisable et bon pour lui, et le faux, par ce qui n'est ni réalisable ni bon pour lui. La première condition de la liberté réside donc dans la capacité de différencier les possibilités réelles, parmi lesquelles nous avons réellement le pouvoir de choisir, des possibilités fictives, qui constituent l'expression de nos désirs et de nos fantasmes mais qui, elles, n'ont aucune chance de se réaliser :

> Mais par malheur la plupart d'entre nous, lorsqu'ils sont confrontés aux alternatives *réelles* et à la nécessité de prendre une décision demandant de la lucidité et du courage, la plupart d'entre nous donc préfèrent penser que diverses autres possibilités leur sont offertes ; ils refusent ainsi de voir que ces possibilités irréelles n'existent pas et que la poursuite de ces vaines chimères n'est qu'un écran de fumée derrière lequel le destin décide à leur place. Victime de l'illusion que les possibilités irréelles se matérialiseront, l'homme est surpris, indigné, blessé quand le destin se charge de choisir pour lui et que la catastrophe non désirée se produit. À ce moment-là, il tombe dans l'erreur d'accuser les autres, de chercher des excuses à sa conduite et/ou de prier Dieu de lui venir en aide, alors que c'est à lui-même, et à lui-même seulement, qu'il devrait s'en prendre, à la lâcheté qui l'a empêché de regarder le problème en face et au manque de discernement qui l'a empêché d'en saisir toutes les données[6].

En d'autres mots, pour être libre, il faut agir avec courage et discernement. Lorsque l'individu manque de courage et de discernement, il fait de mauvais choix. En opérant des choix qui ne lui permettent pas de s'épanouir, l'individu rate sa vie. La plupart des gens ratent leur vie parce qu'ils ont manqué de courage et de discernement lorsqu'ils étaient à la croisée des chemins et qu'il leur fallait prendre une décision importante. S'étant fermé les yeux, ils ont laissé passer le moment où la vie les avait placés dans une situation où ils avaient encore le choix entre diverses solutions qui leur permettaient de réussir leur vie. S'étant alors engagés dans une mauvaise direction, il devient de plus en plus difficile pour eux de reconnaître qu'ils se sont trompés, car un tel aveu les obligerait à admettre que, depuis leur première erreur, ils ont gaspillé leur temps et leur énergie.

5. René Descartes, *Méditations métaphysiques*, Paris, GF-Flammarion, 1992, p. 143.

6. Erich Fromm, *Le Cœur de l'homme. Sa propension au bien et au mal*, p. 203.

Toutes les actions qui me donnent davantage confiance en moi, qui affermissent mon intégrité, mon courage, mon assurance, renforcent également ma capacité de choisir la solution opportune, jusqu'à ce qu'en fin de compte il me soit plus difficile d'opter pour le mauvais parti que pour le bon. Inversement, tous les actes de lâcheté que je commets m'affaiblissent, ouvrant la voie à de nouvelles concessions, si bien que je finis par perdre ma liberté de choix[7].

La liberté est donc aux yeux de Fromm un processus d'épanouissement qui s'effectue en nous lorsque nous faisons un bon choix, un choix qui nous permet de réaliser nos aspirations profondes. Mais un bon choix est aussi un choix qui nous empêche de faire le mal. En effet, Fromm établit un lien entre le degré de liberté de l'individu et sa capacité de faire le bien ou le mal. Plus l'individu est libre, plus il possède la capacité de faire le bien. Inversement, moins il est libre, moins il possède la capacité de faire le bien. Le point de vue de Fromm repose sur l'argument suivant : si l'individu a un degré de conscience élevé et s'il agit sous la conduite de la raison (ce qui fait qu'il est libre), cela veut nécessairement dire qu'il va choisir de faire le bien, car il est impossible que sa conscience et sa raison lui permettent d'envisager de faire le mal.

La personnalité humaine

Erich Fromm attribue à chaque être humain une personnalité propre, c'est-à-dire un ensemble de qualités innées ou acquises « qui caractérisent un individu en lui conférant son unicité[8] ». L'individu possède une personnalité constituée d'un TEMPÉRAMENT et d'un caractère.

> HIPPOCRATE (V ~ **460** - ~ **377**) AVAIT DÉJÀ DISTINGUÉ QUATRE SORTES DE TEMPÉRAMENT: COLÉRIQUE, SANGUIN, MÉLANCOLIQUE ET FLEGMATIQUE.

Le tempérament est défini comme l'ensemble des dons et des attributs psychiques reçus à la naissance. Il dépend de la constitution propre d'un individu et il n'est pas modifiable.

Ce qui intéresse davantage Fromm, c'est le caractère, parce qu'il est le fruit des expériences d'un individu et qu'il est éventuellement modifiable par de nouvelles expériences. Le caractère d'un individu se déduit de l'organisation de l'ensemble des traits propres à sa personne. De manière générale, Fromm définit le caractère comme « un mode spécifique de relation de l'individu au monde[9] ». Qui plus est, l'adaptation d'un individu à la société se fera selon son caractère. Les parents, la classe sociale et la civilisation à laquelle appartient l'individu contribuent à former son caractère. Mais une fois que la structure du caractère d'un individu est constituée, c'est cette dernière qui oriente LE CHOIX des idées, des valeurs, des jugements et des actions qu'il mettra en avant.

> EN ACCORDANT AINSI À CHAQUE INDIVIDU UNE MANIÈRE PROPRE DE RÉAGIR AU MONDE QUI L'ENTOURE, FROMM S'OPPOSE À LA CONCEPTION BEHAVIORISTE SELON LAQUELLE « L'HOMME APPREND À RÉAGIR D'UNE FAÇON QUASI AUTOMATIQUE EN DÉVELOPPANT DES HABITUDES D'ACTION ET DE PENSÉE QUE L'ON PEUT ENVISAGER COMME DES RÉFLEXES CONDITIONNÉS ». (ERICH FROMM, *L'HOMME POUR LUI-MÊME*, P. **53**.)

Fromm classifie les types de caractère selon deux grandes orientations : l'orientation non productive et l'orientation productive. Il précise d'emblée que ces types de caractère représentent des « types idéaux ». Dans la vie réelle, le caractère d'une personne est

---

7. *Ibid.*, p. 194. Notons qu'on peut rapprocher ce point de vue de celui d'Aristote lorsqu'il écrit, dans l'*Éthique à Nicomaque*, que c'est à l'exercice des actions particulières que sont dues les dispositions de notre caractère. Sur la base du lien qui existerait entre la nature des actions que nous accomplissons et ce que nous devenons, Erich Fromm en déduit que « plus l'individu a développé sa capacité de choisir le bien, moins ce choix lui coûte d'efforts. Par contre, plus cette capacité est faible, plus il doit, pour choisir le bien, faire preuve de volonté et plus il a besoin de l'aide d'autrui ainsi que de conditions propices » (p. 194).

8. Erich Fromm, *L'homme pour lui-même*, p. 46.

9. *Ibid.*, p. 52.

généralement constitué du mélange de plusieurs orientations même si l'une d'entre elles est dominante. Fromm note que l'orientation de caractère qui prédominera chez un individu sera ordinairement celle que favorisera la culture dans laquelle cet individu baigne. En s'inspirant de Marx, Fromm indique que la personnalité d'un individu est influencée par les institutions économiques, politiques, sociales et culturelles dans lesquelles il vit.

L'orientation non productive

L'orientation non productive est marquée par différents types de caractère : on distingue la personne réceptive, la personne exploiteuse, la personne avaricieuse et la personne mercantile.

La personne réceptive

La personne possédant ce type de caractère est confiante et optimiste. Elle a la conviction qu'elle trouvera toujours une source extérieure à elle-même qui lui procurera ce dont elle a besoin. Voulant plaire et se conformer, cette personne se met généralement dans un état de dépendance qui lui interdit tout sens critique par rapport aux autres.

La personne exploiteuse

À la différence de la personne réceptive, ce type de caractère ne considère pas ce qui vient des autres comme des dons ou des gentillesses. La personne exploiteuse essaie de s'emparer par force ou par ruse des sentiments ou des idées des autres. Elle a tendance à utiliser autrui jusqu'à ce qu'il ne serve plus. Voyant dans les autres des objets susceptibles d'être exploités, la personne possédant ce type de caractère développe envers autrui des attitudes de suspicion, de **cynisme**, d'envie et de jalousie.

CYNISME
Tendance à exprimer sans ménagement et de manière méprisante des opinions contraires à la morale communément admise.

La personne avaricieuse

La personne possédant ce type de caractère (appelé « thésaurisateur » par Fromm) se construit un monde fermé, méticuleux et rigide, fondé essentiellement sur l'avarice et l'absence de générosité. « Son attitude avaricieuse s'étend au domaine des biens matériels comme à celui des sentiments et de la pensée[10]. » Une telle personne se protège du monde extérieur jugé menaçant en valorisant l'ordre et la sécurité.

La personne mercantile

Ce type de caractère « prend sa racine dans l'expérience de *soi* envisagé comme marchandise et comme monnaie d'échange[11] ». Il est en étroite relation avec le monde économique d'aujourd'hui. L'objectif primordial d'une personne possédant ce type de caractère est de savoir se vendre avec succès sur le marché. Cette personne ne s'évalue pas elle-même uniquement à partir de ce qu'elle sait et de ce qu'elle peut faire. À ce bagage propre elle essaie d'ajouter ce qu'il faut pour se rendre attrayante sur le « marché de la personnalité ». À cette fin, elle cultivera les attitudes et les comportements attendus, se fabriquera et présentera l'image désirée par le marché. Cette personne s'inscrit dans un processus où l'évaluation d'elle-même passe par les conditions fluctuantes du marché. C'est comme si la personne au caractère mercantile disait : « Je suis prête à jouer les rôles commandés par le marché. Je suis prête à être ce que vous désirez que je sois pour autant que vous m'accordiez de la valeur. »

---

10. *Ibid.*, p. 57.
11. *Ibid.*, p. 60.

DÉJÀ AU XVIIIᵉ SIÈCLE, JEAN-JACQUES ROUSSEAU ENVISAGEAIT L'ÉTAT DE SOCIÉTÉ SOUS L'ANGLE DU PARAÎTRE. EN SOCIÉTÉ, DISAIT-IL, LES HOMMES DOIVENT AFFECTER D'AVOIR LES QUALITÉS SUSCEPTIBLES D'ATTIRER DE LA CONSIDÉRATION.

La personne qui se livre ainsi aux diktats du marché ne possède pas de potentialités réelles. Elle présente uniquement les qualités requises par le marché, qualités interchangeables si d'autres s'avèrent plus « payantes ». La personne au caractère mercantile s'inscrit donc entièrement dans le PARAÎTRE.

Par exemple, il sera bien vu de posséder les qualités d'honnêteté, de sobriété et de respectabilité. La personne n'a pas à être elle-même préoccupée par ces qualités, elle n'a pas à y croire, elle n'a qu'à faire semblant. Cette forme de prostitution aux règles éphémères du marché imprègne les relations qu'une telle personne entretient avec ses semblables. Elle aura nécessairement des rapports superficiels avec autrui, rapports dépouillés de toute authenticité.

UNE PERSONNE QUI PASSE UNE ENTREVUE D'EMPLOI N'EST-ELLE PAS OBLIGÉE DE S'INSCRIRE DANS LE PARAÎTRE.

L'orientation productive

L'orientation productive correspond au caractère pleinement épanoui, c'est-à-dire à l'individu qui réussit à utiliser librement toutes les potentialités humaines qu'il porte en son sein et à les développer. Cet individu se considère comme l'acteur de sa vie, l'agent de ses propres pouvoirs, aptitudes, capacités et talents. Il ne fait qu'un avec eux. « Son sentiment de soi peut s'exprimer librement ainsi : "Je suis ce que je fais[12]." »

Même si Fromm affirme ne pas avoir lu Sartre, il est tentant de faire un rapprochement avec la définition que l'existentialisme sartrien donne de l'être humain : « Je suis l'ensemble de mes actes. »

Cependant, Fromm nous met en garde contre la confusion des termes « productif » et « actif ». Bien des gens aujourd'hui montrent une activité frénétique sans pour autant être productifs. Réagissant à l'angoisse qui les trouble, ces gens s'agitent, se lancent dans toutes les directions, pour finalement se perdre eux-mêmes en tant que personnes. Il en va de même pour les actions faites de façon impulsive ou sous l'influence d'une autorité quelconque (supérieur hiérarchique, opinion publique, prescriptions de la culture ambiante, etc.). Prenant leur origine à l'extérieur de la personne, ces actions ne sont pas productives. Par ailleurs, se laisser conduire par des passions irrationnelles, comme l'avarice, l'envie ou la jalousie, ne laisse pas plus d'ouverture à l'activité productive, car l'action n'est alors ni libre ni rationnelle.

Fromm appuie fortement sur la dimension rationnelle de l'orientation productive. L'individu au caractère productif « est guidé par sa raison, puisqu'il est indispensable qu'il connaisse et jauge ses possibilités afin de savoir comment et à quelle fin les utiliser[13] ».

La personne productive

L'individu dont le caractère est productif ne fait pas seulement montre d'intelligence, il est aussi capable d'utiliser sa raison. Fromm distingue l'intelligence de la raison.

---

12. *Ibid.*, p. 62-63.

13. *Ibid.*, p. 71.

L'intelligence permet à l'homme de résoudre des problèmes pratiques et de connaître certains aspects des choses pour pouvoir les manipuler. Les principes sur lesquels repose un **phénomène** ou les fins qu'implique celui-ci ne sont pas pris en considération par la pensée intelligente. Seule la raison fait intervenir la dimension de la profondeur.

La personne dont le caractère est productif est capable d'utiliser correctement sa raison afin de pénétrer au cœur des choses, de découvrir leur signification profonde. Cette personne se sert de sa raison pour découvrir la dimension profonde et **universelle** d'une situation plutôt que ses aspects superficiels et accidentels. Par ailleurs, elle se sent préoccupée par l'objet de sa réflexion, vivement intéressée par lui. L'objet de sa réflexion n'est pas coupé de sa personne ni de sa vie.

Toutefois, sa pensée productive obéit au critère d'objectivité. Le sujet pensant éprouve du respect pour l'objet de sa réflexion. Il s'efforce de l'appréhender tel qu'il est et non pas tel qu'il aimerait qu'il fût :

> L'objectivité exige que non seulement on voie l'objet tel qu'il est, mais que l'on se voie de même tel qu'on est — c'est-à-dire que l'on soit conscient de la constellation particulière dans laquelle on se trouve comme observateur relié à l'objet d'observation. La pensée productive est donc déterminée par la nature de l'objet et par celle du sujet qui se relie à lui dans le processus de la pensée. Cette double détermination constitue l'objectivité, contrairement à la fausse subjectivité dans laquelle la pensée n'est pas contrôlée par l'objet, et dégénère ainsi en préjugé, en souhait et en fantasmagorie[14].

Fromm nous met en garde contre la fausse idée de l'objectivité « scientifique » présentée comme une sorte de détachement, de mise à distance de l'objet de recherche. Au contraire, la recherche de la vérité implique, selon lui, un vif intérêt du chercheur afin qu'il puisse s'investir à fond, pénétrer au cœur des choses, de leurs causes et de leurs relations.

Un dernier aspect de l'objectivité consiste à envisager dans sa totalité l'objet étudié. Pour bien comprendre un phénomène, on ne doit pas isoler un seul élément de ce phénomène. C'est en essayant d'appréhender toutes ses parties (sa structure globale) qu'on se donne la chance de connaître telle ou telle partie.

Utilisant sa raison à bon escient, l'homme au caractère productif ne reste pas à la surface des choses et des êtres ; il est un homme profond, capable de saisir l'essence des choses et des êtres. Doué d'une imagination fertile, il peut faire œuvre de création et d'invention. Il ne fait pas que reproduire ce qui existe déjà. Il est un être aimant susceptible d'entrer dans un rapport sain avec les autres.

À la suite de ce survol théorique des différentes orientations de caractère, voyons maintenant quels aspects du caractère présentent bon nombre d'individus dans la société d'aujourd'hui.

La relation de l'être humain avec lui-même dans la société de consommation

En début de présentation, nous disions que l'une des conditions spécifiques de l'existence de l'homme est d'être doué de raison et, conséquemment, d'être conscient de son existence. Avouons que, dans la vie réelle, l'accession à la conscience n'est pas une mince affaire ; cela ne se fait pas par magie ni en douceur. Il faut apprendre, trouver des principes

PHÉNOMÈNE
Ce qui apparaît aux sens ou à la conscience.

UNIVERSEL
Qui s'étend, s'applique à la totalité des objets considérés.

---

14. *Ibid.*, p. 86.

d'action à l'intérieur de la culture ambiante, faire face à des choix, connaître des doutes et des craintes, essuyer des échecs, etc. En outre, cette conscience risque de nous lancer en pleine figure nos limites, nos faiblesses, nos impuissances, nos angoisses, notre propre finitude.

On le voit, cette entreprise de conscientisation entraîne nécessairement un sentiment d'insécurité. Or, l'être humain, selon Erich Fromm, recherche — même s'il ne la retrouve jamais — l'harmonie primitive avec la nature que sa dimension animale, présente en lui, a déjà connue. Et il serait prêt à payer le prix pour retrouver un nouvel équilibre dans son rapport au monde. « À travers leur souhait de sécurité, les hommes chérissent leur propre dépendance, spécialement si elle est rendue plus facile par un relatif confort matériel, et par les idéologies qui nomment le lavage de cerveau "éducation", et la soumission, "liberté"[15]. »

Pour se sentir en sécurité avec lui-même et avec le monde, l'homme d'aujourd'hui accepte donc de mettre en berne sa raison critique, ses potentialités d'amour et de partage ; il accepte d'être mis dans un état de soumission, de dépendance et d'infantilisme que requiert de lui le système social actuel. En d'autres termes, il consent à conformer passivement sa pensée et sa conduite aux VALEURS de propriété, de consommation, de réussite, etc., que lui propose la civilisation contemporaine. Et ce faisant, il se perçoit lui-même d'une manière telle qu'il lui soit possible d'actualiser ces valeurs. Mais comment au juste se perçoit-il dans la société de consommation ?

> LE BESOIN DE L'ÊTRE HUMAIN DE RECOURIR À DES VALEURS POUR ORIENTER SES ACTES ET SES SENTIMENTS CONSTITUE, SELON FROMM, UN AUTRE ÉLÉMENT FONDAMENTAL DE LA SITUATION HUMAINE.

Puisque la société capitaliste occidentale est orientée vers l'efficacité, le profit, la quantification des données en vue de mesurer et de comparer, Fromm constate que l'organisation de la vie à l'intérieur de cette société incite l'être humain à « s'expérimenter lui-même comme un objet qui doit trouver un emploi réussi sur le marché[16] ». En effet, c'est le rôle économique et social qui définit aujourd'hui, d'une façon exclusive, l'être humain. Dans un tel cadre de référence, son objectif primordial consiste à se vendre avec succès. Il ne se ressent pas comme un être actif doué de qualités qui lui sont propres. Il ne se sent pas animé d'une riche vie intérieure qui le comble. Il ne se perçoit pas comme un individu réel capable d'aimer, de craindre, de douter, d'adhérer à des certitudes et de les défendre.

À l'instigation du système économique, l'homme d'aujourd'hui s'éprouve, au contraire, comme une abstraction, c'est-à-dire comme une donnée quantifiable remplissant une fonction particulière dans la société : « Je pratique la médecine ; je travaille 60 heures par semaine ; je vaux un demi-million de dollars ; j'ai atteint mes principaux objectifs de vie ; je suis heureux », et ainsi de suite.

Ce témoignage anecdotique démontre que, de nos jours, l'individu a de plus en plus tendance à s'évaluer d'après sa réussite sociale. Il entraînera son corps afin d'avoir une belle apparence ; il cultivera son esprit et acquerra des connaissances dans l'unique but de se positionner avantageusement dans la hiérarchie des promotions. Aujourd'hui, tout est affaire d'investissement et de rentabilité : l'effort fourni doit produire le meilleur profit possible. Même les grandes et belles valeurs comme la courtoisie, la bonté, la solidarité ou le partage ne sont pas recherchées pour elles-mêmes, mais elles sont « regardées comme des marchandises, comme des biens personnels propres à augmenter sa valeur sur le marché[17] ».

---

15. Erich Fromm, *Espoir et révolution*, p. 82.

16. Erich Fromm, *Société aliénée et société saine*, trad. Janine Claude, Paris, Le Courrier du Livre, 1971, p. 142.

17. *Ibid.*, p. 143.

Se vendre avec succès

Il est aisé de constater que le caractère décrit précédemment correspond à celui de la personne mercantile. Or, si nous voulons cerner cette structure de caractère propre à la société contemporaine, il faut considérer la fonction économique du marché dans cette société.

Contrairement au troc ancien où l'on tenait compte de la valeur utilitaire («valeur d'usage») des objets à échanger, aujourd'hui le prix des biens et des services est fixé uniquement en fonction de la loi de l'offre et de la demande. Ce concept de valeur marchande (ou, si l'on préfère, de «valeur d'échange») d'un objet convoité, par opposition à sa valeur utilitaire, a une influence profonde sur les individus de la société de consommation. En effet, l'accent mis sur la valeur d'échange plutôt que sur la valeur d'usage d'un objet a amené l'être humain à se considérer lui-même selon le même schème de référence. L'orientation mercantile s'applique à l'individu qui se voit lui-même comme un objet dont la valeur principale est marchande. En conséquence, l'objectif primordial de l'individu possédant un caractère mercantile sera d'offrir le maximum d'efficacité dans sa spécialité. Il fonctionnera d'une manière froide et cérébrale, négligeant la dimension affective de sa vie. En fait, cet individu est incapable d'un attachement authentique aux êtres et aux choses. Il calcule trop pour pouvoir aimer vraiment. Son but principal dans l'existence n'est pas de partager avec les autres mais de se vendre au plus offrant, c'est-à-dire de s'échanger sur le marché du travail contre la plus forte rémunération ou le statut le plus élevé.

Et si l'individu, affirme Erich Fromm, ne réussit pas à investir sa personne d'une manière rentable, il s'évaluera lui-même comme un échec. Ainsi, le sens de sa propre valeur provient de facteurs extérieurs à lui-même; ce sens dépend exclusivement du jugement changeant que le marché porte sur sa personne. «*Quelle que soit l'importance des services qu'il puisse rendre en réalité, l'homme,* ajoute Fromm, *n'a donc de valeur marchande que dans la mesure où il trouve preneur sur le marché*[18].» L'être humain a intériorisé cette idéologie d'une manière telle qu'il a tendance à se dire: «Sans travail, sans fonction sociale reconnue, je ne suis rien.»

Or, cette attitude n'est pas sans entraîner de graves conséquences. D'après Fromm, la perte du sens de son identité est la principale conséquence. Mais qu'est-ce que le sens de l'identité? C'est l'expérience qui me permet de me reconnaître moi-même en tant que «je», c'est la capacité personnelle de me construire une représentation de moi-même comme «sujet de *mes* expériences, de *mes* pensées, de *mes* sentiments, de *mes* décisions, de *mon* jugement et de *mes* actes. Mais cela présuppose que mon expérience est authentique et non pas aliénée. Les choses n'ont pas le sens du "*moi*" et les individus devenus des choses ne peuvent pas l'avoir non plus[19].»

Cette incapacité de bâtir et de découvrir sa propre identité trouve cependant une certaine compensation dans la sécurité que procure l'adaptation aux autres ou, si l'on préfère, l'intégration au troupeau, le fait de se rattacher au «on».

En effet, dans la société de consommation de masse, l'être humain perd le sens de son identité, mais il acquiert un «*sens secondaire de lui-même* [...] en se voyant approuvé, estimable, utile, comblé par le succès, bref, en se considérant tel un produit commercial qui est *lui* parce que les autres le voient comme une entité, non pas unique mais

---

18. *Ibid.*, p. 143.
19. *Ibid.*, p. 143.

conforme à un modèle courant[20] ». Dans un tel contexte, l'individu ne réussit à se donner une identité que dans la mesure où il est semblable aux autres, où il ne se démarque en aucune façon de la normalité. Il se conduit tel qu'il doit se conduire, c'est-à-dire de la manière dont le système social attend qu'il se conduise. Sans esprit critique, l'être humain de la société de consommation se fond dans la foule.

Le conformisme de l'*Homo consumens*[21]

Le conformisme de l'être humain qui s'inscrit dans la société de consommation apparaît dans toute sa vérité lorsqu'on regarde vivre ces millions d'individus qui, en Amérique, conduisent leur existence comme si elle était une entreprise commerciale. En effet, bon nombre d'individus ont tendance aujourd'hui à comptabiliser toutes leurs activités. Qu'ils aillent au cinéma, au concert ou au théâtre, qu'ils assistent à un spectacle ou qu'ils fassent un voyage, ils se poseront nécessairement la question suivante : « Est-ce que ça valait l'argent dépensé ? » Dans notre société, ces diverses activités appartiennent à ce qu'on appelle « la culture ». Or, ces loisirs culturels sont de plus en plus envisagés comme des produits de consommation qu'il est bien vu de posséder, de même qu'on possède une voiture luxueuse ou le dernier modèle de chaîne stéréo. Dans certains milieux, il paraît de bon goût d'avoir vu tel film, d'avoir lu tel roman ou de s'être payé tel Club Med. C'est comme si la valeur d'un loisir dépendait exclusivement de son succès sur le marché, et non pas du plaisir réel qu'il apporte, ou encore de la transformation, sur le plan humain, que sa pratique entraîne. Ce besoin maladif de juger tous nos actes comme s'ils étaient des données quantifiables trouve aussi une illustration lorsque, après une soirée passée en compagnie d'une fille ou d'un garçon qui nous plaît ou après une visite faite à un ami ou une amie, on se demande : « Est-ce que ça valait le temps investi ? » Même des activités comme la marche ou le jogging sont aujourd'hui estimées comme un « bon placement pour la santé plutôt [que comme] une activité agréable se suffisant à elle-même[22] ».

LE JOGGING N'EST-IL PAS ENVISAGÉ COMME UN « BON PLACEMENT POUR LA SANTÉ PLUTÔT QU'UNE ACTIVITÉ AGRÉABLE SE SUFFISANT À ELLE-MÊME » ?

Erich Fromm affirme que cette façon de vivre est tellement aliénée qu'elle fait naître dans l'esprit de l'*Homo consumens* cette autre question fatidique : « La vie vaut-elle la peine d'être vécue ? » Une telle interrogation démontre avec acuité que les gens de la société de consommation évaluent leur existence selon les profits et les pertes, l'actif et le passif. Comme pour un bilan financier, ils concluront à la faillite de leur vie si le passif dépasse l'actif. N'ayant réussi à trouver bonheur et réconfort ni dans la relation à

---

20. *Ibid.*, p. 144.

21. *Homo consumens* signifie littéralement « homme de consommation ».

22. Erich Fromm, *Société aliénée et société saine*, p. 148-149.

eux-mêmes ni dans le rapport aux autres, certains iront même jusqu'à quitter volontairement cette vie qui n'apporte pas suffisamment de dividendes.

La relation de l'être humain avec autrui dans la société de consommation

Le besoin naturel de s'unir aux autres et de se relier au monde est réduit aujourd'hui, selon Fromm, à sa plus simple expression. Dans la société de consommation, nos rapports à autrui ne s'appuient pas, en effet, sur les sentiments spécifiquement humains tels que l'amour, la tendresse ou l'empathie. Seul l'être humain *productif* est capable d'entrer en relation avec les autres et le monde d'une manière *génératrice* en les percevant tels qu'ils sont et en les animant, en les enrichissant de ses propres capacités. Aujourd'hui, au contraire, les rapports aux autres revêtent, en règle générale, une apparence d'amitié et de franchise afin de nous ménager l'autre (le voisin, le collègue de travail, le compagnon de classe) au cas où il pourrait nous être utile. Mais en réalité, nous cultivons la distance, l'indifférence et la méfiance à l'endroit de l'Autre.

> *Les relations de l'homme moderne avec ses compagnons* s'établissent entre abstractions, entre machines vivantes qui s'utilisent mutuellement. [...] La société moderne est formée d'« atomes » — pour reprendre le terme grec équivalent à l'individu —, petites particules étrangères les unes aux autres mais réunies par des intérêts égoïstes, et par la nécessité de se servir les unes des autres[23].

En fait, nous avons tendance à considérer les autres (conjoint ou conjointe, amant ou maîtresse, ami ou amie) comme entièrement consommables ; ne ressentant aucun lien profond et authentique envers eux, nous les utilisons au maximum, nous épuisons leurs substances propres et les jetons après usage.

La relation égoïste avec autrui

Les relations interpersonnelles que cette société engendre sont caractérisées principalement par l'égoïsme. La personne égoïste rapporte tout à soi-même et recherche uniquement son plaisir et son intérêt. En conséquence, une telle attitude exclut délibérément l'intérêt porté aux autres.

> L'égoïste ne s'intéresse qu'à lui, désire tout pour lui, ignore le plaisir de donner, n'aspire qu'à prendre. Il n'envisage le monde environnant que sous l'angle de ce qu'il peut en tirer ; le besoin des autres le laisse froid, il se soucie peu de leur dignité et de leur intégrité. Il ne voit rien au-delà de lui-même. Il juge tout être et toute chose relativement à ce qu'ils peuvent lui apporter ; il est radicalement incapable d'aimer[24].

Il ne faut pas penser que l'égoïste ne peut aimer autrui parce qu'il s'aime trop lui-même. En fait, il s'aime insuffisamment ou ne s'aime pas du tout. Certes, il prend grand soin de lui, mais cela témoigne justement de son incapacité foncière de s'aimer lui-même de façon productive.

---

23. *Ibid.*, p. 140.
24. Erich Fromm, *L'homme pour lui-même*, p. 106.

Amour calculateur ou amour productif

À l'opposé de cette relation avec autrui malsaine — parce qu'elle est exclusivement orientée vers soi —, Fromm valorise le seul sentiment qui puisse répondre au besoin qu'éprouve l'être humain d'être relié à l'Autre : l'amour. Bien sûr, il ne défend pas n'importe quelle sorte d'amour. Il ne nous invite pas à cette pratique amoureuse, fort en vogue aujourd'hui, qui consiste à rechercher « un échange favorable entre deux personnes qui obtiennent le maximum de ce qu'elles peuvent attendre, eu égard à leur valeur sur le marché de la personnalité[25] ». Cet amour utilitariste et calculateur amène chacun des partenaires à se considérer comme un « paquet » dont les principaux atouts (belle apparence, bonne éducation, emploi envié, revenus élevés, etc.) constituent sa valeur d'échange. C'est comme si chaque « petit paquet » espérait rencontrer sur le marché de l'amour un autre « petit paquet » d'égale valeur ou de valeur supérieure à la sienne...

Afin de dépasser ce rapport amoureux comptable, Erich Fromm nous convie à l'amour *productif*, cette relation amoureuse saine qui permet de garder son intégrité et son indépendance, celle où l'on aime l'autre pour ce qu'il est et non l'image idéalisée que l'on s'est faite de lui. Seul un tel amour permet de nous unir à l'autre ; seul il permet de partager notre humanité avec notre semblable, car au lieu d'« avoir » l'autre comme on consomme une chose, il aspire à « être » avec lui.

Ne pensons pas qu'il soit facile d'aimer d'une manière productive ! On croit aisément que l'amour véritable apparaît dès le moment où l'on est envoûté par le charme de quelqu'un. Ce n'est pas le cas. On a alors affaire à un coup de foudre, cet élan irrésistible vers l'autre ayant un caractère surtout érotique. Pour être productif et authentique, un amour doit, selon Fromm, comporter les caractéristiques fondamentales de la responsabilité, du respect et de la connaissance.

L'amour responsable

Aimer authentiquement implique que l'on prête attention à l'être aimé et que l'on se sente responsable de lui, « que l'on veille sur lui — non seulement pour son existence physique, mais aussi pour la croissance et l'épanouissement de toutes ses potentialités humaines. Aimer d'une manière productive est incompatible avec le fait d'être le spectateur passif de la vie de la personne aimée ; cela suppose de la peine, de l'attention et le souci de sa croissance[26]. »

L'amour respectueux

Respecter l'être aimé, c'est — comme l'indique la racine du mot (*respicere*) — regarder l'autre tel qu'il est et le considérer comme digne d'être préservé non parce que je peux l'utiliser comme bon me semble, mais parce qu'il me ravit et me

AIMER D'UNE MANIÈRE AUTHENTIQUE, C'EST SE SENTIR RESPONSABLE DE LA PERSONNE AIMÉE, C'EST LA RESPECTER ET LA CONNAÎTRE INTIMEMENT.

---

25. Erich Fromm, *Société aliénée et société saine*, p. 147.

26. *Ibid.*, p. 83.

comble. Et je serai capable de respect envers l'être aimé dans la mesure où je serai moi-même autonome et indépendant, n'éprouvant aucunement le besoin de dominer ou d'exploiter qui que ce soit.

L'amour qui connaît l'autre

L'amour productif commande aussi la *connaissance* de l'être aimé. Connaître la personne aimée, c'est bien sûr avoir une connaissance objective et rationnelle de cette personne afin de percevoir sa réalité propre au-delà de l'image que je me fabrique d'elle. Mais c'est plus que cela. Connaître la personne aimée, c'est saisir ce qu'elle ressent profondément ; c'est — par l'expérience de l'union — éprouver intimement ce que la personne aimée est véritablement. « L'amour est la seule voie de connaissance qui dans l'acte d'union répond à ma quête. Dans l'amour, et le don de moi-même, dans la pénétration d'autrui, je me trouve, je me découvre moi-même, je nous découvre tous deux, je découvre l'homme[27]. »

Le choix entre le mode avoir et le mode être

Erich Fromm se sert des concepts d'être et d'avoir pour désigner « deux modes fondamentaux d'existence, deux types différents d'orientation vers soi-même et le monde, deux sortes de structure de caractère distinctes dont les prédominances respectives déterminent la totalité de la pensée, des sentiments et des actions de l'individu[28] ». Présentons un résumé de ces deux types de relation avec soi-même et avec les autres qui s'offrent à l'homme contemporain.

Le mode avoir : « je suis ce que j'ai »

Le rapport qu'entretient l'*Homo consumens* avec lui-même et avec ses semblables dans le monde d'aujourd'hui indique clairement que l'avoir constitue le but suprême de sa vie. Or, puisque ce mode fondamental d'existence alimente toute la culture occidentale, nous trouvons normal que notre relation avec le monde s'établisse selon les critères d'acquisition, de possession et de profit. Nous avons tendance, en effet, à nous définir à partir de ce que nous avons : « je suis ce que j'ai ». L'ensemble de mes propriétés (choses et personnes) constitue mon identité propre : *ma* maison, *ma* voiture, *mon* époux ou *mon* épouse, *mes* enfants me définissent.

La structure de caractère fondée sur l'avoir se manifeste toutefois dans la vie quotidienne de multiples façons et d'une manière beaucoup plus subtile que le simple rapport de propriété à des objets ou à des personnes. Voici quelques exemples apportés par Fromm[29]. Un élève assiste à un cours ; il écoute son professeur, comprend les mots prononcés, prend en note ces mots afin de pouvoir les mémoriser et les reproduire au moment d'un examen. L'élève en question ne se sent pas personnellement visé par le contenu du cours ; il emmagasine ces informations venant d'un autre sans y apporter quoi que ce soit de personnel. Cet élève fait preuve d'une structure de caractère basée essentiellement sur le mode avoir d'existence. Passons à un autre exemple, celui d'une conversation où deux protagonistes défendent leurs positions, chacun s'identifiant à sa propre opinion. Ce qui importe n'est pas de sortir vainqueur du débat ou de voir l'autre

27. Erich Fromm, *L'art d'aimer*, trad. J.I. Laroche et Françoise Tcheng, Paris, Éditions de l'Épi, 1968, p. 49.

28. Erich Fromm, *Avoir ou être ?*, trad. Théo Carlier, Paris, Robert Laffont, coll. « Réponses », 1978, p. 42-43.

29. *Ibid.*, p. 47-52.

changer son opinion. Chacun essaie de trouver les meilleurs arguments pour défendre son point de vue en ne voulant aucunement modifier ce point de vue. Nous assistons alors à un monologue à deux où l'opinion de chacun est considérée comme l'une de ses possessions dont la perte équivaudrait à un appauvrissement.

Selon Fromm, la tendance à se relier au monde selon le mode avoir est de plus en plus répandue aujourd'hui. Les individus dont le caractère est orienté de cette façon accumulent et économisent. Ayant peu confiance en ce que le monde extérieur peut leur apporter, ils s'entourent d'un mur protecteur, entassant dans leur forteresse leurs acquisitions de toutes sortes. Leur avarice se reflète aussi bien en ce qui concerne les biens matériels et l'argent qu'en ce qui concerne leurs pensées et leurs sentiments. En amour, par exemple, ces individus seront portés à considérer l'être aimé comme une possession. L'intimité dans la relation avec l'autre leur apparaissant comme menaçante, ils voudront le posséder pour se sentir en sécurité. Ces individus ont généralement beaucoup de connaissances, mais ils sont incapables d'une pensée productive. Ils sont très ordonnés, très propres, et ce, de façon **compulsive**. Ce sens aigu de l'ordre les amène à vouloir placer les gens selon un ordre strict : le leur. Cela leur donne un sentiment de sécurité face au monde extérieur : si chaque être ou chaque chose est bien à sa place, ils auront alors l'impression de maîtriser ce monde extérieur si inquiétant. Enfin, les individus dont la structure de caractère est orientée exclusivement vers l'avoir sont souvent très suspicieux, car leur sens de la justice se définit en des termes manichéens : ce qui est à moi est à moi et ce qui est à toi est à toi[30].

COMPULSIF
Se dit de l'obligation d'accomplir une action quelconque sous peine d'éprouver de l'angoisse ou un sentiment de culpabilité.

Sécurité et insécurité

Le fait de fonder son existence sur l'avoir peut être à la fois rassurant et menaçant. En effet, les objets et les gens que je possède sont là autour de moi ; leur présence habituelle m'assure une certaine tranquillité d'esprit : ma voiture de l'année est garée dans l'entrée de mon bungalow, mes enfants sont bien nourris, bien habillés et ils dorment en paix, ma conjointe ou mon conjoint est assis à mes côtés sur mon divan de cuir véritable et nous regardons la télévision... Mais, d'autre part,

ASSIS DEVANT SON CINÉMA MAISON, CE COUPLE SEMBLE PROFITER D'UN BIEN-ÊTRE TRANQUILLE... MAIS CELA LE PROTÈGE-T-IL DE L'IN-SÉCURITÉ, DE LA SOLITUDE ET DE L'ENNUI ?

parce que je *peux* perdre ce que j'ai, je suis nécessairement tracassé en permanence par l'idée que je *perdrai* ce que je possède. J'ai peur des voleurs, des changements économiques, des révolutions, de la maladie, de la mort, et j'ai peur de l'amour, de la liberté, de mon propre développement, du changement, malade d'une hypocondrie chronique, en ce qui concerne non seulement la perte de ma richesse, mais aussi la perte de tout ce que j'ai ; je reste sur mes gardes, je suis dur, soupçonneux, solitaire ; je me laisse mener par mon besoin d'avoir plus, pour être mieux protégé[31].

---

30. Notons que la description faite par Fromm du mode avoir d'existence peut être associée à la personne avaricieuse qui a été présentée précédemment.

31. Erich Fromm, *Avoir ou être ?*, p. 132.

Le monde de l'avoir peut donc être aussi associé au monde de l'insécurité et de l'angoisse, qui entraîne celui de la convoitise, de la cupidité et de la compétition. J'éprouve un tel besoin de posséder et de conserver les choses et les êtres que j'envie les personnes qui ont plus que moi ; conséquemment, j'essaie de m'approprier, de conquérir, d'une manière souvent compulsive, le plus de biens possible. Toutefois, cette préoccupation et cette ambition matérialistes connaissent une limite majeure : mon insatisfaction chronique.

D'après Fromm, ce n'est pas en obéissant au principe de la consommation immédiate de biens, de services et de personnes, c'est-à-dire en retardant le moins possible la satisfaction de mes désirs, que je parviendrai à combler mon vide intérieur, ma solitude et mon ennui. Orienter son existence en tenant compte seulement du mode avoir, c'est s'inscrire dans une relation morte avec les objets et les personnes, car le sujet que je suis n'acquiert alors la vie que dans la mesure où il *a* au lieu de se définir par ce qu'il *est*.

Le mode être

Mais qu'en est-il au juste du mode être ? Présentons la première forme du mode être de relation avec le monde décrite par Fromm, celle qui s'oppose au mode avoir et qui exprime un rapport vivant et authentique à soi-même, aux autres et au monde.

Être : une qualité de présence au monde

CETTE QUALITÉ DE PRÉSENCE AU MONDE CORRESPOND À LA CAPACITÉ D'ÊTRE LÀ, PLEINEMENT RÉCEPTIF ET OUVERT À CE QUI EST DONNÉ À VOIR, À SENTIR, À ENTENDRE, À TOUCHER OU À GOÛTER.

Être, ce n'est pas se mettre à l'écoute de ce qui se mesure et se compte, c'est s'ouvrir à ce qui est. Ainsi, un individu s'inscrivant dans le mode être d'existence fera l'apprentissage de ce qu'on pourrait appeler une QUALITÉ DE PRÉSENCE AU MONDE. Il pourra, par exemple, *voir* une montagne au lieu de la *consommer* en voulant connaître son nom et sa hauteur, en la fixant sur une photo, ou encore en l'escaladant pour mieux en prendre possession. Il sera capable de voir authentiquement cette montagne, c'est-à-dire d'entrer en relation étroite avec elle en dehors de toute envie de la posséder.

Être : se concevoir à partir de ce qu'on *est*

Plutôt que de se définir uniquement selon ce qu'il a, l'individu qui oriente sa vie en fonction du mode être s'appréhendera lui-même à partir de ce qu'il est.

La connaissance et l'actualisation de ce que nous sommes impliquent nécessairement, selon Erich Fromm, les principales conditions suivantes : l'indépendance, la liberté et l'aptitude à l'évaluation critique. Il n'y a point d'être, en effet, sans la capacité de déterminer soi-même, de façon éclairée et autonome, les idées et les règles de conduite auxquelles nous voulons adhérer. Être exige, pourrait-on dire, une clairvoyance dans la relation avec soi et autrui.

Être commande aussi l'aptitude à *être actif et productif*. Au lieu de nous pousser à nous affairer, à nous agiter frénétiquement dans le monde extérieur, comme le mode avoir nous convie à le faire, le mode être met l'accent sur le déploiement d'une riche vie intérieure où nous cultivons nos propres virtualités afin de « nous renouveler, de développer, déborder, aimer, transcender la prison du moi isolé[32] ».

---

32. *Ibid.*, p. 108.

Fromm nous invite à la découverte et à la construction de notre intégrité personnelle, mais il nous exhorte aussi à être attentifs, intéressés aux autres. Il nous encourage à l'enracinement de soi dans l'expérience de la fraternité universelle caractérisée par le partage, le don et le sacrifice de soi. Ainsi, les autres ne nous apparaîtront pas comme une menace à l'égard de notre identité et de notre sécurité. En outre, notre capacité d'actualiser nos potentialités humaines fera partie de notre structure de caractère et relèvera seulement de nous-mêmes.

> Dans le mode de l'être, ma sécurité n'est menacée que de l'intérieur de moi-même : par mon manque de confiance en la vie et en mes pouvoirs productifs ; par mes tendances régressives ; par ma paresse intérieure et par ma résignation à voir les autres s'emparer de ma vie. Mais ces dangers ne sont pas *inhérents* au mode de l'être, comme le danger de perdre est inhérent au mode de l'avoir[33].

Être ou paraître

PERSONA

« La *persona* [...] est une sorte de masque que l'individu revêt, d'une part, pour produire un certain effet déterminé, d'autre part, pour cacher sa vraie nature. » (Carl Gustav Jung, *Le Moi et l'Inconscient*, Paris, Gallimard, 1938.)

La seconde forme d'être décrite par Fromm se dresse contre le *paraître* afin de mettre en évidence la nature véritable d'une personne, et non sa **persona**, c'est-à-dire les différents masques et personnages qu'elle utilise dans ses rapports sociaux. Cet être sans masque constitue ce que nous sommes profondément et authentiquement ; il correspond à notre structure de caractère réelle et non à l'image contrefaite et travestie de nous-mêmes qu'impose la société de consommation. « En ce sens, dit Fromm, toute tentative d'accroître le secteur de l'être revient à plonger davantage dans la réalité de soi-même, des autres et du monde qui nous environne[34]. »

À partir du mode être, Erich Fromm brosse le portrait d'un être humain dont la principale tâche est de s'épanouir en réalisant ses diverses potentialités. Mais pour ce faire, il devra redécouvrir l'essence même de son humanité : l'autonomie. Il devra redevenir créatif, c'est-à-dire penser et sentir les choses par lui-même. Il devra aussi réapprendre à aimer et à aller au-delà de lui-même. Il devra réorienter sa vie selon des valeurs autres que celles du gain, du confort et de l'acquisition de gadgets de toutes sortes que lui présente la société de consommation. Bref, il devra *être* au lieu de consommer et de se définir exclusivement en fonction de l'*avoir*.

Fromm aujourd'hui

Dans le contexte de la société de consommation, Erich Fromm propose une critique radicale de ce que l'être humain occidental est devenu : un individu essentiellement axé sur le mode avoir d'existence. Ce portrait de l'homme d'aujourd'hui tracé par Fromm reflète-t-il la réalité ?

Réussite professionnelle et consommation

Force est de constater que la lecture faite par Fromm de notre monde et de nous-mêmes n'est pas exagérée. Nous n'avons qu'à penser aux *dinks* (*double income no kids*), ces couples ayant deux sources de revenu, sans enfant, qui peuplent de plus en plus l'Amérique ! Nous n'avons qu'à penser aussi aux *yuppies* (*young urban professionals*) qui prolifèrent comme des mouches au soleil. Ces deux catégories d'individus consacrent la plus grande partie de leur existence au travail ; la carrière devient la voie privilégiée de réalisation de soi. Toutes leurs énergies sont investies dans la réussite professionnelle. Horaires chargés,

---

33. *Ibid.*, p. 133.
34. *Ibid.*, p. 121.

prévisions, planifications aux multiples visages ne visent qu'un but : atteindre un statut financier et social envié. Ces prototypes de la société de consommation acceptent sans résistance de s'intégrer dans un monde d'images, d'apparences, de conventions, pour autant que ce monde leur octroie un statut. Ils consentent à se nourrir d'artifices, à vivre superficiellement, à orienter leur existence en fonction de l'appât du gain, du bien-être, de l'accumulation de gadgets nouveaux mais souvent inutiles, de la consommation passive de loisirs à la mode, etc. Toutefois, en atteignant un tel niveau de conformisme, ils handicapent sérieusement la possibilité même de développer leur personnalité d'une manière originale et créatrice.

Obsession de l'apparence et culte de la personnalité

Bien que la beauté physique ait toujours été un objet de culte, jamais elle n'a autant obsédé l'être humain qu'à notre époque. Et pour cause ! Plusieurs études démontrent qu'être beau est nettement avantageux et que le statut social des personnes belles s'en trouve amélioré. Ainsi, ces personnes sont plus aimées, plus estimées, on leur fait plus confiance, etc. Ces atouts leur permettent de mieux réussir et, par conséquent, elles deviennent plus riches et plus prestigieuses que les autres.

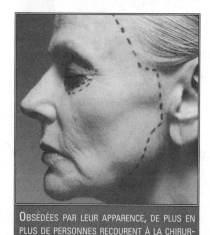

OBSÉDÉES PAR LEUR APPARENCE, DE PLUS EN PLUS DE PERSONNES RECOURENT À LA CHIRURGIE PLASTIQUE POUR RETROUVER LES TRAITS DE LA JEUNESSE.

La quête de la perfection physique trouve son expression la plus poussée dans le recours à la chirurgie esthétique. Des dizaines de milliers de Québécois de milieux très variés, de tous les âges et des deux sexes ne craignent ni les risques ni la douleur lorsqu'il s'agit de transformer leur apparence afin de mieux correspondre aux modèles de beauté qu'on leur soumet.

Ainsi, à force de cultiver le paraître au détriment de l'être, on en est arrivé à instaurer un véritable culte de la personnalité. Les diverses revues, complices de cette tendance, nous proposent constamment des modèles de héros fabriqués sur des apparences, bien plus que sur un contenu authentique. Mois après mois, on vante les mérites soit d'un « artiste » reconnu par un vaste public, soit d'un homme d'affaires qui s'est taillé une place internationale, soit d'un scientifique faisant dorénavant partie d'une équipe renommée, etc. Tous les éloges se basent sur l'ampleur et le niveau de leur statut, et rarement sur un questionnement de fond sur la valeur et la portée humaine de leur réalisation.

La quête de l'être

À l'opposé du monde de l'avoir et de l'apparence se développe peu à peu au Québec une culture de l'être défendue par des penseurs (tels que Fernand Dumont, Charles Taylor et Jacques Grand'Maison), des animateurs d'émissions culturelles (tels que Jacques Languirand), des chroniqueurs (tels que Pierre Foglia et Richard Martineau), etc. En dénonçant certains caractères de l'avoir et du culte de l'apparence (efficacité, rentabilité et performance à tout prix, confort satisfait, divertissement vulgaire, infantilisme, refus de vieillir, valorisation du *high-tech*, etc.) et en suggérant des orientations et des valeurs autres (le non-conformisme, l'authenticité, la « véracité à soi-même », la recherche de la spiritualité, etc.), ces esprits critiques poursuivent — chacun à leur façon et dans des contextes différents — cette quête de l'être déjà entreprise par Erich Fromm.

Erich Fromm

Les conditions qui régissent l'existence humaine sont à la fois celles du **corps** et celles de l'**esprit**. Celles du corps **(besoins instinctuels)** occupent un niveau très peu élevé. Ainsi, l'**être humain** se définira principalement par la **raison**, la **conscience**, la **mémoire** et l'**imagination**, qui sont les conditions de l'esprit. Grâce à elles, l'être humain pourra développer sa nature véritable. Toutefois, dans sa **relation avec soi-même et les autres**, différents choix s'offrent à lui : ceux qui correspondent au mode avoir ou au mode être de l'existence.

Malheureusement, l'homme contemporain a tendance à se définir selon l'**avoir**. Son identité propre est constituée de l'ensemble de ses **propriétés** (choses et personnes), de sa **fonction sociale** et de son **statut social**. Par conséquent,

son objectif devient la vente réussie de soi-même sur le marché, sa **valeur marchande**. Il **comptabilise** alors toutes ses activités en fonction des profits et des pertes qu'elles occasionnent. L'**égoïsme** en découle.

Afin de dépasser cette **relation morte** avec les objets et les personnes, Fromm nous suggère d'adopter le mode être qui exprime une **relation vivante et authentique** avec soi-même, les autres et le monde. **Être** correspond à une **qualité de présence au monde**. Les conditions d'épanouissement de l'être sont l'**indépendance**, la **liberté** et l'aptitude à l'**évaluation critique**. La personne qui privilégie l'être travaille au développement de sa nature véritable en redécouvrant l'essence même de l'humanité : l'**autonomie**, la **créativité** et l'**amour**.

Réseau de concepts

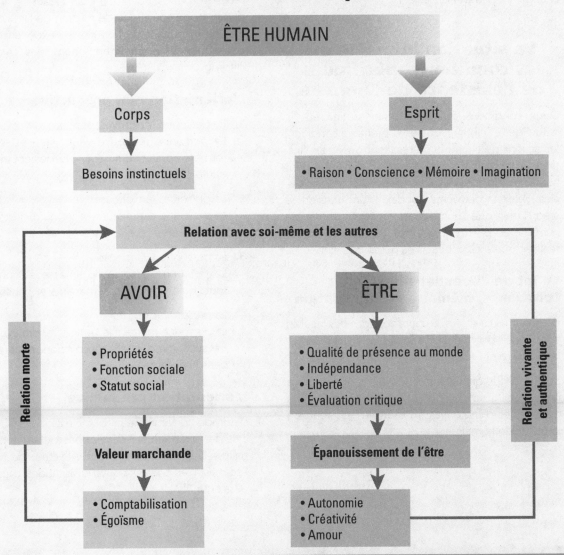

Erich Fromm et le rôle de la culture dans la formation de la personne

Notice biographique

Erich Fromm (1900-1980), psychanalyste et professeur dans des universités américaines prestigieuses, a publié de nombreux ouvrages qui se fondent sur une large culture philosophique.

Une approche pluridisciplinaire et critique de la société de consommation

Son approche pluridisciplinaire allie, entre autres, la psychologie freudienne et la théorie sociale de Marx.

Fromm critique sévèrement l'homme d'aujourd'hui inscrit dans la société de consommation, mais il ne cesse de croire en l'être humain et en sa capacité de changer pour devenir meilleur.

La situation humaine ou les conditions spécifiques de l'existence de l'homme

Deux conditions ou dichotomies définissent la nature de l'être humain. Selon la première condition, les actions de l'homme ne résultent guère de l'instinct (le corps), mais de facultés spécifiquement humaines (dont la raison) acquises au cours des siècles. Selon la deuxième condition, une tension se crée du fait que l'homme est conscient que la vie humaine est beaucoup trop courte pour qu'il puisse réaliser toutes les potentialités qui se trouvent en lui.

Le lot de l'homme : raison, conscience, mémoire et imagination

L'être humain a acquis au cours des âges des facultés spécifiquement humaines : la raison, la conscience, la mémoire et l'imagination.

Seul l'individu qui utilisera et développera, selon sa propre voie, ses talents et ses capacités pourra assumer les dichotomies existentielles inhérentes à la condition humaine.

La liberté comme processus d'épanouissement

Notre liberté varie selon la direction que nous donnons à notre vie. La liberté est essentiellement un processus d'épanouissement de soi lorsque nous faisons un bon choix.

Être libre, c'est faire un bon choix

Le bon choix est le choix qui, étant éclairé par la raison, peut effectivement se matérialiser ; il correspond aussi à celui qui permet de réaliser nos aspirations profondes tout en agissant bien plutôt que mal.

La personnalité humaine

L'individu possède une personnalité constituée d'un tempérament et d'un caractère. Le tempérament est l'ensemble des dons et des attributs psychiques reçus à la naissance. Quant au caractère, il s'agit d'« un mode spécifique de relation de l'individu au monde » résultant du fruit de ses expériences. En conséquence, le caractère oriente les choix de l'individu.

L'orientation non productive

1. La personne réceptive
   La personne réceptive veut plaire et se conformer ; conséquemment, elle devient dépendante d'autrui.

2. La personne exploiteuse
   La personne exploiteuse utilise autrui jusqu'à ce qu'il ne serve plus.

3. La personne avaricieuse
   La personne avaricieuse amasse et conserve tout : biens matériels, sentiments et pensées.

4. La personne mercantile
   La personne mercantile veut se vendre avec succès sur le marché ; elle s'inscrit donc entièrement dans le paraître.

L'orientation productive

L'individu au caractère productif est celui qui réussit à utiliser librement et à développer toutes ses potentialités. Il se considère comme l'acteur de sa vie, l'agent de ses propres pouvoirs, aptitudes, capacités et talents.

La personne productive

La personne productive sait utiliser sa raison pour pénétrer au cœur des choses afin de découvrir leur signification profonde.

La relation de l'être humain avec lui-même dans la société de consommation

À l'instigation du système économique, l'homme d'aujourd'hui s'envisage comme une donnée quantifiable remplissant une fonction particulière dans la société.

Se vendre avec succès

L'homme d'aujourd'hui se voit comme un objet dont la valeur est marchande. Son but principal est de s'échanger sur le marché du travail contre la plus forte rémunération ou le statut le plus élevé. L'évaluation de lui-même provient donc du jugement que le marché porte sur lui. Ce faisant, il risque de perdre le sens de son identité.

Le conformisme de l'*Homo consumens*

Dans la société de consommation, bon nombre d'individus se fondent dans le moule et comptabilisent toutes leurs activités. Ces individus évaluent leur existence en fonction des profits et des pertes qu'elle leur a occasionnés.

La relation de l'être humain avec autrui dans la société de consommation

Aujourd'hui, l'individu a tendance à utiliser les autres au maximum et à les jeter après usage.

La relation égoïste avec autrui

La personne égoïste rapporte tout à soi-même et recherche uniquement son plaisir et son intérêt.

Amour calculateur ou amour productif

Afin de dépasser le rapport amoureux utilitariste et comptable, Fromm met en avant l'amour productif.

Pour être productif et authentique, un amour doit comporter les caractéristiques fondamentales de la responsabilité, du respect et de la connaissance.

Le choix entre le mode avoir et le mode être

Deux types de relation avec soi-même et les autres s'offrent à l'homme contemporain.

Le mode avoir : « je suis ce que j'ai »

Dans le cas des individus qui se définissent selon le mode avoir, l'ensemble de leurs propriétés (choses et personnes) constitue leur identité propre. Leur avarice se reflète aussi bien en ce qui concerne les biens matériels et l'argent qu'en ce qui concerne leurs pensées et leurs sentiments.

Sécurité et insécurité

Le fait de fonder son existence sur l'avoir peut être à la fois rassurant et menaçant. La présence habituelle des objets et des personnes que je possède me donne une certaine tranquillité d'esprit. Mais cela dégénère vite en angoisse, convoitise, cupidité, compétition et insatisfaction chronique.

Le mode être

Le mode être exprime un rapport vivant et authentique à soi-même, aux autres et au monde.

1. Être : une qualité de présence au monde

   Le mode être correspond à une sorte de qualité de présence au monde.

2. Être : se concevoir à partir de ce qu'on est

   Les principales conditions nécessaires à l'épanouissement de l'être humain sont l'indépendance, la liberté et l'aptitude à l'évaluation critique. Le mode être se caractérise par le déploiement d'une riche vie intérieure où la personne cultive ses propres virtualités.

3. Être ou paraître

   Au lieu de se cacher derrière sa *persona*, l'individu qui privilégie l'être cherche à développer sa nature véritable en redécouvrant l'essence même de l'humanité : l'autonomie, la créativité et l'amour.

Fromm aujourd'hui

Réussite professionnelle et consommation

Les *dinks* et les *yuppies* représentent le prototype d'une vie menée en fonction de l'avoir. Ces individus investissent tout ce qu'ils sont dans la carrière et ce qu'elle permet : statut financier et social envié, consommation excessive, etc.

Obsession de l'apparence et culte de la personnalité

La beauté physique et l'apparence sont à ce point valorisées aujourd'hui que de plus en plus de gens recourent à la chirurgie esthétique pour transformer leur image corporelle selon les modèles à la mode.

On nous propose aussi des modèles de héros fabriqués sur des apparences et non sur la valeur et la portée humaine de leur réalisation.

La quête de l'être

Certains esprits critiques condamnent aujourd'hui avec vigueur le monde de l'avoir, l'obsession de l'apparence ainsi que le culte de la personnalité. À la place, ils préconisent des valeurs nouvelles qui concourent au développement de la personne dans ce qu'elle est véritablement.

Activités d'apprentissage

A VÉRIFIEZ VOS CONNAISSANCES

1. Quel type d'approche Fromm préconise-t-il dans ses analyses du rapport individu-société ?

2. Fromm en est arrivé à ne plus croire en l'être humain et en la capacité de celui-ci de changer pour devenir meilleur ; sa critique radicale de l'homme et de la société de consommation en est la meilleure démonstration. **VRAI** ou **FAUX** ?

3. Quelles sont, d'après Fromm, les deux dichotomies qui résument les conditions de l'existence humaine ?

4. Selon Fromm, parce que l'homme est doué de raison et qu'il n'a pas à se référer à une autorité transcendante, il n'a pas à s'interroger sur ce qu'il a fait de ce monde et sur la signification de son existence dans celui-ci. **VRAI** ou **FAUX** ?

5. Selon Fromm, la liberté est une faculté qui est donnée à l'homme une fois pour toutes. **VRAI** ou **FAUX** ?

6. Quels sont les deux facteurs qui influent sur la capacité de l'être humain de faire un bon choix ?

7. L'orientation productive consiste pour un individu à utiliser librement toutes ses potentialités et à les développer. **VRAI** ou **FAUX** ?

8. Selon Fromm, l'individu au caractère non productif puise ses motivations à l'intérieur de lui-même. **VRAI** ou **FAUX** ?

9. Quelle est la double détermination qui constitue l'objectivité dans le processus de la pensée productive ?

10. Pour bien comprendre un phénomène, Fromm considère que l'on doit en diviser chacune des parties afin de les appréhender individuellement. **VRAI** ou **FAUX** ?

11. Quel est, selon Fromm, le type de relation avec autrui le plus fréquent de nos jours ?

12. Quelle est la limite majeure d'une personne qui fonde exclusivement son existence sur l'avoir ?

13. Le mode être d'existence exprime un rapport vivant et authentique à soi-même, aux autres et au monde. **VRAI** ou **FAUX** ?

14. Selon Fromm, quelle est l'essence même de l'humanité qu'un individu se doit de redécouvrir afin de réaliser ses diverses potentialités ?

15. À partir de ce que vous avez appris sur Fromm, indiquez laquelle des citations suivantes n'a pas été écrite par lui.

   a) « Je suis ce que je fais. »

   b) « Mon être ne se confond pas avec ma vie, je suis antérieur à ma vie. »

   c) « Nous avons beaucoup, mais nous sommes peu. »

B ANALYSE ET CRITIQUE DE TEXTE

Cette activité exige la lecture préalable de l'extrait d'Avoir ou être ? présenté à la page 260.

Compétences à acquérir

• Défendre la valeur des « qualités » humaines à privilégier parmi celles qu'a relevées Erich Fromm dans son texte.

• Produire une œuvre personnelle où sa propre conception de l'être humain est développée.

Questions

1. Parmi ces 19 qualités (attitudes), précisez, pour votre propre compte, les cinq que vous croyez que l'être humain devrait prioritairement posséder. Vous devez défendre votre choix, c'est-à-dire donner les raisons pour lesquelles vous privilégiez ces qualités.

2. En vous servant des qualités (attitudes) que vous venez de sélectionner et en utilisant les caractères des conceptions de l'homme qui sont mises à l'étude dans votre cours et que vous jugez dignes d'intérêt, présentez dans un texte suivi votre propre conception de l'être humain. Au moins un élément ou caractère appartenant à chacune des conceptions de l'être humain doit être pris en considération. (*Minimum et maximum suggérés : entre 5 et 7 pages.*)

C ANALYSE ET CRITIQUE DE TEXTE

Cette activité exige la lecture préalable de l'extrait du Personnalisme présenté à la page 261.

Compétences à acquérir

- Démontrer sa compréhension d'un texte d'Emmanuel Mounier en résumant dans ses propres mots le contenu de ce texte philosophique.

- Évaluer le contenu et comparer, c'est-à-dire exprimer son accord ou son désaccord (et en donner les raisons) sur la problématique de l'avoir et de l'être présentée par Mounier et par Fromm.

Questions

1. Dans vos propres mots, résumez la problématique de l'avoir et de l'être mise en avant par Mounier dans ce texte.

2. Mounier interprète en des termes différents de Fromm la problématique de l'avoir et de l'être. Cependant, les deux penseurs se rejoignent aussi.

Commentaire critique

Êtes-vous d'accord avec la façon de voir de Mounier ou avec celle de Fromm ? Vous devez fonder vos jugements à l'aide d'arguments. (*Minimum suggéré : une page.*)

EXERCICE COMPARATIF : SKINNER ET FROMM

Compétence à acquérir

Procéder à une comparaison entre deux conceptions contemporaines de l'être humain à propos d'une même problématique.

Contexte de réalisation

Individuellement, dans un texte d'environ 350 mots (*une page et demie*), examinez les rapports de ressemblance et de différence entre la conception de l'être humain défendue par Skinner (*voir le chapitre 7*) et celle mise en avant par Fromm à propos de la problématique liberté/déterminisme.

Étapes suggérées

1. *a)* Caractérisez la conception skinnérienne de l'être humain au regard de la problématique liberté/déterminisme. Par exemple, demandez-vous en quoi et comment, selon Skinner, l'homme, qui est un produit du milieu, peut être considéré comme une créature malléable.

b) Caractérisez la conception frommienne de l'être humain au regard de la problématique liberté/déterminisme. Par exemple, demandez-vous dans quelle mesure, selon Fromm, l'homme productif saura résister à la société de consommation et se développer selon le mode être d'existence.

2. *a)* S'il y a lieu, précisez les liens ou les similitudes entre la conception skinnérienne et la conception frommienne de l'être humain à propos de la problématique liberté/déterminisme.

b) S'il y a lieu, dégagez les oppositions ou les antagonismes entre la conception skinnérienne et la conception frommienne de l'être humain à propos de la problématique liberté/déterminisme.

Texte de Fromm
Les qualités de l'homme nouveau

Pour échapper au mode avoir d'existence et accroître le mode être, Erich Fromm propose les 19 «qualités» suivantes que l'individu doit acquérir sur le plan de sa «structure de caractère» s'il veut devenir un «homme nouveau»:

- La sécurité, le sentiment d'identité et la confiance en soi fondés sur ce qu'on *est*, sur le besoin de se lier au monde environnant, de s'intéresser à lui, de l'aimer et d'en être solidaire; et non sur le désir de posséder, de contrôler le monde et, ainsi, de devenir l'esclave de ce que l'on possède.

- L'acceptation du fait que rien ni personne, en dehors de soi-même, ne peut donner une signification à la vie, mais que cette indépendance absolue, ce détachement vis-à-vis des biens matériels peuvent devenir la condition d'une pleine activité consacrée au souci des autres et au partage.

- Être totalement présent, où qu'on soit.

- La joie doit venir du don et du partage, et non de l'accumulation des biens et de l'exploitation des autres.

- L'amour et le respect de la vie, sous tous ses aspects, tout en sachant que ce qui est sacré, ce ne sont pas les biens, la puissance, tout ce qui est mort, mais la vie et tout ce qui relève de son épanouissement.

- Essayer autant que possible de réduire la cupidité, la haine et les illusions.

- Vivre sans adorer les idoles et sans illusions, parce qu'on a atteint un état qui n'a pas besoin d'illusions.

- Développer sa capacité d'aimer en même temps que sa capacité d'exercer une pensée critique et non sentimentale.

- Se débarrasser de son narcissisme et accepter les limites douloureuses inhérentes à l'existence humaine.

- Faire de sa propre croissance et de celle de ses semblables le but suprême de sa vie.

- Savoir que, pour atteindre cet objectif, la discipline et le respect de la réalité sont indispensables.

- Savoir, également, qu'aucune croissance ne peut être saine si elle ne s'accomplit pas au sein d'une structure, et connaître la différence entre la structure en tant qu'attribut de la vie et l'«ordre» en tant qu'attribut de la non-vie, de ce qui est mort.

- Développer son imagination, non pour fuir des conditions intolérables, mais pour prévoir les possibilités réelles de se débarrasser de ces conditions.

- Ne pas tromper les autres, mais, également, ne pas se laisser tromper par eux; on peut être jugé candide, mais non naïf.

- Se connaître soi-même ; non seulement le moi qu'on connaît, mais aussi celui qu'on ne connaît pas, même si on a une connaissance passive de ce qu'on ne connaît pas.

- Sentir son adéquation avec tout ce qui est en vie et, par conséquent, cesser de vouloir conquérir la nature, la soumettre, l'exploiter, la violer, la détruire ; essayer au contraire de la comprendre et de coopérer avec elle.

- La liberté n'est pas une affaire arbitraire, mais la possibilité d'être soi-même, non pas un magma de désirs cupides, mais une structure délicatement équilibrée qui, à tout moment, se trouve devant cette alternative : croître ou dégénérer, vivre ou mourir.

- Savoir que seuls quelques rares individus ont atteint la perfection dans toutes ces qualités ; mais ne pas avoir l'ambition d'« atteindre le but », en sachant que cette ambition n'est qu'une autre forme de cupidité, une autre manifestation du mode avoir.

- Le bonheur se trouve dans le processus d'un appétit de vivre toujours croissant, quel que soit le point extrême que l'on puisse atteindre ; vivre aussi pleinement qu'on le peut est si satisfaisant qu'on ne risque guère de s'inquiéter de ce que l'on peut ou de ce que l'on ne peut pas atteindre.

Erich Fromm, *Avoir ou être ?*, Robert Laffont, coll. « Réponses », 1978, p. 196-198.

Lectures suggérées

La lecture de l'une des œuvres suivantes est suggérée dans son intégralité ou en extraits importants :

Erich Fromm, L'homme pour lui-même, *Paris, Éditions sociales françaises, 1967, 189 p.*

Erich Fromm, Avoir ou être ?, *Paris, Robert Laffont, coll. « Réponses », 1978, 244 p.*

Texte de Mounier
L'avoir et l'être

EXISTENCE INCORPORÉE
Dans la philosophie personnaliste de Mounier, l'existence incorporée signifie l'être spirituel d'une personne (constitué de valeurs) engagé dans le monde en manifestant des actes créateurs.

IDÉALISME MORAL
Attitude de l'individu qui, absorbé par l'idéal moral qu'il essaie de réaliser, ne prend pas en considération les intérêts terrestres qui déterminent le commun des hommes qui se disent réalistes.

Il ne faut pas opposer trop brutalement l'*avoir* et l'*être*, comme deux attitudes existentielles entre lesquelles il y aurait à choisir. Pensons plutôt à deux pôles entre lesquels est tendue l'**existence incorporée**. Il ne lui est pas possible d'être sans avoir, bien que son être soit puissance indéfinie d'avoir, ne soit jamais épuisé par ses avoirs et les déborde tous par sa signification. Sans avoir, elle est *prise*, s'évanouit dans l'objet. Posséder, de plus, c'est entrer en contact, renoncer à être seul, à être passif : il y a de fausses pauvretés qui sont des dérobades. L'**idéalisme moral** est souvent la recherche d'une existence que plus rien ne lesterait : recherche contre nature qui aboutit à la culbute, ou à l'inhumanité.

En ce sens, la propriété, comme l'intimité, est une exigence concrète de la personne. L'exclure à cause de ses abus est une utopie. Et sauf quelques sectes, les **communistes** eux-mêmes n'y ont pas prétendu. Elle exprime cette double et solidaire vocation de la personne : se centrer, en s'épanouissant.

Cependant, s'il est la densité de notre être, l'avoir en est aussi la lourdeur. Il commence par la légèreté vibrante du désir, par le triomphe exaltant de la conquête. Mais bientôt le vainqueur devient **usufruitier**, le possesseur est possédé par ses biens morts, ne jouit plus que du prestige qu'ils lui donnent et meurt assoiffé dans le désert de son abondance. Il faut ajouter que cette dégradation de l'avoir part de son cœur comme la pourriture d'un fruit. Il n'y a pas seulement dans le régime actuel des biens une aliénation historique **contingente** appelée à disparaître avec les structures qui la favorisent. Il y a au centre de toute possession humaine une aliénation au travail, sans cesse renaissante. Comme la main du roi **Midas**, ma possession tend à dégrader les êtres et les objets que je m'annexe : me présentant à eux comme un conquérant qui exige et un maître qui soumet, du même coup je bloque leur disponibilité et la mienne. On parle souvent de « l'épanouissement de la personne » comme s'il n'y avait qu'à étendre notre champ pour étendre notre valeur. On exalte la possession du monde comme si elle était par elle-même libératrice. La **dialectique** personnaliste de l'avoir est moins triomphante. Elle doit partir de cette **entropie** ou de cette **involution** de l'avoir. L'épanouissement de la personne implique comme une condition intérieure, une désappropriation de soi et de ses biens qui dépolarise l'égocentrisme. La personne ne se trouve qu'en se perdant. Sa richesse, c'est ce qui lui reste quand elle est dépouillée de tout avoir — ce qui lui reste à l'heure de la mort.

Emmanuel Mounier, *Le personnalisme*, Paris, Presses Universitaires de France, coll. « Que sais-je ? », 1985, p. 51-53.

COMMUNISTES
Nom donné à ceux qui adhèrent à la doctrine ou aux organisations politiques qui défendent la cause de la révolution sociale en vue de l'établissement d'un régime fondé sur la propriété collective des moyens de production.

USUFRUITIER
Personne qui possède jusqu'à sa mort un droit de jouissance sur un bien appartenant à quelqu'un d'autre.

CONTINGENT
Accidentel, conditionnel à des circonstances particulières.

MIDAS
Roi de Phrygie (~ VIIIe siècle). Mounier fait ici référence à la légende où Midas ne peut plus boire ni manger, car tout ce qu'il touche se transforme en or.

DIALECTIQUE
Art de discuter, argumentation opposant deux éléments contraires : l'avoir et l'être.

ENTROPIE
Retour en arrière dû au désordre d'un état qui se transforme en un autre état de désordre accru.

INVOLUTION
Développement inverse de l'évolution.

Le nom d'Emmanuel Mounier (1905-1950) ne peut être séparé de la philosophie personnaliste et de la revue *Esprit* dont il fut le directeur de 1932 à 1950. Face à l'agonie de la société bourgeoise qui produit un homme matérialiste, englué dans les objets, utilisant les autres comme des moyens, le *personnalisme* de Mounier propose la restauration de la personne définie comme un être singulier, irréductible, libre et créateur.

Conclusion

> Le sens du mot *anthrôpos*, « homme », est que, les autres animaux étant incapables de réfléchir sur rien de ce qu'ils voient, ni d'en raisonner, ni d'en « faire l'étude », l'homme au contraire, en même temps qu'il voit, autrement dit qu'« il a vu », « fait l'étude » aussi de ce qu'« il a vu », et il en raisonne. De là vient donc que, seul entre les animaux, l'homme a été à bon droit nommé « homme », *anthrôpos* : « faisant l'étude de ce qu'il a vu ».
>
> Platon, *Cratyle*, 399c.

Nous voici arrivés au terme d'un voyage au cœur de l'humain. Dans ce périple, nous avons retenu huit façons différentes d'aborder, de nous représenter, de comprendre l'être humain. Nous avons assisté aux efforts constamment renouvelés d'hommes qui ont passé leur vie à « faire l'étude » de l'homme.

Ainsi, René Descartes définit l'être humain comme une « chose qui pense » : l'essence de l'homme est alors constituée d'une raison transcendante présente en son âme qui le fait être. À l'inverse, Jean-Jacques Rousseau propose une conception immanente de l'être humain puisqu'il considère la nature humaine comme perfectible. L'homme naturel avait la capacité de se perfectionner ; la civilisation l'a corrompu en lui imposant une culture. Karl Marx met en avant une philosophie de l'histoire humaine en proie à la lutte des classes où l'individu est déterminé par la place qu'il occupe dans les rapports de production. Ce faisant, l'homme devient « essentiellement » un être social : ce qui caractérise fondamentalement sa nature intime est produit dans et par les rapports sociaux. Friedrich Nietzsche se fait le défenseur de l'homme fort qui affirme ses instincts de vie et sa volonté créatrice. L'essence de l'être humain est d'aller toujours au-delà de lui-même, de se surpasser en exerçant sa « volonté de puissance ». Sigmund Freud remet en question la conception traditionnelle de l'être humain perçu comme étant un sujet rationnel, conscient, maître de lui-même et de ses actions. Freud définit l'homme comme étant régi par l'inconscient, un inconscient dynamique où l'être humain subit la tyrannie des pulsions qu'il doit apprendre à contenir et à canaliser vers des objets et des buts sociaux. Jean-Paul Sartre montre que, par-delà l'absurdité de l'existence humaine sans Dieu, l'homme possède la totale liberté, d'où l'entière responsabilité de se faire, c'est-à-dire de se constituer en projet. À l'opposé, Burrhus Frederic Skinner démontre que l'homme est le produit d'une culture et que, ce faisant, il est tributaire de l'environnement et des renforcements auxquels il est soumis. En cela, l'être humain devient une créature malléable et manipulable que la « science du comportement » se propose de conditionner de façon bénéfique pour la survie de l'espèce et le bonheur des humains. Enfin, Erich Fromm décrit d'une manière implacable le rapport qu'entretient l'homme d'aujourd'hui avec lui-même et avec autrui dans la société de consommation. Ce rapport indique que l'homme actuel oriente son existence exclusivement en fonction du mode avoir. Au lieu de nous inscrire dans une relation morte aux objets et aux personnes,

Erich Fromm propose une relation authentique à nous-mêmes et aux autres : le mode être d'existence.

Ce panorama de quelques grandes conceptions de l'être humain nous permet de constater que les penseurs de l'époque moderne et contemporaine ont analysé l'homme sous des angles fort différents et en ont présenté des portraits pour le moins variés, voire opposés. De toute évidence, aucune de ces philosophies ne peut prétendre détenir l'unique vérité sur l'homme. Est-ce là l'indice d'une défaillance ou d'une pauvreté de la pensée et de la réflexion sur l'être humain ? Pas du tout ! Ce constat devrait, au contraire, nous faire entrevoir le fait que chacune des philosophies que nous avons étudiées met l'accent sur une dimension de la personnalité humaine. En ce sens, ces philosophies offrent toutes des vérités sur cet être pluriel que nous sommes.

Cependant, un caractère commun relie toutes ces philosophies de l'homme : leur volonté de débarrasser l'homme des illusions qui cachent et déforment sa réalité. Les auteurs dont il a été question dans ce manuel peuvent, à juste titre, être considérés comme de grands esprits. Ils expriment tous le même désir : celui de renoncer aux fausses divinités, d'aller au-delà des apparences et de l'ignorance afin de saisir ce qu'est l'être humain. Animés d'une soif passionnée de vérité, ils ont tous participé à cette magnifique entreprise, toujours à recommencer, visant à donner un sens à ce que nous sommes. Ces maîtres à penser ont contribué, chacun à leur manière, à une meilleure et à une plus profonde compréhension de l'humain, même si certains l'ont fait de façon souvent radicale. En ce qui nous concerne, disons-nous que notre propre réflexion sur l'être humain gagnera toujours à se nourrir de leurs œuvres et de leurs pensées, car leurs philosophies de l'homme témoignent de notre propre humanité.

Les huit conceptions de l'homme qui vous ont été présentées dans cet ouvrage peuvent être envisagées comme autant de tableaux accrochés au mur de la pensée. Le neuvième à y être suspendu pourrait être le vôtre : celui auquel vous donnerez vie à partir des données, des couleurs, des perspectives que vous aurez retenues. Espérons que votre participation à la définition de l'homme se fera de manière dynamique, tout en demi-teintes et en nuances ! S'il est un souhait auquel nous devons souscrire, c'est celui que l'aventure que nous avons commencée avec Descartes ne s'achève jamais ; que le regard que l'humain porte sur lui-même soit de plus en plus pénétrant, profond et pertinent. Car il ne faut pas oublier que définir l'homme, c'est pénétrer dans les profondeurs de cette réalité humaine par laquelle nous sommes tous essentiellement humains. Cette entreprise constitue l'œuvre de toute une vie à laquelle nous nous devons tous de participer si nous voulons rester humains.

Annexe

Compétences à acquérir

- Expliquer et commenter une conception moderne ainsi qu'une conception contemporaine de l'être humain.

- Comparer ces deux conceptions de l'homme par rapport au thème de la liberté.

Contexte de réalisation

Individuellement, dans un texte argumentatif et critique d'environ 1250 mots (*5 pages*), expliquez et commentez une conception moderne ainsi qu'une conception contemporaine de l'être humain.

Puis, comparez ces deux conceptions de l'homme à propos du thème de la liberté.

- *Expliquer*, c'est décrire les principes et les concepts-clés (et leurs articulations) des deux conceptions de l'être humain choisies.

- *Commenter*, c'est discuter d'une manière critique ces deux conceptions de l'être humain en examinant le bien-fondé de leurs argumentations respectives. En d'autres mots, il s'agit de répondre à la question suivante en justifiant son point de vue : suis-je d'accord avec ces conceptions de l'homme ?

- *Comparer*, c'est relever des ressemblances et des différences entre les deux conceptions de l'être humain retenues sous l'angle du thème de la liberté.

- *Une conception moderne et une conception contemporaine.* Conformément à une tradition répandue et sanctionnée par la plupart des manuels d'histoire de la philosophie, la modernité commence avec Descartes (1596-1650) et se termine avec Hegel (1770-1831). Par conséquent, Marx peut être considéré comme le premier des auteurs étudiés dans ce manuel à appartenir à la pensée dite contemporaine.

---

1. Cette activité de synthèse finale peut prendre la forme soit d'un texte à remettre en fin de session, soit d'une épreuve finale de trois heures qui se déroule en classe.

Étapes suggérées

1. Faites un plan détaillé du développement que vous comptez mettre en avant :

a) Établissez un résumé schématique des principaux caractères des deux conceptions de l'être humain choisies.

b) Évaluez le contenu théorique des deux conceptions de l'être humain retenues, c'est-à-dire portez des jugements fondés sur les éléments qui caractérisent la première conception et la deuxième conception de l'être humain.

c) Au regard du thème de la liberté, relevez les principales ressemblances ou différences entre les deux conceptions de l'être humain.

2. Rédigez votre texte en prenant en considération les éléments suivants :

a) Les *critères d'évaluation* liés au contenu :

- Une explication adéquate des caractères fondamentaux des deux conceptions de l'être humain retenues.

- Un commentaire critique fondé des deux conceptions de l'être humain choisies, c'est-à-dire une discussion d'une manière critique où vous exprimez votre accord ou votre désaccord et où vous apportez des arguments pour appuyer vos affirmations.

- Une comparaison des deux conceptions de l'être humain au regard du thème de la liberté où vous dégagez les ressemblances ou les différences pertinentes.

b) Les *critères d'évaluation* liés à la forme :

- clarté et concision[2] ;

- logique, cohérence et continuité[3] ;

- pertinence[4].

Présentation

Soignez la présentation générale de votre texte, que vous divisez en trois parties :

a) Une **introduction**, dans laquelle vous posez d'abord le sujet, c'est-à-dire que vous reprenez, en le précisant, l'énoncé de la compétence. Vous divisez ensuite le sujet, c'est-à-dire que vous établissez les étapes que vous comptez franchir afin de réaliser votre texte.

b) Un **développement**, dans lequel vous présentez le sujet d'une manière progressive en suivant les étapes précisées dans l'introduction. Le développement est un texte démonstratif : c'est l'occasion pour vous d'expliquer, de critiquer (ou discuter, c'est-à-dire appuyer ou réfuter) et de comparer.

c) Une **conclusion**, dans laquelle vous rappelez le cheminement de votre démonstration (vous en donnez un résumé) et proposez une ou des perspectives nouvelles.

---

2. Les phrases et les paragraphes de votre texte sont intelligibles, explicites, précis et succincts.

3. Les idées secondaires appuient les idées principales ; chacune des parties occupe la place qui lui convient dans la progression de la démonstration ; des phrases de transition assurent les liens entre les phrases principales et entre les parties du texte. Bref, il y a un enchaînement dans le texte.

4. Les idées que vous avancez se rapportent au sujet traité : elles sont appropriées, judicieuses et bien fondées.

Glossaire

A

A priori Qui est antérieur à toute expérience. S'oppose à *a posteriori,* qui est postérieur à l'expérience.

Actes manqués symptomatiques Expression utilisée par Freud pour désigner tous les comportements exécutés machinalement et présentés comme étant le fruit du hasard, mais qui, en fait, expriment des pulsions et des pensées inconscientes (par exemple, oubli, lapsus, fait d'égarer un objet).

Actualiser (s') Matérialiser dans des actes les virtualités (pouvoirs, talents, qualités, etc., que possède un individu) qui n'étaient pas encore réalisées dans la vie.

Anatomopathologie « Science qui a pour objet l'étude des lésions anatomiques. » (*Le Petit Robert,* 2002.)

Antagoniste Se dit de l'opposition de deux forces rivales.

Anthologie Recueil de morceaux choisis d'œuvres littéraires, musicales ou philosophiques.

Anthropologie philosophique Conception de l'être humain.

Antiquité Époque historique qui fait référence aux anciennes civilisations d'Égypte, de Mésopotamie, de Grèce et de Rome.

Aphoristique Qui se rapporte à l'aphorisme, sorte de maxime qui résume, de façon concise et parfois lapidaire, une appréciation ou un jugement d'ordre moral. Généralement énigmatique, son sens nécessite une interprétation minutieuse.

Arbitraire Règle non fondée et artificielle présentée comme un absolu.

Automate Toute machine qui est animée par un mécanisme intérieur et qui se meut par elle-même.

Avatar Synonyme de « mésaventure » ou de « malheur ».

B

Bâtonnier Avocat élu par ses confrères pour être le directeur et le représentant de leur confrérie.

C

Capitaliste Relatif au capitalisme, système économique et social fondé initialement sur des entreprises possédées par le groupe social appelé la bourgeoisie. Ces entreprises se concurrencent sur un marché libre qui est associé à des institutions politiques libérales.

Cartésien Qui se rapporte à la philosophie de Descartes.

Castration Le complexe de castration se définit par la crainte intériorisée par le fils de voir son père lui couper son pénis (lorsqu'il constate que les filles n'en ont pas). Le pendant féminin du complexe de castration correspond à l'envie du pénis lorsque la fille se rend compte qu'elle n'en a pas.

Catharsis Mot grec signifiant « purification », « purgation ». Procédé expérimenté par le Dr Josef Breuer (1842-1925) qui consistait à extirper du patient mis sous hypnose les secrets (scènes traumatisantes) qui affectaient son comportement afin d'en permettre la reproduction.

Compulsif Se dit de l'obligation d'accomplir une action quelconque sous peine d'éprouver de l'angoisse ou un sentiment de culpabilité.

Conscience Acte ou état dans lequel le sujet se connaît lui-même en se distinguant de l'objet qu'il connaît.

Contingence Désigne le caractère de ce qui arrive par hasard (ce qui peut être ou ne pas être).

Contrôle de soi Capacité de se maîtriser soi-même, de dominer ses réactions, de se priver de quelque chose ou de quelqu'un par la seule force de son caractère.

Créativité Capacité de manifester une réponse originale et inédite par rapport à ce qu'une personne a appris dans un milieu donné.

Cynisme Tendance à exprimer sans ménagement et de manière méprisante des opinions contraires à la morale communément admise.

D

Déisme Position philosophique qui admet l'existence de Dieu, mais qui se dégage de tout dogme et de toute religion instituée. Plus particulièrement, la *Profession de foi du vicaire savoyard* recommande l'accès à Dieu par les seules voies du cœur sans l'apport des textes ou des intermédiaires consacrés.

Déterminisme Doctrine selon laquelle tous les phénomènes (pensées, actions, événements, etc.) résultent nécessairement des causes antérieures qui les ont produits.

Déterministe Qui est relatif au déterminisme. Partisan du déterminisme.

Dichotomie Division entre deux éléments qu'on sépare nettement et qu'on oppose.

Discours Expression de la pensée qui appréhende le réel en procédant d'une manière logique, méthodique et démonstrative.

Discrimination Distinction, séparation entre deux choses.

Dogmatisme Fait qu'une conception de l'être humain se présente de façon absolue comme si elle correspondait à une vérité incontestable ou comme si elle relevait d'un article de foi.

E

Égotiste « Se dit du culte du moi, poursuite trop exclusive de son développement personnel. » (*Le Petit Robert,* 2002.)

Empirisme Doctrine philosophique selon laquelle toutes les connaissances proviennent de l'expérience. Conséquemment, tout savoir doit être fondé sur l'expérience et sur l'observation.

Empiriste Propre à l'empirisme, partisan de l'empirisme.

Équivoque Ce qui est mystérieux, louche, suspect, inquiétant.

Éros Dieu grec de l'amour, fils d'Aphrodite (déesse de l'amour) et d'Arès (dieu de la guerre).

Étendue Qualité que possède tout objet matériel d'être situé dans l'espace et d'en occuper une partie. Il s'agit de l'étendue géométrique : « Tout ce qui a longueur, largeur et profondeur ». (René Descartes, *Règles pour la direction de l'esprit,* p. 98.)

Existence Le fait d'être là, dans le monde ; la réalité vivante, vécue.

Existence/essence Pour la philosophie classique, l'existence désigne le fait d'être, c'est-à-dire la réalité vivante, vécue, par opposition à l'essence, qui dit ce qu'est une chose, ce qui constitue sa nature intime.

F

Factice Synonyme de « faux », « artificiel », « affecté ».

Finitude Caractère limité et mortel de l'existence humaine. Jaspers y voit particulièrement l'impossibilité pour toute conscience individuelle de s'exprimer une fois pour toutes dans une parole ou dans une action.

Fouriériste Disciple de Charles Fourier (1772-1837), qui critique la société de son temps en la présentant comme une forme sociale inférieure et qui, en contrepartie, préconise une communauté utopique dans laquelle chacun pourra laisser ses passions s'épanouir.

G

Générique Ce qui est commun à un groupe d'êtres ou d'objets et qui en constitue le genre.

Gloriole Gloire vaniteuse et ostentatoire tirée de petites choses.

H

Hégémonie Suprématie, domination, autorité.

Hellénisme Ensemble de la civilisation grecque. Plus particulièrement, le siècle de Périclès (V.~495-~429), qui marqua le triomphe de l'hellénisme.

Herboriser Recueillir des plantes là où elles poussent naturellement afin de les faire sécher et de les collectionner entre des feuillets à des fins d'étude.

Humanisme Attitude philosophique qui prend pour fin la personne et son épanouissement. L'humanisme fait de l'homme la valeur suprême et voit en celui-ci, comme l'affirmait Protagoras, « la mesure de toutes choses ».

Humaniste Relatif à l'humanisme. Partisan de l'humanisme.

Humanités (les) Étude de la langue et de la littérature grecques et latines.

Hystérie Classe de névroses découlant d'un conflit psychique et se manifestant par des symptômes corporels divers sans que le corps soit en fait malade sur le plan physiologique (par exemple, crise émotive spectaculaire, paralysie, crise d'angoisse, phobies).

I

Idéaliste Se dit de la tendance philosophique qui réduit toute existence à la pensée : soit que les idées ont plus d'être que le monde sensible, soit que ce dernier n'a de réalité que dans les idées que nous en avons.

Immanent Du latin *in manere*, « rester dans ». Caractère de ce qui est contenu à l'intérieur d'un être. S'oppose à transcendant.

Inclination Tendance innée (généralement inconsciente) propre à la personnalité de l'individu.

Inconscient Ensemble de faits psychiques qui échappent à la conscience.

Inhibiteur Se dit du processus qui met au repos les données psychiques imprudentes ou inconvenantes en les empêchant de se produire ou d'arriver à la conscience. Afin d'éviter l'angoisse, ou d'entrer en conflit avec le Sur-Moi, le Moi empêche l'éclosion de la pulsion.

Inquisition (l') Organisme judiciaire ecclésiastique créé par la papauté pour lutter contre l'hérésie, c'est-à-dire toute doctrine, opinion ou pratique contraire aux dogmes de l'Église catholique.

Instinctuel Qui appartient à l'instinct. Forte impulsion conduisant à agir d'une manière conforme à la nature de l'homme. Tendance innée, commune à tous les hommes.

Institutions libérales Ensemble des structures sociales, politiques et économiques établies par la loi (le droit public).

Intellection Acte par lequel l'esprit conçoit. Correspond à la faculté de connaître en tant que telle.

Introjecter Terme psychanalytique décrivant le processus inconscient par lequel l'enfant, par exemple, incorpore l'image des parents à son Moi et à son Sur-Moi.

Introspection Examen ou observation d'une conscience par elle-même.

L

Lapsus « Emploi involontaire d'un mot pour un autre, en langage parlé ou écrit. » (*Le Petit Robert*, 2002.)

Lumières Courant philosophique qui, au XVIIIe siècle, prend la raison comme seule autorité sur le plan de la connaissance.

M

Matérialisme Courant philosophique qui n'admet d'autre substance ou réalité que la matière. Cette doctrine soutient que notre pensée fait partie intégrante de la matière en tant que produit de son évolution. L'origine de cette doctrine remonte à l'Antiquité grecque. Par exemple, Épicure (~341-~270), s'opposant à l'idéalisme de Platon (~428-~348), estimait que le monde physique était antérieur à la pensée et possédait une existence propre.

Matérialiste Personne qui adopte ou professe le matérialisme.

Maxime Règle, principe de conduite.

Mécanisme de défense Procédés inconscients qui servent à maîtriser ou à canaliser les pulsions qui risqueraient de porter atteinte à l'équilibre de la personnalité. Ces procédés (refoulement, projection, formation négative, fixation, régression, sublimation) instaurent un compromis défensif entre le désir et la réalité. Afin de protéger l'individu menacé d'angoisse, ces procédés peuvent déformer ou même refuser la réalité.

Messianique Relatif à la venue d'un messie qui viendrait libérer les hommes et le monde.

Métaphysique Du grec *meta ta phusika*, « après les choses de la nature ». Partie de la philosophie qui fait la recherche rationnelle, au-delà des données de l'expérience, des causes premières des choses et des principes d'action. En ce sens, la métaphysique est la science de l'être en tant qu'être.

Monarchie absolue Régime politique dirigé par un roi héréditaire qui possède sur ses sujets un pouvoir entier et une autorité sans restriction ni réserve.

Moyen Âge Période historique comprise entre la chute de l'Empire romain d'Occident (476) et la découverte de l'Amérique (1492).

N

Narcissique Se dit de quelqu'un qui porte une attention exclusive à sa propre personne et à ses propres besoins, de sorte que toutes ses énergies affectives sont dirigées sur lui-même.

Naturalisme Doctrine selon laquelle il n'existe rien en dehors de la nature. Conséquemment, cette philosophie nie l'existence du surnaturel et de tout principe transcendant.

Névrose « Affection psychogène où les symptômes sont l'expression symbolique d'un conflit psychique trouvant ses racines dans l'histoire infantile du sujet et constituant des compromis entre le désir et la défense. » (Jean Laplanche et J.-B. Pontalis, *Vocabulaire de la psychanalyse*, Paris, PUF, 1981, p. 267 et suivantes.) La névrose d'angoisse, la névrose narcissique ou mélancolique et la névrose obsessionnelle sont des exemples de types de névrose.

O

Obédience Obéissance ou soumission à une doctrine ou à un maître spirituel.

Objectiver (s') En parlant de l'individu, manifester extérieurement un fait de conscience subjectif.

Œdipe Personnage de la mythologie grecque qui tue Laïos, roi de Thèbes, sans savoir qu'il est son père, et qui devient l'époux de Jocaste en ignorant qu'elle est sa mère. Par la suite, apprenant qu'il est l'auteur de ces crimes horribles, Œdipe se crève les yeux.

Ontologique Relatif à l'ontologie, cette partie de la philosophie qui recherche l'être en tant qu'être indépendamment de ses déterminations particulières.

Orthodoxie Conformité à l'ensemble d'une doctrine, à ses règles strictes et à ses usages sans se permettre la moindre déviation ni la moindre critique.

P

Panthéon (le) Temple-monument de Paris, situé sur la montagne Sainte-Geneviève, au centre du Quartier latin. Depuis les funérailles de Victor Hugo (1885), le Panthéon est dédié au souvenir des grands hommes de la nation française.

Paradigme Modèle, cadre, système de référence qui guide la pensée à une époque particulière.

Persona « La *persona* [...] est une sorte de masque que l'individu revêt, d'une part, pour produire un certain effet déterminé, d'autre part, pour cacher sa vraie nature. » (Carl Gustav Jung, *Le Moi et l'Inconscient*, Paris, Gallimard, 1938.)

Phénomène « Tout ce qui se manifeste à la conscience, que ce soit par l'intermédiaire des sens (phénomènes extérieurs, physiques, sensibles) ou non (phénomènes psychologiques, affectifs). » (*Le Petit Robert*, 2002.)

Phénoménologie Du grec *phainomenon*, « phénomène », et *logos*, « étude, science ». Étude des phénomènes (« pure donnée sensible d'un fait ») ou d'un ensemble de phénomènes tels qu'ils se présentent directement à la conscience afin d'en saisir les essences. Edmund Husserl (1859-1938) fonda cette méthode d'investigation philosophique, qui fut, par la suite, privilégiée par les existentialistes.

Philologie « Étude d'une langue par l'analyse critique des textes. » (*Le Petit Robert*, 2002.)

Phobie Symptôme qui consiste à éprouver de l'angoisse (crainte inconsidérée et en apparence immotivée) face à une situation, à un lieu ou à un objet particulier (par exemple, l'agoraphobie et la claustrophobie).

Positiviste Se dit de la doctrine ou de l'attitude de recherche qui s'en tient uniquement à la connaissance des faits révélés par l'expérience. Le positivisme tire son origine des ouvrages d'Auguste Comte (1798-1857) pour qui l'espèce humaine est toujours soumise au même processus historique et est déterminée par les mêmes lois sociales.

Précepteur Maître chargé de la formation d'un enfant de famille aisée.

Profane « Qui est étranger à la religion (opposé à religieux, sacré). » (*Le Petit Robert*, 2002.)

Progressiste Se dit d'une personne, d'une attitude, d'une action ou d'une organisation qui veut transformer la société selon un idéal de progrès économique, social et politique.

Propriété foncière Droit d'user, de jouir et de disposer de parcelles de terre.

Providence « Sage gouvernement de Dieu sur la création. » (*Le Petit Robert*, 2002.)

Psychique Se dit du psychisme ou de la vie psychique, laquelle constitue l'ensemble des faits psychiques, c'est-à-dire tout ce qui concerne la personnalité d'un individu, sa psyché, son « âme ». Ces faits psychiques sont à l'origine de ses attitudes et de ses comportements.

R

Rationalisme Doctrine d'après laquelle toute connaissance certaine provient de la raison. Conséquemment, selon cette philosophie, l'esprit humain possède la faculté de former des concepts et des principes rationnels lui permettant de rendre intelligibles et compréhensibles les choses et les êtres. Les idées et les jugements seraient soit innés, soit construits par l'esprit ; ils ne découleraient pas des données de l'expérience.

Rationaliste Relatif au rationalisme. Qui professe le rationalisme.

Réactionnaire Se dit d'une personne, d'une attitude, d'une action ou d'une organisation qui s'oppose au progrès social et vise à rétablir les institutions qui existaient avant la révolution.

Réductionnisme Position qui consiste à défendre un principe explicatif unique qui rendrait compte de ce qu'est l'homme dans sa totalité. Une telle attitude valorise généralement une seule dimension de l'être humain en négligeant toutes les autres ; ce faisant, elle escamote la diversité et la complexité de l'humain.

Représentation Du latin *repraesentatio*, « action de mettre sous les yeux ». Du mot allemand *Vorstellung*, « représentation » signifie « le contenu concret d'un acte de pensée ». Freud l'utilise plus particulièrement dans le sens de « traces » de l'objet, de l'événement ou de la pulsion qui viennent s'inscrire dans les « systèmes mnésiques (liés aux souvenirs) ».

Résistance « Au cours de la cure psychana-lytique, on donne le nom de résistance à tout ce qui, dans les actions et les paroles de l'analysé, s'oppose à l'accès de celui-ci à son inconscient. » (Jean Laplanche et J.-B. Pontalis, *Vocabulaire de la psychanalyse*, Paris, PUF, 1981, p. 420.)

Ressentiment Souvenir rancunier des torts qu'on a subis. Amertume.

Révolutionnaire Se dit d'une personne, d'une attitude, d'une action ou d'une organisation qui est partisane de changements radicaux et soudains dans le domaine social ou dans le domaine politique.

S

Sacré Qui appartient à un domaine supérieur, séparé du profane, et fait l'objet d'une révérence religieuse.

Saint-simonien Disciple de la « physiologie sociale » de Claude-Henri de Rouvroy, comte de Saint-Simon (1760-1825), qui défend un industrialisme optimiste où s'harmoniseront dans l'idéal du bien commun les intérêts des propriétaires d'entreprise avec ceux des ouvriers. Ainsi, l'union de tous les individus qui sont engagés dans des activités productives conduira à une nouvelle société solidaire.

Scolastique (la) Du latin *schola*, « école ». La scolastique ou « philosophie de l'École » désigne l'enseignement philosophique et théologique donné au Moyen Âge (du IXe au XVIIe siècle). Conciliant foi et raison, cet enseignement était donné à partir des Écritures saintes et de la philosophie d'Aristote revue et corrigée par les théologiens du Moyen Âge (entre autres, saint Thomas d'Aquin).

Sensualiste Se dit du sensualisme, nom donné — pour le discréditer — à la doctrine empiriste de Condillac (1715-1780) selon laquelle toute connaissance provient des sensations.

Socialiste Relatif au socialisme, théorie de l'organisation sociale qui fait prévaloir le bien de l'ensemble de la collectivité avant les intérêts particuliers. Le socialisme s'oppose au capitalisme et à la propriété privée de tout ce qui entre dans le processus de la production des marchandises.

Solipsisme « Théorie d'après laquelle il n'y aurait pour le sujet pensant d'autre réalité que lui-même. » (*Le Petit Robert*, 2002.)

Somatique Se dit de tout ce qui est organique et concerne le corps.

Spéculatif Qui appartient à la théorie, à la recherche abstraite.

Spiritualiste Se dit de la doctrine d'après laquelle l'esprit ou l'âme constitue la substance de toute réalité. La philosophie spiritualiste considère l'esprit comme une entité distincte de la matière en général et du corps en particulier et supérieure à ceux-ci.

Subjectivité Ce qui appartient au sujet seul : sa conscience, son moi.

Sublimation Transformation des pulsions libidinales ou agressives en des activités dites supérieures parce qu'elles sont socialement reconnues. La production d'œuvres d'art, la construction de cathédrales ou l'engagement dans une œuvre sociale valorisée par la culture de l'époque sont des exemples de sublimation.

Substance Réalité qui existe par soi-même et se conçoit indépendamment de toute autre.

Sujet Être individuel, concret, singulier, défini comme une intériorité possédant des qualités personnelles et considéré comme l'auteur de ses actes.

Sujétion État de l'individu qui est soumis à une autorité, à une domination souveraine. Synonyme d'« assujettissement », de « dépendance » ou d'« oppression ».

T

Talmud « Enseignement » en hébreu. Le Talmud est un volumineux ouvrage constituant la référence fondamentale du judaïsme (religion des juifs). Il contient les règlements, les interdits individuels et les règles de conduite concernant tous les points de la vie religieuse et civile.

Thanatos Dieu grec de la mort, fils de la Nuit et frère d'Hypnos.

Théologie « Étude des questions religieuses fondée principalement sur les textes sacrés, les dogmes et la tradition. » (*Le Petit Robert*, 2002.)

Totalisant Se dit d'une signification synthétique et universelle qui embrasse l'ensemble des êtres humains.

Transcendant Du latin *transcendere*, « s'élever au-dessus de ». Caractère de ce qui est supérieur, de ce qui appartient à un degré plus élevé. Par exemple, Dieu est transcendant au monde et aux êtres immanents.

Transcender Du latin *transcendere*, « s'élever au-dessus de ». Dépasser en étant supérieur, appartenir à un degré plus élevé. Par exemple, Dieu transcende le monde et les êtres immanents.

U

Universel Qui s'étend, s'applique à la totalité des objets considérés.

Utilitariste Dans le langage courant, se dit d'une personne ou d'une organisation qui met en avant le culte de l'utile.

V

Vertu Qualité morale associée à une conduite qui ne respecte pas la loi morale définie par la religion et la société (par exemple, la justice).

Vice Dérèglement dans la conduite qui résulte d'un mauvais penchant que réprouve la morale (par exemple, la paresse).

Virtualité Ce qui est à l'état de puissance, de possibilité chez un être. Synonyme de « potentialité ».

Bibliographie

ANDREAS-SALOMÉ, Lou. *Friedrich Nietzsche*, Paris, Réimpressions Gordon et Breach, 1970.

BEAUVOIR, Simone de. *Pour une morale de l'ambiguïté*, Paris, Gallimard, coll. « Idées », 1968.

DESCARTES, René. *Discours de la méthode*, Paris, Éditions Fernand Nathan, coll. « Les intégrales de philo », n° 3, 1981.

DESCARTES, René. *Méditations métaphysiques*, Paris, Éditions Fernand Nathan, coll. « Les intégrales de philo », n° 4, 1983.

DESCARTES, René. *Œuvres et Lettres*, Paris, Gallimard, N.R.F., coll. « Bibliothèque de la Pléiade », 1953.

FREUD, Sigmund. *Abrégé de psychanalyse*, trad. Anne Berman, Paris, Presses Universitaires de France, 1970.

FREUD, Sigmund. *Essais de psychanalyse*, trad. S. Jankélévitch, revue par A. Hesnard, Paris, Payot, coll. « Petite Bibliothèque Payot », 1968.

FREUD, Sigmund. *Introduction à la psychanalyse*, trad. S. Jankélévitch, Paris, Payot, coll. « Petite Bibliothèque Payot », 1966.

FREUD, Sigmund. *Malaise dans la civilisation*, trad. C.H. et J. Audier, Paris, Presses Universitaires de France, 1971.

FREUD, Sigmund. *Métapsychologie*, trad. Jean Laplanche et J.-B. Pontalis, Paris, Gallimard, coll. « Idées », 1968.

FREUD, Sigmund. *Nouvelles conférences sur la psychanalyse*, trad. Anne Berman, Paris, Gallimard, coll. « Folio », 1971.

FREUD, Sigmund. *La science des rêves*, trad. I. Meyerson, Paris, Presses Universitaires de France, 1926. Nouvelle édition augmentée et révisée par D. Berger sous le titre *L'interprétation des rêves*, Paris, Presses Universitaires de France, 1967.

FROMM, Erich. *L'art d'aimer*, trad. J.-L. Laroche et Françoise Tcheng, Paris, Éditions de l'Épi, 1968.

FROMM, Erich. *Avoir ou être ?*, trad. Théo Carlier, Paris, Robert Laffont, coll. « Réponses », 1978.

FROMM, Erich. *Le cœur de l'homme (sa propension au bien et au mal)*, trad. Sylvie Laroche, Paris, Payot, coll. « Petite Bibliothèque Payot », 1991.

FROMM, Erich. *De la désobéissance et autres essais*, trad. Théo Carlier, Paris, Robert Laffont, coll. « Réponses », 1982.

FROMM, Erich. *Espoir et révolution*, trad. Gérard D. Khoury, Paris, Stock, 1970.

FROMM, Erich. *L'homme pour lui-même*, trad. Janine Claude, Paris, Éditions sociales françaises, 1967.

FROMM, Erich. *La mission de Sigmund Freud*, trad. Paul Alexandre, Bruxelles, Éditions Complexe, 1975.

FROMM, Erich. *Société aliénée et société saine*, Paris, Le Courrier du livre, 1971.

KANT, Emmanuel. *Idée d'une histoire universelle au point de vue cosmopolitique*, trad. Luc Ferry, dans *Critique de la faculté de juger*, Paris, Gallimard, coll. « Folio/Essais », 1996.

LABORIT, Henri. *Éloge de la fuite*, Paris, Robert Laffont, 1976.

LAPLANCHE, Jean, et J.-B. PONTALIS. *Vocabulaire de la psychanalyse*, Paris, Presses Universitaires de France, 1981.

MARCUSE, Herbert. *Pour une théorie critique de la société*, trad. Cornélius Heim, Paris, Denoël/Gonthier, coll. « Bibliothèque Méditations », 1971.

MARX, Karl. *Critique de la philosophie hégélienne du droit*, dans *Pages de Karl Marx*, trad. Maximilien Rubel, Paris, Payot, 1970.

MARX, Karl. *Le 18 Brumaire de Louis Bonaparte*, Paris, Éditions sociales, 1963.

MARX, Karl. *Œuvres (Économie)*, t. I, trad. M. Rubel, L. Evrard et J. Roy, et t. II, trad. J. Malaquais et C. Orsini, Paris, Gallimard, coll. « Bibliothèque de la Pléiade », 1972.

MARX, Karl, et Friedrich ENGELS. *L'idéologie allemande*, trad. H. Auger, G. Badia, J. Baudrillard et R. Cartelle, Paris, Éditions sociales, coll. « Essentiel », 1988.

MARX, Karl, et Friedrich ENGELS. *Manifeste du parti communiste*, Paris, Union Générale d'Éditions, coll. « 10-18 », 1962.

MARX, Karl, et Friedrich ENGELS. *Thèses sur Feuerbach, dans L'idéologie allemande*, trad. H. Auger, G. Badia, J. Baudrillard et R. Cartelle, Paris, Éditions sociales, coll. « Essentiel », 1988.

MONTAIGNE, Michel Eyquem de. *Essais*, t. I, Paris, Gallimard, coll. « Folio classique », 2000.

MOUNIER, Emmanuel. *Le personnalisme*, Paris, Presses Universitaires de France, coll. « Que sais-je ? », 1985.

NIETZSCHE, Friedrich. *Ainsi parlait Zarathoustra*, trad. Maurice Betz, Paris, Gallimard, coll. « Le Livre de poche classique », 1965.

NIETZSCHE, Friedrich. *Le crépuscule des idoles*, trad. Jean-Claude Hemery, Paris, Gallimard, N.R.F., coll. « Idées », 1977.

NIETZSCHE, Friedrich. *Le gai savoir*, trad. Pierre Klossowski, Paris, Union Générale d'Éditions, coll. « 10-18 », 1973.

NIETZSCHE, Friedrich. *La généalogie de la morale*, trad. Henri Albert, Paris, Gallimard, coll. « Idées », 1969.

NIETZSCHE, Friedrich. *Le nihilisme européen*, trad. Angèle Kremer-Mariatti, Paris, Union Générale d'Éditions, coll. « 10-18 », 1976.

NIETZSCHE, Friedrich. *Par-delà le Bien et le Mal*, trad. Geneviève Bianquis, Paris, Union Générale d'Éditions, coll. « 10-18 », 1967.

NIETZSCHE, Friedrich. *La volonté de puissance. Essai d'une transmutation de toutes les valeurs*, trad. Henri Albert, Paris, Librairie Générale française, coll. « Le Livre de poche » (Classiques de philosophie), 1991.

PASCAL, Blaise. *Pensées, dans Œuvres complètes*, Paris, Éditions du Seuil, 1963.

ROUSSEAU, Jean-Jacques. *Discours sur l'origine et les fondements de l'inégalité parmi les hommes*, Paris, Gallimard, coll. « Folio/Essais », 1992.

ROUSSEAU, Jean-Jacques. *Du contrat social*, Paris, GF-Flammarion, 1992.

ROUSSEAU, Jean-Jacques. *Œuvres complètes*, t. I à IV, Paris, Gallimard, N.R.F., coll. « Bibliothèque de la Pléiade », 1959-1969.

ROUSSEAU, Jean-Jacques. *Les rêveries du promeneur solitaire*, Paris, Gallimard et Librairie Générale Française, coll. « Le Livre de poche classique », 1965.

SARTRE, Jean-Paul. *L'être et le néant*, Paris, Gallimard, coll. « Bibliothèque des Idées », 1968.

SARTRE, Jean-Paul. *L'existentialisme est un humanisme*, Paris, Les Éditions Nagel, coll. « Pensées », 1968.

SARTRE, Jean-Paul. *Huis clos*, Paris, Gallimard, coll. « Le Livre de poche », 1967.

SARTRE, Jean-Paul. *La nausée*, Paris, Gallimard, coll. « Le Livre de poche », 1954.

SKINNER, Burrhus Frederic. *L'analyse expérimentale du comportement : un essai théorique*, trad. Anne-Marie et Marc Richelle, Bruxelles, Dessart et Mardaga, Éditeurs, 1971.

SKINNER, Burrhus Frederic. *Par-delà la liberté et la dignité*, trad. Anne-Marie et Marc Richelle, Montréal, Éditions HMH et Robert Laffont, 1975.

SKINNER, Burrhus Frederic, et M.F. VAUGHAM. *Bonjour sagesse. Bien vivre après soixante-dix ans*, Robert Laffont, coll. « Réponses », 1986.

SPINOZA, Baruch. *Œuvres*, t. III, *Éthique*, trad. et notes Charles Appuhn, Paris, Garnier-Flammarion, 1965.

TAYLOR, Charles. *Grandeur et misère de la modernité*, trad. Charlotte Melançon, Montréal, Bellarmin, coll. « L'essentiel », 1992.

TOCKEVILLE, Alexis de. *De la démocratie en Amérique*, Paris, Gallimard, coll. « Folio Histoire », 1991.

Photographies